C000006661

Kohlhammer Edition Marketing

Begründet von: Prof. Dr. Dr. h.c. Dr. h.c. Richard Köhler
Universität zu Köln

Prof. Dr. Dr. h.c. mult. Heribert Meffert
Universität Münster

Herausgegeben von: Prof. Dr. Dr. h.c. Hermann Diller
Universität Erlangen-Nürnberg

Prof. Dr. Dr. h.c. Dr. h.c. Richard Köhler
Universität zu Köln

Rolf Weiber/Michael Kleinaltenkamp

Business- und Dienstleistungsmarketing

Die Vermarktung integrativ erstellter
Leistungsbündel

Verlag W. Kohlhammer

Autoren:

Univ.-Prof. Dr. Rolf Weiber
Universität Trier
Professur für Marketing und Innovation
Universitätsring 15
54286 Trier
Deutschland
weiber@uni-trier.de

Univ.-Prof. Dr. Michael Kleinaltenkamp
Freie Universität Berlin
Marketing-Department/Executive Master of Business Marketing
Otto-von-Simson-Str. 19
14195 Berlin
Deutschland
michael.kleinaltenkamp@fu-berlin.de

Alle Rechte vorbehalten
© 2013 W. Kohlhammer GmbH Stuttgart
Umschlag: Gestaltungskonzept Peter Horlacher
Gesamtherstellung:
W. Kohlhammer Druckerei GmbH + Co. KG, Stuttgart
Printed in Germany

ISBN 978-3-17-022103-1

Vorwort der Herausgeber

Die „Kohlhammer Edition Marketing" stellt eine Buchreihe dar, die in mehr als 20 Einzelbänden die wichtigsten Teilgebiete des Marketing behandelt. Jeder Band soll eine Übersicht zu den Problemstellungen des jeweiligen Themenbereichs geben und wissenschaftliche sowie praktische Lösungsbeiträge aufzeigen. Als Ganzes bietet die Edition eine Gesamtdarstellung der zentralen Führungsaufgaben des Marketing-Managements. Ebenso wird auf die Bedeutung und Verantwortung des Marketing im sozialen Bezugsrahmen eingegangen.

Als Autoren dieser Reihe konnten namhafte Fachvertreter an den Hochschulen gewonnen werden. Sie gewährleisten eine problemorientierte und anwendungsbezogene Veranschaulichung des Stoffes. Angesprochen sind mit der Kohlhammer Edition Marketing zum einen die Studierenden an den Hochschulen. Ihnen werden die wesentlichen Stoffinhalte des Faches dargeboten. Zum anderen wendet sich die Reihe auch an Institutionen, die mit der Aus- und Weiterbildung von Praktikern auf dem Spezialgebiet des Marketing befasst sind, und nicht zuletzt unmittelbar an Führungskräfte des Marketing. Der Aufbau und die inhaltliche Gestaltung der Edition ermöglichen es ihnen, einen Überblick über die Anwendbarkeit neuer Ergebnisse aus der Forschung sowie über Praxisbeispiele aus anderen Branchen zu gewinnen.

Der vorliegende Band „Business- und Dienstleistungsmarketing" fokussiert einen für die Wirtschaftspraxis gerade in Deutschland enorm wichtigen Themenbereich, nämlich die integrative Erstellung und Vermarktung von gewerblichen Sachgütern und dazugehörigen Dienstleistungen. Die Palette dafür reicht von chemischen Rohstoffen über elektronische Bauteile oder Software und investive Bauprojekte bis hin zu Telekommunikationsnetzwerken oder Großanlagen. Dienstleistungen sind dabei in einer Welt der „added values" nicht mehr nur Zierrat zur höheren Marktattraktivität von Industriegütern, sondern elementarer und immer häufiger sogar zentraler Bestandteil von Leistungsbündeln, mit denen Anbieter im Business-to-Business-(B-to-B-)Geschäft ihren Kunden echte Problemlösungen offerieren. Damit erwerben sie Kundennähe und erzeugen Kundenzufriedenheit und Kundenbindung. Allerdings ist ein solcher Vermarktungsansatz vor allem für klassische Sachgüterproduzenten voller Herausforderungen und Besonderheiten, die es zu erkennen und zu meistern gilt.

Genau darauf zielen die beiden Autoren dieses Lehrbuches ab. Sie zählen seit vielen Jahren zu den führenden Experten auf diesem Themengebiet und bieten mit ihrer theoretisch überzeugenden und didaktisch hervorragend aufbereiteten Stoffbearbeitung einen ebenso inhaltsreichen wie anregenden Einblick in das typische Marketinggeschehen und die Marktbedingungen im BDM (Business- und Dienstleistungs-Marketing). Als theoretische Basis nutzen sie dabei vor allem die aus der Institutionenökonomik stammende Informationsökonomik und die Transaktionskostentheorie, wodurch die Risiken des B-to-B-Geschäfts und deren ökonomische Bewältigung in den Mittelpunkt des Interesses rücken.

Über den Aufbau und Inhalt des Buches geben die Verfasser nach ihrem Vorwort selbst einen instruktiven Überblick, so dass darauf hier nicht weiter eingegangen werden muss. Hervorzuheben ist aber, dass die Autoren selbst eine kundenorientierte Vorgehensweise wählen, indem sie zunächst die Einkaufsaufgaben und -prozesse gewerblicher Kunden beim (integrativen) Wertschöpfungsprozess beleuchten (Teil II). Danach behandeln sie die einschlägigen Marketinginstrumente und -prozesse differenziert nach fünf verschiedenen Geschäftstypen im B-to-B-Geschäft, vom Spot- und Commodity- über das Projekt- bis hin zum Zuliefer- und Systemgeschäft und thematisieren auch die interessante Dynamik dieser Geschäftstypen (Teil III). Damit wird ein breiter, aber trotzdem konzeptionell geschlossener Zugang zum Marketing in diesen Wirtschaftsbereichen geboten. Die integrative Sichtweise des Verbunds von Sachgüter- und Dienstleistungsvermarktung mit insgesamt vier „Verbundtypen" bewährt sich dabei insgesamt hervorragend. Hoch aktuell und inhaltlich innovativ sind auch die Überlegungen zur Sicherstellung der Qualität im BDM im Teil IV, wo die aktive Rolle des Kunden und die Risiko reduzierende Kommunikation mit dem Kunden eine zentrale Rolle spielen.

Das vorliegende Werk stellt einen Meilenstein in der Literatur zum Industriegüter- bzw. Dienstleistungs-Marketing dar. Es macht in der verwirrenden Vielfalt der Geschäftstypen im B-to-B-Geschäft ein schlüssiges Grundmuster deutlich und lenkt den Blick des Lesers immer wieder auf die zentralen Aspekte eines integrativen, d.h. den Kunden einbeziehenden Vorgehens im BDM. Dem Studierenden wird damit der Blick für die Erfordernisse und Vorgehensweisen im modernen Beziehungsmarketing geöffnet. Es wird ihm nach dem Studium des Buches sehr viel leichter fallen, sich in der Welt des B-to-B-Geschäfts zu orientieren und einen Einstieg für konkrete Managemententscheidungen zu finden. Aber auch der in diesem Geschäft bereits tätige Praktiker kann aus der Lektüre Dank der Systematik und der theoretischen Durchdringung wertvolle Früchte für die praktische Arbeit ernten.

Viele instruktive Abbildungen und zahlreiche reale Fallbeispiele aus der Praxis erleichtern und visualisieren das Stoffverständnis. Darüber hinaus bieten die umfangreichen Zusatzinformationen auf dem vom Kohlhammer-Verlag angebotenem ContentPLUS weitere wertvolle Hilfestellungen. Insgesamt bietet das vorliegende Werk damit eine sehr moderne, wissenschaftlich fundierte und gleichzeitig praxisorientiert aufbereitete Darstellung des Business- und Dienstleistungsmarketing.

Nürnberg und Köln, Februar 2013   Hermann Diller, Richard Köhler

Vorwort der Autoren

In den entwickelten Volkswirtschaften wird heute nicht nur der größte Anteil des Bruttosozialprodukts im Dienstleistungssektor erwirtschaftet, sondern es sind dort auch die meisten Erwerbstätigen beschäftigt. Oft wird diese Entwicklung hin zur Dienstleistungswirtschaft bzw. zur Dienstleistungsgesellschaft, die sich in den letzten Jahrzehnten vollzogen hat, darauf zurückgeführt, dass es ein wachsendes Angebot von und eine wachsende Nachfrage nach konsumtiven Dienstleistungen gibt, die etwa in Bereichen wie Tourismus, Gastronomie, Unterhaltung oder Gesundheit erbracht werden. Werden allerdings die in den tertiären Sektoren der jeweiligen Volkswirtschaften erstellten Leistungen genauer betrachtet, so lässt sich schnell feststellen, dass der überwiegende Teil der dort produzierten Dienstleistungen nicht an Konsumenten, sondern an andere Unternehmen – sei es aus der Industrie, sei es wiederum aus dem Dienstleistungssektor – oder an staatliche Nachfrager (Behörden, Gebietskörperschaften o. ä.) verkauft wird. Die Vermarktung von Dienstleistungen vollzieht sich somit zum größten Teil auf Business-to-Business-Märkten. Diese Tatsache und die Beobachtung, dass umgekehrt die Vermarktungsgegebenheiten auf ‚traditionellen' eher industriell geprägten Business-to-Business-Märkten oft denen ähneln, die typischerweise als charakteristisch für Dienstleistungsmärkte angesehen werden, haben die Autoren des vorliegenden Buches zu der Überzeugung kommen lassen, dass es sinnvoll ist, das Marketing in beiden Bereichen nicht getrennt, sondern vielmehr integriert zu betrachten. Deshalb trägt dieses Buch den Titel „Business- und Dienstleistungsmarketing". Die Ausführungen in den verschiedenen Abschnitten gelten demnach gleichermaßen für beide Bereiche, was auch durch entsprechende Beispiele veranschaulicht wird.

Die Entstehungsgeschichte dieses Buches ist lang, und die Anfänge reichen über zehn Jahre zurück. Umso mehr freut es die Autoren, dass nun ein fertiges Werk präsentiert werden kann, das die integrative Leistungserstellung als zentrale Besonderheit der Vermarktung von Leistungsbündeln hervorhebt und damit das Verbindende zwischen Sach- und Dienstleistungen im Erstellungs- sowie Vermarktungsprozess in den Mittelpunkt stellt. Es richtet sich an alle diejenigen, die sich den genannten Bereichen in Forschung und Lehre widmen, die sich im Rahmen ihres Studiums dafür interessieren oder in der Unternehmenspraxis tätig sind. Ihnen soll es eine einführende Grundlage für das Verständnis und die Analyse von Business- und Dienstleistungsmärkten sowie die Ausgestaltung der betreffenden Marketingaktivitäten bieten.

An der Erstellung des Buches war in den verschiedenen Phasen seiner Entstehung eine Vielzahl von Personen in unterschiedlichsten Funktionen beteiligt, die am Marketing-Department der Freien Universität Berlin und am Lehrstuhl für Marketing, Innovation und E-Business der Universität Trier beschäftigt waren und sind. Von Berliner Seite sind hier insbesondere die frühere wissenschaftliche Mitarbeiterin, Frau Dr. Andrea Hellwig sowie Frau Jana Möller M.A. und Frau Stephanie Wolter zu nennen. In Trier haben Herr Dr. Robert Hörstrup, der zwischenzeitlich in die Unternehmenspraxis gewechselt ist sowie Frau Dipl.-Kffr. Katharina Ferreira, Frau Dipl.-Kffr. Sina Forster und Herr Dipl.-Kfm. Tobias Wolf die Autoren mit Literaturrecherchen, Verbesserungsvorschlägen und teilweise auch Textvorschlägen mit großem Engagement unterstützt. Frau Beate Kaster hat mit großer Sorgfalt Texte immer wieder korrekturgelesen und Fehler aufgedeckt. In der Schlussphase hat insbesondere Herr Dipl.-Kfm. Michael Bathen die Erstellung der druckfertigen Fassung koordiniert. Bei der Literaturbeschaffung, der Erstellung von Abbildungen und der Formatierung haben vor allem die studentischen Hilfskräfte in Trier große Hilfestellungen geleistet. Zu nennen sind hier insbesondere Herr M. Sc. David Lichter sowie Frau B. Sc. Linda Becker und Frau B. Sc. Yvonne Liclair.

Ihnen allen danken wir für ihren Einsatz und ihr Engagement und auch ihr Verständnis dafür, dass sich die Resultate ihrer Arbeit manchmal lange Zeit nicht in einem unmittelbar ‚greifbaren‘, sprich druckfertigen Erzeugnis niedergeschlagen haben. Für verbliebene Mängel und Fehler tragen selbstverständlich die Autoren allein die Verantwortung.

Ein ganz besonderer Dank gilt auch den Herausgebern der Reihe „Edition Marketing" sowie dem Verlagsleiter des Kohlhammer-Verlags, Herrn Dr. Uwe Fliegauf, dessen Geduld wir durch das immer wieder neue Verschieben des Abgabetermins des Manuskripts arg strapaziert haben. Trotzdem hat er das Projekt weiter unterstützt und uns immer wieder ermuntert ‚am Ball zu bleiben‘ und das Werk abzuschließen.

Über Anregungen und Kritik würden wir uns sehr freuen und bitten um Kontaktaufnahme über folgende Mailadressen:

weiber@uni-trier.de
michael.kleinaltenkamp@fu-berlin.de

Trier, Berlin im Februar 2013   Rolf Weiber, Michael Kleinaltenkamp

Motivation und Aufbau des Buches

Es zählt zum Kerngedanken des Marketings, dass die Marketing-Aktivitäten an den Verhaltensweisen der Nachfrager auszurichten und in Abhängigkeit von unterschiedlichem Nachfragerverhalten zu differenzieren sind. Vor diesem Hintergrund ist es eigentlich verwunderlich, dass viele Marketing-Bücher meist die Vermarktungsobjekte im Titel herausstellen. Das Spektrum ist hier sehr groß und reicht vom Konsumgütermarketing über das Industriegütermarketing und das Dienstleistungsmarketing bis hin zu „Spezialwerken" wie Textil-, Pharma-, Bier-, Energieträger- oder Werkzeugmaschinen-Marketing. Das vorliegende Werk stellt diesen güterbezogenen Fokus bewusst in den Hintergrund und hebt stattdessen die Gemeinsamkeit im Vermarktungsprozess von Leistungen, die von Unternehmen nachgefragt werden, hervor. Dabei ist es offensichtlich, dass in der Praxis nicht Sach- *oder* Dienstleistungen getrennt nachgefragt werden, sondern sich die Nachfrage auf **Leistungsbündel** richtet, die aus Sach- *und* Dienstleistungen bestehen. Des Weiteren ist es für den (industriellen) Business-to-Business-Bereich (B-to-B) – also die Vermarktung von Leistungen von Unternehmen an Unternehmen – als typisch zu betrachten, dass diese Leistungen nur in wenigen Fällen auf einem anonymen Markt angeboten werden, sondern die Vermarktung vielmehr in einem interaktiven Prozess mit einzelnen, konkreten Nachfragern erfolgt. Das aber bedeutet, dass die Leistungserstellung auf der Anbieterseite in mehr oder weniger starkem Maße „**integrativ**" mit dem Kunden erfolgt. Der Kunde ist damit für den Anbieter ein externer Produktionsfaktor, mit dem gemeinsam die Leistungserstellung vorgenommen oder zumindest abgestimmt und geplant werden muss. Daraus ergibt sich unmittelbar eine Gemeinsamkeit zwischen der Erstellung industrieller Sachleistungen und Dienstleistungen.

Mit der Bezeichnung „**Business- und Dienstleistungsmarketing**" (in diesem Buch kurz: „**BDM**") möchten die Autoren genau diese Verbindung von Sach- und Dienstleistungsvermarktung sowie deren Zusammenspiel in den Vermarktungsobjekten (Leistungsbündel) im B-to-B-Bereich deutlich machen. Mit dem BDM wird ein Marketing-Ansatz vorgestellt, der diesen Gemeinsamkeiten Rechnung trägt und eine Differenzierung nach verschiedenen **Geschäftstypen** vornimmt, die durch die Kombination von auf bestimmte Nachfragerverhaltensweisen im B-to-B-Bereich angepasste Marketingprogramme ausgerichtet sind. Weiterhin wird im Prinzip bei allen Geschäftstypen unterstellt, dass es im Bestreben der Anbieterseite liegt, zu seinen Kunden möglichst gute und langfristige Geschäftsbeziehungen zu unterhalten, wozu die in den Geschäftstypen unterstellten Nachfragersituationen aber unterschiedliche Ansatzpunkte bieten. Bezüglich der Analysemethodik und des Blickwinkels auf die unterschiedlichen Fragen im BDM stellt das vorliegende Buch immer wieder auf die Unsicherheitsproblematik im Transaktionsprozess aus Anbieter- und Nachfragersicht ab. Die theoretische Basis bildet dabei vor allem die **Institutionenökonomik**, wobei hier vor allem der *Informationsökonomik* sowie der *Transaktionskostentheorie* ein besonderes Gewicht beigemessen wird. Die Autoren sind der Überzeugung, dass damit vor allem der *ökonomischen Sicht* auf die Fragenstellungen im BDM besonders Rechnung getragen werden kann, wenngleich auch die zentralen verhaltenswissenschaftlichen Überlegungen, die für die Analyse von Marketing-Fragestellungen hohe Bedeutung besitzen, ebenfalls Verwendung finden.

Entsprechend dieser Motivation ist das vorliegende Buch in vier Teile untergliedert, deren zentrale Inhalte und Abfolge in nachfolgender Abbildung verdeutlicht sind:

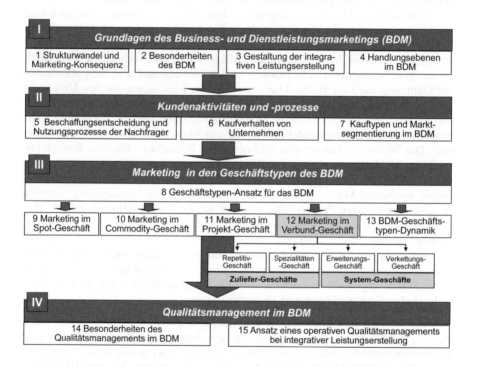

In **TEIL I** werden *gundlegende Aspekte des Business-und Dienstleistungsmarketing* behandelt. Im ersten Schritt wird gezeigt, warum eine gemeinsame Betrachtung von Business-to-Business- und Dienstleistungsmärkten sowie -marketing sinnvoll ist. Hierzu wird in **Kapitel 1** zunächst die volkswirtschaftliche Bedeutung des Business-to-Business-Sektors und des (industriellen) Dienstleistungssektors verdeutlicht. Weiterhin werden die Veränderungen der letzten Jahrzehnte beleuchtet, die die Integration der beiden Bereiche vorangetrieben haben und die sich daraus ergebenden Konsequenzen für das Marketing in der Praxis sowie in Forschung und Lehre aufgezeigt. In **Kapitel 2** werden sodann die Besonderheiten des BDM betrachtet und dabei mit der *abgeleiteten Nachfrage* und dem Konzept der *Leistungsbündel* die wesentlichen Merkmale der betreffenden Märkte und Marktleistungen erläutert. Im Anschluss werden die grundsätzlichen Optionen diskutiert, wie Unternehmen sich auf solchen Märkten positionieren können und welche Besonderheiten dabei zur Erzielung von *Wettbewerbsvorteilen* auf Business- und Dienstleistungsmärkten zu beachten sind. **Kapitel 3** behandelt mit der Leistungs-individualisierung und der Standardisierung die zwei generischen Gestaltungsop-tionen von Leistungsangeboten im BDM, zwischen denen die Anbieterseite ent-scheiden muss. Schließlich werden in **Kapitel 4** Einzeltransaktionen und Geschäftsbeziehungen als die wesentlichen Handlungsebenen betrachtet, auf denen die Anbieter im BDM tätig werden können.

Der **TEIL II** des Buches widmet sich ausführlich den *Aktivitäten und Prozessen auf der Seite der Unternehmenskunden*, deren Kenntnis als elementare Grundlage für ein erfolgreiches Marketing im BDM anzusehen ist. Ausgangspunkt dieser Betrachtungen ist in **Kapitel 5** die Analyse der Kriterien für die „Make-or-Buy"-Entscheidung von Unternehmen, d. h. die Beantwortung der Frage, wann und in welchem Umfang sich Unternehmen überhaupt für den Kauf von (Vor-)Leistun-gen oder die Auslagerung unternehmerischer Aktivitäten an Dritte entscheiden. Weiterhin ist es für das Verständnis der Situation von Unternehmenskunden ele-mentar auch die Frage nach den *Wertschöpfungsprozessen* der Kundenunterneh-men und dem Nutzenbeitrag des eigenen Angebotes im Nutzungsprozess des Nachfragers zu stellen. Nur mit dieser Kenntnis kann vor allem eine hohe *Integral-qualität* erreicht werden, mit der ein Anbieter zeigt, dass sich seine Leistungen ‚nahtlos' in die Prozesse bzw. Absatzobjekte des Kunden einfügen. Erst wenn die Entscheidung für „Fremdbezug" gefallen ist, wird im Nachfrage-Unternehmen ein Beschaffungsprozesse angestoßen. Das „*Kaufverhalten von Unternehmen"* (organisationales Beschaffungsverhalten; OBV) wird in **Kapitel 6** im Detail analy-siert. Es werden zunächst die Besonderheiten herausgearbeitet, die bei Beschaf-fungsentscheidungen von Unternehmen allgemein zu beachten sind. Aufbauend darauf werden die meist kollektiv getroffenen Kaufentscheidungen durch das sog. *Buying Center* untersucht und dabei die sich aus der integrativen Leistungserstel-lung ergebende besondere Unsicherheitssituation der Nachfrager herausgestellt. Dabei erhält die Frage nach der Reduktion von *Kaufunsicherheit* im BDM ein besonderes Gewicht. Die Unsicherheitsproblematik wird dabei – neben zentralen verhaltenswissenschaftlichen Überlegungen – vor allem aus informationsökono-mischer Sicht analysiert. Die Überlegungen münden in **Kapitel 7** in der Bildung von *Kauftypen für das BDM* und der Frage, welche Besonderheiten bei der *Markt-segmentierung* im BDM zu beachten sind.

In **TEIL III** des Buches werden die *Marketingaufgaben in den einzelnen BDM-Geschäftstypen* im Detail diskutiert. Zu diesem Zweck werden zunächst die Über-legungen zum Kaufverhalten von Unternehmen in **Kapitel 8** zusammengeführt und münden in der Ableitung unterschiedlicher Typen von Transaktionsprozessen im BDM, die als Geschäftstypen bezeichnet werden. Die *BDM-Geschäftstypen* sind durch spezifische Verhaltensweisen auf der Nachfrager- sowie der Anbieter-seite gekennzeichnet, die jeweils unterschiedlicher Marketingkonzepte bedürfen. Es werden *vier Geschäftstypen* für das BDM unterschieden:

- Spot-Geschäfte (Kapitel 9)
- Commodity-Geschäfte (Kapitel 10)

- Projekt-Geschäfte (Kapitel 11)
- Verbund-Geschäfte (Kapitel 12)

Für die einzelnen BDM-Geschäftstypen werden jeweils Merkmale und Besonderheiten aufgezeigt, und es wird detailliert erläutert, welche Marketingansätze bei den betreffenden Konstellationen zum Einsatz kommen sollten (**Kapitel 9–12**). Da die Gegebenheiten im Bereich des Verbund-Geschäftes sehr unterschiedlich sein können, werden hier vier „*Verbundtypen*" unterschieden, für die das betreffende Marketingkonzept jeweils zu modifizieren ist. Immer dann, wenn ein absatzobjektbezogener Bedarfsverbund vorliegt, sprechen wir in diesem Zusammenhang von *Zuliefer-Geschäften* mit den Verbundtypen Repetitiv- und Spezialitäten-Geschäft. Existieren hingegen prozessbezogene Bedarfsverbunde, bezeichnen wir dies als *System-Geschäfte*, welche die Verbundtypen des Erweiterungs- und des Verkettungs-Geschäfts als Erscheinungsformen aufweisen. Da schließlich die Einschätzungen darüber, in welchem Geschäftstyp ein Anbieter oder Nachfrager agiert, durchaus unterschiedlich sein können und da sich bestimmte Vermarktungskonstellationen auch im Zeitablauf verändern können, wird in **Kapitel 13** der Frage nachgegangen, welche Konsequenzen aus solchen disgruenten Einschätzungen zudem *dynamischen Entwicklungen* für das Marketing resultieren.

Den Abschluss des Buches bilden in **TEIL IV** ausgewählte Überlegungen zum *Qualitätsmanagement* im BDM, die wiederum für alle BDM-Geschäftstypen gleichermaßen von Bedeutung sind. Die Darstellungen in den **Kapitel 14 und 15** sind dabei auf die speziellen Anforderungen fokussiert, die sich aus den Besonderheiten des BDM ergeben. Hierzu zählt insbesondere die Tatsache, dass die Kunden durch die Integration der von ihnen in die Leistungserstellungsprozesse einzubringen externen Faktoren die Qualität der Produkte und Dienstleistungen wesentlich mitprägen und sie deshalb nicht nur von der Fähigkeit der Anbieter abhängig ist, sondern auch und nicht zuletzt durch die Leistungswilligkeit und Leistungsfähigkeit der Nachfrager mitbestimmt wird. Dabei wird mit dem „*Qualitäts-Dreisprung*" ein Ansatz für ein operatives Qualitätsmanagement im BDM aus informationsökonomischer Sicht vorgestellt, der vor allem auf *Informationsaktivitäten* zur Sicherstellung einer den Kundenanforderungen entsprechenden Qualität von Leistungsbündeln im BDM abstellt.

Inhaltsverzeichnis

Content^{PLUS}

Das vorliegende Buch bietet dem interessierten Leser zu ausgewählten Themen weiterführende Erläuterungen durch das Angebot von sog. **Content^{PLUS}** im Buchshop des Kohlhammer Verlags. Weiterführende sowie vertiefende Informationen erhält der Leser dabei zu folgenden Themen:

1. Entwicklungsstufen des Blueprintings
2. Der Informationswert von Signalen für die Nachfragerseite
3. Einsatz multivariater Analysemethoden zur Bildung von Marktsegmenten
4. Typisierungsansätze im Industriegütermarketing
5. Servicepolitik im Commodity-Geschäft
6. Managementprozess der Kommunikationspolitik im Commodity-Geschäft
7. Verfahren der Anfragenselektion
8. Verfahren der Aufwandsschätzung im Projekt-Geschäft
9. Competitive Bidding-Modelle
10. Zentrale Instrumente zur Steuerung und Kontrolle von Projekten
11. Benchmarking

Die Themen sind zusammengefasst in einem pdf-Dokument mit dem Titel:

Weiber, Rolf/Kleinaltenkamp, Michael:

Spezialprobleme des Business- und Dienstleistungsmarketing, Stuttgart 2013.

Weitere Informationen zum **Content^{PLUS}** -Angebots des Verlags sowie zum Zugang finden Sie auf der vorderen Umschlagseite dieses Buches.

Teil I: Grundlagen des Business- und Dienstleistungs- marketings (BDM)

Sowohl in der deutschsprachigen als auch in der internationalen Marketingforschung und -lehre ist es gängig, zwischen verschiedenen Anwendungsfeldern des Marketings zu differenzieren. Dabei wird – neben der Aufteilung in Hersteller- und Handelsmarketing – üblicherweise zwischen den Gebieten des Konsumgüter-, Industriegüter- oder auch (industriellen) Business-to-Business-Marketings sowie des Dienstleistungsmarketings unterschieden. Vom Business-to-Business-Marketing (B-to-B) wird immer dann gesprochen, wenn der Nachfrager kein Konsument, sondern ein Unternehmen oder allgemein eine Organisation ist. Damit zählt zum B-to-B z. B. auch das Handelsmarketing (Müller-Hagedorn/Natter 2011). Das vorliegende Buch bezieht seine Betrachtungen aber ausschließlich auf den *Industriegütersektor*, in dem Industrieunternehmen oder Händler, die an solche Unternehmen lieferm, als Nachfrager agieren. Im Folgenden ist deshalb mit „B-to-B" immer das *industrielle* Business-to-Business-Marketing gemeint.

Die Zusammenführung des Marketings im Business-to-Business- *und* im Dienstleistungssektor zu einem gemeinsamen Konzept des Business- *und* Dienstleistungsmarketings (BDM) bedarf einer Begründung, die in komprimierter Form bereits am Anfang des Buches unter *„Motivation und Aufbau"* gegeben wurde. Im ersten Teil dieses Buches werden diese Aspekte vertieft und in **Kapitel 1** die Zweckmäßigkeit einer Zusammenschau von B-to-B- und Dienstleistungsmarketing zunächst vor dem Hintergrund der volkswirtschaftlichen Bedeutung dieser beiden Sektoren begründet. Dabei wird unter Rückgriff auf die aktuellen Veränderungen der Wirtschaftsstrukturen in den entwickelten Volkswirtschaften gezeigt, dass B-to-B-Marketing zu großen Teilen Dienstleistungsmarketing ist und umgekehrt. In **Kapitel 2** werden dann die Besonderheiten des BDM herausgearbeitet und dabei verdeutlicht, was das BDM speziell vom Konsumgütermarketing unterscheidet und worin die zentralen Gemeinsamkeiten von B-to-B- und Dienstleistungsmarketing zu sehen sind. Mit **Kapitel 3** konzentrieren sich die Ausführungen auf die **grundsätzlichen Gestaltungsoptionen der Anbieter** im BDM, wobei vor allem die integrative Leistungserstellung von Anbieter und Nachfrager im Vordergrund steht. Der Teil I schließt mit **Kapitel 4**, das die Grundlagen zu den zentralen Handlungsebenen eines Anbieters im BDM – Management von Einzeltransaktionen versus Management von Geschäftsbeziehungen – behandelt. Der Teil I des Buches beinhaltet damit Aspekte die in der Zusammenschau einen **anbieterseitigen Analyserahmen für das BDM** ergeben.

1 Volkswirtschaftlicher Struktur-wandel und Konsequenzen für das Marketing

1.1 Bedeutung des Business-to-Business-Sektors

Auf B-to-B-Märkten verkaufen Anbieter Produkte und/oder Dienstleistungen an andere Unternehmen, wozu typischerweise auch staatliche Organisationen gezählt werden. Während der Konsumgüterbereich alle Vermarktungsvorgänge umfasst, die zwischen den Anbietern von Konsumgütern und konsumtiv genutzten Dienstleistungen (Hersteller und Händler) und den Endkonsumenten stattfinden, gehören zum B-to-B-Sektor somit alle Marktstufen, die diesem „Consumer-Bereich" vorgelagert sind. Als Nachfrager fungieren hier also keine Letztkonsumenten, sondern Organisationen, welche die Leistungen zur Fremdbedarfsdeckung beziehen, d. h. weil sie diese für die Herstellung von Produkten und/oder Dienstleistungen und deren Vertrieb an andere Unternehmen oder Konsumenten benötigen und verwenden. Die gesamte Wertschöpfung vollzieht sich in diesem Wirtschaftssektor deshalb nicht nur innerhalb einer, sondern auf einer Mehrzahl verschiedener Marktstufen. Daraus resultiert nicht nur, dass in diesem Bereich insgesamt mehr Umsätze generiert werden (Frauendorf/Kähm/Kleinaltenkamp 2007, S. 7 ff.; Backhaus/Voeth 2004b, S. 5 ff.), sondern dass hier auch eine größere Anzahl an Erwerbstätigen beschäftigt ist.

So erwirtschafteten die Vorleistungs- und Investitionsgüterproduzenten, die in etwa den B-to-B-Sektor repräsentieren, allein in Deutschland im Jahr 2010 einen Umsatz von 1 128,8 Mrd. Euro, während die Erlöse der Ge- und Verbrauchsgüter-produzenten zusammen 260,3 Mrd. Euro ausmachten (Institut der deutschen Wirtschaft 2011). Die Entwicklung der Beschäftigungsanteile im Konsumgüter-sowie Industriegüterbereich zeigt, dass der B-to-B-Sektor auch hier – mit leicht steigender Tendenz – den größeren Stellenwert einnimmt (vgl. Abb. 1).

Diese Zusammenhänge lassen sich sehr anschaulich am Beispiel des Spielzeug-Systems „Duplo" verdeutlichen (vgl. Abb. 2): Um „Duplo"-Steine herstellen zu können, müssen aus Rohöl zunächst über verschiedene Verarbeitungsschritte hinweg Kunststoffgranulate erzeugt werden. Hierfür sind verschiedenste Maschinen und Anlagen, die selbst wiederum aus diversen Komponenten bestehen, aber auch Hilfs- und Betriebsstoffe notwendig. Diese Kunststoffgranulate werden sodann in Extrudern mithilfe von Farbpigmenten eingefärbt, bevor daraus in Kunststoff-spritzgussmaschinen die fertigen Steine erzeugt werden. In diese Leistungserstellungsprozesse gehen zudem, wie auch schon auf den Vorstufen, IT-Lösungen, Komponenten der Antriebs- und Automatisierungstechnik u. v. m. ein.

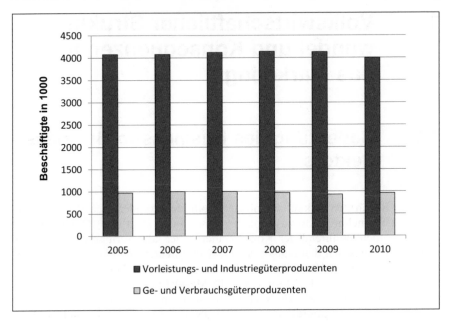

Abb. 1: Entwicklung der Beschäftigungsanteile im B-to-B- und B-to-C-Bereich
(Quelle: Institut der deutschen Wirtschaft 2011)

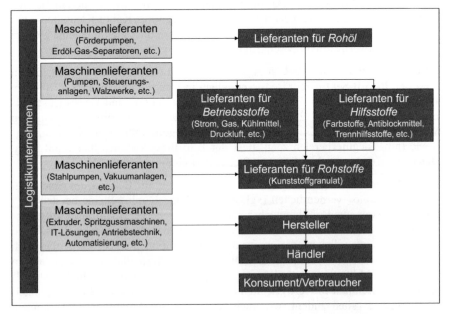

Abb. 2: Am Wertschöpfungsprozess beteiligte Marktstufen (Beispiel „Duplo")

Um die verschiedenen Wertschöpfungsprozesse, die in aller Regel von verschiedenen Unternehmen durchgeführt werden, physisch zu verknüpfen, sind darüber hinaus zahlreiche Transport- und Lagerleistungen notwendig, die selbst wiederum zu großen Teilen von selbständigen Unternehmen der Logistikbranche erbracht werden. Aber auch für die Distribution der Fertigerzeugnisse an den Groß- und Einzelhandel sind weitere Logistikleistungen erforderlich, die ebenfalls auf B-to-B-Märkten erbracht werden.

Das Beispiel „Duplo" zeigt exemplarisch auf, dass die gesamte Wertschöpfung in Bezug auf ein Konsumgut über unterschiedliche Marktstufen hinweg ohne Kontakt zu den Letztverwendern erfolgt, bevor das Produkt schließlich den Endverbraucher erreicht – sieht man von möglichen Marktforschungsaktivitäten ab, die ggfs. durchgeführt werden, um etwa für die Zwecke der Produktplanung Informationen über die Wünsche der Verbraucher, ihre Nutzungsgewohnheiten o. Ä. zu gewinnen. Zudem wird deutlich, dass das Konsumgut als solches erst ganz am Ende des gesamten Wertschöpfungsprozesses entsteht und vermarktet werden kann.

Die skizzierte Verknüpfung von Wertschöpfungsprozessen, wie sie für den B-to-B-Bereich typisch ist, erfordert in aller Regel nicht nur, dass die Anbieter die Prozesse und Märkte ihrer Kunden gut kennen, sondern auch, dass sie in der Lage sind, ihre Leistungen auf die Leistungserstellungsprozesse ihrer Kunden auszurichten. Dafür ist es in vielen Fällen notwendig, die angebotenen Produkte und Dienstleistungen spezifisch an die Anforderungen der Kunden anzupassen. Bei den im B-to-B-Bereich vermarkteten Gütern handelt es sich folglich in der Vielzahl der Fälle nicht um Massenprodukte, sondern um **kundenspezifische** Leistungen, die in die Kundenprozesse eingebunden werden. Dies setzt aber voraus, dass die Kunden ihrerseits an der Leistungserstellung der Anbieter mitwirken und zumindest ihr Wissen in Bezug auf ihre eigenen Wertschöpfungserfordernisse darin einbringen. Den Kunden kommt somit eine zentrale Rolle bei der Leistungserstellung im B-to-B-Bereich zu, da sie bzw. die von ihnen zur Verfügung gestellten Ressourcen als sog. „**externe (Produktions-)Faktoren**" in die Leistungserstellungsprozesse der Anbieter integriert werden (müssen). Damit weisen die Produktions- und in der Folge auch die Vermarktungsprozesse im B-to-B-Sektor eine große Ähnlichkeit zu denen im Dienstleistungsbereich auf: Hier wie dort werden Ressourcen der Kunden in die Leistungserstellungsprozesse eingebracht mit der Folge, dass die Kunden beim Kauf ‚lediglich' ein **Leistungsversprechen** erhalten, dessen Nutzen sich erst nach dem Kauf in der eigentlichen Verwendung entfaltet. So sind auch Maschinen oder Computersysteme, die maßgeschneidert für die Bedürfnisse der Kunden erstellt werden, im Zeitpunkt des Kaufs bzw. der Beauftragung nicht ‚fertig'. Vielmehr können die Kunden in dem Augenblick letztlich nur das Versprechen kaufen, dass die erst später zu erstellenden Leistungen ihren Wünschen entsprechen und in der Wertschöpfung der Kunden den erhofften Nutzen entfalten werden. Diese Gemeinsamkeiten zwischen dem B-to-B- und dem Dienstleistungssektor und die sich daraus ergebenden Konsequenzen werden im Folgenden weiter erläutert.

1.2   Bedeutung des Dienstleistungssektors

Die Einteilung der verschiedenen Bereiche des Marketings ist historisch gewachsen. Insbesondere was die separate Betrachtung des Dienstleistungsmarketing betrifft, ist dies maßgeblich beeinflusst von der Veränderung der Wirtschaftsstrukturen in den entwickelten Volkswirtschaften: So betrug die Bruttowertschöpfung im Dienstleistungssektor schon im Jahre 1993 65,6 % der gesamten Bruttowertschöpfung in Deutschland und war damit weitaus bedeutsamer als die Sektoren „Produzierendes Gewerbe" und „Land- und Forstwirtschaft" zusammen. Der Anteil der Bruttowertschöpfung im Dienstleistungsbereich stieg dann im Laufe der Jahre kontinuierlich und lag im Jahre 2010 bei 71,2 % an, während sich in demselben Zeitraum der Bruttowertschöpfungsanteil der beiden anderen Sektoren entsprechend auf 27,8 % (produzierendes Gewerbe) bzw. 1,0 % (Land- und Forstwirtschaft) reduzierte.

Prognosen gehen davon aus, dass sich diese Entwicklung in den nächsten Jahren – wenn auch abgedämpft – weiter fortsetzen wird, sodass im Jahre 2025 voraussichtlich 77 % der Erwerbstätigen in Deutschland in den verschiedenen Branchen des Dienstleistungssektors arbeiten werden (vgl. Abb. 3).

In anderen OECD-Ländern war und ist die Entwicklung des **tertiären Sektors**, wie der Dienstleistungsbereich auch genannt wird, ähnlich, wobei in verschiedenen Ländern (z. B. USA, Großbritannien, Niederlande) die Beschäftigungsquoten des Dienstleistungssektors sogar noch höher sind. Ein Vergleich der Anteile der drei Wirtschaftssektoren am jeweiligen Bruttoinlandsprodukt (BIP) zeigt eine ähnliche Entwicklung (vgl. Abb. 4). Danach werden 68,9 % des BIP in Deutschland im Dienstleistungssektor erwirtschaftet. Während also in Deutschland der tertiäre Sektor in der Beschäftigungszahl um 60,8 % gestiegen ist, hat sich die Bruttowertschöpfung hier nur um 42,4 % erhöht. Für diese unterschiedliche Entwicklung gibt es im Wesentlichen zwei Gründe:

- Erstens ist die Produktion von Dienstleistungen tendenziell personalintensiver als die Erstellung von Sachgütern – was allerdings eher für konsumtive (z. B. Pflegedienste) als für investive bzw. produktive genutzte Dienstleistungen gilt. Dadurch können sie auch nur in geringerem Maße automatisiert werden, was zu einer entsprechend niedrigeren Kapitalintensität und Produktivität führt.
- Zweitens kommen in verschiedenen Dienstleistungsbereichen häufig geringfügig Beschäftige zum Einsatz, wodurch sich die Relationen ebenfalls verschieben.

Eine detaillierte Analyse der Tätigkeiten, welche die Beschäftigten im verarbeitenden Sektor erbringen, macht darüber hinaus deutlich, dass auch in diesem Bereich eine Schwerpunktverlagerung zugunsten von Dienstleistungen stattgefunden hat. So ist der weitaus größte Teil der Arbeitnehmer im verarbeitenden Gewerbe mit der Erbringung von unternehmensextern vermarkteten oder unternehmensintern abgenommenen Dienstleistungen („Services") beschäftigt. Expertenschätzungen gingen zur Jahrtausendwende davon aus, dass der Anteil derjenigen Erwerbstätigen, die in der Bundesrepublik Deutschland mit dem „Gewinnen"

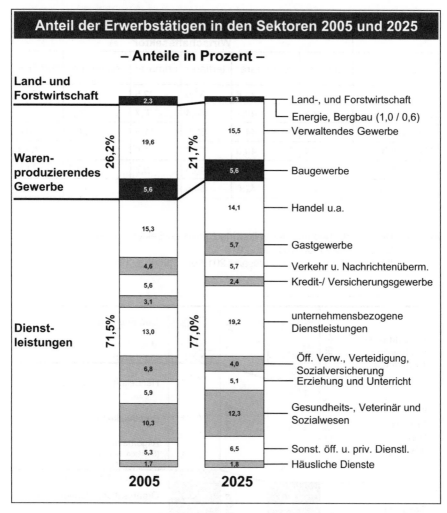

Anteil der Erwerbstätigen in den Sektoren 2005 und 2025

– Anteile in Prozent –

Land- und Forstwirtschaft
2,3 — Land-, und Forstwirtschaft — Energie, Bergbau (1,0 / 0,6)
1,3
15,5 — Verwaltendes Gewerbe
19,6
26,2%   21,7%

Warenproduzierendes Gewerbe
5,6 — Baugewerbe
5,6
14,1 — Handel u.a.
15,3
5,7 — Gastgewerbe
4,6   5,7 — Verkehr u. Nachrichtenüberm.
5,6   2,4 — Kredit-/ Versicherungsgewerbe
3,1

Dienstleistungen
71,5%   77,0%
13,0   19,2 — unternehmensbezogene Dienstleistungen
6,8   4,0 — Öff. Verw., Verteidigung, Sozialversicherung
5,9   5,1 — Erziehung und Unterricht
10,3   12,3 — Gesundheits-, Veterinär und Sozialwesen
5,3   6,5 — Sonst. öff. u. priv. Dienstl.
1,7   1,8 — Häusliche Dienste

2005   **2025**

Abb. 3: Geschätzte Entwicklung des Anteils der Erwerbstätigen nach Wirtschaftssektoren in Deutschland
(Quelle: Institut für Arbeits- und Berufsforschung 2007)

und „Herstellen", d. h. mit der Produktion von Erzeugnissen im engeren Sinn beschäftigt sind, bis zum Jahr 2010 auf 12,7 % sinken sollte. Demgegenüber üben alle übrigen Erwerbstätigen unternehmensintern oder -extern Dienstleistungstätigkeiten aus (vgl. Abb. 5). Das bedeutet nichts anderes, als dass über den eigentlichen Dienstleistungsbereich hinaus Dienstleistungen auch von Unternehmen erbracht und vermarktet werden, die in der volkswirtschaftlichen Statistik dem produzierenden Gewerbe zugerechnet werden. Die Bedeutung der Dienstleistungen ist damit also noch größer als es aus der Differenzierung der drei Sektoren „Agrar", „Industrie" und „Dienstleistungen" hervorgeht.

	1970			2009		
	Wirtschaftssektor					
Staat	primärer	sekundärer	tertiärer	primärer	sekundärer	tertiärer
Australien	7,1	40,8	52,0	*2,5	*29,1	*68,4
Deutschland	3,3	48,3	48,4	0,7	21,7	77,6
Japan	6,1	44,1	50,0	*1,5	*28,0	*70,6
Österreich	8,4	40,0	51,4	1,5	29,2	69,3
Spanien	11,2	40,6	48,5	2,7	26,2	71,2
Großbritannien	2,9	42,5	54,5	0,7	21,0	76,7

Angaben in %
* Zahlen aus 2008

Abb. 4 Bruttowertschöpfung der volkswirtschaftlichen Sektoren in ausgewählten
OECD-Staaten für 1970 und 2010
(Quelle: Statistisches Bundesamt 2012 und 2009, S. 10)

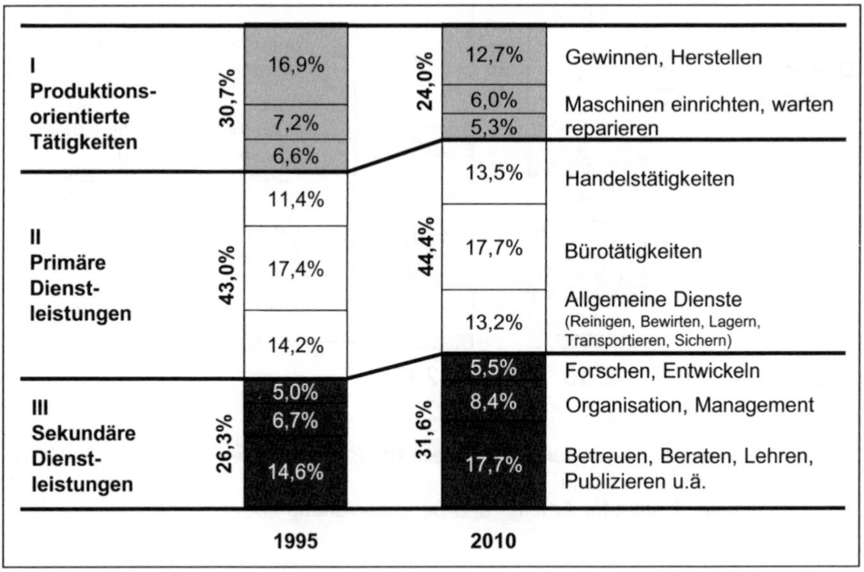

Abb. 5: Entwicklung der Tätigkeitsstruktur in Deutschland (Quelle: Institut für Arbeits-
markt- und Berufsforschung 2007)

1.3 Strukturverlagerungen zugunsten unternehmensbezogener Dienstleistungen

Einhergehend mit dem im vorangegangenen Abschnitt skizzierten volkswirtschaftlichen Bedeutungsanstieg des Dienstleistungssektors in den hochentwickelten Volkswirtschaften hat sich auch dessen Struktur selbst verändert: Richteten sich Dienstleistungsangebote früher hauptsächlich an die privaten Haushalte, liegt der Schwerpunkt mittlerweile eindeutig auf den *unternehmensbezogenen* bzw. unternehmensnahen Dienstleistungen (Klee/Dootz 2003, S. 18 f.). Hiermit sind all jene Dienstleistungen gemeint, die von Unternehmen – und *nicht* von Konsumenten – und damit im Business-to-Business-Geschäft nachgefragt werden. So ist in der Zeispanne von 1970 bis 2006 der Anteil von Handel und Gastgewerbe an den Dienstleistungsbereichen um 9,4 Prozentpunkte gesunken. Gleichzeitig hat sich der Anteil der unternehmensnahen Bereiche „Finanzierung, Vermietung und sonstige wirtschaftliche Dienstleistungen" im gleichen Zeitraum um 13,8 Prozentpunkte erhöht. Die Gründe hierfür liegen u. a. in *neuen Tätigkeitsfeldern* wie bspw. Logistik, Leasing oder der Auslagerung von Kommunikationsaufgaben an externe Anbieter.

Bei den sog. „Sonstigen unternehmensnahen Dienstleistungen" waren im Jahre 2007 24,7 % der Beschäftigten in den Bereichen Rechts-, Steuer- und Unternehmensberatung, Wirtschaftsprüfung oder Marktforschung tätig (vgl. Abb. 6). Der nach der Beschäftigung zweitgrößte Sektor war danach mit 21,9 % der Bereich

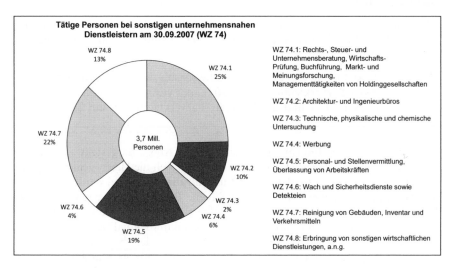

Abb. 6: Tätigkeitsstruktur im Bereich der „Sonstigen unternehmensnahen Dienstleistungen" in Deutschland
(Quelle: Statistisches Bundesamt 2009, S. 48)

der Reinigung von Gebäuden, Inventar und Verkehrsmitteln. Insgesamt repäsentieren die *unternehmensbezogenen Dienstleistungen* mit über 71 Mio. Beschäftigten oder fast 36 % aller Erwerbstätigen mittlerweile den größten und sich am schnellsten entwickelden Sektor in der Europäischen Union. In den Jahren von 1995 bis 2003 sind in dem Bereich in den heutigen 25 EU-Ländern 9,5 Mio. neue Arbeitsplätze entstanden (Europäische Kommission o. J.).

Die Verlagerung zugunsten der unternehmensbezogener Dienstleistungen lässt sich ganz wesentlich durch die Veränderungen auf den *Consumer-Märkten* erklären, die Anpassungserfordernisse auf den (vorgelagerten) B-to-B-Märkte hervorrufen und damit die Entwicklungen auf diesen Märkten wesentlich bestimmen: In den entwickelten Volkswirtschaften ist auf den Konsumgütermärkten seit geraumer Zeit eine zunehmende **Individualisierung der Nachfrage** zu beobachten (Freichel 2009, S. 1 ff.). Diese Tendenz, hat zur Folge, dass sich auch die auf den betreffenden Absatzmärkten angebotenen Produkte immer weiter ausdifferenzieren. Inwieweit diese Entwicklung auf einer tatsächlichen Steigerung der Individualität der Konsumenten beruht oder durch entsprechende Marketingmaßnahmen der Konsumgüterhersteller forciert worden ist und wird, ist dabei durchaus umstritten.

Gleichwohl ist in ihrer Folge eine steigende Segmentierung der verschiedenen Märkte in immer kleinere Nischen und eine entsprechende Heterogenisierung der Produkte festzustellen. Sie erfolgt erstens dadurch, dass die Produkte in einer größeren Anzahl von Modellen und Varianten angeboten werden. Recht plastisch kann diese Entwicklung etwa am Beispiel der Automobilindustrie veranschaulicht werden.

Beispiel: „Mini"

Der Automobiltyp „Mini" wird mit 44 Außenfarbenkombinationen und 106 verschiedenen Sonderausstattungen angeboten. Dadurch können theoretisch über drei Millionen Varianten generiert werden.

Beim „Audi A6" ist im Zuge eines Modellwechsels die Zahl der angebotenen vorderen linken Türverkleidungen um 30 %, der vorderen rechten Türverkleidungen um knapp 8 % und der hinteren Türverkleidungen um 23 % gestiegen.

Aber auch in anderen Industrien hat sich – wie in Abb. 7 dargestellt – eine ähnliche Entwicklung vollzogen. Am deutlichsten zeigt sich die Heterogenisierung von Produkten in dem Konzept der „**Mass Customization**". Hierbei werden einer großen Anzahl von Kunden auf deren individuelle Bedürfnisse zugeschnittene Produkte angeboten, was durch den Einsatz entsprechender Informations- und Kommunikationstechnologien ermöglicht wird. Produktindividualisierung wird dabei durch Einsatz der Vorgehensweisen des ‚match-to-order' bzw. ‚locate-to-order' (Unterstützung der Kunden bei der Auswahl vorhandener Standardprodukte) und des ‚make-to-order' (Leistungen werden speziell für einen Kunden erstellt) erreicht (vgl. Abb. 8). Solche Formen der Massenproduktion kundenindividueller Leistungen finden sich zunehmend etwa bei Automobilen, Kleidung und Schu-

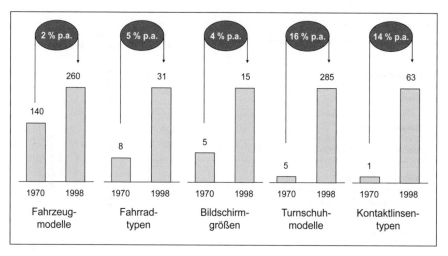

Abb. 7: Zunahme der Variantenvielfalt im Konsumgütergeschäft
(Quelle: Cox/Alm 1999, zitiert nach Piller 2003, S. 31)

hen, Kosmetik, Küchen oder Medienprodukten (Reinhart/Zäh 2003). Diese stärkere Hinwendung zu einer (einzel-)kundenorientierten Gestaltung von Konsumgütern ist vor allem erlösgetrieben.

Die Anbieter erhoffen sich dadurch, dass sie ihre Produkte genauer auf die Wünsche ihrer Kunden zuschneiden, deren Preisbereitschaften besser ausnutzen, die Kundenzufriedenheit und damit die Kundenbindung steigern und somit letztlich im Preiswettbewerb besser bestehen können.

Gleichzeitig gehen von dieser Entwicklung aber auch nicht zu vernachlässigende, gleichwohl aber in der Praxis häufig zunächst übersehene Kosteneffekte aus, die sich vor allem in einer Erhöhung der sog. *Komplexitätskosten* niederschlagen. Eine kundenindividuelle Leistungserstellung erfordert eine genaue Spezifikation der Kundenwünsche und entsprechende Umsetzung in den Wertschöpfungsprozess, was zu einer Erhöhung der kundenbezogenen *Koordinationskosten* führt. Dies wiederum hat deutliche Auswirkungen auf die vor den Konsumgütermärkten liegenden Wertschöpfungsstrukturen: Im Allgemeinen fallen mit zunehmender Arbeitsspezialisierung die Produktionskosten bei steigender Ausbringungsmenge.

Die mit einer Spezialisierung einhergehende, verstärkte Arbeitsteilung erfordert aber ein größeres Maß an Koordination zwischen den verschiedenen Leistungserbringern, wie etwa den einzelnen Arbeitskräften, Abteilungen eines Unternehmens oder ganzen Unternehmen, was wiederum zu erhöhten Gesamtkosten führt. Je stärker sich Leistungserbringer spezialisieren, desto höher fallen somit die Koordinationskosten aus. Dieser Zusammenhang ist in Abb. 9 dargestellt:

Fallen die Produktionskosten mit steigendem Grad der Arbeitsteilung, stellt sich aber gleichzeitig eine Erhöhung der Koordinationskosten mit zunehmender Spe-

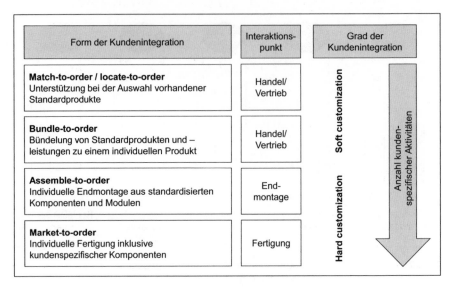

Abb. 8: Arten der kundenindividuellen Leistungsgestaltung
(In Anlehnung an: Piller 2003b, S. 85)

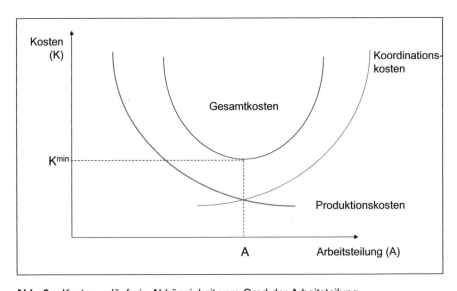

Abb. 9: Kostenverläufe in Abhängigkeit vom Grad der Arbeitsteilung

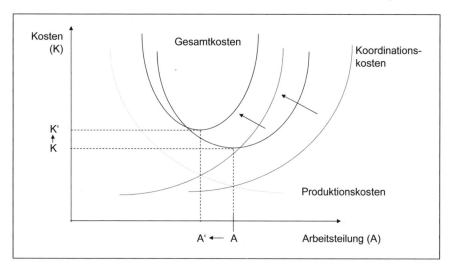

Abb. 10: Auswirkungen der Differenzierung auf Kosten und Arbeitsteilung

zialisierung ein. Der kostenoptimale Punkt (A) befindet sich demnach dort, wo die Gesamtkostenkurve ihr Minimum (K^{min}) erreicht.

Wenn durch steigende kundenindividuelle Produktion von Konsumgütern die Koordinationskosten steigen, führt dies – bei ansonsten unveränderten Produktionskosten – zu einer Verschiebung der Koordinationskostenkurve nach links. Die Gesamtkostenkurve verschiebt sich demnach nach links oben, was dazu führt, dass die Gesamtkosten steigen und sich der optimale Grad der Arbeitsteilung von A nach A' verlagert (vgl. Abb. 10).

Die skizzierten Kostensteigerungen sind für Konsumgüterhersteller aber in der Regel nicht akzeptabel, da sie aufgrund des herrschenden starken Preiswettbewerbs nicht durch entsprechende Erlössteigerungen kompensiert werden können. Aus diesem Dilemma sind in der Unternehmenspraxis zwei Auswege zu beobachten:

1. Insbesondere durch den Einsatz von *IuK-Technologien* wird versucht, eine **Senkung der Koordinationskosten** zu erreichen. Dies führt in der in Abb. 10 wiedergegebenen Darstellung dazu, dass die Koordinationskostenkurve wieder nach rechts oben verschoben wird und somit, obwohl ein höherer Grad an Leistungsindividualisierung vorliegt, die Gesamtkostenkurve wieder mindestens auf ihr altes Niveau zurückgeführt werden kann.
2. Es werden **neue Formen der Arbeitsteilung** implementiert, durch die wiederum geringere Niveaus der Koordinations- und/oder Produktionskosten erreicht werden können. Dies geschieht dadurch, dass ein größerer Teil der Wertschöpfung auf kostengünstigere Zulieferunternehmen und Dienstleister verlagert wird, sodass das Koordinationskostenniveau gehalten bzw. im besten Falle noch gesenkt werden kann. So ist z. B. der Grad der nominalen Fertigungstiefe in der deutschen Automobilindustrie in den letzten zwanzig Jahren von 37 %

auf unter 25 % gesunken (vgl. Abb. 11). Ebenso haben die Anbieter von Elektronikprodukten (Smartphones, Mobiltelefone, Computer, Spielkonsolen etc.) mittlerweile große Teile ihrer Fertigung auf Unternehmen der sog. „Electronic Manufacturing Services" verlagert. Der weltweite Umsatz dieser Unternehmen lag im Jahr 2000 bei 130 Mrd. US-Dollar, im Jahr 2004 bereits bei etwa 260 Mrd. US-Dollar und bis zum Jahr 2011 sollte er auf 450 Mrd. US-Dollar steigen (Electronic Trend Publications 2007, S. 2).

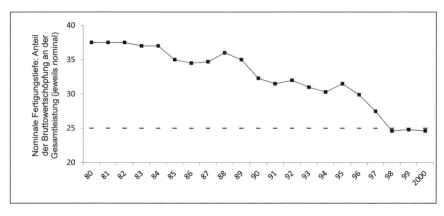

Abb. 11: Nominale Fertigungstiefe in der deutschen Automobilindustrie
(Quelle: Verband der Automobilindustrie e.V. 2002, S. 58)

Ein „Musterbeispiel" dafür, wie durch die zunehmende Übernahme von in Industrieunternehmen zuvor intern erbrachten Tätigkeiten neue extern erbrachte Dienstleistungen werden, liefert das Unternehmen Flextronics.

Beispiele: „Flextronics"

Arbeiten für die Riesen – Auf Abruf montieren No-Name-Unternehmen Handys und Kameras für Nokia, Sony und Co.

Von Arne Molfenter, Markus Göbel

Die Zukunft von Microsoft rollt von einem Fließband in Mexiko. In drei Schichten arbeiten 3 000 Menschen in der neuen Montagehalle. Bis zu 20 000 Xboxen schaffen die Gabelstapler täglich aus der Halle. [...] Noch mehr Beachtung findet bei der Konkurrenz allerdings, dass Microsoft gar keine Fabrik besitzt, um die Geräte zu produzieren. [...] Microsoft ist nur einer der vielen Kunden von *Flextronics*. 80 Fabriken in 28 Ländern besitzt der Auftragshersteller weltweit. Flextronics stellt Handys für alle großen Mobiltelefonfirmen her, Internet-Router für Cisco, Drucker für Hewlett-Packard und kleine Handcomputer für Palm. Flectronics ist weltweiter Marktführer im Bereich der sog. Electronic Manufacturing Services. Ob Nokia, Ericsson, Siemens, IBM oder Microsoft – alle lassen bei den Auftragsfirmen produzieren. Inzwischen sind die selbst zu Giganten geworden. Flextronics erwartet für 2003 einen Umsatz von 14,4 Mrd. Dollar.

(Quelle: Die Zeit, 08/2002)

Das mit Hauptsitz in Singapur ansässige Unternehmen Flextronics ist heute einer der größten Anbieter von *Electronic Manufacturing Services* und hat sein Spektrum mittlerweile von den reinen Montage- auch auf Logistik-, Reparatur-, Rücknahme- und in jüngster Zeit sogar auf Forschungs- und Entwicklungsleistungen ausgedehnt.

Aus den skizzierten Entwicklungen im Konsumgüterbereich resultieren somit zwei wesentliche Konsequenzen für den B-to-B-Bereich:

1. Der Wertschöpfungsanteil, der in entwickelten Volkswirtschaften von Unternehmen des Business-to-Business-Sektors erbracht wird, steigt im Vergleich zu dem der Konsumgüterhersteller stetig an.
2. Es stellt sich – genauso wie zuvor für die Konsumgüterindustrie erläutert – auch für die Unternehmen des Business-to-Business-Sektors unter den veränderten Bedingungen die Frage nach der optimalen Form der Arbeitsteilung.

Da die Lieferanten der Konsumgüterindustrie als erste Stufe des B-to-B-Sektors größere Leistungsanteile übernehmen, müssen sie für sich selbst ebenfalls neue, für sie optimale Formen der Arbeitsteilung finden. Diese resultieren in der Regel wiederum in einer weiteren Verlagerung von Wertschöpfungsaktivitäten auf andere Unternehmen des Produktions- oder Dienstleistungssektors. In der Zulieferindustrie spricht man in diesem Zusammenhang etwa von „1st tier"-, „2nd tier"-, „3rd tier"-Suppliern usw. In der Logistik haben sich „Lead Logistics Providern" („LLP") herausgebildet, die als Anbieter von „Third Party Logistics („TPL")"- oder gar „Fourth Party Logistics („FPL")"-Konzepten auf die Dienste anderer Spediteure und Frachtführer zurückgreifen.

Die erste Beobachtung in Bezug auf diese Veränderung der Wertschöpfungsstrukturen ist, dass sich im Zuge der Entwicklung viele ursprünglich industrielle Wertschöpfungsprozesse zu Dienstleistungsprozessen wandeln. Dies geschieht erstens dadurch, dass die Anbieter im B-to-B-Bereich ihre Produktangebote in zunehmendem Maße durch das Angebot von produktbegleitenden Dienstleistungen ‚anreichern' – was im Übrigen nicht nur für die Angebote der Lieferanten der Konsumgüterhersteller, sondern in der Folge auch für die auf weiter nachgelagerten Marktstufen gilt (überblicksartig Engelhardt/Reckenfelderbäumer 2006, S. 211 ff.). Das aber bedeutet, dass die betreffenden Aktivitäten nun Teil der Wertschöpfung dieser Hersteller sind und nicht (mehr) im Rahmen der Wertschöpfung ihrer Kunden stattfinden. Diese industriellen oder auch funktionalen Dienstleistungen, die vor („pre sales"), während („at sales") und nach dem Kauf („after sales") der betreffenden Sachgüter angeboten werden, umfassen mittlerweile eine große Bandbreite.

Aktuell haben sich unterschiedliche Typen industrieller Service- bzw. Dienstleistungsanbieter herausgebildet. Ihr Spektrum reicht vom ‚einfachen' „Packager", der lediglich seine eigenen Produkte zusammen mit denen anderer komplementärer Hersteller bei seinen Kunden anliefert, bis hin zum „Operator", der bis auf die vermarktungsbezogenen Aktivitäten alle wesentlichen Wertschöpfungsaktivitäten seiner Kunden übernimmt (vgl. Abb. 12).

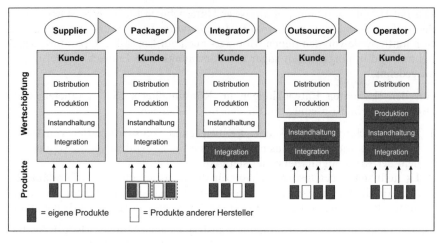

Abb. 12: Typen industrieller Dienstleistungsanbieter
(Quelle: Monitor Group 2003)

An der Kategorie der „Operator" wird aber schon deutlich, dass sich das Dienstleistungsangebot industrieller Hersteller oftmals immer mehr vom ursprünglichen Produktangebot löst, denn das Betreiben beispielsweise eines Kraftwerks hat mit der Produktion der dazu notwendigen Komponenten und Systeme wenig gemein (Freiling 2003, S. 32 ff.). Solche unternehmensbezogenen Dienste wurden und werden im B-to-B-Geschäft aber nicht nur von Herstellern, sondern in großem Maße als eigenständige Leistungen von sog. ‚reinen' Dienstleistern offeriert. Beispiele sind hier vor allem die Dienste in der Telekommunikation, der elektronischen Informationsbeschaffung und -verarbeitung, der Logistik, das Leasinggeschäft sowie die vielfältigen beratenden Dienstleistungen, wie etwa Rechts-, Steuer- und Unternehmensberatungen, die alle ganz überwiegend für Unternehmen oder staatliche Institutionen und nicht für Konsumenten als Kunden erbracht werden.

Die Folge der aufgezeigten Entwicklungen ist, dass viele ursprünglich als ‚reine' Industrieunternehmen tätige Anbieter auf den B-to-B-Märkten in zunehmendem Maße Wertschöpfungsprozesse ihrer Kunden übernehmen und damit zu Anbietern von Dienstleistungen werden, die als produktbegleitende Services oder als eigenständige Dienste vermarktet werden. Zudem entstehen so auch immer wieder neue Dienstleistungsangebote, die Unternehmen von spezialisierten Anbietern offeriert werden. In diesem Sinne ist, wie bereits eingangs betont, Business-to-Business-Marketing in der Praxis zu großen Teilen Dienstleistungsmarketing.

1.4 Konsequenzen für Marketingforschung und -lehre

Einhergehend mit der zuvor dargestellten, steigenden volkswirtschaftlichen Bedeutung der Dienstleistungen hat sich auch die Betriebswirtschaftslehre vermehrt spezifischen Problemstellungen des Dienstleistungssektors zugewandt. Dabei kam dem Marketing eine gewisse Vorreiterrolle zu, was – verstärkt etwa seit dem Beginn der 1990er Jahre – auch zur Entwicklung eines eigenen Zweigs des Dienstleistungsmarketings führte.

Demgegenüber war die Herausbildung des **Industriegütermarketings** zeitlich vorgelagert und eher als eine Reaktion auf die auch heute noch anzutreffende Dominanz des Konsumgütermarketings in Forschung und Lehre anzusehen. Nach ersten Ansätzen in den 20er und 30er Jahren des vorigen Jahrhunderts wurden hierzu im englischsprachigen Raum in den 1950er Jahren erste umfassende Veröffentlichungen vorgelegt (Backhaus 1997, 36 f.). In Deutschland wird diese Richtung nach 1970 – ursprünglich unter dem Namen „Investitionsgütermarketing" – als eigenständiger Zweig innerhalb der Marketingforschung verfolgt (Engelhardt/ Günter 1981; Backhaus 1997, 46 ff.).

Diese historisch gewachsene Gliederung der Marketingbereiche Konsumgüter-, Industriegüter-, Dienstleistungsmarketing ist allerdings zu hinterfragen, wenn sich – wie oben dargestellt – die wirtschaftlichen Gegebenheiten wandeln bzw. gewandelt haben. Dies gilt umso mehr, als die Kriterien, durch welche die verschiedenen Felder voneinander getrennt werden, auf unterschiedlichen Ebenen liegen, was zur Folge hat, dass die Einteilung zwangsläufig nicht überschneidungsfrei ist.

Die Trennung von Konsumgütermarketing auf der einen und Industriegütermarketing auf der anderen Seite basiert nämlich allein auf der *Verwendung der betreffenden Güter*: Konsumgüter werden von Letztverwendern (Konsumenten bzw. Haushalten) für die Zwecke der Eigenbedarfsdeckung erworben, Industriegüter von privaten und staatlichen Organisationen beschafft, um damit wiederum Güter für andere Wirtschaftssubjekte (Konsumenten oder Organisationen), d. h. für die Fremdbedarfsdeckung zu erstellen (Engelhardt/Günter 1981, 24; Kleinaltenkamp 2000a, 173). Dabei wird von der Abgrenzung her in aller Regel kein Unterschied gemacht, ob es sich bei den betreffenden Gütern um Sachen, Dienstleistungen oder Rechte handelt.

Demgegenüber hat die Etablierung des Bereichs **Dienstleistungsmarketings** darauf abgestellt, dass hier *andere Marketinggegebenheiten* existierten als bei der Vermarktung von Sachleistungen. Eine solche Differenzierung zwischen Sach- und Dienstleistungsmarketing geht aber zunächst von den zu *vermarktenden Gütern* aus, wobei vorherrschend auf deren Materialität bzw. Immaterialität abgestellt wurde und immer noch wird (vgl. beispielhaft die Auswertungen bei Rosada 1990, S. 17 f.), unabhängig davon, von wem und für welche Zwecke sie *beschafft* werden. Eine tiefergehende Analyse der unterschiedlichen Differenzierungsansätze zwischen Sachgütern und Dienstleistungen zeigt allerdings, dass letztendlich aufgrund der Vielschichtigkeit unternehmerischer Leistungsangebote keine eindeutige dichotome Abgrenzung möglich ist (vgl. auch Préel/de la Rochefordière 1988, S. 210). Leistungsangebote werden mittlerweile immer mehr zu *Leistungsbündeln*, die aus materiellen und immateriellen Bestandteilen bestehen und die durch ein unterschiedliches Ausmaß einer **Integrationsnotwendigkeit** externer Faktoren gekennzeichnet sind. Werden die verwendungs- und die gutsbezogen abgegrenzten Gebiete des Marketings einander gegenübergestellt, dann resultieren aus dieser Perspektive die folgenden vier Bereiche (vgl. Abb. 13):

- sachgüterbezogenes Industriegütermarketing
- sachgüterbezogenes Konsumgütermarketing
- dienstleistungsbezogenes Industriegütermarketing
- dienstleistungsbezogenes Konsumgütermarketing.

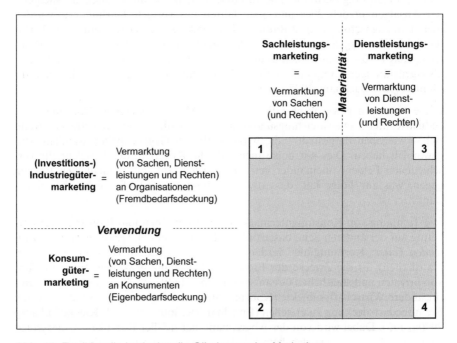

Abb. 13: Traditionelle institutionelle Gliederung des Marketings

Die übliche Trennung zwischen Industriegüter- und Dienstleistungsmarketing führt somit zu *keiner* eindeutigen Abgrenzung der beiden Bereiche. Dabei ist es als besonders unglücklich zu werten, dass mit dem dienstleistungsbezogenen Industriegütermarketing (Fall 3) ein großer Überschneidungsbereich existiert, der – wie zuvor dargestellt – in der Praxis der Märkte eine große und wachsende Bedeutung besitzt.

Angesichts der skizzierten Problematik, keine eindeutige Abgrenzung von Dienstleistungen und Sachgütern vornehmen zu können, haben verschiedene Autoren Versuche unternommen, allgemeine Leistungstypologien anhand verschiedener konstitutiver Merkmale abzuleiten. So schlagen z. B. Engelhardt/Kleinaltenkamp/ Reckenfelderbäumer (1993, S. 416 ff.) vor, die Dichotomie von Sach- und Dienstleistung gänzlich aufzugeben und stattdessen die Vermarktungsobjekte von Unternehmen als **Leistungsbündel** zu betrachten. Ebenso fordert Rust (1998, S. 197) eine integrative Sichtweise von Sach- und Dienstleistungen, und Grönroos (2000, S. 88) erweitert Rusts Argumentation, indem er vorschlägt „services and physical goods should not be kept apart anymore. [...] physical goods marketing and services marketing converge, but services oriented principles dominate".

Weitergehend sind die Forderungen von z. B. Fern/Brown (1984, S. 68 ff.), die sogar dafür plädieren, die Trennung zwischen Konsumgüter- und Industriegütermarketing aufzugeben und ebenso wie Weiber (2007, S. 68) eine „**General Theory of Marketing**" fordern. Wird beachtet, dass im Mittelpunkt von Marketing-Betrachtungen stets das *Verhalten der Marktparteien in Austauschbeziehungen* steht, so ist für Marketingüberlegungen damit letztendlich nicht das Produkt oder allgemein das Leistungsangebot eines Anbieters entscheidend, sondern die Art und Weise, *wie* diese Leistungen von der Nachfragerseite gekauft werden. „Grundsätzlich kann sogar festgestellt werden, dass es einem Produkt nicht zwingenderweise angesehen werden kann, wie es gekauft wird, so dass produktspezifische Marketing-Ansätze ihre Berechtigung im Prinzip nur in den Besonderheiten der „physischen" Produktgestaltung bezogen auf den Kundennutzen besitzen, nicht aber im Hinblick auf die damit verbundene Kaufverhaltensweise." (Weiber, 2007, S. 69 f.).

Eine ebenfalls weitergehende Perspektive nehmen Vargo/Lusch (2004) mit ihrem Konzept einer „**Service Dominant Logic**" (SDL) ein. In ihrem Beitrag „Evolving to a new dominant logic for Marketing" initiieren sie ebenfalls den Versuch der Entwicklung einer allgemeingültigen Theorie für das gesamte Marketing. Grundlage und Ausgangspunkt dieses Ansatzes ist der Begriff *„service"*, den die Autoren als Kern jeglicher Marketing-Interaktionen deklarieren und definieren als „the application of specialized competences (knowledge and skills) through deeds, processes, and performances for the benefit of another entity or the entity itself (Vargo/Lusch 2004, S. 2). Die klassische Dichotomie zwischen Sach- und Dienstleistungen wird somit aufgehoben und hiermit auch die trügerische Notwendigkeit unterschiedlicher Marketingdisziplinen. Somit sehen sie „service" als ein disziplinvereinigendes Konzept, das nicht nur die ursprünglichen Grenzen zwischen Consumer- und Business-, sondern auch die zwischen Sachgüter- und Dienstleistungsmarketing aufhebt (Vargo/Lusch 2008, S. 29 ff.).

Diese Erkenntnis setzt sich, wenn auch zögerlich, zunehmend auch in der Marketingwissenschaft insgesamt durch. Dies lässt sich nicht zuletzt erkennen an der von Vargo und Lusch (2011, S. 182) aufgestellten These „it's all B-to-B". Die Autoren weisen in diesem Zusammenhang darauf hin, dass in allen Interaktionsprozessen, unabhängig davon, welche Marketing-Teildisziplin betrachtet wird, alle beteiligten Akteure sich stets aktiv am Interaktionsprozess durch Ressourcenintegration beteiligen und somit Wertschöpfer sind. Damit erweitert die SDL die Perspektive des Austauschs und stellt einen generischen „Akteur" in den Mittelpunkt von Austauchprozessen, der – wie bereits aus dem B-to-B-Marketing bekannt ist – gleichermaßen Beschaffer, Produzent und Verkäufer ist. Schlussfolgernd wird auch die Dichotomie zwischen Produzent (Werterbringer) und Konsumenten (Wertvernichter) aufgehoben und durch eine dynamische, vernetzte Sichtweise von Wertschöpfung ersetzt, in der „Wert" gemeinsam von Kunden und Anbieter generiert wird (Vargo/Maglio/Akaka 2008, S. 149.). Ebenso wie es auch für die Erstellung von Dienstleistungen typisch ist, kann eine solche **integrative Leistungserstellung** weder ohne Anbieter, noch ohne Kunden stattfinden.

Mit den in den vorangegangenen Ausführungen dargelegten Gründen werden im Folgenden Business- und Dienstleistungsmärkte *gemeinsam* betrachtet und zusammenfassend von *Business- und Dienstleistungsmarketing* (BDM) gesprochen.

> Business- und Dienstleistungsmarketing (BDM) umfasst die permanente und systematische Analyse sowie Ausgestaltung von Transaktionsprozessen zwischen Marktparteien auf industriellen Business-to-Business-Märkten mit dem Ziel, ein Transaktionsdesign zu finden, das die Zielsysteme der Transaktionspartner bestmöglich erfüllt. Die Vermarktungsobjekte stellen dabei überwiegend Leistungsbündel dar, die sich sowohl aus Sach- als auch Dienstleistungen zusammensetzen und deren Erstellung durch die Integration von internen und externen Produktionsfaktoren gekennzeichnet ist.

Verglichen mit seiner praktischen Bedeutung ist das BDM im Bereich der Marketingforschung stark unterrepräsentiert. Dies wird z. B. deutlich, wenn die Inhalte der fünf am höchsten gerankten Marketing-Journals (Yoo 2009, S. 160 ff.) auf ihre jeweiligen Inhalte hin überprüft werden.

	2012		2011		2010		2009		2008		2007		Total		
	B2B	total	B2B	total	B2B	total	B2B	total	B2B	total	B2B	total	B2B	Total	Anteil
Journal of Marketing	4	48	6	51	4	50	7	62	11	55	11	51	43	317	13,56%
Journal of Marketing Research	3	54	4	87	6	91	6	54	4	60	5	59	28	405	6,91%
Marketing Science	3	68	4	80	4	76	4	60	11	82	6	63	32	429	7,46%
Journal of the Academy of Marketing Science	3	49	3	54	6	50	4	41	5	47	6	46	27	287	9,41%
Gesamt	13	219	17	272	20	267	21	217	31	244	28	219	130	1438	9,04%

Ohne Berücksichtigung des *Journal of Consumer Research*, das sich aufgrund seiner Ausrichtung allein auf Fragen des Konsumentenverhaltens fokussiert.

Abb. 14: Anteile B-to-B-bezogener Literaturbeiträge in Top-Marketing-Journals

Diese sind das *Journal of Marketing*, das *Journal of Marketing Research*, *Marketing Science* and das *Journal of the Academy of Marketing Science*. Wird gezählt, wie viele Artikel in den Jahren 2007 bis 2012 zu Themen im Bereich des B-to-B-Marketing verfasst wurden, so ergeben sich die in Abb. 14 wiedergegebenen Resultate. Es ist erkennbar, dass sich in der genannten Zeit nur 9,04 % der Artikel mit Fragestellungen aus dem B-to-B-Bereich beschäftigt haben. Zu ähnlichen Ergebnissen kommen auch LaPlaca/Katrichis (2009, S. 1 ff.), die zwei wesentliche Gründe für das skizzierte Missverhältnis liefern:

- Studierende sind aufgrund ihrer eigenen Erfahrungen als Konsumenten meist zunächst mit Erscheinungsformen des Konsumgütermarketings konfrontiert und interessieren sich aufgrund dessen auch für das Fach. Dies führt nicht nur dazu, dass das Konsumgütermarketing und entsprechende Beispiele in der Lehre einen breiteren Raum einnehmen, sondern auch dazu, dass Wissenschaftler/innen, die eine solche ‚Sozialisierung‘ erfahren haben, sich in ihren eigenen Arbeiten wiederum eher Phänomenen des Konsumgüterbereichs zuwenden.
- Es ist meist viel einfacher, Daten für empirische Projekte zu erheben, die im Konsumgütersektor angesiedelt sind. Diese können in vielen Fällen sogar bei Studierenden an der Hochschule erhoben werden. Andere Beispiele stellen etwa Scannerdaten dar, die in großer Zahl im Einzelhandel erfasst werden und Auskunft über das Konsumverhalten geben. Demgegenüber sind Daten von organisationalen Käufern etwa aufgrund der Komplexität von Beschaffungsvorgängen, Zeitbeschränken der Auskunftspersonen oder deren Angst, sensible Geschäftsinformationen preisgeben zu müssen, viel schwieriger zu erlangen. Da gerade die Top-Journals im Marketing-Bereich aber großen Wert auf möglichst großzahlige empirische Studien legen, tendieren Forscherinnen und Forscher aufgrund der Bedeutung entsprechender Veröffentlichungen für ihre Karriere dazu, sich eher auf Themengebiete des Konsumgütermarketings zu fokussieren.

Insgesamt ist erkennbar, dass es im Bereich des BDM aufgrund der großen praktischen Bedeutung, die ihm vor allem in den entwickelten Volkswirtschaften zukommt sowie den Herausforderungen, die mit dem Forschungsfeld verbunden sind, noch einen großen Entwicklungsspielraum für erfolgreiche aber auch anspruchsvolle Forschungsvorhaben gibt.

2 Besonderheiten des BDM

Bereits bei ‚isolierter Betrachtung' weisen sowohl das industrielle Business-to-Business-Marketing (Industriegütermarketing) als auch das Dienstleistungsmarketing gegenüber dem Konsumgütermarketing eine Reihe von Besonderheiten auf. In der Zusammenschau von Business- und Dienstleistungsmärkten ergeben sich weitere Besonderheiten, die elementare Ausgangspunkte für die Analyse im BDM darstellen. Diese liegen vor allem in folgenden Aspekten:

- Unternehmen bzw. Organisationen als Nachfrager, die selbst wieder Leistungen für Dritte erstellen,
- abgeleitete Nachfrage,
- investive und/oder produktive Verwendung,
- Mehrstufigkeit der Absatzmärkte,
- Verknüpfung von Wertschöpfungsprozessen,
- integrative Leistungserstellungsprozesse,
- Absatzobjekte als Leistungsbündel.

Sie sollen in diesem Kapitel eine eingehende Betrachtung erfahren. Weiterhin ergeben sich aus diesen Besonderheiten spezifische Konsequenzen für die Positionierung des Leistungspotenzials eines Anbieter und die Erzielung von Wettbewerbsvorteilen auf Business- und Dienstleistungsmärkten. Gemeinsam mit den Überlegungen in den Kapiteln 2 und 3 spannen diese Aspekte den **Analyserahmen für das BDM** auf.

2.1 Abgeleitete Nachfrage als Ausgangspunkt des BDM

Nachfrager auf Business- und Dienstleistungsmärkten sind selbst als Anbieter auf ihren Absatzmärkten tätig. Die von den Kunden nachgefragten Leistungen werden also nur deshalb beschafft, weil sie wiederum – direkt oder indirekt – für die Erstellung oder den Vertrieb anderer Produkte oder Dienstleistungen benötigt werden (Kleinaltenkamp 2000a, S. 173 ff.).

> Zu den *Nachfragern im Business- und Dienstleistungsbereich* zählen alle Hersteller, Dienstleistungsunternehmen, Händler, Handwerksbetriebe sowie sonstige Organisationen, die Leistungen nicht zum Zwecke der Konsumtion, sondern zur investiven und/oder produktiven Verwendung in den eigenen Leistungserstellungsprozessen nachfragen.

Damit handelt es sich bei der Nachfrage auf Business- und Dienstleistungsmärkten um eine **„abgeleitete Nachfrage"** („derivative Nachfrage"; Günter 1997, S. 214; ähnlich Engelhardt/Günter 1981, S. 27 f.): Sie hängt ab von den Beschaffungsentscheidungen nachfolgender Weiterverarbeitungs- und/oder Handelsstufen, was letztlich bis hin zur „originären Nachfrage" der Letztverwender, der Konsumenten, reichen kann (vgl. Abb. 15).

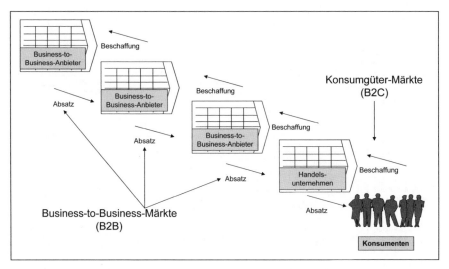

Abb. 15: Abgeleitete Nachfrage

Am Beispiel der in Abb. 16 dargestellten **Marktstufenstruktur** der Textilbranche kann verdeutlicht werden, dass ‚hinter' jedem Konsumgütermarkt eine Vielzahl von Produktions- und Handelsstufen existiert, auf denen die betreffenden Vorleistungen vermarktet werden: So richten die Nachfrager auf der letzten Marktstufe ihre Anfragen typischerweise an den Groß- und Einzelhandel. Dieser wiederum erhält sein Textilsortiment von den Produzenten textiler Endprodukte oder den Konfektionären. Von dort setzt sich der Nachfragesog letztlich fort bis in die Vorleistungszweige, von denen die betreffenden landwirtschaftlichen Rohstoffe (Wolle, Baumwolle), chemischen Basismaterialien (Kunstfasern), Maschinen (Spinn-, Webmaschinen usw.) sowie sonstige Vorleistungen geliefert werden. Hinzu kommt noch die Nachfrage nach Dienstleistungen, die z. B. der Verknüpfung der verschiedenen Markt- bzw. Wertschöpfungsstufen dient oder die Produktionsprozesse unterstützen (z. B. Logistikleistungen, Telekommunikationsdienste, Beratungsleistungen). Auf all diese vorgelagerten Markstufen existiert ebenfalls ein Marketing, das jedoch unter den Bedingungen von Business- und Dienstleistungsmärkten erfolgt.

Die vermarkteten Produkte und Dienstleistungen werden im Business- und Dienstleistungssektor also von den Nachfragern nicht konsumiert, sondern **investiv und/oder produktiv** genutzt: So kauft etwa ein Automobilhersteller eine Fertigungsstraße, damit er damit Automobile produzieren kann, die er dann vermarktet. Ein Computer-Hersteller beschafft elektronische Teile, die er für die Montage bestimmter Module benötigt. Die Module werden dann an andere Kunden weiterverkauft, die daraus z. B. IT-Systeme bauen.

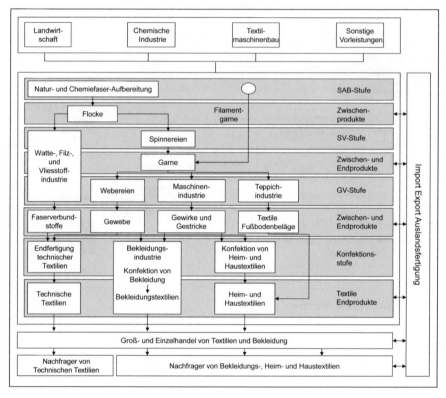

Abb. 16: Marktstufenstruktur der Textilindustrie,
(In Anlehnung an: Reckfort 1999, S. 247)

Ein typisches Business-to-Business-Geschäft liegt auch vor, wenn ein Unternehmen seine Mitarbeiter/innen extern schulen lässt. Die betreffenden Personen sollen lernen, ihre Tätigkeit besser und/oder schneller ausführen zu können. Das Unternehmen beschafft eine Dienstleistung und investiert Geld, erhofft sich daraus aber als Gegenleistung einen Produktivitätszuwachs. Zusätzlich ist zu berücksichtigen, dass weitere sog. „**Drittparteien**", die im Umfeld der betreffenden Marktstufen angesiedelt sind, Einfluss auf die Beschaffungsentscheidungen zwischengelagerter Akteure nehmen können. Sie sollten deshalb im Rahmen der Marketingaktivitäten eines Anbieters ebenfalls berücksichtigt werden. Hierzu zählen beispielsweise Ingenieurbüros, Architekten, Bauplaner, Behörden, Kammern oder berufsständische Interessenvertretungen. Die abgeleitete Nachfrage führt somit dazu, dass sich ein in einem solchen Umfeld agierendes Unternehmen intensiv mit der **Mehrstufigkeit**

seines Absatzmarktes auseinandersetzen muss. Das bedeutet, dass möglichst die gesamte Wertschöpfungskette – einschließlich aller auch nicht in die unmittelbaren Weiterverarbeitungsprozesse integrierten, sie aber gleichwohl beeinflussenden Akteure – durchdrungen und verstanden werden muss.

Beispiel: „Mehrstufigkeit des Absatzmarktes bei Glimmerpigmenten"

Glimmerpigmente werden mit Hilfe der sog. Bronziertechnik beim Bedrucken von Etiketten, Verpackungen, Plakaten o. Ä. verwendet. Die pulverförmigen Pigmente werden aus dünnen Plättchen des natürlichen Minerals Glimmer produziert. Je nach Anwendungsbereich ergeben die Pigmente zusammen mit entsprechenden Bindemitteln Farben oder sie werden direkt bei der Herstellung von Folien aus Kunststoff oder anderen Kunststoffprodukten zugegeben bzw. auf eine Trägerschicht aufgedruckt. Die *direkten Nachfrager* von Glimmerpigmenten sind Druckereibetriebe, welche die betreffende Bronziertechnik einsetzen. Damit dies geschehen kann, müssen Farbenhersteller entsprechende Unterdruckfarben produzieren, in welche die Glimmerpigmente eingebracht werden können. Dazu müssen die von den Druckereien eingesetzten Druckmaschinen für die Verarbeitung der betreffenden Farben ausgerüstet sein. Nachfrager der Druckereien auf der *nächsten Marktstufe* sind Firmen, die Färbeaufträge für Verpackungen, Etiketten etc. vergeben. Dies sind zumeist Markenartikelhersteller unterschiedlicher Branchen. Hier konkurrieren die mit Glimmerpigmenten bronzierten Verpackungen, Etiketten, Plakate usw. gegen Produkte, die mit anderen Verfahren effektvoll gestaltet werden.

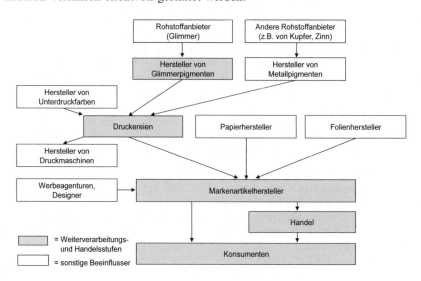

Der Beschaffungsprozess der Markenartikelhersteller wird oft von Personen oder Institutionen beeinflusst, welche die Hersteller bei ihrer Werbemittelgestaltung beraten oder unterstützen. Hierzu zählen vor allem Werbeagenturen, interne und externe Designer oder Druckereibetriebe. Die Werbeagenturen bzw. die Designer machen z. T. sehr restriktive Vorgaben in Bezug auf die Gestaltung, was bis hin zur Festlegung des konkreten Pigments eines bestimmten Herstellers reichen kann.

Zum Teil haben die Verpackungsmittelhersteller bzw. die Druckereien aber auch vollständige Entscheidungsfreiheit hinsichtlich der Wahl der Gestaltungsmittel, mit denen ein bestimmter Farbeffekt erzielt werden soll.

Die *nächste Marktstufe* umfasst die Absatzmärkte der Markenartikelhersteller. Nachfrager sind hier die Produkt-Verwender, die mit bronziertem Material verpackt oder beklebt werden. Wichtig ist hierbei, welche Wirkung eine besonders effektvolle Gestaltung der Verpackungen auf das Nachfrageverhalten der Konsumenten hat. Je nach Absatzweg der Markenartikelhersteller kann auch noch der Handel Einfluss auf die Verpackungsgestaltung nehmen. Dies ist z. B. dann der Fall, wenn für Händler die Umweltverträglichkeit bei der Entsorgung oder bestimmte Funktionaleigenschaften von Bedeutung sind und sie ihre Anforderungen gegenüber den Markenartikelherstellern artikulieren bzw. durchsetzen können.

(In Anlehnung an: Kleinaltenkamp/Rudolph 2006, S. 287 ff.)

Aus den skizzierten Zusammenhängen resultiert weiterhin, dass es auf Business- und Dienstleistungsmärkten immer zu einer *Verknüpfung von Wertschöpfungsprozessen* kommt: der Wertschöpfung des Anbieters auf der einen und der Wertschöpfung des Nachfragers auf der anderen Seite. Die sich daraus ergebenden Effekte lassen sich gut am **Modell der Wertkette** von Porter (2000, S. 66) veranschaulichen. Der Grundgedanke des Wertketten-Konzeptes ist, dass jedes Unternehmen als eine Ansammlung von Prozessen angesehen werden kann (vgl. Abb. 17). Alle Funktionsbereiche wie Forschung, Entwicklung, Produktion, Logistik, Vertrieb usw. tragen mit allen von ihnen durchgeführten Tätigkeiten zur Erreichung des Unternehmenszwecks bei. Hierbei werden die Tätigkeiten nach primären und unterstützenden Aktivitäten gegliedert.

Primäre Aktivitäten umfassen die Herstellung eines Produktes bzw. die Erstellung einer Dienstleistung i. e. S. sowie den Verkauf und ggfs. die Auslieferung der Leistungen sowie den Kundendienst. Die *unterstützenden Aktivitäten* dienen dazu, die primären sowie die jeweils anderen unterstützenden Aktivitäten aufrechtzuerhalten. Zu diesem Zweck müssen die dazu notwendigen Inputs, Technologien und menschlichen Ressourcen beschafft und bereitgestellt sowie die entsprechende Infrastruktur geschaffen werden (Porter 2000, S. 59 ff.). Ein Unternehmen erzielt somit gemäß dem Wertketten-Ansatz dann einen Gewinn, wenn der *am Markt erzielte Wert* der Unternehmensaktivitäten (sog. *Abnehmerwert, engl.: „value for the customer"*) die Kosten der dafür in den einzelnen Funktionen durchzuführenden Prozesse übersteigt (vgl. Abb. 17).

Durch die sich im Rahmen des BDM vollziehende **Verknüpfung der Wertketten** von Anbietern und Nachfragern können sich nun auf beiden Seiten sowohl der

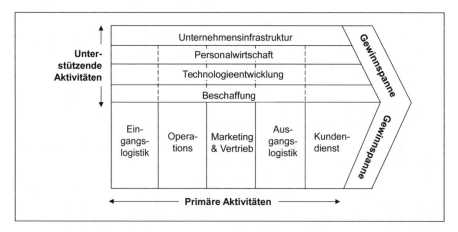

Abb. 17: Wertkette von Porter
(Quelle: Porter 2000, S. 66)

Wert als auch die Kosten der Aktivitäten verändern. Dabei greifen die Anbieter durch ihre Leistungen z. T. sehr weitreichend in die Wertkette seines Nachfragerunternehmens ein und beeinflusst damit dessen Möglichkeiten zur Erzielung von Wettbewerbsvorteilen (vgl. Abb. 18).

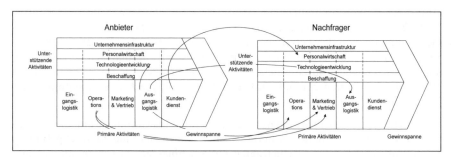

Abb. 18: Verknüpfung von Anbieter- und Nachfragerwertkette

Dies gilt zunächst für die Lieferungen und Leistungen eines Anbieters im Hinblick auf die Wertschöpfungsprozesse des Nachfragers, wie folgende Beispiele zeigen:

- So wird durch die Installation eines Investitionsgutes, wie etwa einer Werkzeugmaschine, der Wertschöpfungsprozess eines Nachfragers – zumindest in Teilen – neu gestaltet. Dies kann sich in einer Qualitätssteigerung, d. h. einer Werterhöhung, und/oder einer Effizienzsteigerung, d. h. einer Kostensenkung, niederschlagen.
- Durch die Lieferung von Produktionsgütern, wie Rohstoffen, Einsatzstoffen etc., kann die Effektivität oder die Effizienz eines Wertschöpfungsprozesses

ebenfalls maßgeblich beeinflusst werden. Das gilt z. B. dann, wenn durch eine bessere Verarbeitungsfähigkeit von Einsatzstoffen Produktionsprozesse beschleunigt werden oder wenn durch die Verwendung eines anderen Rohstoffes eine höhere Qualität der Folgeprodukte erzielt wird.

- Eine fremdbezogene Dienstleistung, sei es eine Gebäudereinigung, eine Beratungsleistung, eine externe Lohn- und Gehaltsabrechnung o. Ä., ersetzt in aller Regel eine interne Leistungserstellung, was gleichfalls wiederum kostensenkende und/oder werterhöhende Auswirkungen beim Leistungsnehmer hat.

Da die Kunden auf Business- und Dienstleistungsmärkten **Unternehmen bzw. allgemein Organisationen** darstellen, die *selbst als Anbieter* auf ihren Märkten agieren, unterliegen sie auch dem auf diesen Märkten herrschenden Wettbewerb. Um erfolgreich sein zu können, ist es deshalb für einen im Business- und Dienstleistungsbereich tätigen Anbieter notwendig, sich Klarheit darüber zu verschaffen, wie die eigenen Leistungen dazu beitragen, seine Kunden auf ihren Märkten einen Wettbewerbsvorteil zu verschaffen. Je mehr es einem Anbieter gelingt, durch seine Problemlösungen seine Kunden bei der Erreichung von Wettbewerbsvorteilen auf ihren Märkten zu unterstützen, desto

- größer sind die Vorteile, die er seinen Kunden bietet,
- höher ist damit seine Effektivität,
- mehr steigt der gesamte Wert der Aktivitäten seiner eigenen Wertkette,
- stärker sind die zu erwartenden Vorteile, die seine direkten Kunden wiederum ihren Kunden bieten können.

Aufgrund des Voranschreitens des Marktprozesses sind so erzielte Wettbewerbsvorteile aber einer ständigen *Erosionsgefahr* ausgesetzt. Dadurch drohen zwangsläufig auch die von den betreffenden Vorlieferanten erzielten Vorteile an Wert zu verlieren. Für Anbieter auf Business- und Dienstleistungsmärkten ist es deshalb wichtig zu verstehen, durch welche *Veränderungsprozesse* die für sie bedeutenden Wertschöpfungsketten geprägt sind, um daraus entsprechende Ableitungen für ihre strategische Ausrichtung vorzunehmen.

Hieraus ergeben sich nicht zuletzt weitreichende Auswirkungen auf die Gewinnung von Marktinformationen in diesem Bereich. In einer hierzu durchgeführten Studie gaben etwa 95 % aller befragten Unternehmen an, zu wissen, an wen ihre direkten Abnehmer die von ihnen angebotenen Produkte weiter verkaufen (Kleinaltenkamp et al. 2011, S. 44). Gleichwohl ist es in der Folge nicht immer so offensichtlich, auf welcher Stufe sich dasjenige Unternehmen in der vertikalen Wertschöpfungskette befindet, dessen Verhalten für den Erfolg der mehrstufigen Strategie ausschlaggebend ist und wie genau der Einfluss von den betreffenden Akteuren ausgeübt wird. Häufig steht dem auch eine mangelnde mehrstufige Orientierung der betroffenen Unternehmen im Wege. Sie sind zwar durchaus auf ihre direkten Kunden auf der nachfolgenden Marktstufe ausgerichtet, ihnen fehlt es aber an Wissen und Einfühlungsvermögen in Bezug auf die nachfolgenden Marktstufen.

2.2   Absatzobjekte als Leistungsbündel

Für den Business- und Dienstleistungsbereich ist es charakteristisch, dass die hier offerierten Leistungsangebote **Leistungsbündel** darstellen, die aus mehreren, teilweise sehr unterschiedlichen Elementen bestehen und ein Bündel aus Sach- und Dienstleistungen darstellen. Die Ursache hierfür ergeben sich insbesondere daraus, dass im BDM vermarkteten Leistungen

- überwiegend *kundenspezifisch* erstellt werden (müssen) oder zumindest an die unternehmensspezifischen Belange der Kunden anzupassen sind;
- aufgrund der *Anpassungserfordernis* mehr oder wenig stark die Zusammenarbeit von Anbieter und Nachfrager bei der Leistungserstellung erfordern,
- zur Entfaltung ihres Nutzenpotenzials beim Kunden des Einsatzes von produktbegleitenden und reinen *Dienstleistungen* verlangen.

> Als *Leistungsbündel* werden Leistungsangebote eines Anbieters bezeichnet, die sich sowohl aus Sach- als auch Dienstleistungen eines Anbieters zusammensetzen und deren Erstellung durch die Integration von internen und externen Produktionsfaktoren gekennzeichnet ist.

Das führt dazu, dass das endgültige Leistungsergebnis durch den Nachfrager *nach* dem Kaufabschluss und häufig sogar erst beim konkreten Einsatz einer Problemlösung im Nachfrager-Unternehmen beurteilt werden kann. Damit ergibt sich bei Leistungsbündeln für den Nachfrager eine gegenüber Sachleistungen deutlich unterschiedliche **Beurteilungsproblematik**, die in Abb. 19 verdeutlicht ist.

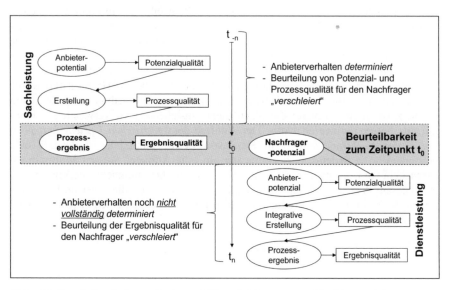

Abb. 19: Beurteilbarkeit von Sach- und Dienstleistungen aus Nachfragersicht

Während Sachleistungen bereits zum Kaufzeitpunkt vollständig erstellt sind und damit das Leistungsergebnis durch den Nachfrager grundsätzlich bereits *vor* dem Kauf beurteilt werden kann, ist das bei Dienstleistungen bzw. allgemein bei „integrativ mit dem Kunden zu erstellenden Leistungen" nicht der Fall. Für den Nachfrager resultiert daraus bei Leistungsbündeln ein *zusätzliches Beurteilungsproblem*, das darin begründet liegt, dass *nach* dem Kaufabschluss zum einen der Anbieter das Leistungsergebnis noch beeinflusst und zum anderen auch der Nachfrager durch seine Mitwirkung bei der Leistungserstellung das Leistungsergebnis ebenfalls maßgeblich mitbestimmt. Bei reinen Sachleistungen ist die Beurteilungsproblematik des Nachfragers somit ‚beschränkt' auf die Feststellung der Ergebnisqualität, während bei Leistungsbündeln diese zum Kaufzeitpunkt noch nicht feststeht und auch das Anbieterverhalten noch *nicht vollständig determiniert* ist (vgl. hierzu ausführlich Kapitel 6.3.2). In diesen Fällen stellen Problemlösungen sog. *Leistungsversprechen* dar, die von Alchian/Woodward (1988, S. 66) in Abgrenzung zu sog. *Austauschgütern* definiert werden. Während Austauschgüter („exchange") dadurch gekennzeichnet sind, dass sie bereits *vor* Kaufabschluss existent und damit grundsätzlich auch durch den Nachfrager beurteilbar sind, entsteht bei Leistungsversprechen („contracts") eine besondere **Unsicherheitssituation** auf der Nachfragerseite (vgl. auch Kapitel 6.3). Diese ist dadurch gekennzeichnet, dass ein Leistungsergebnis zum Zeitpunkt des Kaufs bzw. Vertragsabschlusses durch den Anbieter ganz oder teilweise nur ‚versprochen' ist.

Als *Leistungsversprechen* werden solche Leistungsangebote bezeichnet, die zum Zeitpunkt des Kaufabschlusses nicht oder noch nicht vollständig existent sind und bei denen der Anbieter nach Vertragsabschluss auf die Gestaltung der Leistungseigenschaften noch erheblichen Einfluss besitzt.

Die bei Leistungsversprechen deutlich größere Beurteilungs- und damit Unsicherheitsproblematik des Nachfragers besitzt deshalb für Kaufentscheidungen von Unternehmen eine herausragende Bedeutung, weshalb ein Anbieter über die Unsicherheitspositionen eines Nachfragers nicht nur genauestens informiert sein sollte, sondern auch Maßnahmen ergreifen sollte bzw. muss, um dem Nachfrager bei der Reduktion seiner Unsicherheit zu helfen. Vor diesem Hintergrund ist die Chance zur Erzielung eines Wettbewerbsvorteils ceteris paribus dann meist am größten, wenn ein Anbieter die Nachfrager-Unsicherheit im Vergleich zur Konkurrenz besser reduzieren kann. Der Analyse der *spezifischen Unsicherheitspositionen der Nachfragerseite* beim Kauf von Leistungsbündeln ist deshalb eine besonders hohe Bedeutung beizumessen, und die Anbieter müssen Maßnahmen entwickeln, um die nachfragerseitige Kaufunsicherheit möglichst gering zu halten. Diesem Aspekt und den Möglichkeiten der Anbieter, die Unsicherheitspositionen des Nachfragers zu reduzieren, wird im vorliegenden Buch in Kapitel 6.4.3 ausführlich Rechnung getragen.

2.3 Integrative Leistungserstellung

Wie im vorherigen Kapitel erläutert, stellen die Absatzobjekte im BDM in der überwiegenden Mehrzahl **Leistungsbündel** dar, die als Kombination aus Sach- und Dienstleistungen im Rahmen der Leistungserstellung in mehr oder weniger starkem Ausmaß eine *Integration von internen und externen Produktionsfaktoren* erfordern. Die Leistungserstellung des Anbieters ist deshalb im BDM durch einen **integrativen Prozess** gekennzeichnet, der in Anlehnung an die Überlegungen der produktionswirtschaftlich orientierten Dienstleistungsforschung (Corsten/Gössinger 2007, S. 21 ff.; Fließ 2009, S. 20 ff.; Hilke 1989, S. 10 f.; Kleinaltenkamp 1997b, S. 350 ff.; Meffert/Bruhn 2009, S. 17 ff.) in drei Phasen bzw. Teilbereiche unterteilt werden kann (vgl. Abb. 20): Leistungspotenzial, Leistungserstellungsprozess und Leistungsergebnis.

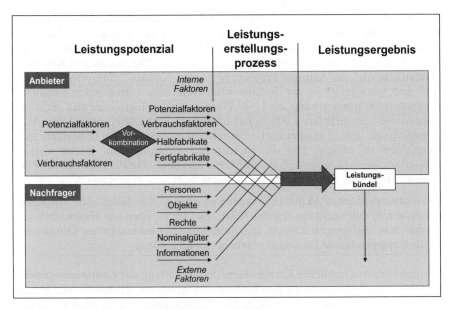

Abb. 20: Ebenen der integrativen Leistungserstellung
(Quelle: Kleinaltenkamp 1997b, S. 351)

> Das *Leistungspotenzial* repräsentiert eine Vorkombination von Produktionsfaktoren zur Erstellung von Leistungsbereitschaft. Es umfasst alle Produktionsfaktoren, über die ein Anbieterunternehmen autonom disponieren kann und die es benötigt, um überhaupt Angebote offerieren zu können.

Beim **Leistungspotenzial** handelt es sich somit erstens um Potenzial- und Verbrauchsfaktoren, die in der entsprechenden Art und Form von den jeweiligen Beschaffungsmärkten bezogen worden sind bzw. werden können. Hierzu gehören

Immobilien, Ausrüstungsgegenstände, Vormaterialien, Lizenzen, Software, Personal u. m. und vieles mehr. Um eine *Leistungsbereitschaft* herstellen zu können, müssen mit Hilfe der genannten Potenzial- und Verbrauchsfaktoren in aller Regel aber zusätzlich bestimmte Prozesse der Vorkombination durchgeführt werden (Altenburger 1979, S. 863 ff., Corsten 1997, S. 136 ff., Corsten/Gössinger 2003). Die Outputs dieser Vorkombination stellen die zweite Kategorie der internen Faktoren dar, bei denen es sich dann um veränderte Potenzial- und Verbrauchsfaktoren aber auch um Halb- oder Fertigfabrikate handeln kann.

Beispiel: „Leistungsbereitschaft bei ThyssenKrupp"

Das Unternehmen ThyssenKrupp beschreibt seine Technologiekompetenz auf seiner Internetseite selbst wie folgt:

„Unsere Wissenschaftler und Entwicklungsingenieure konzentrieren sich auf die aktuellen Schlüsseltechnologien, um die führende Position von Thyssen-Krupp bei anspruchsvollen Produkten auch für die Zukunft zu sichern. Insbesondere die Informationstechnologie ist zum unersetzlichen Werkzeug unserer Techniker und Wissenschaftler geworden – nicht nur bei Software und Elektronik, sondern ebenso im Maschinenbau und bei Verfahrenstechnik, Metallurgie und Werkstoffkunde. Als technologie- und dienstleistungsorientierter Konzern entwickeln wir – als Solution Provider für unsere Kunden – innovative Verfahren und Werkstoffe, die der Technik neue Wege öffnen. In unseren Entwicklungszentren arbeiten mehr als 3.500 Wissenschaftler, Ingenieure und sonstige Spezialisten an mehr als 2.000 Forschungs- und Entwicklungsprojekten. Alle Projekte sind darauf ausgerichtet, unsere Kernkompetenzen bei Produkten und Verfahren zu stärken. Um die Kundennähe sicherzustellen, führen unsere Gesellschaften, die unmittelbar am Markt operieren, die Projekte durch. Für gemeinsame Aufgaben arbeiten sie in einem Netzwerk zusammen."

Alle oben genannten Aktivitäten werden zu ganz großen Teilen *ohne* Vorliegen einzelner Kundenaufträge durchgeführt. Ziel ist es, über ein entsprechendes Know-how verfügen zu können, mittels dessen dann bei konkreten Kundenanfragen entsprechende Lösungen erarbeitet werden können.

Ein betriebswirtschaftliches Kernproblem der Gestaltung des Leistungspotenzials besteht darin, dass sowohl die Beschaffung von internen Faktoren auf den jeweiligen Beschaffungsmärkten als auch die Durchführung der betreffenden Vorkombinationsprozesse spekulativ zu erfolgen haben. Das bedeutet, dass ein Anbieterunternehmen seine Kapazitäten im Hinblick auf eine zu erwartenden Auslastung planen und gestalten muss, ohne genau zu wissen, wie hoch genau die Kapazität sein und welche Qualität sie haben muss.

Die eigentliche **Leistungserstellung** erfolgt erst dann, wenn die im Leistungspotenzial akkumulierten internen Faktoren mit externen – vom *Kunden* bereitzustellenden – Faktoren kombiniert werden. Der Kunde kann deshalb bei **integrativer** Leistungserstellung – in Anlehnung an die Sichtweise der Dienstleistungsforschung – auch kurz als „**externer Faktor**" bezeichnet werden. Üblicherweise werden die folgenden Arten externer Faktoren, die vom Kunden in den Leistungserstellungsprozess eingebracht werden können *(sog. Kundenintegration)*, unterschieden:

- **Personen:** der Nachfrager selbst bzw. die Mitarbeiterinnen und Mitarbeiter eines nachfragenden Unternehmens, z. B. bei einer Beratungs-, Schulungs- oder Trainingsmaßnahme.
- **Sachliche Objekte:** z. B. eine zu reparierende Maschine, ein zu bebauendes Grundstück oder ein zu reinigendes Gebäude.
- **Rechte:** die z. B. von einem Lizenznehmer oder einem Rechtsanwalt im Rahmen eines Rechtsstreits in Anspruch genommen werden dürfen.
- **Nominalgüter:** die z. B. einer Bank oder einem Unternehmen mit dem Ziel der Erreichung von Zinseinkünften als Einlage zur Verfügung gestellt werden.
- **Informationen:** die z. B. von einer Werbeagentur, einem Unternehmensberater oder einem externen Datenverarbeitungsunternehmen verarbeitet werden.
- **Tiere und Pflanzen:** die z. B. von einem externen Dienstleister gepflegt oder versorgt werden.

An und mit diesen externen Faktoren werden die Leistungserstellungsprozesse vollzogen, an deren Ende das vom Kunden gewünschte Leistungsergebnis steht.

> Als *Leistungserstellungsprozess* wird die nach Aktivierung der Leistungsbereit- schaft durchgeführte Endkombination von internen und externen (Produk- tions-)Faktoren bezeichnet.

Die wesentlichste Herausforderung besteht hier in der Notwendigkeit der sog. **Kundenintegration** (vgl. ausführlich Kapitel 3.2) und dem damit verbundenen *Zusammenwirken* von internen und externen (Produktions-)Faktoren. Dabei tritt ein externer Faktor selten allein in Erscheinung. Ein Mensch ist als **externer Faktor** etwa immer auch Informationsträger. Ebenso gehört ein sachliches Objekt einem Menschen oder einem Unternehmen, der selbst bzw. dessen Repräsentan- ten es dem Anbieter verfügbar machen müssen. Und schließlich müssen auch die jeweils relevanten Verfügungsrechte mit transferiert werden.

Das **Leistungsergebnis**, welches der Nachfrager schließlich erhält, stellt somit immer ein *Leistungsbündel* dar. Es besteht aus Elementen, die bereits in der Vor- kombination, und solchen, die erst im Leistungserstellungsprozess entstanden sind. Da das Leistungsergebnis aus der Zusammenführung („Integration") von internen und externen Faktoren zustande gekommen ist, kann der gesamte Pro- zess als „**integrative Faktorkombination**" bezeichnet werden (vgl. Abb. 20). Damit eine solche integrative Faktorkombination vollzogen werden kann, müssen die internen mit den externen Produktionsfaktoren – in aller Regel auch physisch – zusammengeführt werden. Die in Abb. 21 dargestellten Fälle lassen sich wie folgt charakterisieren:

- *Fall 1: Dauerhafte* Implementierung von Anbieter-Ressourcen beim Nachfra- ger. Dies ist typisch für Transportnetze, Reparaturstützpunktnetze und ähnli- ches, aber auch für Outsourcing-Dienste.
- *Fall 2: Zeitweise* Verlagerung von Anbieter-Ressourcen zum Nachfrager und Rückführung nach dem Abschluss der Leistungserstellung. Typische Beispiele hierfür sind Beratungsdienste oder Wartungs- und Instandhaltungsleistungen, die beim Nachfrager vor Ort erbracht werden.
- *Fall 3: Räumliche* Verlagerung von Nachfrager-Ressourcen in den Leistungser- stellungsprozess beim Anbieter. Diese Bewegung wird i. d. R. nur temporär

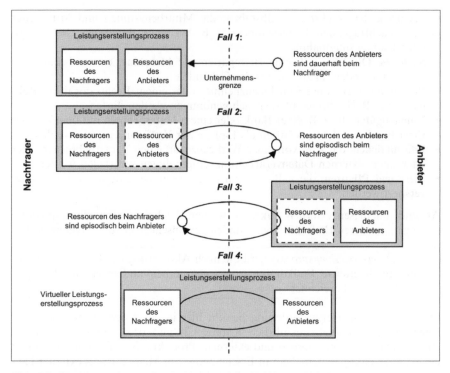

Abb. 21: Ressourcenintegration bei integrativen Faktorkombinationsprozessen
(in Anlehnung an: Kleinaltenkamp/Plötner/Zedler 2004, S. 632)

erfolgen und ist typisch z. B. bei der Wartung und Instandhaltung von Schiffen oder Flugzeugen.

- *Fall 4: Virtuelle* Zusammenführung von Anbieter- *und* Nachfragerressourcen. Das bedeutet, dass die betreffenden Ressourcen physisch zwar bei ihren jeweiligen Eignern – Anbieter und Nachfrager – verbleiben, sie aber informatorisch so miteinander verknüpft werden, dass die Dienstleistungserstellung gleichwohl stattfinden kann. Diese Formen der virtuellen Zusammenführung von Anbieter- und Nachfragerressourcen werden insbesondere durch den Einsatz moderner Informations- und Kommunikationstechnologien ermöglicht bzw. zunehmend vereinfacht und kostengünstiger gestaltet. Beispiele hierfür bilden etwa Ferndiagnose- und Fernwartungssysteme.

Damit die räumliche oder virtuelle Faktorintegration stattfinden kann, müssen Ort und in aller Regel auch Zeitpunkt bzw. Zeitraum der Ressourcenkombination festgelegt werden. Eine solche Festlegung und Einhaltung der Termine und Orte ist deshalb besonders bedeutsam, weil immer dann, wenn eine beteiligte Seite bzw. deren betreffenden Ressourcen nicht anwesend sind, die Leistungserstellung nicht stattfinden kann. Deshalb ist es auch so wichtig, dass es bei der Vereinbarung der Termine und Orte nicht zu Kommunikationsstörungen, Missverständnissen o. Ä. kommt. Geschieht dies dennoch, entstehen nicht nur für mindestens einen Transaktionspartner vermeidbare Kosten, sondern oft sind solche Fehler Ursache für das Entstehen von Kundenunzufriedenheit – und das obwohl bzw. gerade weil eine Leistungserstellung gar nicht stattgefunden hat.

Welche Form der räumlichen bzw. virtuellen Ressourcenintegration bei der Erbringung integrativer Leistungen gewählt wird bzw. werden muss, hängt von technischen und ökonomischen Faktoren ab. In vielen Fällen ist die Entscheidung technisch determiniert: Jede Montage und Inbetriebnahme technischer Einrichtungen muss zwangsläufig dort geschehen, wo die Maschinen und Geräte später genutzt werden sollen. Ebenso gibt es Fälle, bei denen die Ressourcen des Anbieters immobil sind, etwa im Falle einer Werft oder einer Reparaturwerkstatt.

Ist die Form der räumlichen Ressourcenintegration hingegen nicht technisch vorgegeben, so hängt die Antwort auf die Frage, welche Ressourcen wohin verlagert werden, von ökonomischen Einflüssen, d. h. der Effektivität und/oder der Effizienz der jeweiligen Prozessgestaltung, ab. Insbesondere virtuelle Leistungserstellungsprozesse können dann ihre ökonomischen Vorteile entfalten. Darüber hinaus sind Leistungserstellungsprozesse auch dadurch gekennzeichnet, dass die Mit- bzw. Einwirkung der externen Faktoren sehr unterschiedlich ausfallen kann. Dies bezieht sich auf die folgenden Punkte:

- **Eingriffstiefe:**
  Auf welcher Wertschöpfungsstufe des Leistungserstellungsprozesses erfolgt der Eingriff des Nachfragers?
- **Eingriffsintensität:**
  Wie hoch ist die Anzahl der integrativen Prozesse und von welcher Art und welchem Umfang ist die Mitwirkung des Nachfragers?
- **Eingriffsdauer:**
  Wie lange befinden sich vom Nachfrager bereit gestellte externe Faktoren in den Wertschöpfungsprozessen des Anbieters?
- **Eingriffshäufigkeit:**
  Wie häufig greifen die Nachfrager in den Leistungserstellungsprozess des Anbieters ein?
- **Eingriffszeitpunkte:**
  Wann greifen die Nachfrager in den Leistungserstellungsprozess des Anbieterunternehmens ein?

Das Angebot von Leistungsbündeln zieht somit je nach Ausprägung der zuvor geschilderten Zusammenhänge ganz unterschiedliche Notwendigkeiten des Aufbaus und der Koordination von materiellen und humanen Ressourcen nach sich, was wiederum weitreichende Auswirkungen auf die Vorhaltung von Kapazitäten, die daraus resultierenden Kosten- und Kapitalbelastungen usw. hat.

Die *Kapazität des Leistungspotenzials* beschreibt die ‚Fähigkeit' des Leistungspotenzials in einem definierten Zeitabschnitt Leistungen in bestimmten Mengen und Qualitäten zu erstellen.

Sie schlagen sich nieder in Entscheidungen über sowohl die Höhe als auch die Ausprägungen bzw. Qualität der Kapazitäten eines Anbieterunternehmens. Die

Steuerung der Kapazität erfolgt dadurch, dass der Bestand an Produktionsfaktoren sowie die Intensität ihrer Nutzung verändert wird. So kann die Kapazität etwa durch die Einstellung von Mitarbeiterinnen und Mitarbeitern oder die Anschaffung bzw. die Stilllegung von Maschinen und Ausrüstungsgegenständen variiert werden. Genauso können die genannten Produktionsmaschinen oder -anlagen aber auch der verfügbare Personalbestand Engpassfaktoren sein, wenn zu einem bestimmten Zeitpunkt nicht genügend davon verfügbar sind. Kurzfristig sind die Kapazitäten dann in aller Regel nur durch eine Intensivierung der Faktornutzung steigerungsfähig.

> Die *Flexibilität des Leistungspotenzials* beschreibt die Anpassungsfähigkeit des Leistungspotenzials an divergierende Kundenansprüche.

Flexibilisierung ist die Voraussetzung für eine Leistungsindividualisierung und kann dadurch herbeigeführt werden, dass die internen Produktionsfaktoren (Mitarbeiter, Maschinen, Anlagen usw.) über entsprechende Eigenschaften verfügen. Anbieterunternehmen können sich aber auch durch die Konzipierung sowie das Angebot von Baukasten- und Baureihensystemen auf mögliche unterschiedliche Kundenanforderungen vorbereiten. Die betriebswirtschaftliche Problematik, Kapazitäten einer bestimmten Höhe und Qualität vorhalten zu müssen, wird immer dann besonders deutlich, wenn es zu starken Nachfrageeinbrüchen kommt, wie dies etwa im wirtschaftlichen Krisenjahr 2009 geschehen ist. Das hatte damals zur Folge, dass vielfach Mitarbeiter entlassen wurden oder in Kurzarbeit gehen mussten.

2.4 Positionierung des Leistungspotenzials

Aus den zuvor dargestellten Zusammenhängen resultieren verschiedene grundlegende *strategische Alternativen*, die einem Anbieter im Business- und Dienstleistungsbereich zur Verfügung stehen. Sie betreffen die folgenden Fragen:

1. Soll ein Anbieter nur auf einer oder auf mehreren Wertschöpfungsstufen aktiv sein?
2. Muss ein Anbieter für ein erfolgreiches Leistungsangebot nur über wenige oder aber über eine Vielzahl von Kompetenzen verfügen?

Diese Optionen sind nochmals dahingehend zu unterscheiden, ob sie von einem Unternehmen ergriffen werden, das bereits im Markt aktiv ist oder aber von einem Newcomer, der damit in einen Markt eintreten möchte. Aus der Kombination der genannten Alternativen resultieren die in Abb. 22 dargestellten Vorgehensweisen:

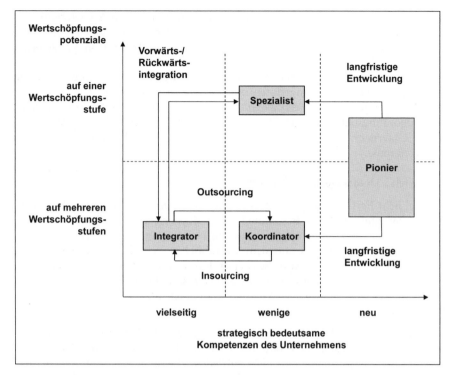

Abb. 22: Strategische Optionen für einen Anbieter im B-to-B-Geschäft
(Quelle: Daecke et al. 1998, S. 70)

Eine erste Möglichkeit besteht somit darin, sich als „**Spezialist**" auf eine Wertschöpfungsstufe zu konzentrieren. Hierfür benötigt ein Anbieter naheliegender Weise auch nur eine begrenzte Anzahl von Kompetenzen.

Beispiel: „Fulfillment-Dienstleister PVS"

Der Fulfillment-Dienstleister PVS führt für das Modeunternehmen Bellybutton, welches sich mit seinen Produktangeboten auf Schwangere, junge Mütter und deren Babies ausgerichtet hat, alle Dienstleistungen durch, die im Zusammenhang mit der Entgegennahme und Abwicklung von Bestellungen zusammenhängen. Die Bestellungen werden im Service-Center von PVS entgegengenommen bzw. fließen direkt aus dem E-Shop von Bellybutton in das PVS-Versandsystem. Dort werden sie verarbeitet und zur Auslieferung gebracht. Für den Versand an die Endkunden und an den Handel wird die entsprechende Versandform – Post oder Spedition – eingesetzt. Darüber hinaus werden Retouren entgegengenommen und das komplette Debitorenmanagement durchgeführt. In umfassenden Berichten wird der Erfolg einzelner Werbeträger erläutert, die so wiederum die Basis für ein effizientes Kundenbeziehungsmanagement (CRM) bilden.

> PVS konzentriert sich somit als Spezialist auf mit Bestell- und Auslieffervorgängen verbundenen Leistungen, während alle anderen Tätigkeiten beim ursprünglichen Anbieter von Konsumgütern, der Firma Bellybutton, verbleiben.

Andererseits kann ein Unternehmen sein Betätigungsfeld aber auch darin sehen, verschiedene Wertschöpfungsstufen miteinander zu verknüpfen. Dies kann erstens dadurch geschehen, dass das Unternehmen als „**Integrator**" selbst eine hohe Wertschöpfungstiefe realisiert. Das zieht zwangsläufig nach sich, dass das betreffende Unternehmen auch über eine entsprechende Vielzahl von Kompetenzen verfügen muss.

Beispiel: „Motorsägenhersteller Stihl"

„Stihl liebt Fertigungstiefe", sagt Vorstandschef Bertram Kandziora. Stihl hat Tiefgang zum zentralen Bestandteil seiner Strategie erklärt. Rund 50 % der Motorsägenteile kommen aus der eigenen Herstellung. Die Ketten etwa baut das Familienunternehmen aus dem schwäbischen Waiblingen, anders als die Konkurrenz, selbst. 150 Mio. Schweizer Franken steckt Stihl gerade in den Bau eines zweiten Kettenwerks in der Schweiz. In Fabriken von Stihl trifft man auf ein weiteres Phänomen: Wichtige Maschinen dort kommen aus eigener Sonderfertigung.

Der Grund hierfür liegt darin, dass die Fertigungstechnik zum Betriebsgeheimnis gehört, zudem sind die Produktionsleiter des Unternehmens mit der Performance fremder Maschinen oft nicht zufrieden. Dies alles macht Stihl nicht aus Selbstzweck: „Eigenfertigung muss immer günstiger sein als der Bezug von außen. Die harten betriebswirtschaftlichen Fakten müssen stimmen", sagt Kandziora.

Dennoch sind es eher die weichen Faktoren, weswegen Firmen auf hohe Fertigungstiefe setzen: Sie erhoffen sich davon höhere Qualität, mehr Flexibilität und weniger Lieferrisiken und infolgedessen auch eine höhere Rendite.

(Quelle: Buchenau, Martin-W., in: Handelsblatt Nr. 120 vom 26.06.06, S. 20)

Zweitens kann der Geschäftszweck eines Unternehmens aber auch darin bestehen, die betreffenden Aufgaben nicht selbst durchzuführen, sondern vielmehr die Leistungsprozesse anderer Unternehmen so zu koordinieren („**Koordinator**"), dass in der Summe ein entsprechendes Gesamtangebot entsteht. Für diese Art der Geschäftstätigkeit sind dann wiederum nur relativ wenige Kompetenzen erforderlich, die typischerweise vor allem in Bereichen wie Projekt- und Schnittstellenmanagement liegen.

Beispiel: „Ferrostaal AG"

Das Unternehmen Ferrostaal AG ist weltweit beim Bau von Großanlagen und industriellen Dienstleistungen aktiv. Dabei ist das Unternehmen aber nicht für die Durchführung der jeweiligen Baumaßnahmen, sondern allein für die Entwicklung und das Management der betreffenden Projekte zuständig. So müssen etwa beim Bau großer Industrieanlagen über 100 verschiedene Partner zusammenarbeiten, z. T. als einmalige Lieferanten, z. T. für die Dauer eines einzelnen Projektes, manche weit darüber hinaus. Die wesentliche Leistung des Unternehmens besteht darin, als Generalunternehmer die Arbeit der verschiedenen Partner zu koordinieren und eine hohe Qualität der dabei entstehenden Produkte und Dienstleistungen sicherzustellen. Die Leistung besteht deshalb im Wesentlichen im Management von technischen und organisatorischen Schnittstellen.

Die jeweiligen strategischen Festlegungen sind dabei allerdings nicht als statisch anzusehen, da die zuvor beschriebenen Veränderungen in den Wertschöpfungsstrukturen auf den Konsumgüter- und B-to-B-Märkten eine Anpassung in die eine oder die andere der genannten Entwicklungsrichtungen notwendig machen können: So kann sich z. B. ein ursprünglicher Spezialist durch die Hinzunahme weiterer Wertschöpfungsaktivitäten, d. h. durch Vorwärts- oder Rückwärtsintegration, zu einem Integrator entwickeln, ebenso wie sich ein Integrator durch die Konzentration auf bestimmte Wertschöpfungsaktivitäten, d. h. den Verzicht auf das Erbringen bestimmter Prozesse, zu einem Spezialisten entwickeln kann. Darüber hinaus können sich Integratoren und Koordinatoren durch Outsourcing bzw. Insourcing von Prozessen zu Vertretern der jeweils anderen Kategorie wandeln. Und schließlich treten bedingt durch die skizzierten Veränderungsprozesse auch immer wieder neue Anbieter als Wettbewerber auf den betreffenden Märkten auf.

Da die Verknüpfung von Wertschöpfungsprozessen verschiedener Anbieterunternehmen das dominierende Charakteristikum von Business- und Dienstleistungsmärkten darstellt, resultiert daraus – wie bereits angedeutet – für alle in diesem Bereich agierenden Anbieter die Notwendigkeit, die eigenen unmittelbaren *Kunden bei der Durchführung ihrer Wertschöpfungsaktivitäten so zu unterstützen*, dass sie selbst auf ihren eigenen Märkten erfolgreich agieren können. Gleichzeitig ergibt sich daraus aber auch die Anforderung, die nachfolgenden Wertschöpfungsstrukturen permanent zu analysieren, um aus deren Veränderungen mögliche notwendige Konsequenzen für die (Neu-)Ausrichtung der eigenen Wertschöpfung zu ziehen. Sie sind mit jeweils anderen Konsequenzen für die Ausgestaltung der angebotenen Leistungen verbunden.

2.5 Wettbewerbsvorteile auf Business- und Dienstleistungsmärkten

Aus ökonomischer Sicht liegt das Oberziel des Tätigwerdens von Unternehmen in der Maximierung des Gewinns im Lebenszyklus der Unternehmung. Dies ist nur möglich, wenn es dem Unternehmen gelingt, Wettbewerbsvorteile auf seinen Märkten zu realisieren. Wird zunächst die zeitliche Komponente vernachlässigt, so können unternehmerische Erfolgsfaktoren grundlegend danach differenziert werden, ob sie die zentrale Ziel- und Erfolgsgröße „Gewinn" positiv beeinflussen können oder nicht. In der wirtschaftswissenschaftlichen Literatur werden zu diesem Zweck klassischer Weise die Effektivität und die Effizienz als zentrale *Zielkriterien des unternehmerischen Handelns* herangezogen (Drucker 1955, S. 39 ff.; Plinke 2000, S. 82 ff.; Weiber 2002 S. 149 ff.). Dabei stellt die **Effektivität** auf den Vergleich zwischen dem angestrebten und dem tatsächlich realisierten Output ab und beschreibt das Verhältnis zwischen geplanten Soll-Werten und tatsächlich erreichten Ist-Werten.

> Der *Grundsatz der Effektivität* besagt, dass nur solche unternehmerische Aktivitäten einen echten Erfolgsbeitrag im Wettbewerb liefern können, die im Hinblick auf die Erfüllung der Kundenanforderungen von besonderer Bedeutung sind. Effektivität bedeutet plakativ ausgedrückt: „Doing the right things".

Demgegenüber stellt die **Effizienz** auf ein entsprechend dem *Wirtschaftlichkeitsprinzip* gestaltetes Kosten-Nutzen-Verhältnis (oder allgemein Input-Output-Verhältnis) ab (Bohr 1993, S. 859). Allerdings ist dabei zu beachten, dass Effizienz im Sinne der Produktionstheorie eine Optimalsituation widerspiegelt, die dann erreicht ist, wenn keine andere Kombination der Produktionisfaktoren existiert, durch die ein höherer Output erzielt werden kann.

> Der *Grundsatz der Effizienz* besagt, dass die in den Prozessen eines Unternehmens eingesetzten Produktionsfaktoren in ein Input-Output-Verhältnis gebracht werden sollten, bei dem durch Änderung des Einsatzverhältnisses der Produktionsfaktoren kein höheres Outputniveau erzielt werden kann. Effizient bedeutet plakativ gesagt: „Doing the things right".

Ein Unternehmen ist deshalb dann als ‚effizienter' zu bezeichnen, wenn es gegenüber anderen Unternehmen eine höhere Produktivität erzielt. Ein Vorteil auf der Kostenseite ergibt sich dann, wenn aus den effizienten Kombinationen der Produktionsfaktoren diejenige realisiert wird, die minimale Kosten verursacht (Minimalkostenkombination). Wird nun der **Wettbewerbsaspekt** in die Betrachtung einbezogen, so ist ein **Effektivitätsvorteil** dann gegeben, wenn ein Anbieter ein aus Nachfragersicht im Vergleich zur Konkurrenz überlegenes Leistungsbündel (Kosten-Nutzen-Relation) anbieten kann und damit die Ziele des Nachfragers besser (effektiver) erfüllt als die relevanten Konkurrenten. In der Literatur wird der Effektivitätsvorteil auch als Kundenvorteil, USP – Unique Selling Proposition (Reeves 1960), Komparativer Konkurrenzvorteil (Backhaus/Weiber 1989, S. 3) oder Nettonutzenvorteil (Plinke 2000, S. 84) bezeichnet. In diesem Buch verwenden wir den Begriff des **Nettonutzenvorteils**, der nur dann gegeben ist, wenn folgende drei Merkmale erfüllt sind (Simon 1988, S. 4; Aaker 1989, S. 205 ff.):

- **Wahrnehmbarkeit:** Die Vorteilhaftigkeit eines Leistungsangebotes muss nicht objektiv gegeben sein, sondern in der *subjektiven Wahrnehmung* eines Nachfragers bestehen.
- **Bedeutsamkeit:** Die Vorteilhaftigkeit eines Leistungsangebotes muss in den für den Nachfrager subjektiv als bedeutsam erachteten Leistungskriterien liegen.

- **Dauerhaftigkeit:** Die Vorteilhaftigkeit eines Leistungsangebotes darf durch die Konkurrenz nicht so leicht imitierbar sein und muss über eine gewisse Dauerhaftigkeit verfügen.

Demgegenüber zielt der **Effizienzvorteil** auf solche Unterschiede gegenüber den Potenzialen und Prozessen der Wettbewerber, die eine wirtschaftlichere Leistungserstellung (Input-Output-Relation) ermöglichen. Die Effizienzebene betrifft damit den anbieterseitigen Leistungserstellungsprozess. Hier entscheidet sich, ob es dem Anbieter gelingt, seine Produktionsfaktoren so zu kombinieren, dass sie zu einem effizienten Ergebnis führen. Aufgrund der Unsicherheiten, die mit den Entwicklungen auf Märkten für einen Anbieter typischerweise verbunden sind, ist dies jedoch ein *Idealzustand*. Liegt Effizienz vor, so lässt sich diese nur dann steigern, wenn *andere* Faktoren im Leistungserstellungsprozess eingesetzt werden und in der effizienten Kombination ein höheres Outputniveau erbringen können. Da dieser Idealzustand in den Unternehmen jedoch i. d. R. nicht gegeben ist, sprechen wir in diesem Buch von **Produktivitätsvorteilen**, wenn sich der Anbieter im Vergleich zur Konkurrenz in einer besseren Leistungserstellungssituation befindet. Da die zur Erstellung einer Leistung erforderlichen Produktionsfaktoren noch mit den Faktorpreisen zu bewerten sind, kann ein Produktivitätsvorteil durchaus mit einem Kosten*nachteil* gegenüber der Konkurrenz verbunden sein. Kostenvorteil und Produktivitätsvorteil müssen damit also nicht identisch sein. Ist sowohl ein Produktivitäts- als auch ein **Kostenvorteil** gegenüber der Konkurrenz gegeben, so wird in diesem Buch zusammenfassend von einem **Leistungserstellungsvorteil** gesprochen. Der Leistungserstellungsvorteil wird in der Literatur häufig auch als Anbietervorteil oder Kostenvorteil bezeichnet.

Im Vergleich zur Konkurrenz befindet sich ein Anbieter immer dann in einer Vorteilsposition, wenn er entweder über einen Nettonutzenvorteil oder über einen Leistungserstellungsvorteil verfügt. Sind beide Vorteilspositionen gleichzeitig gegeben, so wird in der Literatur von einem **absoluten Wettbewerbsvorteil** gesprochen. Abb. 23 verdeutlicht die Zusammenhänge nochmals graphisch.

Für Anbieter bedeuten somit Handlungen auf der Effektivitätsebene, dass diese auf die Erfordernisse der Märkte (Kunden) ausgerichtet sind. Aktivitäten auf der Effizienzebene sind demgegenüber solche, die sich mit Blick auf die Konkurrenz am Wirtschaftlichkeitsprinzip orientieren.

Wird beachtet, dass Nachfrager auf Business-und Dienstleistungsmärkten Produkte und Dienstleistungen für die *Fremdbedarfsdeckung* kaufen, d. h. dass sie daraus selbst wiederum Produkte und/oder Dienstleistungen erzeugen, dann gelten die zuvor erläuterten Zusammenhänge ebenso auch für die Nachfragerseite (Weiber 2005, S. 86 f., Kuß/Kleinaltenkamp 2011, S. 84). Auch die Kunden im BDM-Bereich verfolgen das Ziel, auf den von ihnen anvisierten Märkten Wettbewerbsvorteile zu erzielen, weshalb sie sich ebenfalls an Effektivitäts- und Effizienzaspekten orientieren (müssen). Damit Anbieter auf Business- und Dienstleistungsmärkten einen Nettonutzenvorteil erzielen können, ist es für sie demnach notwendig, sich darüber klar zu werden, welchen Beitrag die von ihnen angebotenen Produkte und Dienstleistungen zur Erhaltung bzw. Steigerung der Wettbewerbsfähigkeit der Nachfrager leisten. Dies kann – analog zu den vorigen

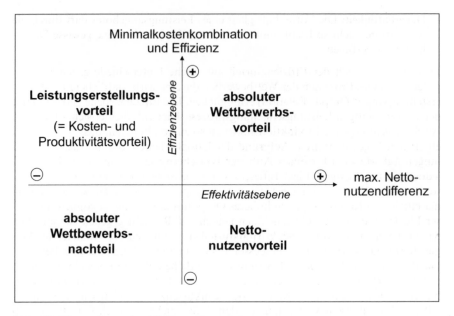

Abb. 23: Dimensionen des Wettbewerbsvorteils

Ausführungen – sowohl die Effektivität als auch die Effizienz der Wertschöpfungsprozesse der Kundenunternehmen betreffen. Hierfür ist eine entsprechende Kenntnis der jeweiligen Wertschöpfungsprozesse sowie der Auswirkungen der Nutzung der eigenen Leistungsabgebote notwendig.

Der Nutzen, den ein Angebot einem Nachfrager stiftet („*Value for the customer*"), ist allerdings allein noch nicht entscheidend dafür, dass sich ein Kunde tatsächlich auch für ein bestimmtes Angebot entscheidet. Da die Unternehmen auf Business- und Dienstleistungsmärkten typischerweise in einem – teilweise scharfen – Wettbewerb mit anderen konkurrierenden Anbietern stehen, ist nicht die absolute Höhe des gebotenen Nutzens wichtig, sondern dessen relative Ausprägung im Vergleich zu dem bzw. den nächstbesten Wettbewerber/n. In diesem Fall wird von **Nettonutzendifferenz** gesprochen, d. h. dem Anteil, um den der Nutzen des eigenen Angebots den des bzw. der relevanten Wettbewerber übersteigt.

Dabei lassen sich zwei grundsätzliche Konstellationen unterscheiden, die in Abb. 24 dargestellt sind.

- Eine erste Ausgangssituation ist gegeben, wenn auf Märkten – etwa aufgrund der mehr oder weniger existierenden Vergleichbarkeit der Leistungen – einheitliche Marktpreise herrschen. Dann kann ein Anbieter typischerweise keinen zusätzliche Nutzen dadurch stiften, dass er seinen Nachfragern die Produkte zu noch niedrigeren Preisen anbietet, weil dann seine wirtschaftliche Existenzfähigkeit bedroht wäre. Einen Nettonutzenvorteil kann er allerdings dadurch erringen, dass seine Produkte einen noch höheren Nutzen stiften als die der Konkurrenz (linke Seite in Abb. 24). Beispiele für solche Fälle stellen die Pro-

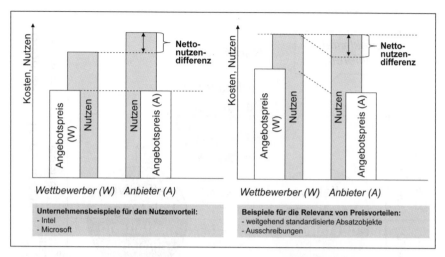

Abb. 24: Vorteil einer Markttransaktion aus Nachfragerperspektive

dukte der Firmen Microsoft und Intel dar, die bei im Vergleich zu Wettbewerbsprodukten in etwa gleicher technischer Leistungsfähigkeit zusätzliche Nutzenkomponenten im Bereich der Kompatibiliät (Microsoft) oder des Images (Intel) bieten.

• Die zweite Möglichkeit besteht darin, dass der absolute Nutzen einer Leistung mehr oder weniger *festgelegt* ist (rechte Seite in Abb. 24). Dies ist typischerweise bei Ausschreibungen der Fall, in denen die Nachfrager in den Spezifikationen ihre Anforderungen und damit den gewünschten Nutzen vorgeben. Ähnlich verhält es sich, wenn der Nutzen von Gütern durch marktliche Standardisierungsprozesse festegelegt ist (z. B. absolut homogene Güter wie etwa Energieträger oder Rohstoffe). In solchen Fällen ist ein Nettonutzenvorteil nur dadurch zu erzielen, dass die betreffenden Produkte und Dienstleistungen preisgünstiger als vom Wettbewerb angeboten werden, was wiederum voraussetzt, dass der Anbieter über eine entsprechend günstige Kostenposition verfügt.

Die Handlungsdimensionen der Effizienz und der Effektivität sind allerdings mit bestimmten **Unsicherheitspositionen der Marktakteure im BDM** verbunden. Sie lassen sich aus den Beziehungen innerhalb des sog. *Marketing-Dreiecks* ableiten (vgl. Abb. 25): Dabei ist danach zu unterscheiden, auf welcher Ebene des Transaktionsprozesses von den Marktteilnehmern Unsicherheiten wahrgenommen werden. Hierbei kann zunächst zwischen der *nachfragerseitigen Bedarfsebene* und der *anbieterseitigen Leistungserstellungsebene* unterschieden werden.

Für den Austausch von Leistungen ist zudem die dazwischen gelagerte *Transaktionsebene* entscheidend. Dabei findet zwischen verschiedenen anbietenden Unternehmen auf der Transaktionsebene ein Effektivitätswettbewerb, auf der Leistungserstellungsebene dagegen ein Effizienzwettbewerb statt. Diese idealtypische Unterscheidung der Ebenen ist in der Realität jedoch durch Vorliegen von Über-

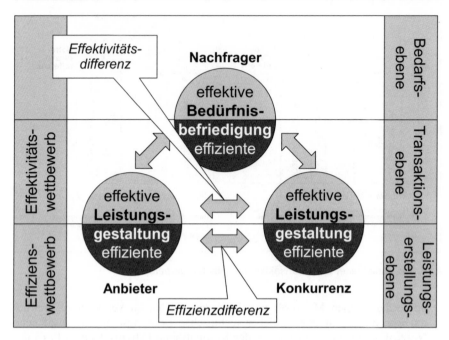

Abb. 25: Effizienz- und Effektivitätswettbewerb
(In Anlehnung an: McLachlan 2004, S. 30)

schneidungen und Interdependenzen zu relativieren. Um nun im Bereich des BDM Wettbewerbsvorteile generieren zu können, ist es wichtig, die in diesem Kapitel herausgestellten Besonderheiten des BDM zu beachten und bei der Gestaltung des Leistungsangebots zu berücksichtigen.

3 Gestaltung des integrativen Leistungserstellungsprozesses

Auch im BDM kann der Anbieter bei der Gestaltung seiner Leistungsangebote grundsätzlich zwischen der *Standardisierung* und der *Individualisierung*, die als Extrempunkte eines Kontinuums von Gestaltungsoptionen angesehen werden können, entscheiden (Jacob/Kleinaltenkamp 2004, S. 603 ff.). Die Entscheidung zwischen den Alternativen hat dabei weitreichende Auswirkungen auf die Gestaltung der Leistungserstellungsprozesse auf der Anbieterseite. In diesem Kapitel werden deshalb zunächst Standardisierung und Individualisierung sowie Kombinationen dieser beiden Optionen betrachtet. Je mehr sich ein Anbieter in Richtung Individualisierung bewegt, desto stärker muss er sich mit der Ausgestaltung der *Integration des Kunden als externer Produktionsfaktor* in die eigenen Wertschöpfungsprozesse beschäftigen. Dabei hat der Anbieter zwei grundlegende Prüfschritte zu vollziehen:

1. Prüfung der Bereitschaft und der Fähigkeit des Kunden im Leistungserstellungsprozess des Anbieters mitzuwirken.
2. Prüfung der „Eingriffspunkte" des Kunden in den Leistungserstellungsprozess des Anbieters

Während die nachfolgenden Überlegungen die Basis für alle Arten von Transaktionsprozessen im BDM bilden, werden diese im Teil III dieses Buches nochmals spezifiziert und auf unterschiedliche Typen von Transaktionsprozessen (sog. *Geschäftstypen*) im BDM bezogen.

3.1 Leistungsindividualisierung versus Leistungsstandardisierung

3.1.1 Charakteristika von Leistungsstandardisierung und Leistungsindividualisierung

Bei einer **Leistungsstandardisierung** können die dem Nachfrager angebotenen Leistungen durch diese nicht oder nur in sehr geringem Maße noch verändert werden. Die Leistungsergebnisse sind für alle Kunden des relevanten Marktes oder eines Marktsegments mehr oder weniger gleichartig und demnach verlaufen auch die Leistungserstellungsprozesse für alle Kunden nach einem einheitlichen Muster ab. Wie groß die Zahl der Nachfrager ist, für die dieser *Standard* gilt, hängt von dessen Reichweite ab. Dabei unterscheidet Ehrhardt (2001, S. 12 ff.) folgende Formen:

- *Reichweite von Standards unter Anbietern:*
  Besitzt die Festschreibung von vereinheitlichten Leistungsformen nur für einen einzelnen Anbieter Gültigkeit, so wird von einem *herstellerspezifischen oder propriertären Standard* gesprochen. Umfasst die Ausbreitung mehr als einen einzelnen Anbieter, aber nicht alle Anbieter auf einem relevanten Markt, so liegt ein herstellerübergreifender Standard vor. Der *Industriestandard* bezeichnet solche Standards, dem sich alle Anbieter in einer Branche anschließen.
- *Reichweite von Standards unter Nachfragern:*
  Die Reichweite von Standards unter Nachfragern beschreibt die Akzeptanz vereinheitlichter Leistungsangebote auf der Seite der Nachfrage. Findet nur ein einziger Standard diese Akzeptanz, so liegt ein *branchenweiter Standard* vor. Gelingt es mehreren Standards, Akzeptanz zu finden, so wird von *fragmentierten Standards* gesprochen.
- *Rechtliche Verbindlichkeit von Standards:*
  Beruhen Standards auf freiwilligen Wahlentscheidungen der Marktakteure, so werden diese als *De-facto-Standards* bezeichnet. Gelangen Standards hingegen durch gesetzliche Regelungen Verbindlichkeit, so liegen und *De-jure-Standards* vor. So besitzen beispielsweise die vom Deutschen Institut für Normung (DIN) herausgegebenen Normen per se *keine* rechtliche Bindung. Da sie aber den „Stand der Technik" repräsentieren, auf den in Gesetzen, Verordnungen und Gerichtsentscheidungen oft Bezug genommen wird, kommt ihnen tatsächlich oft die Qualität eines De-jure-Standards zu.

Demgegenüber zielt die **Leistungsindividualisierung** darauf ab, dass das dem Nachfrager offerierte Leistungsergebnis genau auf seinen Bedarf zugeschnitten wird, weshalb in diesem Zusammenhang auch von „*Customization*" gesprochen wird. Ihr kommt gerade im Business- und Dienstleistungsbereich oft eine große Bedeutung zu, da die Anbieter aufgrund des Voranschreitens des Wettbewerbsprozesses ihren Kunden immer wieder neu einen Vorteil bieten müssen. Dies ist oft nur dadurch möglich, dass die angebotenen Problemlösungen in hohem Maße auf die individuellen Belange der einzelnen Kunden, d. h. auf deren jeweilige Wertschöpfungsprozesse zugeschnitten werden. Diese Leistungsindividualisierung betrifft vor allem drei Bereiche:

- die Produktgestaltung i. e. S.,
- produktbegleitende Dienstleistungen,
- ‚reine' Dienstleistungen.

Produktindividualisierung beinhaltet die Gestaltung eines Produktes bzw. einer Sachleistung nach den Bedürfnissen und Vorgaben eines einzelnen Kunden. Diese Art der Produktgestaltung ist etwa im industriellen Anlagengeschäft weit verbreitet, weil jede Anlage auf die besonderen Belange des Auftraggebers und die spezifischen Gegebenheiten ihres Einsatzortes zugeschnitten sein muss. Sie kommt aber auch bei der kundenspezifischen Konfigurierung von Teilen, wie etwa Speicherchips für die Elektronikindustrie, zum Einsatz. Beispielhaft können hier ebenso das Angebot von Spezialmaschinen, die individualisierte Erstellung von Anwendungssoftware, die Herstellung von Spezialklebern und -lacken u. ä. genannt werden.

Die Individualisierung eines Leistungsangebots muss sich aber nicht zwangsläufig in einer kundenspezifischen Gestaltung des Produktes i. e. S. niederschlagen: So ist z. B. zu beobachten, dass eine Leistungsindividualisierung bei Industriegütern in zunehmendem Maße durch das Angebot von **produktbegleitenden Dienstleistungen** erfolgt (Lay/Jung Erceg 2002). Diese Entwicklung ist vor allem darauf zurückzuführen, dass die Anbieter durch den zunehmenden Wettbewerbsdruck dazu gezwungen werden, besonders hochwertige Erzeugnisse zu produzieren, was nur möglich ist, wenn sie ihre Produkte mit den vielfältigsten Dienstleistungen verknüpfen.

Beispiel: „Festo AG"

Das Angebot der Festo AG umfasst vielfältige Leistungen, die vom 24h-Notfallservice über Reparaturservice, Zahnriemenwechsel, Druckluftverbrauchsanalyse, Energiespar-Services, Druckluftqualitätsanalyse bis hin zu einem Logistik-Optimierungsservice reichen. Um den Nutzen für die Nachfrager zu generieren, werden die betreffenden Einsparpotenziale zunächst entlang der Wertschöpfungskette in einer Industrie in den verschiedenen Projektphasen sowohl im Engineering, in der Beschaffung, in der Montage und im Betrieb identifiziert.

Sodann werden die entsprechenden Leistungen jeweils kundenspezifisch konzipiert, um so den gewünschten Beitrag zur Verbesserung der betreffenden Wertschöpfungsprozesse leisten zu können. So lassen sich allein mit einem Energy Saving Service bis zu 35 % oder durch die Verwendung von einbaufertiger Pneumatik bis zu 50 % der Kosten sparen.

‚Reine' Dienstleistungen unterscheiden sich von produktbegleitenden dadurch, dass sie selbständig vermarktbar sind. Sie werden etwa von Unternehmensberatungsgesellschaften, Engineering-Firmen, Leasing-Unternehmen, Versicherungen oder Banken angeboten. Sie sind mehr oder weniger zwangsläufig auf die Bedürfnisse einzelner Abnehmer zugeschnitten, da die betreffenden Leistungen gar nicht ohne die Mitwirkung des Kunden erbracht werden können. Gleichwohl kann der Grad des kundenpezifischen Zuschnitts der Leistungen auch bei Dienstleistungen differieren. Damit die betreffenden Produkte und Dienstleistungen den sehr individuellen Anforderungen bei ihrer Verwendung beim Nachfrager gerecht werden können, müssen die Nachfrager ihre jeweiligen Wünsche genau spezifizieren und die betreffenden Informationen an den Anbieter transferieren. In anderen Fällen muss der Nachfrager selbst bzw. Mitarbeiterinnen und Mitarbeiter des Kundenunternehmens sogar in gewissen Maßen – etwa durch die Zurverfügungstellung von Objekten, wie Maschinen, Ausrüstungsgegenständen, Gebäuden, Grundstücken usw. oder der zeitweisen Überlassung von Mitarbeiterinnen und Mitarbeitern – an der Leistungserstellung selbst mitwirken. In allen Fällen der Individualisierung müssen die Nachfrager somit eigene, zum Teil weitereichende Beiträge für den Leistungserstellungsprozess erbringen.

Dies erfordert auf der Anbieterseite, dass die Leistungserstellungsprozesse für diese Beiträge der Nachfrager offenhalgehalten und Wege aufgezeigt werden, wie diese in die Wertschöpfungsprozesse des Anbieters integriert werden sollen. Daraus resultiert, dass das Leistungspotenzial des Anbieterunternehmens durch eine hohe Flexibilität gekennzeichnet sein muss. Da es sich bei den ‚externen' Produktionsfaktoren, die dem Leistungserstellungsprozess von Seiten der Nachfrager zugeführt werden, auch und nicht zuletzt um Informationen handelt, mittels derer die Kundenwünsche transferiert werden, ist jede Art der Leistungsindividualisierung durch ein erhöhtes Maß an Interaktion zwischen dem Anbieter und dem Nachfrager gekennzeichnet.

3.1.2 Kombination von Individualisierung und Standardisierung

Die vollständige Individualisierung oder Standardisierung stellen – eher theoretisch vorstellbare – Extremformen der Leistungsgestaltung dar. In der Realität der Business- und Dienstleistungsmärkte sind hingegen ganz überwiegend Fälle anzutreffen, in denen Unternehmen parallel sowohl teil-individualisierte als auch teil-standardisierte Leistungen sowie Kombinationen von ihnen anbieten.

Wie auch immer das Leistungsprogramm eines Unternehmens im konkreten Einzelfall ausgestaltet ist, Leistungsindividualisierung und -standardisierung schlagen sich immer in einer jeweils anderen Reihenfolge der Aktivitäten nieder (vgl. Abb. 26), die für das Zustandekommen einer Leistung notwendig ist (Jacob/ Kleinaltenkamp 2004, S. 608).

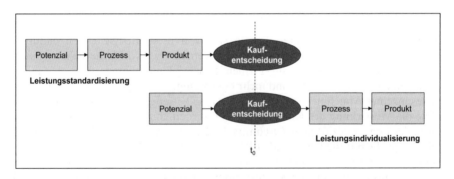

Abb. 26: Zeitliche Aktivitäts-Reihenfolge bei Leistungsindividualisierung

Bei der **Leistungsstandardisierung** erfolgen die Kaufentscheidungen der Kunden zwangsläufig auf der Grundlage bereits existierender Produkte bzw. einheitlicher und nicht mehr abänderbarer Leistungsversprechen. Diese werden allen Kunden auf dem relevanten Markt bzw. in einem Marktsegment gleichermaßen angeboten und sie können mehr oder weniger ‚nur' noch entscheiden, ob sie diese akzeptieren oder nicht. Während also Nachfrager bei standardisierten Leistungen eine

Kaufentscheidung beziehungsweise Lieferantenauswahl erst treffen (können), nachdem die Leistung bereits – mehr oder weniger vollständig – existiert, erfolgt dies bei der Leistungsindividualisierung sehr viel früher. Hier ist der Kaufentscheidung des Kunden auf der Anbieterseite lediglich die *Disposition* über das Leistungspotenzial vorgelagert, während der eigentliche Leistungserstellungsprozess und das Zustandekommens des Leistungsergebnisses später erfolgen. Von diesen Merkmalen der verschiedenen Leistungsarten und ihres Zustandekommen gehen unterschiedliche Wirkungen für die jeweilige Art und das Ausmaß des Wettbewerbsvorteils eines Anbieters aus (Jacob/Kleinaltenkamp 2004, S. 609).

Bei **Leistungsindividualisierung** führt z. B. die Einzigartigkeit und die erhöhte Problemlösungskraft in aller Regel dazu, dass die Nachfrager einen erhöhten Nutzen wahrnehmen (vgl. Abb. 27). Ein vorhandener *Nutzenvorteil* wird also durch zusätzliche Leistungsindividualisierung weiter ausgebaut. Die Notwendigkeit für den Nachfrager, eine Kaufentscheidung bzw. Anbieterauswahl bereits vor der Entstehung des eigentlichen Austauschobjektes treffen zu müssen, zieht aber auch Probleme nach sich (Jacob 1995, S. 146). So liegt nämlich dem Nachfrager zum Entscheidungszeitpunkt seitens des Anbieters lediglich ein Leistungsversprechen vor, welches erst zukünftig eingelöst wird. Leistungsversprechen sind jedoch per se unsicher, da ihre Einhaltung nicht in jedem Falle gewährleistet ist.

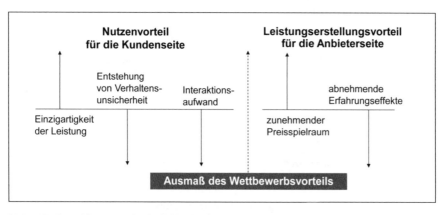

Abb. 27: Auswirkungen der Individualisierung auf Nutzen- und Leistungserstellungsvorteil

Die Nachfrager können den Nutzen der Leistungsindividualisierung somit allein aufgrund von diesbezüglichen Erwartungen einschätzen, die sie zum Zeitpunkt der Kaufentscheidung haben, was zu einer Verringerung des wahrgenommenen Nutzenvorteils führen kann. Auch das hohe Ausmaß an Interaktionsintensität schränkt einen gegebenen kundenseitigen Nutzenvorteil ein, da die Interaktion für den Nachfrager immer mit dem Verbrauch von Ressourcen verbunden ist – und wenn es sich dabei im Einzelfall lediglich um die von ihm eingesetzte Zeit handelt. Dieser Ressourcenverbrauch schmälert den wahrgenommenen Nutzen aus dem Leistungsangebot und vermindert so den Nutzenvorteil. Die Einzigartigkeit und erhöhte Problemlösungskraft individualisierter Leistungen führt auf der Seite des anbieterseitigen Leistungserstellungsvorteils zu einer Erhöhung des Preisspielraums und damit einer Verbesserung. Jedoch sind auch negative Effekte zu erwarten, da Individualisierung i. d. R. mit erhöhten Komplexitätskosten einhergeht. Zusätzliche Leistungsindividualisierung verschlechtert in dieser Hinsicht den Leistungsvorteil des Anbieters.

Entsprechend umgekehrt wirken die unterschiedlichen Arten der Leistungsstandardisierung auf die Struktur und das Ausmaß der beiden Komponenten eines Wettbewerbsvorteils ein (Jacob/Kleinaltenkamp 2004, S. 616): Grundsätzlich führt jede Art der Leistungsvereinheitlichung zunächst zu einer Nivellierung des wahrgenommenen Nutzens auf der Seite der Nachfrage. Wenn mehrere alternative Angebote durch einen mehr oder weniger gleichartigen Nutzen gekennzeichnet sind, führt dies dazu, dass die Nachfrager diese als austauschbar ansehen (Mayer 1993, S. 120 ff.). Ein vorhandener Nutzenvorteil wird somit mit zunehmender Vereinheitlichung immer mehr erodieren. Das gleiche gilt für den anbieterseitigen Leistungsvorteil. Da aus einer Leistungsvereinheitlichung folgt, dass alle Anbieter Preisspielräume verlieren, gehen zwangsläufig auch gegebenenfalls vorhandene Leistungsvorteile verloren. Allerdings steigen gleichzeitig die Möglichkeiten zur Kostenreduktion, etwa durch Ausnutzung des Erfahrungskurveneffekts. Dies würde den Leistungsvorteil im Sinne eines Kostenvorteils wiederum erhöhen (vgl. Abb. 28).

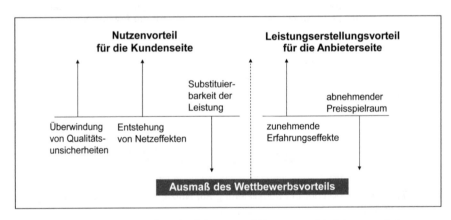

Abb. 28: Auswirkungen der Standardisierung auf Nutzen- und Leistungserstellungsvorteil

Grundsätzlich führt zudem jede Art von Leistungsvereinheitlichung auch zu einer Bewältigung von Problemen, die aus einer bei den Nachfragern potenziell vorhandenen Qualitätsunsicherheit resultieren. Insbesondere dann, wenn ein Standard eine marktliche Akzeptanz gefunden hat oder juristisch verbindlich ist, stellt er für die Nachfrager ein Informationssurrogat dar, welches als ein indirektes Signal für dessen Qualität gewertet wird (Kleinaltenkamp 1993, S. 36). Standards und Normen eignen sich also, den Erwartungswert des Nutzens aus einem

Leistungsangebot zu erhöhen. Sie verbessern dadurch den Nutzenvorteil für den Kunden.

Weitere Wirkungen resultieren daraus, dass aufgrund der Leistungsvereinheitlichung eine Kompatibilität zu anderen Gütern herbeigeführt wird. Kompatibilität in diesem Sinne meint, dass ein Gut mit einem anderen ‚verträglich‘ ist und beide im Hinblick auf die Nutzenstiftung für die Nachfrager miteinander interagieren können (Kleinaltenkamp 1993, S. 15; Wey 1998, S. 33).

3.2 Analyse und Förderung der Kundenintegrativität

Die Notwendigkeit der Integration des Kunden bei der Leistungserbringung ist nicht nur ein konstitutives Merkmal von Dienstleistungen (Berekoven 1983, S. 23; Corsten/Gössinger 2007, S. 22; Kleinaltenkamp/Bach/Griese 2009, S. 37 ff.), sondern auch für individualisierte Leistungen sowie Auftragsleistungen als charakteristisch anzusehen. Bereits Engelhardt (1966, S. 176) hat im Rahmen seiner sog. Leistungslehre darauf hingewiesen, dass „die Auslösung der Leistung [oft] durch die variierende Kundenleistung bewirkt [wird], deren Einfluss sich in den Betrieb hinein fortpflanzt und auch die Intensität der Leistungserstellung dort beeinflusst“.

> *Kundenintegration* bezeichnet die Integration eines Kunden in die Wertschöpfungsprozesse eines Anbieter. Der Kunde wird zum externen Produktionsfaktor (sog. externer Faktor) und liefert somit ‚Inputs‘ in den anbieterseitigen Leistungserstellungsprozess, wodurch er in die Dispositionssphäre des Anbieters hineinwirkt.

Vor diesem Hintergrund unterscheiden sich auch Leistungsstandardisierung und Leistungsindividualisierung durch sehr unterschiedliche Grade der **Kundenintegrativität** (vgl. Abb. 29). Je mehr eine Leistungserstellung kundenindividualisiert erfolgt, desto mehr müssen demnach auch die betreffenden Anbieterprozesse auf den einzelnen Kunden ausgerichtet und mit ihm zusammen durchgeführt werden. Die *Kundenintegration* wurde bereits in Kapitel 2.3 als charakteristisch für die Erstellung von Leistungsbündeln herausgestellt. Je besser die Kundenintegration gelingt, desto höher sind in aller Regel die vom Kunden wahrgenommene Qualität der Leistung, seine Zufriedenheit und damit die Wahrscheinlichkeit des Wiederkaufs. Damit wird deutlich, dass auch der Gestaltung der Leistungserstellungsprozesse im Rahmen des BDM eine große Bedeutung zukommt.

Wenn und soweit aufgrund der überwiegenden oder teilweisen Leistungsindividualisierung Kunden an der Leistungserstellung der Anbieter mitwirken (müssen), bedeutet das, dass sie oder Mitarbeiterinnen und Mitarbeiter eines Kundenunternehmens persönlich etwas tun oder dass sie zu bestimmten Zeitpunkten und

geringer Integrativitätsgrad	mittlerer Integrativitätsgrad	hoher Integrativitätsgrad
weitgehend standardisierte Leistung	Kundeninputs, insbesondere steuernde Prozessinformationen individualisieren eine Standard-Leistung	aktive Kundenmitwirkung steuert die individuelle Leistungserstellung
Kunde stößt Leistungserstellungsprozess nur *an*.	Externe Faktoren des Kunden sind für zufrieden stellendes Leistungsergebnis *erforderlich*; Verantwortung & Steuerung beim Anbieter	Externe Faktoren des Kunden unabdingbar und bestimmen das Leistungsergebnis entscheidend
Beispiele: *Business-to-Consumer:* Flug, Hotelübernachtung, Fast Food Restaurant, Internetbuchung oder -bestellung	**Beispiele:** *Business-to-Consumer:* Haarschnitt, ärztliche Routineuntersuchung, Restaurant	**Beispiele:** *Business-to-Consumer:* Hochzeitsservice, individuelles Gewichtsreduktionsprogramm, Rechtsberatung
Business-to Business: Reparaturarbeiten, Wartungsleistungen, Reinigungsarbeiten	*Business-to-Business:* Werbekampagne einer Werbeagentur, Gütertransport	*Business-to-Business:* Unternehmensberatung, Installation eines Computernetzwerkes, Managementseminar

Abb. 29: Merkmale unterschiedlicher Integrativitätsgrade
(Quelle: Fließ 2006, S. 39; i. A. a. Zeithaml/Bitner 2000, S. 321)

an bestimmten Orten Informationen, Objekte oder Rechte in der nötigen Qualität bereitstellen müssen. Ohne diese **Kundenmitwirkung** (Integrativität) kann ein Anbieter seine Leistung letztlich nicht erbringen. Dies ist in der Regel unproblematisch, wenn sich die Kunden einerseits ihrer Rolle als Co-Produzenten *bewusst* sind und andererseits auch wissen, was sie wann und wo tun sollen. Herausforderungen ergeben sich für einen Anbieter immer dann, wenn genau dies nicht der Fall ist. Im ersten Fall mangelt es den Kunden am notwendigen Prozessbewusstsein, im zweiten an der nötigen Prozessevidenz.

Beispiel: „Beratungsbranche"

Bei der Einschaltung von Beratungsunternehmen benötigen die Berater typischerweise eine Vielzahl von Informationen vom Klientenunternehmen, um die Beratungsleistung erbringen zu können. Diese stammen etwa bei einer Strategieberatung oft aus verschiedenen Unternehmensbereichen. Sie können in aller Regel nur dadurch erlangt werden, dass den Beratern dafür notwendige Dokumente zur Verfügung gestellt werden, und/oder dass sie in Gesprächen mit Mitarbeiterinnen und Mitarbeitern verschiedener Abteilungen versuchen, diese zu erlangen.

Das betreffende Personal des zu beratenden Unternehmens, das ja den Beratungsauftrag nicht selbst vergeben hat, ist sich oft der Bedeutung seiner Mitwirkung für den Erfolg der Beratung nicht bewusst und/oder weiß auch nicht genau, welches die Informationen sind, die die Beratungsfirma benötigt, um ein möglichst gutes Beratungsergebnis herbeizuführen. Ggfs. kann die Einstel-

> lung der Mitarbeiterinnen und Mitarbeiter gegenüber dem Beratungsprojekt sogar besonders negativ sein, etwa weil befürchtet wird, dass im Zuge des Projekts Arbeitsplätze abgebaut werden. Dann ist die Bereitschaft zur Mitwirkung typischerweise äußerst gering.

Während sich ein *mangelndes Prozessbewußtsein* darin begründet, dass sich der Kunde der Bedeutung seiner Mitwirkung nicht bewusst ist, liegt eine mangelnde Prozessevidenz dann vor, wenn der Kunde nicht weiß, *wann* und *wie* er *welche* Leistungen erbringen soll. Die **Prozessevidenz** kann sich auf drei unterschiedliche Ebenen beziehen, die in Abb. 30 dargestellt sind:

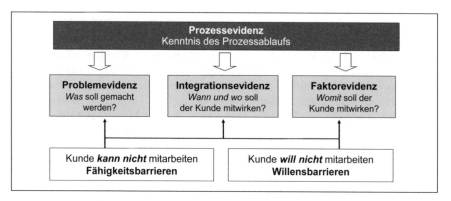

Abb. 30: Elemente und Einflussfaktoren der Prozessevidenz
(Quelle: Malicha 2005, S. 176)

- Die *Problemevidenz* stellt die Frage, *was* der Kunde genau tun soll. Muss nur eine Bestellung abgegeben werden oder umfasst die Kundenmitwirkung die aktive Teilhabe an bestimmten Teilprozessen der Leistungserstellung, wie dies beispielsweise bei einer kooperativen Produktentwicklung der Fall ist.
- Die *Integrationsevidenz* stellt die Fragen, *wann und wo* der Kunde mitwirken soll. Zu welchem Zeitpunkt und an welchem Ort bzw. welchen Orten erfolgt die Integration? Muss es, wie etwa bei einer Reparaturleistung, eine physische Integration geben oder kann diese, wie z. B. bei einer Bestellung in einem Online-Shop, auch virtuell durch den elektronischen Austausch von Informationen erfolgen?
- Die *Faktorevidenz* umfasst die Fragestellung, *womit* der Kunde mitwirken soll, d. h. welche Produktionsfaktoren – Personen, Objekte, Rechte, Nominalgüter und/oder Informationen – von ihm in den Leistungserstellungsprozess eingebracht werden müssen.

Die Existenz und die Ausprägung aller drei Evidenzen werden maßgeblich von den Fähigkeiten der Kunden sowie deren Motivation zur Mitwirkung beeinflusst. Für die Anbieter im Business- und Dienstleistungsbereich ist es demnach wichtig zu erkennen, ob bei ihren Nachfragern ggf. Fähigkeits- und/oder Willensbarrieren vorhanden sind, die die Integration behindern (Fließ 1996, S. 92 ff.). Um ein möglichst umfassendes Verständnis von der Kundenseite zu erlangen, sollte der Anbieter deshalb zunächst versuchen, sog. **Kundenskripts** zu analysieren. Kundenskripts basieren auf der sog. *Skripttheorie*, die stereotypische Verhaltensweisen in bestimmten Situationen beschreibt (Abelson 1976, S. 27 ff.). Sie geht davon aus, dass Menschen in bestimmten Situationen einen Suchprozess starten, um für die jeweilige Situation ein geeignetes Skript zu finden (Abelson 1981, S. 715 ff.).

Kundenskripts sind beim Kunden hinterlegte Wissensstrukturen (sog. *Schemata*), die routinierte Verhaltensweisen beschreiben, die dieser aufgrund von Vorwissens und Erfahrungen erlernt hat. Sie stellen typische Reaktionen des Kunden dar, die er in bestimmten Situationen mit hoher Wahrscheinlichkeit zeigen wird.

Da Kundenskripts weitgehend standardisierte und durch Lernen erworbene Verhaltensweisen auf der Kundenseite darstellen, also beim Kunden ‚verinnerlicht' sind, ist mit hoher Wahrscheinlichkeit davon auzugehen, dass Kunden diese auch in die Prozessabläufe einer integrativen Leistungserstellung mit dem Anbieter einbringen (Frauendorf 2006, S. 98 ff.). Durch die Kenntnis von Kundenskripts können Anbieter gezielte Maßnahmen entwickeln, um die Mitwirkung des Kunden effizienter und effektiver zu gestalten. Solche Maßnahmen werden allgemein unter dem Begriff „**Kundenentwicklung**" zusammengefasst. Dabei können mit Gouthier (2003, S. 383 ff.) drei Bereiche der *Kundenentwicklung* unterschieden werden:

- **Customer Environment** umfasst alle Aspekte, die das „*Umfeld der Integration*" betreffen (z. B. Ambiente bei der Kundenmitwirkung; Funktionalität der Räumlichkeiten; Zeichen; Symbole).
- **Customer's Job Structuring** umfasst Customer Depowerment und Customer Empowerment: Ersteres beinhaltet eine *Einschränkung* des Entscheidungs- und Kontrollspielraums sowie des Tätigkeitsumfangs des Kunden. Dadurch soll die Mitwirkung des Kunden möglichst reduziert und für ihn vereinfacht werden, sodass sie sich für ihn angenehmer gestaltet und auch fehlerfreier bewältigt werden kann. *Customer Empowerment* stellt eine Ausweitung von Kundenaktivitäten dar. Die Kunden übernehmen dabei mehr und ggfs. komplexere Tätigkeiten, was voraussetzt, dass sie über das notwendige Qualifikationsniveau verfügen. Dies führt auf Anbieterseite i. d. R. zu einer Kostenreduzierung und kann auch für die Nachfrager von Nutzen sein, z. B. wenn die Mitwirkung Spaß bereitet oder Kunden den Eindruck gewinnen, an der Qualität des Leistungsergebnisses in positiver Weise mitgewirkt zu haben.
- **Customer Enablement** bezeichnet alle Vorgehensweisen, mittels derer das *Qualifikationsniveau* der Kunden verbessert wird. Sie lassen sich gemäß der Nähe zu den diversen Kundenschnittstellen unterscheiden (vgl. Abb. 31).

Weiterhin können Anbieter auch *Anreize* zur Förderung von Integrationsfähigkeit und Integrationsbereitschaft des Kunden geben (vgl. Abb. 32).

Development-at-the-service-encounter	Development-off-the-service-encounter	Development-near-the-service-encounter
• Kundenunterweisungen • Kundengespräche	• Vorträge für Kunden • Kunden-Seminare • Kunden-Zeitschriften • Anleitungen/Broschüren	• Kundenforen • Kundenfokusgruppen • Kundenkonferenzen
Nutzbare übergreifende Informations- und Kommunikationstechnologien: • Kunden-Telefon/-Hotline • Kunden-TV • Neue, multimediale Medien für Kunden (z. B. Touchscreen, Internet, CD-ROM)		

Abb. 31: Maßnahmen des Customer Enablement
(In Anlehnung an: Gouthier 2003, S. 384 ff.)

Maßnahmen zur Förderung der Integrationsfähigkeit	
erfahrungsorientiert	**informationsorientiert**
Kerninstrumente • Kundenunterweisung am Serviceencounter • Kunden-Coaching/-Tutoring • Kundenberatungsgespräch	**Kerninstrumente** • Kundenvorträge • Kundenseminare/Kundenschulungen • Schriftliche Instruktionsmethode • Selbststudium des Kunden • Virtuelle Kundenunterweisungen
Zusatzinstrumente • Kundenforen • Kunden-Events • Kundenclubs	**Zusatzinstrumente** • Kundentelefon • Kundenzeitschriften • Werbung • Internetbasierte Anwendungsprogramme

Anreize zur Förderung der Integrationsbereitschaft		
finanzielle	**nicht-finanzielle**	**immaterielle**
• kostenlose Nutzung der Kernleistung • Preissenkungen • direkte Entlohnung für erbrachte Leistungen • Gewinnspiele • Förderpreise	• kostenloses oder ermäßigtes Angebot • Angebot von Zusatz-leistungen bzw. Zusatz-produkten	• Aussprechen von persönlichem Lob, Anerkennung und Bestätigung • öffentlichkeitswirksame Anerkennung • höhere Convenience • Zeitgewinne • größeres Sicherheitsempfinden • höhere Kontrolle

Abb. 32: Steigerung von Integrationsfähigkeit und -bereitschaft von Kunden
(Quelle: Gouthier 2003, S. 395, 403)

3.3 Analyse von Kundenintegrationsprozessen mittels Blueprinting

Die Integration des Kunden in den Leistungserstellungprozess des Anbieters bedarf einer genauen Analyse und Planung. Zu diesem Zweck hat sich das sog. „Blueprinting", das vor allem zur Abbildung von Dienstleistungsprozessen entwickelt wurde, als hilfreiches Analysetool erwiesen, um die Aktivitäten von Nachfrager- und Anbieterseite zu koordinieren.

Blueprinting bezeichnet allgemein ein Methode zur Visualisierung der Aktivitäten und des Ablaufs von Prozessen. Mit Hilfe eines Blueprints können Prozessabläufe besser analysiert, geplant, gestaltet und gesteuert werden.

Aktuell kann das Blueprinting als eine umfassende Methode des Managements von Leistungserstellungsprozessen bezeichnet werden.

3.3.1 Konzept des ServiceBluePrint™

Das Blueprinting geht auf eine Vorschlag von Shostack (1982, S. 49 ff.; derselbe 1984, S. 133 ff.) zurück, der Dienstleistungsprozesse untersuchte und dabei zwischen kunden- und anbieterbezogenen Aktivitäten unterschied. Das Blueprinting ist damit auch zur Analyse von *integrativen Leistungserstellungsprozessen* hervorragend geeignet, da ein Blueprint in besonderer Weise die Mitwirkung des Kunden verdeutlicht. Das Blueprinting hat mehrere Entwicklungsstufen durchlaufen, die in das sog. ServiceBluePrint™ gemündet sind (Fließ/Kleinaltenkamp 2004, S. 392 ff.; Fließ 2006, S. 64 ff.).

Content[PLUS]

1 Entwicklungsstufen des Blueprintings

Die Entwicklungsstufen des Blueprintings vom Grundkonzept nach Shostack bis hin zum ServiceBluePrint™ werden in diesem Content[Plus]-Kapitel dargestellt.

Der ServiceBluePrint™ unterscheidet aufbauend auf dem Ansatz von Kingman-Brundage (1989, S. 30 ff.; derselbe 1993, S. 148 ff.) fünf sog. „Lines", nach denen ein Service-Prozess bzw. ein integrativer Leistungserstellungsprozess im Hinblick auf die erforderlichen Aktivitäten des Anbieters und des Nachfragers unterschieden werden kann. Die „Lines" können dabei als *Aktivitätsebenen* interpretiert werden, die unterschiedliche Grade der Anbieter-Nachfragerinteraktion sowie der erforderlichen Aktivitäten zur vollständigen Erfüllung eines Leistungsversprechens widerspiegeln (Kleinaltenkamp 2000b, S. 3 ff.; Fließ 2001, S. 45 ff.; dieselbe 2006, S. 64 ff.):

- *„Line of interaction"* zur Trennung von Kunden- und Anbieteraktivitäten
- *„Line of visibility"* zur Abgrenzung von für den Kunden sichtbaren Aktivitäten („onstage activities") gegenüber für den Kunden nicht sichtbaren Aktivitäten („backstage activities")
- *„Line of internal interaction"* zur Unterscheidung von Aktivitäten des Kunden-kontaktpersonals (primäre Kundenprozesse) von den Aktivitäten anderer Mit-arbeiter (sekundäre Kundenprozesse, „support activities")
- *„Line of order penetration"* zur Trennung der integrativen, d. h. mit einzelnen Kunden gemeinsam durchzuführenden und zu koordinierenden Aktivitäten von den autonom vom Anbieter disponierbaren Potenzialaktivitäten (Prepara-tion- und Facility-Aktivitäten)
- *„Line of implementation"* zur Separierung von Durchführungsaktivitäten, Pla-nungs- und Kontrollaktivitäten („facility activities")

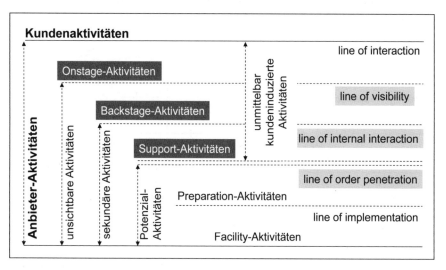

Abb. 33: Struktur des ServiceBluePrints™
(Quelle: in Anlehnung an: Kleinaltenkamp 1999, S. 34)

Ziel des ServiceBluePrints™ ist es, die Unternehmensprozesse nach den Gege-benheiten und *Anforderungen der Kundenintegration* zu strukturieren. Die inneror-ganisatorische Perspektive, d. h. welche Organisationseinheit die betreffenden Aktivitäten durchführt bzw. durchzuführen hat, tritt demgegenüber – zunächst – in den Hintergrund. Wichtig für das Verständnis ist zudem, dass einzelne Abtei-lungen oder Stellen mit ihren Aktivitäten durchaus an mehreren Stellen des Blue-prints mit jeweils andersartigen Aufgaben in Erscheinung treten können. Diese Art des Blueprinting ‚erzwingt' insofern in einem starken Maße ein Loslösen von der unternehmensinternen, durch existierende Organisationsstrukturen geprägten Perspektive hin zu einer stärker kundenorientierten Sicht der Abläufe.

Bei der Abbildung konkreter Leistungserstellungsprozesse mit Hilfe eines Service-BluePrints™ ist zu berücksichtigen, dass eine genaue zeitliche Abfolge nur für die im Rahmen des Leistungserstellungsprozesses stattfindenden Aktivitäten angegeben werden kann. Demgegenüber finden die Potenzialaktivitäten (Preparation- und Facility-Aktivitäten) nur insofern in einem zeitlichen Bezug zu den Prozessaktivitäten statt, als dass in ihnen jeweils die notwendigen Voraussetzungen geschaffen werden bzw. sein müssen, damit die einzelkundenbezogenen Prozessaktivitäten durchgeführt werden können. Für die Erstellung eines Blueprints hat dies zur Folge, dass die *Zeitachse* gleichsam in die *„Line of order penetration"* hineingelegt werden muss, da nur alle oberhalb von ihr angesiedelten Prozessaktivitäten in ihrer zeitlichen Reihenfolge dargestellt werden können. Abb. 34 zeigt das Beispiel eines Blueprints für einen Verkaufsprozess. Um dabei die Kundensicht zu verstehen, sollte der Blueprint von oben nach unten und um die Sicht des Managements zu erfassen, von unten nach oben gelesen werden.

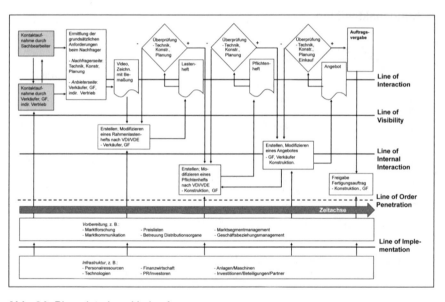

Abb. 34: Blueprint eines Verkaufsprozesses
(In Anlehnung an: Weiber/Jacob 2000, S. 583)

Bei den Aktivitäten auf den verschiedenen Ebenen stehen jeweils sehr unterschiedliche Problemstellungen im Vordergrund, die sich wie folgt charakterisieren lassen:

- Für die **Onstage-Aktivitäten** ist es besonders bedeutsam, dass hier der Transfer von Kundeninformationen durch das Kundenkontaktpersonal des Anbieters stattfindet. Die Informationen über mögliche *Kundenskripts* spielen dabei eine bedeutende Rolle. Wichtig ist zudem, dass auch den Kunden die notwendige *Prozessevidenz* vermittelt wird (Fließ 1996, S. 92 ff.), damit sie sich zur richtigen

Zeit an der richtigen Stelle auf die richtige Art und Weise in die Prozesse ‚einloggen' können. Da es den Kunden vielfach aber an Prozessevidenz mangelt, ist es die Aufgabe des Anbieters, dem Kunden so gut es geht aufzuzeigen, wie er sich bzw. ‚seine' Produktionsfaktoren in den integrativen Leistungserstellungsprozess einbringen kann. Aus der Marketingperspektive ist die Kundenintegration nämlich keine Bringschuld des Nachfragers, sondern eine Holschuld des Anbieters. Das Kundenkontaktpersonal muss sich deshalb als ‚Lotse' verstehen, der die Kunden sicher in den ‚Hafen' der eigenen betrieblichen Wertschöpfung geleitet. Vor allem dann, wenn für die Leistungserbringung eine Vielzahl kundenspezifischer Informationen benötigt wird, besteht zudem eine wichtige Aufgabe darin, die betreffenden Informationen vom Nachfrager nicht nur entgegenzunehmen, sondern sie ggfs. auch zu suchen, zu analysieren und zu bewerten, um sie sodann in die konkrete Durchführung eines Leistungserstellungsprozesses einfließen zu lassen. Hierzu bedarf es in besonderem Maße einer entsprechenden Qualifikation der betreffenden Mitarbeiter, die vor allem über die Fähigkeit verfügen müssen, sich in die Lage der Kunden hineinzuversetzen. Häufig ist darüber hinaus ein besonderes Vertrauensverhältnis zum Kunden erforderlich, damit dieser überhaupt bereit ist, solche Informationsaktivitäten seitens der Mitarbeiter eines Anbieterunternehmens zuzulassen.

- **Backstage-Aktivitäten** werden zwar auch von den Kundenschnittstellen durchgeführt, sind für den Kunden aber nicht sichtbar, d. h. sie werden vom Kunden nicht direkt wahrgenommen. Hier stellt sich die Frage, ob und inwieweit eine Kenntnis dieser Tätigkeiten für den Kunden von Interesse ist. In manchen Fällen kann es sinnvoll sein, zu erläutern, was gerade geschieht, damit seitens des Kunden nachvollzogen werden kann, warum bestimmte Prozessschritte notwendig sind und warum sie evtl. so viel Zeit benötigen. In anderen Fällen ist der Kunde allein am Leistungsergebnis interessiert und daran, dass er es bequem und kostengünstig in Anspruch nehmen kann, nicht jedoch, wie die internen Abläufe beim Anbieter aussehen.

- Der kritische Punkt bei der Durchführung der **Support-Aktivitäten** ist die Tatsache, dass zwischen ihnen und den Front-End-Aktivitäten mindestens eine Schnittstelle existiert. Häufig werden aber auch die Support-Aktivitäten selbst wiederum von mehreren Abteilungen oder Instanzen erbracht, was die Gefahr von Verzögerungen, Prozessbrüchen, Verantwortungsübergängen usw. heraufbeschwört. Typisches Beispiel hierfür stellt die Zusammenarbeit zwischen Vertriebs- und Servicebereichen dar.

- Die **Preparation-Aktivitäten** gehören zu den Potenzialaktivitäten des Anbieters und umfassen alle Maßnahmen der *Vorkombination*, die der Markterschließung dienen, aber nicht unmittelbar von einem konkreten Kundenauftrag abhängen (Kleinaltenkamp 1997a, S. 89; Kleinaltenkamp/Haase 1999, S. 170). Ihr Umfang ist davon abhängig, welchen Vorbereitungsgrad ein Anbieter realisieren kann bzw. will. Je mehr bestimmte Teilleistungen vorab erzeugt werden können und je mehr auf bewährte, standardisierte Konzepte, die nicht erst für einen speziellen Kunden entwickelt werden müssen, zurückgegriffen werden kann, desto günstiger stellt sich im Allgemeinen die Kostensituation für den Anbieter dar. Zu den Preparation-Aktivitäten zählen somit auch alle Maßnahmen, die der strategischen Nutzung von Marktinformationen dienen, die etwa im Rahmen von Forschung und Entwicklung oder von Marktforschungserhebungen (Weiber/Jacob 2000, S. 528 ff.) gewonnen werden. Gleichzeitig sind die betreffenden Aktivitäten aber in hohem Maße *spekulativ*, da der Anbieter nicht genau wissen kann, ob, wann und in welchem Ausmaß für konkrete Leistungserstellungsprozesse tatsächlich auf die betreffenden Vorbereitungen zugegriffen werden kann.

- **Facility-Aktivitäten** dienen der allgemeinen Bereitstellung von anbieterseitigen Ressourcen und stellen ebenfalls Potenzialaktivitäten dar. Hier stehen vor allem Kapazitätsfragen im Vordergrund. Es ist vor allem zu klären, in welcher Quantität und in welcher Qualität Humanressourcen, Maschinen, Anlagen und Gebäude für einen Leistungserstellungsprozess bereitgestellt werden müssen. Da bestimmte Leistungseigenschaften kundenindividuell erbracht werden, basieren auch die hier zu treffenden Dispositionen in hohem Maße auf Schätzungen und Spekulationen. Sind Kapazitäten jedoch erst einmal geschaffen, so ist deren Auslastung für den Anbieter bedeutsam, da ansonsten Leerkosten entstehen. Da die betreffenden Entscheidungen aber oft kurzfristig nicht revidierbar sind, die betreffenden Kapazitäten also Fixkosten verursachen, bietet sich hier ein breites Feld für das Outsourcing, um so zumindest Teile der Fixkosten in variable Kosten umzuwandeln.

3.3.2 ServiceBluePrint™ als Analyse- und Planungstool

Die mittels eines ServiceBluePrints™ gewonnenen Erkenntnisse liefern wertvolle Ansatzpunkte zur Gestaltung der Anbieterprozesse und können dem Anbieter als Analyse- sowie als Planungstool zur Sicherstellung einer hohen Qualität seiner Leistungsangebote dienen. Als **Analysetool** stellt das Blueprinting ein Instrument dar, mit dessen Hilfe vor allem die *Kundenorientierung im Unternehmen* besser implementiert werden kann. Ansatzpunkte hierfür liegen insbesondere in folgenden Aspekten:

- Die mit der Durchführung einzelner Aktivitäten betrauten Personen können Blueprints als Strukturierungshilfe für ihre eigene Tätigkeit nutzen.
- Betriebliche Entscheider, die für die Steuerung und den Einsatz der materiellen und personellen Ressourcen verantwortlich sind, können eine effizientere Planung des Ressourceneinsatzes im Zeitablauf vornehmen.
- Personalverantwortliche können Blueprints in der Schulung und Unterweisung von Mitarbeitern einsetzen.

Als **Planungstool** kann das Blueprinting nicht nur dabei helfen, innovative Leistungserstellungsprozesse neu zu konzipieren, sondern auch bestehende Prozesse effektiver und effizienter zu machen. Bei der **Entwicklung neuer Leistungen** ist der Einsatz des Bluepriting vor allem deshalb sinnvoll, weil es für den Erfolg innovativer Leistungen zwingend notwendig ist, die Prozessabläufe *vorab* zu strukturieren und möglichst fehlerfrei zu planen. Hierin ist ein kritischer Punkt jeder Leistungsentwicklung zu sehen, da die spätere Kundenmitwirkung ‚vorgedacht' und geplant werden muss.

Bei **bestehenden Leistungen** ist immer wieder zu beobachten, dass unnötige Prozessschritte vorhanden sind oder Prozessabläufe kompliziert gestaltet sind. Derartige ‚Prozesspathologien' können durch das Blueprinting aufgedeckt und durch Eliminierung oder Parallelisierung von Aktivitäten, durch die Vermeidung von Rücksprüngen oder eine schlichte Vereinfachung der Abläufe abgestellt werden (vgl. Abb. 35). Derartige *effizienzbezogene* Veränderungen der Prozessabläufe schlagen sich in aller Regel in einer Reduzierung ihrer Komplexität nieder.

Typ	Ausgangszustand	Neumodellierung	Effekt
Eliminierung	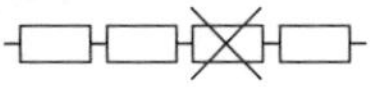	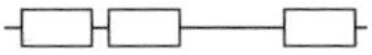	Reduzierung des Aufwandes und/oder der Durchlaufzeit
Parallelisierung	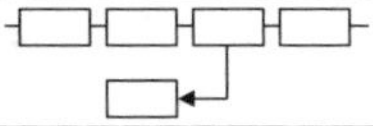	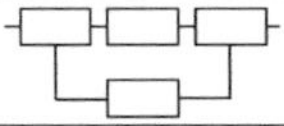	Reduzierung der Durchlaufzeit
Vermeiden von Rücksprüngen	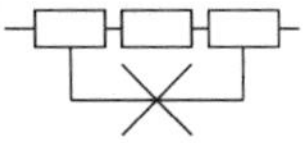	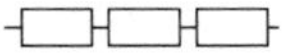	Reduzierung des Aufwandes und/oder der Durchlaufzeit
Vereinfachung	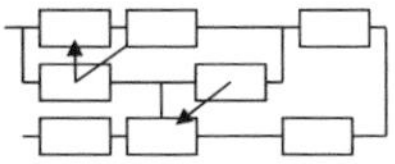	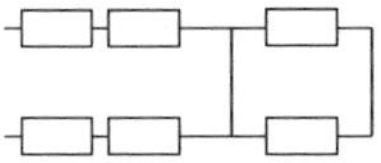	Reduzierung von Schnittstellen, des Aufwandes und/oder der Durchlaufzeit

Abb. 35: Effizienzsteigerung von Prozessschritten

Soll hingegen die *Effektivität* für den Kunden erhöht werden, d. h. dem Kunden ein ‚Mehr an Leistung' geboten werden, kann es auch zu einer Komplexitätssteigerung bei den Prozessstrukturen kommen, was im Hinblick auf die Erzielung eines höheren Kundennutzens sinnvoll sein kann. Gleichzeitig muss man sich aber auch der betreffenden Gefahren bewusst sein; denn eine höhere Komplexität bedeutet immer auch höhere Kosten und eine höhere Störanfälligkeit der Leistungserstellungsprozesse. Abb. 36 stellt dazu beispielhaft die Gestaltung von Aktivitäten beim Vertrieb von Maschinen und Anlagen auf Basis komplexitätserhöhender und -senkender Modifikationen von Leistungsprozessen dar. Während in den zuvor genannten Fällen die Prozessfolgen grundsätzlich erhalten bleiben, stellt einen weiteren Ansatzpunkt für das *Redesign* von Prozessabläufen das Verlagern von Aktivitäten in eine andere Ebene des Blueprints dar.

Durch ein solches ‚Verschieben der lines' stellen sich jeweils andere Effekte ein: Ein Verschieben der „*line of interaction*" in Richtung Kunde bedeutet, dass bestimmte Kundenaktivitäten nun vom Anbieter, z. B. im Sinne einer „Full Service Strategie", übernommen werden. Dadurch erlangt der Anbieter eine höhere Wertschöpfung – mit entsprechend höheren Kosten –, erhofft sich dadurch aber auch Erlössteigerungen. Ebenso ist es denkbar, dass bestimmte Aktivitäten auf den Kunden verlagert werden (z. B. Selbstabholung statt Anlieferung), wodurch

geringere Komplexität/ Heterogenität	Aktivitäten	höhere Komplexität/ Heterogenität
über Produktdokumentationen	Anwendungsberatung	persönlich
ohne	Vertrauensaufbau	Vermittlung von Referenzträgern
Preisliste	Angebotsgestaltung	differenzierte Angebotsunterbreitung
Standardprodukte	Engineering	Angebot von Leistungsbündeln
Lieferzeiten	Lieferlogistik	Just-in-Time
gemäß AGB	Fakturierung	Individuelle Zahlungsvereinbarung
Beschwerdemanagement	After Sales	Zufriedenheitsmanagement

Abb. 36: Modifikationen der Prozessgestaltung
(In Anlehnung an: Shostack 1987, S. 38)

dem Anbieter Kosteneinsparungen ermöglicht werden. Diese kann er wiederum zur Attraktivitätssteigerung seines Angebots ganz oder teilweise an den Kunden weitergeben. Bei solchen Umgestaltungen der Arbeitsteilung zwischen Anbieter und Nachfrager sind allerdings die möglicherweise differierenden Wünsche unterschiedlicher Kundensegmente zu beachten, die ein mehr oder weniger ausgeprägtes Interesse an einer stärkeren oder geringeren Mitwirkung haben können (Marion 1997, S. 21; Hilke 1989, S. 27; Lovelock/Young 1979; Schade 1996).

> **Beispiel: „UPS"**
>
> UPS bietet seinen Kunden einen Nachnahme-Service an. Er umfasst alle Inkassofunktionen, die ansonsten beim Versender des Pakets anfallen. Bei der Einführung dieser zusätzlichen Dienstleistungen veranschaulichte UPS die Verlagerung der Tätigkeiten von den Nachfragern zum Anbieter dadurch, dass die Begriffe für die entsprechenden Tätigkeiten durchgestrichen wurden, sodass für den Kunden nur noch die Aktivitäten „Paket abschicken" und „Zahlung erhalten" verblieben.
>
> Paket abschicken. ~~Rechnung schicken. Auf Zahlung warten. Kunden anrufen. Rechnung faxen. Kunden daran er-innern, dass die Rechnung gefaxt wurde. Auf Zahlung warten. Warten ... und warten.~~ Zahlung erhalten.
>
>
>
> Wie Sie Ihren Cashflow verbessern können? Mit dem UPS Nachnahmeservice für Europa. Da zahlt Ihr Kunde die Rechnung direkt bei der Zustellung. Damit Ihr Geld nicht irgendwann, sondern innerhalb einiger Tage wirklich Ihr Geld ist. Und weil Sie sich selbst bei Geschäften mit neuen Kunden keine Sorgen machen müssen, wird jeder Kunde zu einem guten Kunden.
>
>
>
> **Gesagt. Getan.**
> www.ups.com

Wird die *„line of visibility"* verlagert, werden für den Kunden größere oder kleinere Bereiche des Dienstleistungsprozesses erlebbar. In anderen Fällen interessieren sich die Kunden wiederum gar nicht für die internen Abläufe beim Anbieter, und sie empfinden diesbezügliche Informationen und Erklärungen – besonders wenn sie als Entschuldigung für eine schlechte Qualität der Leistungserbringung herhalten müssen – eher als lästig denn als hilfreich.

> **Beispiel: „Post- und Paketdienste"**
>
> Ein Beispiel für ein größeres Ausmaß an ,Visibility' stellt die „Sendungsverfolgung" dar, die Post- und Paketdienste ihren Kunden anbieten. Durch derartige Angebote lassen die betreffenden Dienstleister ihre Kunden gleichsam in ihre Prozesse hineinblicken, indem diese via Internet verfolgen können, wo sich die von ihnen aufgegebene Sendung gerade befindet. Hierdurch erlangen die Kunden nicht nur einen unmittelbaren Kundennutzen, sondern die Anbieter können dadurch gleichzeitig signalisieren, dass sie ihre Prozesse beherrschen.

Um Prozessbrüche zu vermeiden, die ja letztlich zu Lasten des Kunden gehen, ist es oft sinnvoll, die „*line of internal interaction*" in Richtung Anbieter zu verschieben. Das bedeutet, dass sich das Aufgabenfeld der Mitarbeiter mit unmittelbarem Kundenkontakt erweitert. Sie werden dadurch in die Lage versetzt, größere Teile des Leistungserstellungsprozesses zu übernehmen, um dadurch die Kunden besser und meist auch schneller zufriedenzustellen, als dies der Fall wäre, wenn erst noch weitere interne Stellen eingeschaltet werden müssten. Dies erfordert im Allgemeinen ein Empowerment der betreffenden Mitarbeiter, damit diese sich sowohl von ihrer Qualifikation als auch von ihren Kompetenzen her in der Lage sehen, die betreffenden Aufgaben zu übernehmen.

Die betriebswirtschaftlich größten Auswirkungen sind in aller Regel mit einer Verlagerung der „*line of order penetration*" verbunden. Denn dies ist gleichbedeutend damit, dass größere oder eben kleinere Teile der Leistungserstellung vorab ohne direkten Kundenbezug durchgeführt werden. Ein Mehr an vorbereitenden Aktivitäten bedeutet zwangsläufig ein größeres Maß an Standardisierung, was in aller Regel mit Kostenreduzierungen verbunden ist. Gleichzeitig werden dadurch die Möglichkeiten zu kundenindividuellen Anpassungen der Prozesse eingeschränkt, was möglicherweise negative Auswirkungen auf die Kundenzufriedenheit haben kann. Die große Kunst besteht somit darin, ein optimales Maß zwischen Standardisierung und Individualisierung zu finden, sodass einerseits die Kundenorientierung nicht leidet, andererseits aber auch die Kosten nicht ‚aus dem Ruder laufen'.

Bei allen Aktivitäten unterhalb der „*line of implemention*" stellt sich die Frage, ob die betreffenden Kapazitäten selbst aufgebaut werden sollen oder ob Leistungen anderer Unternehmen in Anspruch genommen werden sollen. Diese Ebene des Blueprints kann demnach durch Outsourcing oder den Aufbau von strategischen Netzwerken und virtuellen Unternehmen verändert und an die jeweiligen Erfordernisse angepasst werden.

4 Handlungsebenen im BDM

Grundsätzlich können Unternehmen im Wettbewerb auf unterschiedlichen Handlungsebenen agieren, die durch unterschiedlich enge Beziehungen zum konkreten Nachfrager gekennzeichnet sind. Allgemein können *vier Handlungsebenen* unterschieden werden (vgl. Abb. 37):

1. Märkte
2. Marktsegmente
3. Einzeltransaktionen
4. Geschäftsbeziehungen

Ein Anbieter ist auf der **Marktebene** tätig, wenn er Leistungen für alle auf einem für ihn releventen Markt vorhandenen Nachfrager anbietet und dabei keine nachfragerspezifischen Differenzierungen vorgenommen werden. Der einzelne Nachfrager ist dem Anbieter dabei nicht bekannt; der Anbieter bewegt sich auf dem sog. „anonymen Markt". Insbesondere bei Märkten mit sehr *heterogenem* Nachfragerverhalten ist diese undifferenzierte Vorgehensweise jedoch wenig adäquat, sodass üblicherweise versucht wird, **Marktsegmente** identifizieren bzw. zu definieren, die durch jeweils homogenes Nachfragerverhalten gekennzeichnet sind. Auf dieser Handlungsebene lassen sich Marketing-Konzepte mit deutlich höherer Effektivität für den Nachfrager und weniger Streuverlusten für den Anbieter entwickeln (vgl. Kapitel 7.2). Obwohl bei Marktsegmenten eine *differenzierte Anpassung* des anbieterseitigen Verhaltensprogramms auf das jeweilige Marktsegment erfolgt, werden die in einem Marktsegment zusammengefassten (anonymen) Kunden wiederum mit den gleichen Marketing-Konzepten betreut.

Erfolgt hingegen eine individuelle Anpassung des Leistungsangebots an spezifische Kunden, so bewegt sich der Anbieter auf der Handlungsebene der **Einzeltransaktionen.** Auf dieser Ebene ist ein direkter Kontakt zwischen Anbieter und Nachfrager gegeben, womit der Gestaltung des *Transaktionsprozesses* eine besondere Bedeutung beizumessen ist. Schließlich strebt der Anbieter auf der Handlungsebene der **Geschäftsbeziehungen** eine Folge von Einzeltransaktionen mit einem Kunden an und versucht, einem konkreten Kunden gleiche oder unterschiedliche Leistungen über einen längeren Zeitraum hinweg zu offerieren.

Im BDM besitzt die Gestaltung von Einzeltransaktionen und Geschäftsbeziehungen eine herausragende Bedeutung, da im Vergleich zum Consumer-Marketing im BDM tendenziell ein hoher Interaktionsgrad zwischen den Marktparteien gegeben ist. Im Folgenden werden deshalb diese beiden Handlungsebenen zunächst aus einer *allgemeinen* BDM-Perspektive betrachtet und im **Teil III** dieses Buches im Hinblick auf unterschiedliche Typen von Nachfrager- und Anbieterverhaltensweisen, den sog. *BDM-Geschäftstypen*, konkretisiert.

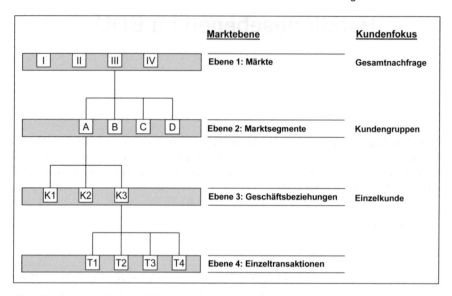

Abb. 37: Analysefelder und Handlungsebenen im BDM

4.1 Handlungsebene der Einzeltransaktionen

4.1.1 Arten von Einzeltransaktionen

Als ein Kernanliegen des Marketings kann allgemein die Analyse und Gestaltung von Austauschprozessen zwischen Anbieter und Nachfrager herausgestellt werden, weshalb z. B. Hunt (1976, S. 25) die Marketing-Wissenschaft auch als „the science of transactions" bezeichnet und Kotler (1972, S. 48) herausstellt: „The core concept of marketing is the transaction. A transaction is the exchange of values between two parties". Bei der Analyse von Transaktionen zwischen Akteuren steht aus Marketing-Sicht nicht der physische Austausch von Leistungen im Vordergrund, sondern der Austausch von *Werten* (Nutzen) und wie die Akteure zu einer *Einigung* über den Austausch kommen. Mit Commons (1931, S. 652; 1934, S. 58) sind dabei vor allem zwei Formen von Transaktionen von besonderer Bedeutung:

- Bargaining Transactions und
- Managerial Transactions.

Bei **Bargaining Transactions** erfolgt die Einigung über den Leistungsaustausch in Form von mehr oder weniger intensiven Verhandlungen, bei denen die Transaktionspartner grundsätzlich Entscheidungsautonomie dahingehend besitzen, ob sie die Transaktion durchführen oder nicht. Bargaining Transactions entsprechend damit sog. **Markttransaktionen.** Bargaining Transactions werden auf Märkten in aller Regel durch das Abschließen und die Abwicklung von Kauf-, Werk-, Dienst- oder Arbeitsverträgen durchgeführt.

> Als *Bargaining Transactions* werden Transaktionen bezeichnet, die der Über-tragung von Verfügungsrechten an einem Austauschobjekt durch Überein-kunft rechtlich gleichgestellter Akteure dienen.

Ausgangspunkt bzw. Voraussetzung für Bargaining Transactions ist ein Wissen über den *Güterwert*, d. h. die für einen Partner mit der Transaktion verbundenen *Wertzugänge* und *Opfer*. Dabei kommt es typischerweise nur dann zu einer Bargai-ning Transaction, wenn die Akteure subjektiv der Meinung sind, dass sie einen *Nettonutzenvorteil* erzielen, d. h. dass alle aus einer Transaktion resultierenden Wertzugänge die betreffenden Opfer übersteigen.

Demgegenüber besteht bei **Managerial Transactions** ein Abhängigkeitsverhältnis zwischen den Akteuren, und sie basieren auf juristischen Bindungen, die für beide Seiten rechtlich einklagbare Forderungen und Verpflichtungen umfassen. Sie sind somit das Resultat *hierarchischer Verhältnisse* zwischen den beteiligten Akteuren und vollziehen sich innerhalb eines von der gültigen Rechtsordnung und den jeweils relevanten Markttransaktionen gesteckten Rahmens.

> Als *Managerial Transactions* werden Transaktionen zwischen rechtlich nicht gleichgestellten Akteuren bezeichnet, die der Erfüllung der in Bargaining Transactions eingegangenen Verpflichtungen dienen.

Ein Beispiel für eine Einzeltransaktion in Form einer Bargaining Transaction und mehreren daraus folgenden Managerial Transactions ist ein Mietverhältnis: Vermieter und Mieter einigen sich durch die Unterschrift eines Mietvertrages auf die Befugnis des Mieters, eine Immobilie zu nutzen. Im Gegenzug ist der Mieter verpflichtet, Miete zu zahlen. Die Transaktion besteht nun aus *einer* einzelnen Bargaining Transaction, d. h. dem Vertragsabschluss, und *mehreren* Managerial Transactions, die sich durch die (regelmäßige) Nutzung der Mietsache und die (regelmäßige) Zahlung des Mietpreises kennzeichnen.

Managerial Transactions stellen demnach die Umsetzung einer Bargaining Trans-action dar. An dem Beispiel Mietvertrag wird bereits deutlich, dass Managerial Transactions *hoch komplex* sein können. Bargaining Transactions und Managerial Transactions können – wie am Beispiel gezeigt – auch zusammenhängen, wenn die Konsequenzen von Bargaining Transactions in die Zukunft hineinreichen, z. B. durch eine Nutzungsvereinbarung, die schrittweise in Anspruch genommen wird. Aufgrund der Tatsache, dass aus Bargaining Transactions oft dauerhafte und weit reichende Vereinbarungen resultieren können, sollten sich die jeweiligen Geschäftspartner über die betreffenden Aspekte möglichst nicht nur im Klaren, sondern auch einig sein. Da viele der Aspekte aber aufgrund ihrer Zukunftsbezo-genheit oft nicht hinreichend bekannt und abschätzbar sind, können aus solchen

Transaktionen eine Reihe von Unsicherheiten resultieren, die ein wesentliches Merkmal von Transaktionen im BDM darstellen.

Wie durch die Charakterisierung der Managerial Transactions bereits angedeutet wurde, umfasst die in einer Bargaining Transaction vorgenommene Einigung im Prinzip nicht den Austausch von ‚Ware gegen Geld‘. Vielmehr beinhaltet sie eine verbindliche Einigung über den Austausch von **Verfügungsrechten** an materiellen Gütern (Sachen), Personen, immateriellen Gütern („Rechte" wie Forderungen, Urheberrecht) und „Verhältnissen" (z. B. Kundenverhältnisse).

> *Verfügungsrechte* (Property Rights) bestimmen die aufgrund von Gesetzen, Verträgen oder sozialen Verpflichtungen zwischen Individuen vorgenommene Zuordnung von Ansprüchen an Ressourcen bzw. Gütern.

Diese Sichtweise basiert auf den Annahmen der **Property Rights-Theorie**. Nach ihr wird wirtschaftliches Handeln als Einsatz von Verfügungsrechten unter der Maxime der Nutzenmaximierung verstanden, und unterschiedliches Wirtschaften ist das Ergebnis unterschiedlicher *Verfügungsrechtsstrukturen* (Alchian/Demsetz 1973, S. 16 ff.; Budäus/Gerum/Zimmermann 1988; Picot 1991, S. 143 ff.).

Bei Transaktionen sind in diesem Sinne demnach *nicht* die technischen Eigenschaften eines Gutes von Bedeutung, sondern die mit ihm verbundenen *Rechte*. In Anlehnung an Alchian/Demsetz (1972, S. 783) können vier Formen der Verfügungsrechte unterschieden werden, die in Abb. 38 auch anhand von Beispielen verdeutlicht sind. Das „*Weitergaberecht*" stellt dabei das umfassendste Verfü-

Verfügungsrecht	Beschreibung	Beispiel
Gebrauchsrecht („ius usus")	Recht (ius), eine Sache zu benutzen.	Das Recht, eine Software zu nutzen.
Veränderungsrecht („ius abusus")	Recht, die Sache in Form und Aussehen zu verändern.	Das Recht, eine Software zu verändern.
Fruchtziehungsrecht („ius usus fructus")	Recht, die Erträge, die mit der Benutzung einer Sache einhergehen, zu behalten.	Das Recht, die Erträge aus der Vermietung einer Software zu erhalten.
Weitergaberecht („ius successionis" bzw. „ius abutendi")	Recht, die Sache gesamt oder teilweise zu veräußern und den Veräußerungsgewinn einzubehalten.	Das Recht, eine Software zu verkaufen.
Ausschlussrecht	Recht, andere von der Nutzung einer Sache auszuschließen.	Das Recht, andere von der Nutzung bestimmter Teile einer Software ausschließen zu dürfen.

Abb. 38: Formen von Verfügungsrechten

gungsrecht dar, das i. d. R. auch zu den mit den anderen Rechten verbundenen Handlungen berechtigt.

Alle ressourcenbezogenen Entscheidungen schlagen sich aus Sicht der Property-Rights-Theorie letztendlich in *Veränderungen* der *Verfügungsrechtsstrukturen* von Gütern nieder. Die Gestaltung und Durchführung des Austauschs von Verfügungsrechten im Rahmen von Markttransaktionen hängt zunächst davon ab, welche Verfügungsrechte an einer konkreten Ressource welchem Akteur zugeordnet sind. Da Ressourcen jedoch grundsätzlich keine homogene Einheit darstellen, sondern vielmehr Eigenschaftsbündel mit zahlreichen – z. T. sogar noch unbekannten – Nutzungsmöglichkeiten (Barzel 1997, S. 4 f., Haase 2000, S. 60 ff.), können die betreffenden Verfügungsrechte in unterschiedlichem Maße konzentriert oder „verdünnt" sein (Richter/Furubotn 1996, S. 97 ff.):

- **Konzentration** bezeichnet die Zuordnung *aller* Verfügungsrechte zu *einem* Akteur. Der Einzelne hat somit Zugriff auf alle Gewinne, die mit der Ressource, über die er verfügen kann, verbunden sind bzw. muss alle damit verbundenen Verluste tragen.
- **Verdünnung** („Attenuation") bezeichnet demgegenüber die Zuordnung von Verfügungsrechten auf *mehrere* Akteure. Jeder Einzelne erhält immer nur einen mehr oder weniger großen Teil des Gewinns, der aus der Verfügung über eine Ressource resultiert, oder muss nur einen Teil des betreffenden Verlusts tragen.

Die Konsequenzen der Verdünnung von Verfügungsrechten sind beträchtlich: So steigt in der Regel die *Unsicherheit* in Bezug auf die zukünftige Gewinn- bzw. Verlusthöhe. Ebenso nimmt die Unsicherheit in Bezug auf das Verhalten der anderen Halter der Verfügungsrechte zu. Der Grund hierfür liegt darin, dass nicht ausgeschlossen werden kann, dass die jeweils anderen Akteure, die ebenfalls Rechte an einer Ressource halten, sich **opportunistisch** verhalten, d. h. ‚mit List und Tücke' versuchen, ihren individuellen Nutzen zu maximieren. Aber auch Verhalten, dass nicht opportunistisch motiviert ist, kann für alle Akteure den Gewinn aus einem Verfügungsrecht reduzieren, wenn etwa aufgrund von Preis- und dementsprechendem Kostendruck Qualitätsmängel in der Produktion in Kauf genommen werden und dies Auswirkungen auf die Marke hat.

4.1.2 Arten von Vertragsformen

Die zu einem bestimmten Zeitpunkt im Hinblick auf eine konkrete Ressource existierende Konstellation der Verfügungsrechte ist das Ergebnis einer ursprünglich durch die Rechtsordnung zugeteilten Verfügungsrechtsstruktur sowie aller weiterer Markttransaktionen, die in Bezug auf die mit der betreffenden Ressource verknüpften Verfügungsrechte bis dahin durchgeführt worden sind. Sie schlagen sich nieder in einer mehr oder weniger starken Konzentration bzw. Verdünnung der Verfügungsrechte an der Ressource, d. h. ihrer Zuordnung zu lediglich einem oder mehreren Akteuren (Haase/Kleinaltenkamp 2011, S. 7 ff.; zu den Bestimmungsgründen dieser Entscheidungen: Barzel 1994; Barzel 1997; Foss/Foss 2000; Ullrich 2004, S. 145 f.;176 ff.). Welche Verfügungsrechte dabei in einer Markttransaktion transferiert werden und in welcher Form dies geschieht, ist Ergebnis der **Make-or-Buy-Kalküle** (vgl. Kapitel 5.1) der jeweiligen Akteure. Dabei stehen den Handelnden in zwei Richtungen jeweils zwei Optionen offen (Ullrich 2004, S. 172 ff.):

1. Akteure können an den Ressourcen, die sie nutzen möchten, selbst Eigentum erwerben, dieses kann aber auch bei einem anderen Akteur verbleiben.
2. Akteure können die mit der Nutzung der Ressourcen verbundenen Aktivitäten selbst verrichten oder von anderen durchführen lassen.

Aus der Kombination dieser Möglichkeiten ergeben sich die in Abb. 39 dargestellten vier Fälle:

	Akteure sind Eigentümer und Nutzer von Ressourcen (residuale Kontrollrechte und successionis)	Akteure sind keine Eigentümer aber Nutzer von Ressourcen (usus, fructus)
Akteure führen Aktivitäten selber durch (residuale Kontrollrechte, successionis und abusus, usus, fructus)	Fall 1 **Buy und make**	Fall 3 **Rent und make**
Akteure lassen Aktivitäten durchführen (abusus, usus, fructus)	Fall 2 **Buy und let make**	Fall 4 **Rent und let make**

Abb. 39: Differenzierung der Make-or-Buy-Entscheidung
(Quelle: Ullrich 2004, S. 173)

Fall 1 („Buy and make") liegt vor, wenn die Akteure die erwünschten Aktivitäten selbst mit eigenen Ressourcen durchführen (wollen). Um dies tun zu können, ist es notwendig, dass sie das Eigentum an den betreffenden Ressourcen entweder bereits besitzen oder es erwerben.

Fall 2 („Buy and let make") ist gegeben, wenn ein Akteur bestimmte Aktivitäten an bzw. mit eigenen Ressourcen nicht selbst, sondern von anderen durchführen lassen möchte. Hierzu ist nicht nur – wie im Fall 1 – der Besitz oder Erwerb des betreffenden Eigentums notwendig, sondern auch die Verfügungsgewalt über die Humanressourcen derer, welche die betreffenden Tätigkeiten vollziehen sollen.

Fall 3 („Rent and make") umfasst alle Situationen, in der ein Akteur – im Gegensatz zu Fall 1 – nur am „ius usus" und/oder „ius usus fructus" interessiert ist, nicht aber daran, selbst Eigentümer der Ressourcen zu sein oder zu werden, weshalb er diese auch nicht besitzen oder erwerben muss. Fall 3 hat mit Fall 1 gemein, dass der Akteur die Aktivitäten selbst durchführt bzw. durchführen will.

Fall 4 („Rent and let make") liegt schließlich vor, wenn mittels fremder, zur Nutzung überlassener Ressourcen Aktivitäten von ebenfalls fremden Akteuren vollzogen werden. Der Akteur, der sich für diese Alternative entscheidet, muss also sowohl über die entsprechenden Nutzungsrechte der anderen Ressourceneigentümer verfügen als auch über die Verfügungsrechte an den Humanressourcen der für ihn handelnden Akteure.

Je nachdem, welche und wie viele Verfügungsrechte getauscht werden, sind jeweils andere Formen des Austauschs zu wählen bzw. zu finden. Die diversen Austausch-Formen schlagen sich in vier grundsätzlichen **Vertragsformen** nieder, mittels derer der jeweils angestrebte Verfügungsrechtstausch realisiert wird (vgl. Abb. 40):

Vertragsform	Kaufvertrag	Miet-, Leasing-, Pachtvertrag	
In der Transaktion übertragene Verfügungsrechte	Anbieter erhält: successionis an Geld (Kaufpreis) Nachfrager erhält: **unbefristet** successionis an Ressource	Anbieter erhält: successionis an Geld (Miete, Leasingraten, Pacht) Nachfrager erhält: **zeitlich befristet** usus, fructus, abusus an Ressourcen im Prozess	Ressourcen/ Potenziale
Ressourcen nicht-menschliche physische und immaterielle Kapitalgüter	**Buy**	**Rent**	
Aktivitäten durch Humankapital	**Make**	**Let make**	
In der Transaktion übertragene Verfügungsrechte	Anbieter erhält: successionis an Geld (Lohn, Gehalt) und abusus an Ressourcen im Prozess Nachfrager erhält: **unbefristet** usus am Humankapital im Prozess	Anbieter erhält: successionis an Geld (Honorar) und abusus an Ressourcen im Prozess Nachfrager erhält: **befristet** usus am Humankapital im Prozess	Prozesse
Vertragsform	Arbeitsvertrag	Dienst-, Werkvertrag	
	unbefristet	befristet	

Abb. 40: Vertragsformen in Abhängigkeit von Buy, Make, Rent und Let make (Quelle: Ullrich 2004, S. 175)

- Der *Kaufvertrag* ist die Transaktionsform, um ein „Buy" an Ressourcen zu realisieren. Im Ergebnis erhält der Käufer das unbefristete „ius successionis" – und damit auch alle anderen Property Rights – an der Ressource, während der Verkäufer das „ius successionis" am Kaufpreis erlangt.
- *Miet-, Leasing- und Pachtverträge* dienen dazu, den Fall des „Rent" umzusetzen. Hier erwirbt der Nachfrager das befristete „ius usus" an den betreffenden Ressourcen, während der Anbieter das „ius successionis" am Erlös in Form von Miete, Leasingrate, Pacht o. Ä. erhält.
- *Arbeitsverträge* stellen die Vertragsform dar, mit deren Hilfe ein „make" umgesetzt wird. Dabei erhält der Anbieter der Arbeitsleistungen nicht nur ein „ius successionis" an dem ihm zustehenden Arbeitsentgelt (Lohn/Gehalt), sondern, damit er seine Arbeitsleistungen überhaupt erfüllen kann, auch ein „ius abusus" an den dazu notwendigen Ressourcen des Nachfragers, d. h. des Arbeitgebers. Dieser erhält im Gegenzug ein unbefristetes „ius usus" am Humankapital des Arbeitnehmers.
- Der Fall des „Let make" wird schließlich mittels *Dienst- und Werkverträgen* realisiert. Hier erlangt der Anbieter „ius successionis" an seinem Honorar und

muss dafür dem Nachfrager im Gegenzug ein befristetes „ius usus" am Humankapital, welches den Dienst erbringt bzw. das Werk erstellt, zugestehen.

Die obigen Charakterisierungen machen deutlich, dass die Wahl bzw. Herausbildung einer bestimmten Vertragsform das Ergebnis von **Make-or-Buy-Kalkülen** sind. Sie sind somit auch ganz wesentlich verantwortlich für die zuvor erläuterten Veränderungen in den Wertschöpfungsstrukturen sowie die damit einhergehende Zunahme von Dienstleistungsangeboten (vgl. Kapitel 1.2). Darüber hinaus wird erkennbar, dass nur im Fall des *Kaufvertrags alle* an einer Ressource gehaltenen Verfügungsrechte transferiert werden, wobei dem „ius successionis" die entscheidende Bedeutung beizumessen ist. Daneben existiert aber eine Vielzahl von Vertragsformen, bei denen bestimmte Verfügungsrechte an den vom Anbieter in die Transaktion eingebrachten Ressourcen bei diesem verbleiben: So ist ein Vermieter auch nach Abschluss eines Mietvertrags genauso weiterhin Eigentümer seiner Mietsachen, wie ein Arbeitnehmer bei Unterzeichnung eines Arbeits- oder Dienstvertrags seine per Geburt erworbenen Menschen- und Bürgerrechte behält. In diesen Fällen kommt es also im Rahmen einer Transaktion aus der Perspektive der Anbieter zu einer *Verdünnung* der Verfügungsrechte an den von ihnen in die Transaktion eingebrachten Ressourcen. Der Vermieter überlässt dem Mieter zumindest das Nutzungsrecht an der Mietsache, und Arbeitnehmer gestehen den betreffenden Arbeitgebern Zugriffs- oder Dispositionsrechte in Bezug auf ihre Arbeitszeit zu.

Immer dann, wenn es im Rahmen einer Transaktion zu einer solchen Verdünnung der Verfügungsrechte an einer Ressource kommt, kann deren vom Nachfrager angestrebte Nutzung zwangsläufig nicht ohne dessen eigene Mitwirkung erfolgen. In solchen Fällen **integrativer Markttransaktionen**, wie sie für das BDM typisch sind, muss der Nachfrager über den ihm zustehenden Teil der Verfügungsrechte und der Anbieter über den beim verbleibenden Teil derselben disponieren. Es kann somit festgehalten werden, dass *Integrativität* im Sinne der Kundenintegration *immer* mit einer *Verdünnung von Verfügungsrechten* an einer von einem Anbieter in eine Transaktion eingebrachten Ressource einhergeht und damit immer zur Co-Disposition von Anbieter und Nachfrager über die betreffende Ressource führt. In diesem Sinne versteht auch Ullrich (2004, S. 186 ff.) Dienstleistungen als *Auftragsleistungen* ohne vollständige Eigentumsübertragung, welche ein Mindestmaß an Mitwirkung des Nachfragers verlangen. In ihrem Verlauf kommt es zu einer zeitlich befristeten Übertragung bestimmter Verfügungsrechte vom Anbieter zum Nachfrager, während das Recht auf Weiterveräußerung („ius successionis") beim ursprünglichen Träger, d. h. dem Anbieter, verbleibt.

Durch *Kundenmitwirkung* charakterisierte Markttransaktionen zeichnen sich somit aus Sicht der Property-Rights-Theorie dadurch aus, dass nicht nur die Verfügungsrechte an den Ressourcen, die vom Anbieter in die Transaktion eingebracht werden, zeitweise verdünnt, sondern auch die an den Ressourcen, welche vom Nachfrager in den Leistungserstellungsprozess integriert werden (Hilke 1989, S. 12; Maleri 1973, S. 147; Kleinaltenkamp 1997a, S. 99; Kleinaltenkamp/Haase 1999, S. 168). Aus verfügungsrechtlicher Sicht kommt es somit im Rahmen solcher Transaktionen immer zu einer doppelten oder bilateralen Verdünnung der

Verfügungsrechte an den von den Transaktionspartnern in eine Transaktion eingebrachten Ressourcen. Dieses sind auf der Seite des Anbieters Teile seiner internen (Produktions-)Faktoren, auf der Seite des Nachfragers sind es die *externen Faktoren*. Durch diese bilaterale Verdünnung entsteht ein – oftmals kompliziertes – Geflecht von Aktivitäten der Übertragung, Rückübertragung und Absicherung von Verfügungsrechten mit teilweise weitreichenden Konsequenzen für die Anbahnung, Abwicklung und Kontrolle der Transaktionen und die Höhe der daraus resultierenden Transaktionskosten (Fließ 2001, S. 94 ff.) sowie die damit einhergehende eigentliche Leistungserstellung.

4.2 Handlungsebene der Geschäftsbeziehungen

4.2.1 Bedeutung und Charakteristika von Geschäftsbeziehungen

Sowohl in der Wissenschaft als auch in der Unternehmenspraxis ist allgemein anerkannt, dass das Eingehen von dauerhaften Geschäftsbeziehungen sowohl für den Anbieter als auch den Nachfrager gegenüber der Durchführung von Einzeltransaktionen bedeutende Vorteile mit sich bringen kann (Jacob 2002, S. 1 ff.; Simon 1985, S. 25) . Es gilt somit auch heute noch die Aussage von Charles S. Goodman: *„Companies don't make purchases, they establish relationships"* (zitiert nach: Kotler 1994, S. 204). Ein zentraler Grund hierfür ist aus Anbietersicht vor allem darin zu sehen, dass die Kosten der Akquisition eines Neukunden meist viel höher sind als die Kosten des Haltens von bestehenden Kunden (vgl. z. B. Kotler/Keller/Bliemel 2007, S. 54 ff.; Reichheld/Sasser 1990, S. 107 ff.). Allerdings sind in der Praxis ebenso Fälle zu finden, in denen die existierenden Kundenbeziehungen in hohem Maße die Ressourcen des Anbieterunternehmens beanspruchen. Ein hoher mit einem Kunden im Verlauf einer Geschäftsbeziehung erzielter Umsatz kann zum Teil ‚teuer', d. h. mit sehr hohen kundenspezifischen Aufwendungen, erkauft worden sein (Kleinaltenkamp 2011, S. 120). Gleichwohl spielen Geschäftsbeziehungen im BDM-Bereich eine große Rolle. Empirische Belege hierfür liefern z. B. Widmaier 1996, Werani 1998, Kühne 2008 oder Unterschütz 2004. Aus einer transaktionsorientierten Sicht sind Geschäftsbeziehungen eine Abfolge von Einzeltransaktionen i. S. v. Bargaining Transactions, wobei ökonomisch relevante Gründe existieren, die diese Folge zumindest aus Sicht eines der beteiligten Marktpartner als sinnvoll oder notwendig erscheinen lassen. Da zur Erfüllung der Verpflichtungen, die sich aus einzelnen Bargaining Transactions ergeben, meist eine Reihe von Managerial Transactions erforderlich ist, umfassen Geschäftsbeziehungen somit sowohl Bargaining als auch Managerial Transactions (Jacob 2002, S. 6 ff.) (vgl. Abb. 41).

Während eine Einzeltransaktion unter Marktbedingungen bei Entscheidungsfreiheit der Marktpartner erfolgt, sind in Geschäftsbeziehungen die Einzeltransaktio-

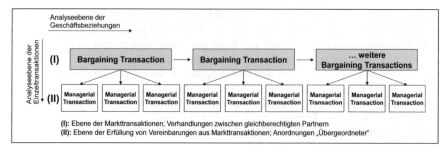

Abb. 41: Geschäftsbeziehungen als Abfolge von Bargaining Transactions

nen miteinander *verbunden,* wodurch es auch zu Einschränkungen in der Entscheidungsfreiheit der Marktpartner kommt. Es ist diese *„innere Verbindung"* zwischen den Bargaining Transactions, die eine Geschäftsbeziehung begründen (Jacob 2002, S. 7 f.). Im Weiteren werden in Anlehnung an Plinke (1989, S. 307 f.; derselbe 1997a, S. 23) Geschäftsbeziehungen wie folgt definiert:

> *Geschäftsbeziehungen* stellen eine Folge von Markttransaktionen zwischen einem Anbieter und einem Nachfrager dar, die nicht zufällig ist. *„Nicht zufällig"* bedeutet, dass es für beide Marktseiten gute Gründe gibt, die eine planmäßige Verknüpfung zwischen den Markttransaktionen sinnvoll oder notwendig erscheinen lassen und dass zwischen den Transaktionen eine *„innere Verbindung"* existiert.

Gemäß diesem Verständnis lassen sich vier zentrale Charakteristika von Geschäftsbeziehungen herausstellen:

- *Abfolge* von Markttransaktionen (*Zeitraumbezug*),
- *Verknüpfung* von Markttransaktionen,
- Existenz einer *„inneren Verbindung"* (gute Gründe), wie z. B. Zufriedenheit, Entstehung von Werten, spezifische Bindungen, aber auch Gewohnheit,
- ein- oder zweiseitige *„Investitionen"* der Marktparteien zur Errichtung, bzw. Erhaltung einer Kunden- oder Lieferantenbeziehung.

Abschließend sei noch darauf hingewiesen, dass jede Form des Geschäftsbeziehungsmanagements auch der *innerorganisatorischen Umsetzung* bedarf. Hierzu zählen nach Geiger/Kleinaltenkamp (2011, S. 257 ff.) insbesondere folgende Maßnahmen:

- Einrichtung entsprechender Stellen und Abteilungen, die sich um die betreffenden Aufgabenfelder kümmern (*„Key Account Management"*),
- Auswahl von Personen, die für die Tätigkeiten verantwortlich sind und die Ausgestaltung ihrer Zusammenarbeit (*„Key Account Management-Teams"*),
- Ausarbeitung und Implementierung von Anreizsystemen, welche ein kundenbindungsorientiertes Verhalten der verantwortlichen Personen fördert,
- Ausgestaltung eines Controlling-Systems, durch welches die verschiedenen Aufgabenbereiche des Geschäftsbeziehungsmanagements kontrolliert und gesteuert werden können.

Aufgrund der herausragenden Bedeutung der Geschäftsbeziehung als Handlungsebene im BDM werden im Folgenden allgemein gültige Charakteristika von
Geschäftsbeziehungen betrachtet und dann im **Teil III** dieses Buches im Hinblick
auf die sog. *BDM-Geschäftstypen* konkretisiert.

4.2.2 Grundtypen und Wert von Geschäftsbeziehungen

Geschäftsbeziehungen können grundsätzlich geplant oder ungeplant entstehen
(Plinke 1997a, S. 25 ff.). Dabei sind **geplante Geschäftsbeziehungen** dadurch charakterisiert, dass sie *bewusst* eingegangen werden, weil sich Anbieter und/oder
Nachfrager aufgrund von z. B. spezifischen Investitionen im Rahmen der ersten
Einzeltransaktion oder dem Abschluss von Rahmenverträgen darüber bewusst
sind, dass sie damit zumindest für eine gewisse Zeit auch in den Folgekäufen
gebunden sind. Mit der Ersttransaktion wird somit eine *strategische Entscheidung*
im Hinblick auf die Bindung an den Partner auch für Folgetransaktionen zumindest für einen gewissen Zeitraum getroffen. Mit der vollzogenen Entscheidung
für den jeweiligen Geschäftspartner erfolgt bei Tätigung spezifischer Investitionen
ein Wechsel aus einer Situation mit hohen Freiheitsgraden bezüglich der Auswahl-
möglichkeit an Geschäftspartnern (*vor* der Entscheidung) in eine Situation mit
null oder zumindest deutlich geringeren Freiheitsgraden bezüglich der Partner-
wahl (*nach* der Entscheidung), was auch als **fundamentale Transformation** bezeichnet wird. Durch die fundamentale Transformation gerät der Entscheider in eine
Situation, die er ohne weiteres nicht mehr verlassen kann (sog. Lock-in-Situation,
da er sich in einer *Abhängigkeitsposition* zum gewählten Partner befindet, vgl.
hierzu ausführlich Kapitel 4.2.3.3).

Demgegenüber bilden sich **ungeplante** oder **De facto-Geschäftsbeziehungen** erst
allmählich heraus. Aufgrund der fortlaufenden Anbahnung und Durchführung
von Transaktionen transformieren sich die ursprünglichen Erwartungen der
Geschäftspartner zunehmend in Erfahrungswerte, wodurch z. B. der Kunde die
Leistungsfähigkeit des Anbieters immer besser und auch verlässlicher beurteilen
kann. Dadurch wird schließlich ein Stadium erreicht, in dem sich einer oder beide
Geschäftspartner aneinander gebunden fühlen und deshalb die Geschäftsbezie-

	ungeplante Geschäftsbeziehung	**geplante Geschäftsbeziehung**
Erst-transaktion	• unspezifische Situation • unbewusste Entscheidung	• fundamentale Transformation • bewusste Entscheidung
Folge-transaktionen	• allmähliche Bindung • Commitment	• zwangsweise Bindung • Lock-In-Effekte

Abb. 42: Grundtypen von Geschäftsbeziehungen

hung auch fortsetzen möchten. Der einer Geschäftsbeziehung beigemessene Wert bestimmt letztendlich, ob ein Anbieter oder ein Nachfrager in einer solchen bleiben möchte oder nicht. Sind dieser sog. **Beziehungswert** einer Geschäftsbeziehung und dessen Bestimmungsrößen bekannt, so lassen sich daraus Ansatzpunkte für das Management von Geschäftsbeziehungen ableiten.

Die Bedeutung des Geschäftsbeziehungswerts zeigt sich nicht zuletzt darin, dass in einer Reihe von Untersuchungen der Wert, der von den Partnern einer Geschäftsbeziehung zugemessen wird (*„relationship value"*), mittlerweile als eine wichtige, wenn nicht gar die entscheidende Größe für das Zustandekommen und den Erfolg von Geschäftsbeziehungen aber auch für das Verhalten der Geschäftsbeziehungspartner identifiziert worden ist (vgl. z. B. Zajac/Olson 1993, S. 131 ff.; Anderson 1995, S. 346 ff.; Wilson/Jantrania 1995, S. 55; Plinke 1997b, S. 115 ff.; Madhok 2000, S. 77; Adler 2003, S. 87 ff.). Sehr pointiert hat dies Wilson (2003, S. 176) wie folgt zum Ausdruck gebracht: *„Product value is not enough to win in the marketplace. Relationship value creation is critical to winning in the marketplace."* Die hohe Bedeutung des Geschäftsbeziehungswerts belegen auch die Ergebnisse der international angelegten Studie von Geiger et al. (2012, S. 87 ff.): Bei einer großzahligen Analyse von Fällen aus Argentinien, Deutschland, Neuseeland und Südkorea zeigte sich, dass er sowohl auf der Anbieter- als auch auf der Nachfragerseite einen z. T. weitaus größeren Einfluss auf die Verhaltensabsichten der beteiligten Partner hat als die jeweiligen Wechselkosten.

Zur Bestimmung des Beziehungswertes aus **Nachfragersicht** hat vor allem das Modell von Ulaga/Eggert (2006, S. 122) eine große Bedeutung erlangt. Auf der Basis theoretischer Überlegungen sowie Tiefeninterviews identifizieren die Autoren sechs Dimensionen des Wertes, den Kunden in Geschäftsbeziehungen wahrnehmen. Dabei werden drei Quellen des Beziehungswertes unterschieden:

- der eigentliche Austauschgegenstand (*„core offering"*),
- der Beschaffungsprozess (*„sourcing process"*) und
- die Leistungserstellungsprozesse des Nachfragers, in denen die beschafften Leistungen eines Anbieters eingesetzt werden (*„customer operations"*).

Wie in Abb. 43 dargestellt, bildet sich der Beziehungswert in Abhängigkeit obiger Quellen auf der Basis von Nutzen- und Kostenaspekten. Eine empirische Überprüfung des Modells erbrachte, dass im Hinblick auf die Einschätzung des Beziehungswertes einer Geschäftsbeziehung aus Nachfragersicht die wahrgenommenen Nutzenaspekte stärker zu Buche schlagen als die empfundenen Kostensenkungen.

Im Hinblick auf die Bedeutung der einzelnen Dimensionen ergab sich, dass den Nutzengewinnen im Operations- und im Sourcing-Bereich sowie den Kosteneinsparungen bei der Produktion die größte Bedeutung zukommt (Ulaga/Eggert 2006, S. 130). Die *Relationship Benefits* im Modell von Ulaga/Eggert liefern einem Anbieter zentrale Ansatzpunkte zur Gestaltung einer **Beziehungsqualitätspolitik**.

Aus **Anbietersicht** entspricht der Beziehungswert einer Geschäftsbeziehungen dem sog. **Kundenwert**, dem dem Anbieter zur Abschätzung der Attraktivität eines Kunden dient. Entscheidend ist dabei nicht der Wert, der sich aus einer Einzeltransaktion ableiten lässt, sondern derjenige, der sich aus der Summe der Einzeltransak-

Value Dimensions		
	Relationship Benefits	Relationship Costs
Core Offering	• Product Quality • Delivery Performance	• Direct Costs
Sources of Value Creation — Sourcing Process	• Service Support • Personal Interaction	• Acquisition Costs
Customer Operations	• Supplier Know-How • Time-to-Market	• Operation Costs

Abb. 43: Dimensionen des Geschäftsbeziehungswerts
(Quelle: Ulaga/Eggert 2006, S. 122)

tionen im Rahmen der gesamten Geschäftsbeziehung ergibt. Der Kundenwert kann dann als Entscheidungsgrundlage für die Investitionen in die Geschäftsbeziehung und die zu ergreifenden Marketing-Maßnahmen herangezogen werden. Das zentrale Problem bei der Bestimmung des Kundenwertes ist darin zu sehen, dass er sich nicht vollständig und exakt in ökonomischen Größen ausdrücken lässt, da neben ökonomisch-quantitativen auch nicht-ökonomische, qualitative Größen den Wert eines Kunden bestimmen. Bedeutende nicht-ökonomische Bestimmungsfaktoren des Kundenwertes sind z. B. seine Loyalitäts-, Referenz- oder Kooperationspotenziale, während zentrale ökonomische Bestimmungsfaktoren sein Umsatz- und Gewinnpotenzial darstellen. Neben diesen positiven Bestimmungsfaktoren sind zusätzlich aber auch „*Opferkomponenten*" zu berücksichtigen, wie z. B. sein Beschwerdeverhalten, mögliche Negativkommunikation und insbesondere die Kundengewinnungs- und Kundenbindungskosten.

In der Literatur existiert eine Reihe von **Methoden** zur Bestimmung des Kundenwertes (vgl. Freter 2008, S. 363 ff.), die von Bruhn et al. (2000, S. 170) nach heuristischen und quasi-analytischen Verfahren unterteilt werden. Die quasi-analytischen Verfahren (z. B. Scoring-Modelle, Kundendeckungsbeiträge, Customer Lifetime Value) beanspruchen dabei, zu einer optimalen Entscheidungsfindung zu führen, während die heuristischen Verfahren (z. B. ABC-Analysen, Loyalitätsgrade, Kundenportfolios) nur eine entscheidungsunterstützende Funktion verfolgen. Eine besondere Bedeutung ist dabei dem sog. **Customer Lifetime Value** (CLV) beizumessen (Freter 2008, S. 370 ff., Venkatesan/Kumar/Reinartz 2012, S. 315 ff.), der eine kundenbezogene Wirtschaftlichkeitsrechnung darstellt, die versucht, den Kapitalwert eines Kunden zu ermitteln. Die Grundidee des CLV liegt in der Interpretation der Kundenbeziehung als Investition, die im Zeitablauf Kosten verursacht und Erlöse erwirtschaftet. Nur wenn der erwartete *Kapitalwert der Beziehung* positiv ist, lohnt es sich für den Anbieter, in die Geschäftsbeziehung zu investieren bzw. diese aufrechtzuerhalten (Weiber 2006a, S. 761 ff.). Allerdings ist auch die Messung des CLV aufgrund der Problematik der Erfassung qualitativer Größen, der Festlegung des Zeithorizonts der Betrachtungen, der Unsicherheit in den Zahlungsgrößen usw. als problematisch anzusehen.

4.2.3 Arten und Bestimmungsgrößen der Kundenbindung

4.2.3.1 Systematisierung von Einflussgrößen der Kundenbindung

Das zentrale konstituierende Merkmal von Geschäftsbeziehungen ist in der „*inneren Verbindung*" zwischen den Einzeltransaktionen zu sehen, wobei es für einen Anbieter erstrebenswert ist, attraktive Kunden an sich zu binden, ohne dabei – sofern das möglich ist – in zwingenderweise selbst (unfreiwillig) gebunden zu sein. Das Erreichen von Kundenbindung bzw. einer vom Kunden subjektiv empfundenen Anbieterbindung wird auch als **Commitment** bezeichnet. Es stellt damit für einen Anbieter den zentrale ‚Klebstoff' dar, der die innere Verbindung zwischen den Einzeltransaktionen innerhalb einer Geschäftsbeziehung herstellt. Darüber hinaus ist die Kundenbindung – und damit auch der Aufbau von Geschäftsbeziehungen – aber auch eines der zentralen Ziele des Marketings allgemein (Diller 1996, S. 81 ff.), da ein Anbieter aus dauerhaften Kundenbeziehungen eine Vielzahl von Nettonutzen- und Leistungserstellungsvorteilen ziehen kann.

Bereits Johnson (1982, S. 52 f.) hat darauf hingewiesen: „*People stay in relations for two major reasons: because they want to; and because they have to*". Obwohl sich in der Literatur sehr unterschiedliche Ansätze zur Systematisierung der Ursachen von Kundenbindung finden lassen (Diller et al. 2005, S. 108 ff.; Homburg/ Bruhn 2005, S. 10 ff.), so sei hier Johnson gefolgt und die grundlegende Unterscheidung der folgenden zwei Typen der Kundenbindung vorgenommen:

* freiwillige Bindungen,
* unfreiwillige Bindungen.

Während bei der freiwilligen Bindung der Kunde in der Geschäftsbeziehung bleibt, weil er ein Interesse an dem Fortbestehen der Beziehung hat, bleibt er bei der unfreiwilligen Bindung in der Beziehung, weil er sich zur Weiterführung gezwungen sieht.

Freiwillige Bindungen entfalten ihre Wirkungen aufgrund der wahrgenommenen Vorteilhaftigkeit des Transaktionspartners, d. h. des Werts, den die Geschäftsbeziehung mit diesem hat. Daraus leitet sich eine primär positive Konnotation ab, da der Transaktionspartner gerade aufgrund seiner z. B. positiven Erfahrungen nicht wechseln möchte. Die freiwilligen Bindungsursachen werden dabei auf den „**Beziehungswert**" verdichtet, der in Anlehnung an Saab (2007, S. 119) die Summe aller wertstiftenden und wertsenkenden Aspekte einer Geschäftsbeziehung umfasst. In der Literatur wird der Beziehungswert häufig noch in die Dimensionen *Beziehungsqualität* bzw. Beziehungserfolg und *Beziehungsgerechtigkeit* unterschieden (Preß 1997, S. 84 f.; Söllner 1993, S. 133 ff.; derselbe 1999, S. 219 ff.), wobei letztere neben dem absoluten Wert der Beziehung auch eine gerechte Relation der Verteilung der Vorteile zwischen Anbieter- und Nachfragerseite bedingt.

Demgegenüber sind die **unfreiwilligen Bindungsursachen** in den „**Wechselkosten**" akkumuliert. Sie umfassen erstens die Kosten, die für einen Geschäftsbeziehungspartner aus einem Wertverlust in die Geschäftsbeziehung investierten Ressourcen resultieren, und zweitens diejenigen, die mit der Anbahnung und Durchführung eines Lieferanten- bzw. Nachfragerwechsels verbunden sind bzw. wären. Die Unterscheidung nach freiwilliger und unfreiwilliger Bindung ist auch geeignet, eine Klassifizierung der möglichen Determinanten der Kundenbindung vorzunehmen, wobei in Abb. 44 die in der Literatur als zentral herausgestellten Bindungsdeterminanten (vgl. z. B. Adler 2003, S. 8 ff.; Diller et al. 2005, S. 108 ff.; Kleinaltenkamp/Saab 2009, S. 209 ff.; Kühne 2008, S. 95 ff.; Plinke/Söllner 2008, S. 70 ff.; Preß 1997, S. 77 ff.) in einem allgemeinen Modell zusammengestellt sind. Auch hier liefern die Dimensionen der freiwilligen Bindung bzw. des Beziehungswertes für einen Anbieter zentrale Ansatzpunkte zur Gestaltung einer **Beziehungsqualitätspolitik**. Weiterhin ist bei Geschäftsbeziehungen auch die **Unsicherheit** als Einflussgröße auf die Kundenbindung herauszustellen, da die Einschätzung des Beziehungswertes einer neuen Geschäftsbeziehung im Vergleich zu einer existierenden Geschäftsbeziehung i. d. R. mit deutlich höheren Unsicherheiten verbunden ist. Zudem sind auch die zukünftige Entwicklung des Beziehungswertes sowie die tatsächlich anfallenden Kosten des Anbieterwechsels mit Unsicherheiten behaftet. Im Folgenden werden die in Abb. 44 zusammengefassten zentralen Einflussgrößen der Kundenbindung in ihren Wesensmerkmalen betrachtet.

Allerdings ist darauf hinzuweisen, dass die in einer Geschäftsbeziehung tatsächlich relevanten Ursachen und deren Wirkungsintensitäten in Abhängigkeit davon variieren, welche Charakteristika die Einzeltransaktionen aufweisen, die einer Geschäftsbeziehung zugrunde liegen. Eine diesbezügliche Konkretisierung der verschiedenen Bindungsdeterminanten erfolgt deshalb erst in **Teil III** dieses Buches und wird in Abhängigkeit von deren Relevanz in den Geschäftstypen des BDM vorgenommen.

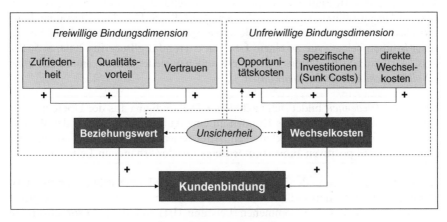

Abb. 44: Zentrale Einflussgrößen auf die Kundenbindung

4.2.3.2 Zentrale Determinanten der freiwilligen Bindung

Eine freiwillige Bindung eines Kunden an seinen Anbieter kann immer dann vermutet werden, wenn der Kunde insgesamt den **Beziehungswert einer Geschäftsbeziehung** als positiv einschätzt und deshalb in einer Geschäftsbeziehung verbleiben möchte. Im Folgenden werden die charakteristischen Merkmale der in Abb. 44 als zentrale herausgestellten Bestimmungsgrößen des Beziehungswertes betrachtet:

Qualitätsvorteil

Der Qualitätsvorteil einer angebotenen Leistungen bezieht sich im Kern auf den *Funktionsaspekt* eines Leistungsangebotes und deren seitens der Kunden wahrgenommenen (technische) Überlegenheit gegenüber Konkurrenzangeboten. Hierzu zählen alle Arten und Formen solcher funktionaler Vorteile, die im Zuge einer Geschäftsbeziehung aufgrund des Verbleibs beim selben Lieferanten immer nachhaltig realisiert werden können: Hierzu zählen z. B. die Möglichkeiten durch den Einsatz bestimmter Maschinen ein qualitativ höherwertiges Erzeugnis zu produzieren, durch die Nutzung eines bestimmten Werkstoffes eine schnellere Verarbeitungsgeschwindigkeit zu erzielen, durch die Nutzung eines Softwaresystems betriebliche Abläufe effizienter durchzuführen, durch die Beauftragung eines Logistikdienstleisters die eigenen Kunden schnell und kostengünstig zu beliefern oder durch die Beauftragung eines Call-Center-Dienstleisters die eigenen Kundenbeziehungen besser zu pflegen.

Kundenzufriedenheit

Die große Bedeutung der Kundenzufriedenheit für die Kundenbindung erklärt sich aus dem Umstand, dass ein zufriedener Kunde in der Regel mehr kauft und länger ‚treu' bleibt, für ein gutes Image des Unternehmens sorgt, kostengünstiger als Neuakquisitionen zu betreuen ist und dem Unternehmen Ideen und Verbesserungsvorschläge liefert. Bei dauerhafter und nachhaltiger Kundenzufriedenheit kommt es zur Verfestigung einer positiven Einstellung gegenüber einem Anbieter und zur Herausbildung von Loyalität (Schütze 1992, S. 117). Der Zusammenhang zwischen Kundenzufriedenheit und Kundenloyalität wird in einer Vielzahl empirischer Studien belegt (vgl. zu einem Überblick: Homburg/Bucerius 2008, S. 56 ff.). Aus Marketing-Sicht definiert sich die Kundenzufriedenheit allgemein aus einer *„Nullabweichung vom Kundenwunsch"*.

> *Kundenzufriedenheit* bildet sich nach dem CD-Paradigma aus der Übereinstimmung der Erwartungen eines Kunden an eine Anbieterleistung mit der Wahrnehmung der tatsächlich erhaltenen Anbieterleistung und führt zu einem Zustand eines positiven Einverstandenseins mit der erhaltenen Leistung.

Die Konzeptualisierung der Kundenzufriedenheit erfolgt meist über das sog. **CD-Paradigma** (Confirmation/Disconfirmation-Paradigma), das auf den Vergleich der vom Kunden wahrgenommenen Leistung (Ist) mit dem Anspruchsniveau (Soll-Leistung) des Kunden abzielt (Diller et al. 2005, S. 83 ff.). Können dabei die erbrachten Leistungen der gesetzten Erwartungshaltung gerecht werden (Confirmation), so entsteht Zufriedenheit. Werden die Erwartungen des Kunden sogar übertroffen, so wird dies als positive Disconfirmation bezeichnet, welche letztlich ebenfalls zu Zufriedenheit bzw. sogar zu Begeisterung führen kann. Unzufriedenheit entsteht hingegen bei negativer Disconfirmation, die durch zu hohe Erwartungen, eine zu geringe Ist-Leistung oder eine Kombination von beidem hervorgerufen wird. Die Erwartungshaltung bzw. das Anspruchsniveau an eine Leistung wird dabei in besonderem Maße von den gemachten Erfahrungen und Bedürfnissen, dem Wissen um Alternativen oder auch durch Leistungsversprechen des Anbieters geprägt.

Vertrauen

Gerade im Hinblick auf die Entwicklung von Kundenbeziehungen ist dem Vertrauen eine herausragende Bedeutung beizumessen, was nicht nur in der Literatur anerkannt, sondern auch durch eine Vielzahl von Studien empirisch belegt ist (vgl. zu Überblicken Egner-Duppich 2008, S. 3 ff.; Scheer 2012, S. 332 ff.). Albach (1980, S. 5) kommt sogar zu dem Ergebnis, dass auf „… gegenseitigem Vertrauen aufbauende Beziehungen zwischen Marktpartnern … letztendlich zu höheren Qualitäten, höheren Preisen und auch höherem Gewinn" führen. Der Vertrauensbegriff wird in der Literatur sehr unterschiedlich definiert und ist Gegenstand unterschiedlicher Wissenschaftsdisziplinen (insbesondere Psychologie, Soziologie und Ökonomie), wobei wir hier der ökonomischen Perspektive von Ripperger (1998, S. 45) folgen.

Vertrauen ist die freiwillige Erbringung einer riskanten Vorleistung unter Verzicht auf explizite vertragliche Sicherungs- und Kontrollmaßnahmen gegen opportunistisches Verhalten in der Erwartung, dass sich der andere trotz Fehlens solcher Schutzmaßnahmen nicht opportunistisch verhalten wird.

Der Aufbau von Vertrauen ist nur aufgrund von *Erfahrungen* des Vertrauensnehmers mit dem Vertrauensgeber im Zeitablauf möglich. Die Vertrauensbildung folgt damit einem Prozess, bei dem der Vertrauensnehmer aufgrund von Erfahrungen mit einem bekannten Vertrauensgeber zu dem Ergebnis kommt, dass das zukünftige Verhalten des Vertrauensgebers vorhersagbar ist und diesem aufgrund von wiederholt gezeigtem Verhalten eine positive Verlässlichkeit zugewiesen wird (Einwiller 2003, S. 81 ff.). Vertrauen nimmt immer dann eine wichtige Stellung im Transaktionsprozess ein, wenn kein ausreichendes Wissen oder hinreichende Informationen für ein erfolgssicheres Handeln eines Vertragspartners verfügbar sind. Durch Vertrauen kann deshalb insbesondere der Teil der Nachfrager-Unsicherheit reduziert werden, der weder durch Wissen noch über zusätzliche Informationsaktivitäten beseitigt werden kann. Das Vertrauen des Nachfragers basiert dann auf Schlussfolgerungen bezüglich der Eigenschaften des potenziellen Marktpartners und spiegelt somit eine positive Einstellung gegenüber dem Anbieter wider. So ist beispielsweise der Leistungswille eines Anbieters nur bedingt anhand von Informationen zu beurteilen. In diesen Fällen unterliegen die Nachfrager einem zwangsweisen Informations- und *Kontrollverzicht*. Zum Ausgleich der Informationsdefizite wird dann oftmals auf Informationssubstitute zurückgegriffen, wobei dem Vertrauen als universal einsetzbarem Informationssubstitut eine zentrale Rolle beizumessen ist (Plötner 1992, S. 77 f.). Je höher das Vertrauen eines Nachfragers in Bezug auf den Anbieter ausfällt, desto höher trägt dieses zur Reduktion der Unsicherheit bei und erhöht somit die Wahrscheinlichkeit einer weiteren Durchführung der Transaktion. In engem Zusammenhang mit dem Vertrauen steht die **Reputation** eines Anbieters, die vor allem dann von Bedeutung ist, wenn ein Nachfrager bisher noch keine oder erst wenig eigene Erfahrung mit einem konkreten Anbieter und seinem Leistungsspektrum gemacht hat (Einwiller/Herrmann/Ingenhoff 2005, S. 25 ff.) und sich somit noch kein Vertrauen herausbilden konnte. Reputation wird dann zu einem Substitut für die eingeschränkte Qualitätsbewertung im Vorfeld einer Transaktion (vgl. hierzu ausführlich Kapitel 6.4.3).

4.2.3.3 Zentrale Determinanten der unfreiwilligen Bindung

Der unfreiwilligen Bindungsdimension wird vor allem in der ökonomischen Theorie eine hohe Bedeutung beigemessen, wobei Bindung hier als *Abhängigkeitsposition* interpretiert wird, die nur unter Inkaufnahme von **Wechselkosten** beseitigt werden kann (Plinke/Söllner 2008, S. 74 ff.). Gemäß den Überlegungen der Transaktionskostentheorie ist Abhängigkeit dabei als Abhängigkeit durch die für eine Transaktion erforderlichen *Inputs* zu verstehen und nicht als der Ausdruck der Abhängigkeit eines Wirtschaftssubjektes von den Leistungen eines anderen. Mit Klemperer (1987, S. 375 ff.) und Jackson (1985, S. 42 ff.) können drei grundsätzliche Arten von Wechselkosten im Zusammenhang mit Geschäftsbeziehungen unterschieden werden:

- **Sunk Costs** (versunkene Kosten), als Äquivalent für den Wert, der in eine Geschäftsbeziehung getätigten und bisher noch *nicht* amortisierten Investitionen, die verloren gehen, wenn die Geschäftsbeziehung aufgegeben wird.
- **Opportunitätskosten**, die durch den Verlust des Beziehungswertes einer vorhandenen Geschäftsbeziehung bei deren Beendigung entstehen.
- **Direkte Wechselkosten**, die unmittelbar durch die Wechselentscheidung verursacht werden und z. B. mit der expliziten Suche, Anbahnung oder Vereinbarung einer neuen Geschäftsbeziehung verbunden sind.

(1) Opportunitätskosten
Opportunitätskosten entstehen bei Geschäftsbeziehungen einerseits dadurch, dass mit der Entscheidung für einen bestimmten Anbieter die Angebotsalternativen (Opportunitäten) der anderen Anbieter nicht mehr genutzt werden können. Das bedeutet ein Nutzenverzicht, der sich nicht unmittelbar monetär niederschlägt, sondern der Quantifizierung des entgangenen Nutzens dient. Im Hinblick auf die Wechselkosten sind die Opportunitätskosten bezogen auf den Verzicht des Nutzens aus Leistungen des In-Suppliers, der durch den Wechsel zu einem neuen Geschäftspartner entsteht.

(2) Sunk Costs und spezifische Investitionen
Sunk Costs werden durch *spezifische Investitionen* hervorgerufen, deren Wert bei einem Wechsel einer Geschäftsbeziehung verloren gehen würde. Linke (2006,

S. 49) verwendet in diesem Zusammenhang den Begriff der „*Committed Cost*" bzw. „versunkene Verluste", die dem Wertverlust durch Spezifität entsprechen, der noch nicht amortisiert ist. Die hohe Bedeutung spezifischer Investitionen und damit der Sunk Costs für das Handeln von Geschäftsbeziehungspartnern ist empirisch vielfach belegt worden (vgl. stellvertretend: Linke 2006, S. 142 ff.).

Der Begriff der **spezifischen Investitionen** stammt aus der *Transaktionskostentheorie* (Williamson 1998, S. 23 ff.) und bezieht sich dort auf „... dauerhafte Investitionen ..., die zur Stützung bestimmter Transaktionen vorgenommen werden" (Williamson 1990, S. 63).

> *Spezifische Investitionen* (specific investments) stellen solche Investitionen in Ressourcen oder Inputs dar, die im Vergleich zu dem ursprünglich geplanten Investitionszweck in jeder anderen Verwendung für den Investor entweder völlig wertlos (totale Spezifität) werden oder aber von nur geringerem Wert (graduelle Spezifität) sind.

Spezifische Investitionen, die ein Anbieter in einer Transaktion vornimmt, führen zu einer Abhängigkeit des Anbieters vom Kunden (Anbieterbindung) und in gleicher Weise solche des Kunden zu einer Abhängigkeit des Kunden vom Anbieter (Kundenbindung).

Spezifische Investitionen sind Investitionen in Ressourcen bzw. allgemeine *Inputfaktoren*, die vom Nachfrager und/oder vom Anbieter in eine Einzeltransaktion bzw. eine Geschäftsbeziehung eingebracht und für den jeweiligen Vertragspartner ,*maßgeschneidert*' werden. Der Ausprägungsgrad spezifischer Investitionen (Spezifitätsgrad) ist dabei auf einem *Kontinuum* angesiedelt, wobei die totale Spezifität als besonders problematisch anzusehen ist, da die hier verwendeten Ressourcen „*idiosynkratisch*" sind, d. h. in keiner anderen Verwendung eingesetzt werden können (Milgrom/Roberts 1992, S. 135). Die Höhe spezifischer Investitionen lässt sich durch einen Vergleich der Werte einer Ressource in ihrer ursprünglich vorgesehenen Verwendung einerseits und in der besten Alternativverwendung andererseits feststellen. Ist der Wert einer Ressource in der ursprünglichen Verwendung höher als in der besten alternativen Verwendung, so wird die Wertdifferenz als **„Quasi-Rente"** bezeichnet. Die Quasi-Rente kann damit gleichsam als ,*Verlust*' interpretiert werden, der daraus resultiert, dass eine Investition nicht mehr im ursprünglich beabsichtigten Sinn verwendet werden kann. Je höher die spezifischen Investitionen in eine Geschäftsbeziehung sind, desto höher ist auch die Quasi-Rente und somit die unfreiwillige Bindung an einen Vertragspartner.

> Die *Quasi-Rente* bezeichnet den (fiktiven) Wert, der sich aus der Differenz zwischen dem Ertrag einer Investition in ihrer besten Verwendung (bzw. der aktuellen Transaktion) und dem Ertrag in ihrer nächstbesten Verwendung (bzw. Transaktion) ergibt.

Alternativ wird die Quasi-Rente aber auch als ,*Rendite*' interpretiert, die eine spezifische Ressource nur in ihrer ursprünglich geplanten Verwendung (z. B. der Geschäftsbeziehung mit einem bestimmten Anbieter) abwirft: So fragt sich z. B.

ein Nachfrager bei einem Lieferantenwechsel – bzw. er sollte sich fragen –, wie sich der Wert einer Ressource (z. B. einer Maschine, eines IT-Systems, des Know-hows der Mitarbeiter) verändert, wenn er nicht mehr bei dem bisherigen Anbieter – dem sog. In-Supplier – kauft. Ist diese Differenz (die Quasi-Rente) sehr groß, müsste er bei einem Lieferantenwechsel große ökonomische Nachteile hinnehmen, was tendenziell dazu führt, dass er bei seinem ‚alten‘ Lieferanten verbleibt. Die Kosten des Wechsels, gemessen als Wertverlust der betroffenen Ressourcen, wären zu hoch (vgl. Abb. 45). Findet eine Transaktion unter Konkurrenzbedingungen statt und werden *keine* spezifischen Investitionen getätigt, so bleibt die Konkurrenzsituation auch bei *folgenden* Transaktionen bestehen. Durch die Vornahme spezifischer Investitionen z. B. durch einen Anbieter, kann dieser sich daraus jedoch für Folgetransaktionen Vorteile verschaffen.

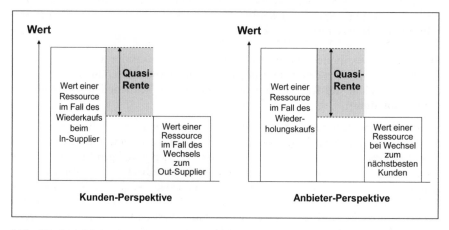

Abb. 45: Quasi-Rente aus Kunden- und Anbieter-Perspektive (Prinzipdarstellung)

Damit existiert bei Folgetransaktionen nicht mehr die ursprüngliche Konkurrenzsituation und der Wechsel des bei der vorausgegangenen Transaktion erfolgreichen Anbieters wird durch die beim Anbieterwechsel zu erwartenden höheren Transaktionskosten erschwert oder sogar verhindert. „Was zunächst ein Bietprozess mit einer großen Zahl von Teilnehmern war, wird in der Folge effektiv zu einer Situation bilateralen Angebots" (Williamson 1990, S. 70). Dieses Phänomen wird in der Literatur allgemein als fundamentale Transformation bezeichnet.

Die *fundamentale Transformation* beschreibt den Übergang von einer unspezifischen (ex ante) Transaktionssituation in eine spezifische (ex post) Situation bei Folgetransaktionen, wobei durch Spezifität zwar einerseits ein Nutzenvorteil (Quasi-Rente) erzielt werden kann, andererseits aber auch eine Abhängigkeitsposition entsteht.

Die **fundamentale Transformation** bewirkt, dass aufgrund spezifischer Investitionen ein Anbieter bzw. ein Nachfrager oder auch beide beim Verbleib in einer

Geschäftsbeziehung Vorteile erzielen können, die bei einem Wechsel zu neuen Geschäftspartnern nicht realisierbar sind. Die sich daraus ergebende Abhängigkeit kann primär in zwei Aspekten begründet liegen:

- Es liegt ein *Zwang zur Realisierung* einer (oder mehrerer) Transaktion vor, da sich die Investitionen sonst nicht amortisieren und unwiederbringlich verloren (Sunk Costs) sind.
- Es besteht eine Abhängigkeit vom (ungebundenen) Vertragspartner, da dieser bei verbundenen Transaktionen die Quasi-Rente zu seinen Gunsten z. B. im Rahmen von Preisverhandlungen ausnutzen kann. Bei totaler Spezifität besteht sogar die Gefahr, dass der ungebundene Partner den Preis bis hin zu den durchschnittlichen variablen Kosten zu senken versucht und damit die gesamte Quasi-Rente des Partners absorbiert.

Durch die fundamentale Transformation gerät ein Entscheider somit in eine *Abhängigkeitsposition*, die er ohne weiteres nicht mehr verlassen kann, was auch als Lock-in-Effekt ('Einsperrungs'-Effekt) oder Lock-in-Situation bezeichnet wird.

> Eine *Lock-in-Situation* liegt allgemein dann vor, wenn ein Entscheidungsträger aufgrund spezifischer Investitionen und/oder positiver Erfahrungen in seinen zukünftigen Handlungsweisen mehr oder weniger stark festgelegt ist.

Lock-in-Situationen sind immer mit Kosten verbunden, die das Verlassen einer aktuellen Situation unwirtschaftlich machen. Probleme ergeben sich daraus jedoch erst dann, wenn der ungebundene Geschäftspartner versucht, die Situation opportunistisch, d. h. zu seinem Vorteil auszunutzen oder dadurch, dass Lösungen in einem Unternehmen weiterverfolgt werden müssen, die den aktuell am Markt verfügbaren Lösungen deutlich unterlegen sind.

Die Transaktionskostentheorie bezieht spezifische Investitionen auf Investitionen in eine *Transaktion*, die dabei in Form von Investitionen in Inputfaktoren (Ressourcen) erfolgen, weshalb auch allgemein von „**Faktorspezifität**" gesprochen wird.

> **Beispiel: „Ölraffinieren von Rockefeller"**
>
> Das klassische Beispiel für eine Lock-in-Situation ist die Erfolgsgeschichte von John D. Rockefeller:
>
> Rockefeller erwarb 1870 Ölraffinerien in den USA und verschenkte dann in China billige Petroleumlampen. Um die Lampen benutzen zu können, kauften Millionen Chinesen Rockefellers Petrol. So entstand eine gigantische Nachfrage für sein Petrol-Öl und die Nachfrager waren an Rockefeller gebunden. Rockefeller wurde dadurch zum reichsten Mann der Welt in seiner Zeit.

Spezifische Faktoren weisen Heterogenität in unterschiedlichen Situationen auf, d. h. sie sind auf einen bestimmten Verwendungszweck zugeschnitten und damit in anderer Verwendung nicht oder nur schwer einsetzbar (sog. *Einzwecktechnolo-*

gien). Williamson (1985, S. 95 f.; derselbe 1991, S. 281 f.) unterscheidet sechs Arten der Faktorspezifität:

- *Standortspezifität (Site Specifity)*: Investitionen in die Standortwahl, um z. B. eine räumliche Nähe zum Transaktionspartner herzustellen.
- *Sachkapitalspezifität (Physical Asset Specifity)*: Investitionen in Anlagen, die zur Erstellung bestimmter Leistungen erforderlich sind (z. B. Spezialmaschinen).
- *Abnehmerspezifität (Dedicated Assets Specifity)*: Investitionen in zweckgebundene Sachwerte, die nur zum Zwecke der Erfüllung der Vertragsbeziehung mit einem bestimmten Kunden vorgenommen werden und für andere Abnehmer oder den anonymen Markt wertlos sind (z. B. Ausweitung der Produktionskapazitäten; Anpassungen im Logistiksystem).
- *Humankapitalspezifität (Human Asset Specifity)*: Investitionen in Human Resources z. B. zum Aufbau von speziellem Know-how oder Investitionen in die Betreuung und Beratung bestimmter Kunden.
- *Zeitspezifität (Time Specifity)*: Investitionen in Zeit, wenn eine Leistung in t_1 nicht homogen ist mit der gleichen Leistung in t_2. Das gilt z. B. bei verderblichen Waren oder Terminvorgaben, die etwa den Aufbau von Lägern oder spezielle Logistikanpassungen erfordern.
- *Markennamenspezifität (Brand name capital)*: Investitionen in den Wert einer Marke durch z. B. den Einsatz besonders hochwertiger Materialien oder Verarbeitungsprozesse.

Spezifische Investitionen im Sinne der Transaktionskostentheorie sind immer auf die *Stützung* von Transaktionen bezogen (Williamson 1985, S. 63), *nicht* aber auf das *Transaktionsobjekt* selbst. Durch die Stützung von Transaktionen in Form der obigen sechs Spezifitätsarten kann sich ein Anbieter einen Vorteil gegenüber konkurrierenden Anbietern bei *Folgetransaktionen* mit einem Kunden verschaffen, womit den spezifischen Investitionen im Sinne der Transaktionskostentheorie der Gedanke von Geschäftsbeziehungen inhärent ist. Zur Analyse von Geschäftsbeziehungen im BDM werden im Folgenden die obigen Spezifitätsarten auf folgende drei **Kategorien spezifischer Investitionen** verdichtet und dabei auch erweiternde Betrachtungen vorgenommen:

1. Transaktionsbeziehungsspezifische Investitionen.
2. Geschäftsbeziehungsspezifische Investitionen.
3. Transaktionsobjektspezifische Investitionen.

> *Transaktionsbeziehungsspezifische Investitionen* sind Investitionen, die ausschließlich zur *Stützung einer Einzeltransaktion* vorgenommen werden und für andere Transaktionen wertlos sind, womit sie auch keine Auswirkungen auf Folgetransaktionen besitzen.

Transaktionsbeziehungsspezifische Investitionen sind nur sinnvoll, wenn sich dadurch entweder die Erlöse einer Einzeltransaktion erhöhen oder deren Kosten reduzieren lassen. Relevant sind in diesem Fall vor allem Investitionen in Abnehmer- und Zeitspezifität, wobei aber sichergestellt werden muss, dass sich diese

Investitionen allein durch die avisierte Einzeltransaktion amortisieren lassen. Bei komplexen Einmaltransaktionen, wie sie z. B. im industriellen Großanlagenbau anzutreffen sind, können aufgrund der langen Projektdauer aber auch Faktorspezifitäten der Art Sachkapital-, Standort- oder Humankapital sinnvolle Investitionen sein. Solche Einmaltransaktionen sind meist auch durch komplexe Managerial Transactions begleitet, bei denen vor allem der Kundenintegration eine hohe Bedeutung beizumessen ist. Im Rahmen der Kundenintegration bringt auch der Nachfrager spezifische Investitionen in den Leistungserstellungsprozess des Anbieters ein und auch dieser muss meist spezifische, d. h. auf die Kundeninteraktion im Erstellungsprozess angepasste Investitionen tätigen.

> *Geschäftsbeziehungsspezifische Investitionen* sind Investitionen, die ausschließlich zur *Stützung einer Geschäftsbeziehung* vorgenommen werden und auf das Erlangen von Vorteilspositionen bei *Folgetransaktionen* abzielen

Während die Transaktionskostentheorie ihre Betrachtungen auf die durch die fundamentale Transformation hervorgerufene Einschränkung in der Entscheidungsfreiheit eines Vertragspartners konzentriert, wird mit der Betrachtung **geschäftsbeziehungsspezifischer Investitionen** unmittelbar die veränderte Entscheidungsfreiheit von Geschäftspartnern im Hinblick auf zukünftige Transaktionen adressiert (Kleinaltenkamp/Ehret 2006, S. 65 ff.). Grundsätzlich sind hier Investitionen in Form von allen o. g. Spezifitätsarten denkbar, die eine fundamentale Transformation herbeiführen können. Welche Art von spezifischen Investitionen dabei vorgenommen werden sollte, ist von den jeweiligen Besonderheiten einer *geplanten* Geschäftsbeziehung abhängig. Allerdings kommt es auch bei *ungeplanten* Geschäftsbeziehungen zu einer fundamentalen Transformation, wenn sich z. B. aufgrund von Erfahrung, der Klärung von Schnittstellen oder der Herausbildung von Zufriedenheit und Vertrauen (positiv empfundene) Abhängigkeiten ergeben. Solche spezifischen Investitionen adressieren vor allem die *Beziehungsqualität* und werden im Folgenden als „*Beziehungsspezifität*" bezeichnet. Sie stellen vor allem Investitionen in die psychologische Bindungsdimension dar. Der Aufbau von Vertrauen, Loyalität und schließlich Commitment steht hier im Vordergrund des Investitionsinteresses. Durch Beziehungsspezifität wandelt sich ein Geschäftspartner nicht nur von einer ‚anonymen Person' zu einem vertrauenswürdigen Partner, sondern es ergeben sich auch erhebliche Konsequenzen für die Effektivität und die Profitabilität einer Geschäftsbeziehung. Von der Transaktionskostentheorie wird die Beziehungsspezifität allenfalls über die Markennamenspezifität erfasst.

> *Transaktionsobjektspezifische Investitionen* sind Investitionen, die der spezifischen Anpassung eines Transaktionsobjektes an die individuellen Anforderungen eines konkreten Kunden dienen.

Transaktionsobjektspezifische Investitionen verfolgen das Ziel, durch Individualisierung eines Transaktionsobjektes einen Nettonutzenvorteil für den Kunden zu erreichen, wodurch dieser eine höhere Quasi-Rente erzielen kann. Zur Herstellung von **Transaktionsobjektspezifität** muss der Anbieter selbst nicht zwingenderweise spezifische Investitionen in Ressourcen tätigen, da ‚lediglich' eine Ausrichtung des Leistungserstellungsprozesses auf einen Kundenauftrag erfolgt. Spezifisch sind hier allerdings nahezu immer die mit der Transaktion verbundenen Managerial Transactions. Wird dennoch anbieterseitig Faktorspezifität aufgebaut, so besitzen hier die Sachkapital-, die Humankapital- und die Abnehmerspezifität besondere Relevanz. Mit der Transaktionsobjektspezifität geht immer auch *Kundenintegration* einher, bei welcher der *Kunde* spezifische Investitionen in den Leistungserstellungsprozess des Anbieters tätigt. Zum Aufbau von Geschäftsbeziehungen ist die Transaktionsobjektspezifität vor allem dann von Bedeutung, wenn ein Abnehmer durch ein für ihn ‚maßgeschneidertes' Transaktionsobjekt selbst in eine Lock-in-Situation gelangt und in Folgetransaktionen gebunden ist (Weiber 1997a, S. 325 ff.). Typische Beispiele für solche Bindungen sind etwa Originalersatzteile für gelieferte Spezialmaschinen oder Verbrauchsmaterialien für Peripheriegeräte von Computersystemen (z. B. Toner für Drucker). In gleicher Weise entstehen beim Kunden Abhängigkeiten vom Anbieter dann, wenn die Verwendung des (spezifischen) Transaktionsobjekts in den späteren Prozessen des Kundenunternehmens z. B. organisatorische und technologische Anpassungen erfordert.

Transaktionsbeziehungs-, geschäftsbeziehungs- und transaktionsobjektspezifische Investitionen sind für Geschäftsbeziehungen im BDM somit von herausragender Bedeutung, da sie zu sehr unterschiedlichen Transaktionssituationen führen und auf unterschiedlichen Konzepten des von einem Anbieter verfolgten Marketingprogramms basieren. Diese Investitionen werden dabei häufig von beiden Geschäftspartnern – teilweise schleichend, teilweise geplant – getätigt und führen damit zu meist wechselseitigen, wenn auch häufig asymmetrisch verteilten Bindungen der Parteien (Kühne 2008, S. 139 ff.), was wiederum Anpassungsmaßnahmen im BDM erforderlich macht.

(3) Direkte Wechselkosten

Neben den Kosten, die für einen Geschäftsbeziehungspartner aus einem Wertverlust seiner Ressourcen resultieren, kann ein Lieferanten- bzw. Nachfragerwechsel auch dadurch ver- oder behindert werden, dass seine Anbahnung und Durchführung selbst mühsam und aufwendig ist.

> *Direkte Wechselkosten* sind unmittelbar durch die Beendigung einer bestehenden Geschäftsbeziehung und ggf. den Start einer neuen Geschäftsbeziehung verursacht und damit dem Anbieterwechsel direkt zurechenbar.

Zu den direkten Wechselkosten gehören nicht nur monetäre Größen, sondern auch alle anderen Aufwendungen – etwa an Zeit und Mühe –, die aus einem Wechsel resultieren (würden). Im Einzelnen zählt Saab (2007, S. 122 f.) zu den direkten Wechselkosten folgende Kostenkategorien:

- *Take down costs*: enstehen durch die Beendigung der bestehenden Geschäftsbeziehung (z. B. Vertragsstrafen oder der dafür nötige Zeitaufwand),
- *Search costs*: entstehen aufgrund der Suche nach einer alternativen Geschäftsbeziehung (z. B. Sammlung und Aufbereitung von Informationen über geeignete neue Vertragspartner),

- *Setup costs*: werden durch den Aufbau einer neuen Geschäftsbeziehung verursacht (z. B. Verhandlungen, Abstimmung von organisatorischen Abläufen, Einführung neuer Verfahren, Investitionen in Ausstattungen, Umschulung von Mitarbeitern).

Es ist naheliegend, dass die genannten Kosten stark abhängig sind vom Wissensstand eines Akteurs über die bestehenden sowie über mögliche alternative Geschäftsbeziehungen. Große Bedeutung kommt in diesem Zusammenhang auch dem Vertrauen in einen existierenden Geschäftsbeziehungspartner sowie der Zufriedenheit mit ihm zu (Kühne 2008, S. 107 ff.). Ist etwa das *Vertrauen* zu einem aktuellen Partner hoch, werden dadurch die Transaktionskosten bei der Anbahnung und Durchführung von Folgetransaktionen – z. T. drastisch – gesenkt (Plötner 1995, S. 57 f.). Da man glaubt, dass man sich auf den „In-Supplier" verlassen kann, müssen weniger Aktivitäten zur Informationssuche sowie zur Absicherung vor möglichen späteren Nachteilen ergriffen werden. Bei einem Out-Supplier, über den man weniger oder gar nichts weiß, verhält sich das genau umgekehrt mit der Folge, dass dadurch bei einem ins Auge gefassten Wechsel hohe direkte Wechselkosten anfallen (können). Nachfrager müssen sich über die Qualität der Lieferungen und Leistungen des betreffenden Unternehmens informieren, die Bonität und Zuverlässigkeit des möglichen zukünftigen Partners überprüfen usw. Zudem müssten die Nachfrager vermutlich ebenso größere Anstrengungen darauf legen, vorab durch Verträge Schutzmaßnahmen gegenüber einem möglichen opportunistischen Verhalten des neuen Partners zu schaffen. Es wird deutlich, dass im zuletzt skizzierten Fall – möglicherweise erhebliche – direkte Wechselkosten anfallen, die bei einem Verbleib in der ‚alten' Geschäftsbeziehung mit dem In-Supplier nicht entstehen würden.

4.2.4 Anbieterpositionen in Geschäftsbeziehungen: Out-Supplier versus In-Supplier

Aufgrund der herausragenden Bedeutung von Geschäftsbeziehungen für den Unternehmenserfolg haben Anbieter ein grundsätzliches Interesse an Geschäftsbeziehungen mit attraktiven Kunden. Die Zielsetzungen im Hinblick auf Geschäftsbeziehungen unterscheiden sich jedoch grundlegend in Abhängigkeit davon, ob sich ein Anbieter bereits in einer Geschäftsbeziehung befindet (sog. „In-Supplier") oder ob er diese erst akquirieren muss (sog. „Out-Supplier").

Ziel eines **Out-Suppliers** ist die *Akquisition* einer Geschäftsbeziehung und das Verdrängen eines existierenden In-Suppliers. Dabei ist es zunächst wichtig, zu erkennen, wann ein – von Abell (1978, S. 21 ff.) auch als *„strategic window"* bezeichneter – Zeitpunkt gegeben ist, zu dem der Kunde nicht mehr oder nicht mehr allzu stark an den In-Supplier gebunden ist. Solche Situationen entstehen typischerweise bei den folgenden Anlässen (Backhaus/Voeth 2010, S. 500; Schlüter 2000, S. 205):

- Produktneueinführungen, Modellwechsel, signifikante Produktvariationen,
- Technologiesprünge,

- grundsätzliche Änderungen der Sourcing-Strategien potenzieller Kunden aufgrund von unternehmensinternen oder -externen Veränderungen,
- Verschiebung des Marktgleichgewichts durch Verschwinden von Konkurrenten (Anbieter-Shake Out) und damit einhergehendes Ende von deren kundenseitigen Geschäftsbeziehungen.

Die vom Out-Supplier zu ergreifenden Maßnahmen müssen in der Summe in der Lage sein, die vom Nachfrager mit dem In-Supplier realisierbare Quasi-Rente vollständig zu kompensieren und zusätzlich noch einen Anreiz für den Wechsel des Nachfragers zu liefern. Ansatzpunkte hierfür liegen z. B. in einer Innovationspolitik, einer (gegenüber dem In-Supplier) verbesserten Qualität- und Servicepolitik oder der Vergabe einer Akquisitionsprämie.

Demgegenüber befindet sich ein **In-Supplier** in einer bereits bestehenden Geschäftsbeziehung mit dem Kunden und damit gegenüber einem Out-Supplier in einer strategisch deutlich besseren Position, da er davon ausgehen kann, dass sein Kunde zu einem gewissen Maß in seiner Beweglichkeit bei der Anbieterwahl aufgrund der bestehenden Kundenbindung eingeschränkt ist. Zur Erreichung einer anhaltenden Stabilität der Geschäftsbeziehung sollte der In-Supplier die zu ergreifenden Maßnahmen an den Zielen der Geschäftsbeziehung ausrichten und versuchen, eine weitere Erhöhung der nachfragerseitigen Quasi-Rente zu erreichen.

Perspektive	strategisch	operativ
beidseitig	• Aufbau von Informations- und Innovationspotenzialen • Aufbau von Kooperationspotenzialen • Aufbau von Synergiepotenzialen • Senkung von Transaktionskosten • Reduzierung von Transaktionsrisiken	• partnerschaftliches Verhalten • effizientere Nutzung von Ressourcen • gemeinsame Forschungsvorhaben • Verminderung des Risikos in Einzeltransaktionen
Sicht des In-Suppliers	• Bindung des Kunden, Sicherung von Wiederkäufen • Sicherung dauerhafter Deckungsbeiträge • Schaffung von Referenzpotenzialen	• Kapazitätsauslastung • Erhöhung der Toleranz und der Preisbereitschaft des Kunden • relativer Umsatz, Gewinn
Sicht des Kunden	• Sicherung dauerhafter Beschaffungspotenziale • Verringerung der Fertigungstiefe • Einflussnahme auf den Lieferanten	• bevorzugte Behandlung durch den Lieferanten, insbesondere bei Lieferengpässen • individuelle Spezifikation von Problemlösungen

Abb. 46: Geschäftsbeziehungs-Ziele aus In-Supplier- und Kunden-Sicht
(Quelle: Preß 1997, S. 67)

Insgesamt ist es für einen In-Supplier wichtig, die beiden Größen, die eine Bindung des Nachfragers hervorrufen, den *Beziehungswert* und die *Wechselkosten*, so zu gestalten, dass das Kundenunternehmen möglichst nicht wechselt. Diverse Studien zeigen (Eggert 1999, S. 150 f.; Saab 2007, S. 200; Geiger et al. 2012), dass dabei die Wertdimension offenbar eine größere Rolle für den Verbleib eines Kunden in einer Geschäftsbeziehung spielt als der Aspekt der Wechselkosten, was aber nicht bedeutet, dass diese gänzlich vernachlässigt werden sollten. Zudem sind die beiden Treiber einer Kundenbindung auch nicht zweifelsfrei voneinander zu differenzieren, da in bestimmten Fällen spezifische Investitionen auf der Kundenseite einen höheren Wert einer Geschäftsbeziehung erst ermöglichen (Kleinaltenkamp/Ehret 2006).

Da sich auch auf Business- und Dienstleistungsmärkten unterschiedliche Typen von Verhaltensweisen der Nachfrager unterscheiden lassen, die hier als **Geschäftstypen** bezeichnet werden (vgl. Kapitel 8.2), ist die Entscheidung für die Handlungsebene „Geschäftsbeziehung" und auch deren konkrete Ausgestaltung maßgeblich durch den Geschäftstyp bestimmt. Im BDM sind Geschäftsbeziehungen vor allem für die Geschäftstypen „Commodity-Geschäft" (Kapitel 10.2) und „Verbund-Geschäft" (Kapitel 12.3) die geeignete Handlungsebene, wobei die Ausgestaltung in diesem beiden Geschäftstypen deutliche Unterschiede aufweist, die im Detail im Rahmen der Überlegungen zum Marketing-Ansatz dieser beiden Geschäftstypen dargestellt werden.

Teil II: Kundenaktivitäten und -prozesse

Für Marketing-Überlegungen jeglicher Art ist es von herausragender Bedeutung, möglichst detaillierte Kenntnisse über das Verhalten der Nachfragerseite zu besitzen. Die Besonderheit im BDM ist hier darin zu sehen, dass die Nachfrager selbst Unternehmen bzw. allgemein Organisationen darstellen, die ihrerseits Leistungen erstellen und diese auf ihren Märkten zum Verkauf anbieten. Aufgrund der abgeleiteten Nachfrage ist im BDM nicht nur die Kenntnis des Kaufverhaltens von Unternehmen (sog. *organisationalen Beschaffungsverhaltens*) zentral, sondern auch das Wissen über die Wertschöpfungsprozesse und die Absatzmärkte der Unternehmenskunden. Ein Anbieter muss deshalb auch ein Verständnis dafür entwickeln, in welcher Weise seine Leistungen Eingang in die *nachfragerseitigen Nutzungsprozesse* und ggf. die *Absatzobjekte* der Nachfrager finden und welchen Nutzen sie dabei für die Kunden stiften. Im Teil II dieses Buches werden deshalb folgende Aspekte und Kernfragen untersucht:

1. **Kapitel 5.1** – Analyse der *Entscheidungskriterien für die „Buy"-Entscheidung* von Unternehmen (Wann und in welchem Umfang entscheiden sich Unternehmen für den Kauf von (Vor-)Leistungen oder die Auslagerung unternehmerischer Aktivitäten an Dritte? Welche grundlegenden Kriterien sind dabei relevant?

2. **Kapitel 5.2** – Analyse der *nachfragerseitigen Nutzungsprozesse*: Wie sind die Wertschöpfungsprozesse auf der Nachfragerseite gestaltet? Welchen Nutzenbeitrag kann ein Angebot im Nutzungsprozess des Nachfragers liefern?

3. **Kapitel 6** – Analyse des *Kaufverhaltens* von Unternehmen und der *nachfragerseitigen Unsicherheit* bei der Beschaffung von Leistungsbündeln: Welche Aspekte bestimmen das Kaufverhalten der Kunden? Welche allgemeinen Entscheidungskriterien und -strategien gelten für Kaufentscheidungen von Buying Centern? Welche Strategien wenden Nachfrager zur Reduktion der Kaufsicherheit an? Wie können Anbieter Kaufunsicherheiten der Nachfrager reduzieren?

4. **Kapitel 7** – Ableitung von allgemeinen *Kauftypen* und *Marktsegmenten*: Existieren bestimmte, allgemeine Kaufverhaltensweisen im BDM, die typisch für die Nachfrage der Unternehmen sind und die eine jeweils unterschiedliche Ausgestaltung des Marketing-Ansatzes im BDM erfordern? Welche Besonderheiten weist die Marktsegmentierung im BDM auf?

Der Teil II des Buches beinhaltet damit Aspekte, die in der Zusammenschau einen allgemeinen **Rahmen für die Analyse der Nachfragerseite** ergeben.

5 Die grundsätzliche Beschaffungs-entscheidung des Nachfragers und nachfragerseitige Nutzungsprozesse

5.1 Die „Make-or-Buy"-Entscheidung des Nachfragers

5.1.1 Begriff der „Make-or-Buy"-Entscheidung

Im Rahmen der Gestaltung ihrer Leistungserstellungsprozesse müssen Nachfrager-unternehmen grundsätzlich entscheiden, ob sie Vorprodukte, Dienstleistungen oder eine spezifische betriebliche Funktion von externen Anbietern beschaffen („Buy") oder selbst herstellen („Make"). In einem ersten Schritt, der bei einer Analyse von nachfragerseitigen Nutzungsprozessen durchgeführt werden sollte, ist deshalb zu fragen, welche Aktivitäten und Prozesse von den (potenziellen) Kunden überhaupt *fremdvergeben* werden bzw. werden könnten. Denn nur wenn sich Unternehmen für einen *Fremdbezug* von Produkten oder Diensten entscheiden, treten sie auch als Nachfrager auf Business- und Dienstleistungsmärkten auf. Der Abwägungsprozess zwischen Eigenfertigung oder Fremdbezug wird in der Literatur unter dem Begriff der „Make-or-Buy"-Entscheidung behandelt.

> Unter einer *„Make-or-Buy"-Entscheidung* wird der Prozess der Entscheidungs-findung von Unternehmenseinheiten für die Eigenerstellung oder den Fremd-bezug von Vorprodukten oder Vorleistungen und/oder betrieblichen Funktio-nen für die Leistungserstellung oder den Weiterverkauf verstanden.

„Make-or-Buy"-Entscheidungen eines Unternehmens werden insbesondere in fol-genden Fällen relevant:

- Übernachfrage und kurzfristig fehlenden Unternehmensressourcen (Zeit, Maschinen, Personal, etc.), um die zusätzliche Nachfrage zu bedienen,
- Sortimentserweiterung und Erstellung von Innovationen,
- strategischer Neuausrichtung, etwa durch die Konzentration auf Kernkompe-tenzen und Vergabe von Nicht-Kernaufgaben,
- Kostensteigerungen (z. B. im Personalbereich).

Im Kontext von Make-or-Buy existiert eine Reihe alternativer Konzepte und Begriffe, wie z. B. die Gestaltung der Leistungs- und Fertigungstiefe, der Grad der vertikalen Integration und – der wohl am häufigsten verwendete Begriff – das Outsourcing: Bei der *Gestaltung der Leistungs- und Fertigungstiefe* geht es um die Frage, wie hoch der Anteil externer Leistungen an der gesamten Wertschöpfung sein soll. Dabei kann gelten: Je stärker das Unternehmen Leistungen selbst erstellt, desto höher ist der Grad der Leistungs- und Fertigungstiefe. Der *Grad der vertikalen Integration* umfasst in ähnlicher Weise die Frage, wie hoch der Anteil externer Leistungen an der Fertigungstiefe ist.

> *Outsourcing* (Fremdbezug oder Buy-Entscheidung) bezeichnet die Verlagerung von bisher intern erbrachten Leistungen an andere Unternehmen mit der Folge, dass die betreffenden Vorprodukte und Dienstleistungen von diesen Unternehmen eingekauft werden (müssen).

Im vorliegenden Buch werden die genannten drei Begriffsvarianten – „Gestaltung der Leistungs- und Fertigungstiefe", „Grad der vertikalen Integration" und „Outsourcing" – als Synonyme zum Terminus „Make-or-Buy" verwendet. Unter Bezugnahme auf die verschiedenen Vertragsformen – wie sie in Abb. 40 dargestellt sind – lassen sich Entscheidungen des „Make" dem Bereich der Arbeitsverträge zwischen Marktpartnern zuordnen. Demgegenüber werden Entscheidungen des „Buy" dem Feld der Kaufverträge zugerechnet.

Eine nach außen vergebene Leistungserstellung kann von vorgelagerten (Zulieferer) oder von nachgelagerten Wertschöpfungsstufen (Kunden) durchgeführt werden. Bei der Auslagerung an Lieferanten wird von klassischen „Make-or-Buy"- oder Outsourcing-Entscheidungen gesprochen, während die Auslagerung von Teilen der Leistungserstellung an die Abnehmer zwangsläufig zu einem größeren Ausmaß der *Kundenintegration* führt.

Neben der Position in der Wertschöpfungskette lassen sich Beschaffungsentscheidungen auch im Hinblick auf die Anzahl der Marktpartner auf den verschiedenen Stufen im Erstellungsprozess differenzieren. Denk- und beobachtbar ist es hier, dass ein Unternehmen mit mehr als einem Lieferanten in der Produktentwicklung zusammenarbeitet, während gleichzeitig Aufgaben der Logistik oder des Vertriebs von weiteren Unternehmen übernommen werden. Dieses Phänomen ist unter dem Begriff der „*Wertschöpfungsnetzwerke*" in die Literatur eingegangen (Reichwald/ Piller 2009). Die in diesem Zusammenhang zu bewältigenden Herausforderungen sind speziell in der Auswahl adäquater Kooperationspartner und deren Koordination in der Wertschöpfungskette zu sehen.

Objekte von „Make-or-Buy"-Entscheidungen können sein:

- (Vor-)Produkte,
- Dienstleistungen bzw. Prozesse,
- betriebliche Funktionen.

In ersten Fall werden von den Nachfragern vollständige Produkte, die später ganz oder teilweise in das von ihnen erstellte Endprodukt eingehen oder – etwa als Maschinen und Anlagen oder als Hilfs- oder Betriebsstoffe – im Zuge der Leistungserstellung verbraucht werden, von Vorlieferanten beschafft oder eben selbst erzeugt. Ähnlich verhält es sich mit Dienstleistungen, die im Rahmen der betriebliche Wertschöpfung benötigt werden. Sie werden im Fall der Selbsterstellung als innerbetriebliche Dienste durchgeführt. Bei einem Fremdbezug werden die betreffenden Leistungserstellunsprozesse von den jeweiligen externen Dienstleistern übernommen. Noch weitergehender ist schließlich die Beantwortung der Frage zu sehen, ob gesamte betriebliche *Funktionen der Leistungserstellung* – wie z. B. Forschung und Entwicklung, Logistik, Vertrieb/Verkauf oder die Kundenbetreuung – ganz oder zu Teilen von anderen Unternehmen erbracht werden oder im eigenen Unternehmen verbleiben sollen. „Make-or-Buy"-Entscheidungen können sich demnach auf alle Aktivitäten einer unternehmirischen Wertschöpfung beziehen.

5.1.2   Kriterien für „Make-or-Buy"-Entscheidungen

Outsourcing- oder Fremdvergabe-Entscheidungen können sowohl aus einem operativen als auch aus einem strategischen Blickwinkel erfolgen. Als **operative** Entscheidungskriterien sind vor allem Erlöse, die Zugänglichkeit von Ressourcen und Kapazitätsüberlegungen zu nennen. Es stellen sich hier vor allem folgende Fragen:

- **Erlöse:** Bietet die Entscheidung für eine Eigenfertigung mittelfristig u. U. auch die Möglichkeit, die Leistungen extern zu vermarkten und zu eigenständigen Erlösträgern auszubauen?
- **Zugänglichkeit:** Gibt es überhaupt externe Anbieter, die aufgrund ihres Standortes erreichbar sind und darüber hinaus mit ihrem Leistungsspektrum als Lieferant in Frage kommen? Wenn diese Fragen mit ja beantwortet werden können, muss des Weiteren geprüft werden, wie schnell die Leistung geliefert werden kann.
- **Kapazität:** Sind die erforderlichen Kapazitäten, wie Personal, Maschinen etc., für eine Selbsterstellung vorhanden? Wenn nicht, erscheint es als sinnvoll, entsprechende Kapazitäten aufzubauen? Ist die aktuelle Nachfrage tatsächlich so nachhaltig, dass langfristig wirksame Entscheidungen zu rechtfertigen sind? Wie lange würde ein Aufbau eigener Kapazitäten dauern? Welche innerbetrieblichen Veränderungen oder Kosten, wie z. B. für Schulungsmaßnahmen sind damit möglicherweise verbunden?

Dabei ist der *Kapazitätsfrage* eine besonders hohe Bedeutung beizumessen, da sie immer dann relevant wird, wenn eine *kurzfristig* hohe Nachfrage nach Produkten oder Dienstleistungen vorliegt und auf der Grundlage der gegebenen Kapazitäten nicht befriedigt werden kann. In diesem Fall werden Vorleistungen oder Funktionen *vorübergehend* eingekauft, um der besonderen Bedarfssituation gerecht zu werden. Ob am Markt angebotene Leistungen für ein (operatives) Outsourcing geeignet sind, kann aus der Gegenüberstellung von Standardisierungsgrad der angebotenen Leistung und der Handlungsebene des nachfragenden Unternehmens abgeleitet werden. Danach bietet sich das Outsourcing einer Leistung an, wenn ein Unternehmen diese auf der Handlungsebene „Markt bzw. Marktsegment" benötigt und die Leistung gleichzeitig in standardisierter Form verfügbar ist. Von einem Outsourcing ist hingegen abzuraten, wenn eine Leistung für einen Einzelkunden benötigt wird und diese nur exklusiv am Markt verfügbar ist. In den jeweils anderen beiden Situationen ist fallweise auf Basis der Wirtschaftlichkeit oder der Kundenorientierung zu entscheiden.

		Standardisierungsgrad von Ressourcen	
		standardisiert	exklusiv
Handlungs-ebene des Nachfragers	Markt bzw. Markt-segment	generelle Eignung für Outsourcing	Eignung nur, wenn die *Wirtschaftlichkeit* nicht leidet
	Einzelkunde	Eignung nur, wenn die *Kundenorientierung* nicht leidet	keine Eignung für Outsourcing

Abb. 47: Entscheidungsmatrix für operative „Make-or-Buy"-Entscheidungen

Der Großteil der Outsourcing-Entscheidungen hat jedoch **strategischen** Charakter mit der Folge, dass sie in aller Regel mit einem entsprechenden zeitlichen Vorlauf geplant und umgesetzt werden müssen. Zentrale Entscheidungskriterien in diesem Bereich mit den zugehörigen typischen Fragestellungen sind nachfolgend aufgeführt:

- **Kosten:** Welche Fixkosten und variable Kosten verursacht eine Make-Entscheidung und welche sind mit einer Buy-Entscheidung verbunden? Würden bei einer Auslagerung tatsächlich Fixkosten reduziert werden? Ist es zudem kostengünstiger, eine Leistung selbst zu erstellen oder sie am Markt zu beziehen? Wie gestalten sich die kurz- und langfristigen Kosten der Beschaffung, kann z. B. über Verträge sichergestellt werden, dass die Kosten mittelfristig nicht steigen?
- **Kompetenz/Know-how (Humankapitalspezifität):** Besitzt ein Unternehmen das nötige Wissen und die erforderlichen Fähigkeiten zur Erbringung einer gewünschten Leistung oder die Durchführung von Prozessen? Ist ein bestimmtes Know-how entscheidend für die Erzielung von Wettbewerbsvorteilen?
- **Qualität:** Ist ein externer Anbieter in der Lage, die geforderte Qualität der Leistung sicherzustellen?
- **Komplementarität:** Passt die fremdbezogene Leistung zu den internen Gegebenheiten? Fügt sie sich in das eigene Produktionsprogramm ein oder müssten Änderungen in der Aufbau- und Ablauforganisation vorgenommen werden?
- **Kontrolle:** Bestehen auch bei Fremdbezug ausreichende Kontrollmöglichkeiten im Hinblick auf die Eigenschaften der benötigten Leistung?
- **Flexibilität:** Ermöglicht ein Fremdbezug die erforderliche Flexibilität im Hinblick auf die Abrufbarkeit und Anpassungsfähigkeit der Leistung? Wie flexibel haben sich mögliche externe Unternehmen in der Anpassung von Leistungen mit ihren Kooperationspartnern gezeigt?
- **Organisation:** Sprechen die organisatorischen Gegebenheiten in der Unternehmung eher für einen Fremdbezug oder eine Selbsterstellung?

- **Risiko:** Sind mit einem Fremdbezug generell Risiken verbunden, z. B. in Bezug auf die zeitliche Erhältlichkeit oder im Hinblick auf Gewährleistungsansprüche? Wie könnten diese Risiken bei einem Fremdbezug reduziert werden, und welche Kosten entstehen dadurch, z. B. durch Rückversicherungen?
- **Zeit/Geschwindigkeit:** Ist auch bei einem Fremdbezug die benötigte Leistung zur richtigen Zeit und in der erforderlichen Kürze der Zeit verfügbar?
- **Komplexität:** Ist die benötigte Leistung so komplex, dass nur ein Spezialist sie erbringen kann?
- **Psychologisch-soziologische Motive:** Will man durch die Entscheidung für eine Selbsterstellung u. U. ein Wir-Gefühl als „Dienstleister" fördern? Welches Selbstverständnis/Selbstbild existiert im Unternehmen? Können frühere Stellenstreichungen evtl. dadurch im Unternehmen besser vermittelt werden, dass nun eine verstärkte Eigenerstellung praktiziert wird?
- **Verwendungszweck:** Wird die Leistung als Produktionsfaktor i. e. S., d. h. für die eigene Weiterverarbeitung benötigt? Oder stellt sie eine „Handelsware" dar, die explizit Bestandteil eines eigenen Absatzobjektes werden soll? Der Verwendungszweck bezieht sich also auf die Sichtbarkeit einer Leistung gegenüber den Abnehmern. Denkbar ist hier, dass eine Leistung eine Eigenerstellung sein sollte, wenn der Kunde die Leistung explizit wahrnimmt und als wichtig, z. B. als imagebildend, erachtet.

Generell können alle genannten Kriterien in die diesbezüglichen Entscheidungen von Unternehmen einfließen. Sie bieten damit auch alle Ansatzpunkte für im BDM tätige Anbieter Einfluss auf das betreffenden Verhalten der (potenziellem) Nachfrager auszuüben und dadurch eine Nachfrage nach den eigenene Leistungen zu generieren. Die in den Kapitel 1.1 bis 1.3 dargestellten Entwicklungen bei den Veränderungen der Wertschöpfungsstrukturen veranschaulichen das sehr eindrucksvoll. Sie sind alle ganz wesentlich darauf zurückzuführen, dass exitierende oder neu auf die Märkte gestoßene Anbieter die entsprechenden Aktivitäten von ihren Kundenunternehmen übernommen haben, d. h. die „Make-or-Buy"-Entscheidung ihrer Nachfrager zu ihren Gunsten beeinflusst haben.

5.2 Elemetare Charakteristika nachfragerseitiger Nutzungprozesse

Als ein wesentliches Charakteristikum des BDM wurde herausgestellt, dass es bei den betreffenden Vermarktungs- und Leistungsprozessen immer zu einer *Verknüpfung* von Wertschöpfungsprozessen kommt (vgl. Kapitel 2.1). Die von einem in diesem Bereich tätigen Anbieter offerierten Leistungen gehen in die betreffenden *Wertschöpfungsprozesse des Nachfragers* ein und stiften dort den vom Nachfragerunternehmen erhofften Nutzen. Für den Erfolg der Marketingaktivitäten ist es deshalb von elementarer Bedeutung, zu verstehen, wo und wie genau die eigenen Leistungen ihren Beitrag zur Wertschöpfung des Nachfragers leisten.

Dabei ist die Analyse und das Verständnis der **Geschäftsprozesse** und des Geschäftsmodells des jeweiligen Nachfragerunternehmens eine Grundvoraussetzung. Allgemein können dabei Geschäftsprozesse in Anlehnung an Becker/Hahn (2003, S. 6) wie folgt definiert werden:

Ein *Geschäftsprozess* stellt allgemein eine zeitliche Abfolge von Aktivitäten dar, die inhaltlich abgeschlossen, sachlogisch begründet und zur Bearbeitung eines betriebswirtschaftlich relevanten Objektes erforderlich sind.

Im Folgenden wird die hohe Bedeutung der Analyse der Nutzungsprozesse von *Unternehmenskunden* dargestellt, was vor allem zur Notwendigkeit führt, dass Anbieterleistungen über eine sog. *Integralqualität* verfügen. Da aber auch Unternehmenskunden immer mehr gefordert sind, ihre Leistungen in die Nutzungsprozesse der *Konsumenten* zu integrieren (sog. *Anbieterintegration*), werden auch die diesbezüglichen Entwicklungen kurz dargestellt und im Hinblick auf die Konsequenzen für die Anbieter im BDM bewertet.

5.2.1 Integralqualität und unternehmensseitige Nutzungsprozesse

Die den Geschäftsprozess eines Unternehmenskunden bildenden Objekte können sehr vielfältig sein und reichen vom Kundenauftrag über die Rechnung, die Herstellung eines Werkstücks oder eines Endprodukts, die Durchführung einer Reparaturleistung bis hin zur Vergabe eines Kredits. Die Breite der Beispiele zeigt, dass der Wertbeitrag eines Anbieters je nach Einsatzgebiet der Leistungen sehr unterschiedlich sein kann und zudem von der Art der Leistung abhängt (z. B. Maschinen, Anlagen, Ausrüstungsgegenstände, Verbrauchsgüter, Systemtechnologien). Bietet ein Unternehmen etwa Computersoftware an, so zeigt sich der Nutzen der Produkte für den Kunden darin, dass die mit Unterstützung der Programme durchgeführten Prozesse fehlerfrei, schnell und kostengünstig funktionieren.

Der Wert einer Outsourcing-Dienstleistung wie z. B. Transport, der Betrieb einer Kantine oder eines Rechenzentrums macht sich daran fest, dass die Prozesse, die das Nachfragerunternehmen ansonsten selbst durchführen müsste, vom Dienstleister kostengünstiger oder in einer höheren Qualität vollzogen werden.

Beispiel: „InCar"

Das Unternehmen ThyssenKrupp hat im Jahr 2009 die Ergebnisse des Projekts „InCar" veröffentlicht. Im Rahmen des Projekts hatten Mitarbeiter/ innen verschiedenster Bereiche der Firma einen Baukasten mit Lösungen für die Konstruktion und den Bau der Karosserie, des Chassis und des Antriebs von Automobilen entwickelt. Nachfolgende Abbildung zeigt die gefundenen Innovationsfelder des InCar-Projekts (Hermenitt-Faath et al. 2009, S. 8 ff.).

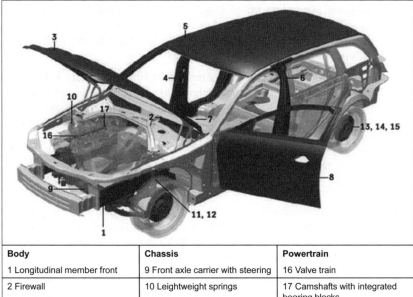

Body	Chassis	Powertrain
1 Longitudinal member front	9 Front axle carrier with steering	16 Valve train
2 Firewall	10 Leightweight springs	17 Camshafts with integrated bearing blocks
3 Hood	11 McPherson-strut	
4 Side panel	12 Damper	
5 Roof	13 Axle modularity	
6 B-Pillar	14 Rear axle subframe	
7 Seat crossmember	15 rear twist beam	
8 Door		

Für alle Lösungskonzepte wurden Bewertungen der mit ihnen jeweils verbundenen Material-, Werkzeug- und Fertigungskosten sowie eine umfassende Umweltbilanzierung vorgenommen, sodass die Kunden sehen können, welche Auswirkungen die jeweiligen Umstellungen für ihre Wertschöpfungsprozesse haben würden.

Um dies sicherstellen zu können, muss ein Anbieterunternehmen die **Wertkette des Nachfragerunternehmens** kennen und mögliche Verbesserungspotenziale zum Ausgangspunkt für die Gestaltung des eigenen Leistungsangebots machen. Im Idealfall sollte dabei ein Anbieter die Wertschöpfungsstrukturen des Nachfragers besser kennen als dieser selbst, sodass der Anbieter dem Kunden Optionen zur Verbesserung der Effektivität oder Effizienz seiner Prozesse aufzeigen kann. In dem Zusammenhang ist es zudem wichtig, den Nutzenbeitrag, der aus der Veränderung der Wertschöpfungsprozesse des Nachfragers resultiert, klar zu kommunizieren und insbesondere aufzuzeigen, welche Wirkungen davon insbesondere auf deren Effektivität und/oder Effizienz ausgeht. Ein wichtiger Punkt bei der Analyse der Kundenprozesse und der Ableitung von Verbesserungsvorschlägen ist zudem, dass sich die Anbieterunternehmen darüber im Klaren sein müssen, dass der Nutzen der von ihnen angebotenen Leistungen immer auch abhängig ist von der Wirkung jeweils komplementärer Güter. So kann etwa ein chemisches Grund-produkt bei seiner Weiterverarbeitung nur dann eine bessere Qualität des daraus erstellten Endprodukts erzeugen, wenn das Kundenunternehmen auch über die dazu notwendigen Maschinen und Anlagen verfügt.

Für das Zustandekommen der gewünschten Effektivitäts- und/oder Effizienzwir-kungen kommt deshalb der sog. „**Integralqualität**" der Produkte und Dienstleis-tungen eine entscheidende Bedeutung zu. Dies gilt immer dann, wenn „[…] ein Produktionsmittel mit anderen zusammen zu einem integrierten Produktionssys-tem vereinigt werden muß" (Pfeiffer 1964, S. 43).

> *Integralqualität* beschreibt die Eignung einer Anbieterleistung zur Integration in die Nutzungsprozesse des Nachfragers.

Die Integralqualität ist damit von der *funktionalen Qualität* einer Leistung zu unterscheiden, die sich auf die technische und wirtschaftliche Eignung einer Leis-tung zur Erfüllung der vom Kunden geforderten Lösungsfunktionen bezieht. Die Integralqualität kann dabei bezogen sein auf

- die *Produktqualität*, bei der konkrete Produkteigenschaften zwischen einer angebotenen Leistung und beim Nachfrager vorhandenen Produkten aufei-nander abgestimmt sein müssen (integrale Produktqualität),
- die *Lebensdauer* von Produkten, wenn z. B. eine Anbieterleistung zum integra-len Bestandteil eines vom Nachfrager angebotenen Produktes wird und wesent-lich die Lebensdauer des Nachfragerproduktes bestimmt (integrale Zeitquali-tät),
- die *Verfügbarkeit* von Produkten, wenn Anbieterleistungen zu bestimmten Zeitpunkten in den Prozessabläufen der Nachfrager benötigt werden (integrale Verfügbarkeitsqualität).

Leistungen, die zur Verbesserung der Integralqualität von Gütern beitragen, sind somit von ausschlaggebender Bedeutung für den Vermarktungserfolg. Die Ana-lyse der Nutzungsprozesse des Nachfragers muss deshalb umfassend erfolgen, d. h. sie sollte sowohl die nachfragerseitigen als auch alle anderen komplementä-ren, d. h. auch von anderen Anbietern stammenden Leistungsbeiträge berücksich-tigen.

5.2.2 Mehrstufige Integralqualität

Im Zuge der Entwicklung des sog. Ubiquitous Computing (UbiComp) bzw. von Ambient Intelligence-Technologien (AmI) gewinnt die Fähigkeit von Anbietern, sich in die **Nutzungsprozesse** der Nachfrager zu integrieren, auch im **Consumer-Bereich** eine immer größere Bedeutung. Nach der Definition der Information Society Technologies Advisory Group der EU (ISTAG) bezeichnet AmI "a new paradigm in which people are empowered through a digital environment that is aware of their presence and context, and is sensitive, adaptive and responsive to their needs, habits, gestures and emotions" (ISTAG 2003, S. 8). In einer empirischen Untersuchung konnte Fälsch (2007, S. 155 ff.) für den Consumer-Bereich sieben zentrale Anwendungsfelder von UbiComp bzw. AmI identifizieren (u. a. Microservices, Location based Services; Automatisierungen im Nutzungsprozess, höherwertige Informationsservices) und belegen, dass dabei insbesondere Unterstützungsleistungen im Konsumprozess von potenziellen Nachfragern auch eine positive Bewertung erfahren. Weiterhin konnte gezeigt werden, dass AmI-Technologien neue Interaktionsmöglichkeiten im Hinblick auf Interaktionsgrad, -intensität und -zeitpunkt eröffnen (Weiber/Fälsch 2007, S. 90 ff.).

Durch den Einsatz von AmI-Technologien sind Anbieter erstmals auf breiter Basis in der Lage; *Rückkopplungen* aus den Nutzungsprozessen der Konsumenten zu erhalten und aufgrund der Vernetzungsoptionen unmittelbar auch in die alltäglichen Nutzungssituationen der Nachfrager einzugreifen. Allerdings ergibt sich daraus für Konsumgüteranbieter auch die Notwendigkeit einer Veränderung im Marketingansatz. Im Gegensatz zur klassischen Produktvermarktung muss ein Umdenken in Richtung einer **Nutzungsvermarktung** erfolgen, die dadurch gekennzeichnet ist, dass Anbieter ihre Leistungen in Echtzeit und synchron zur Bedürfnisbefriedigung am *point of use*, d. h. in den unterschiedlichen Nutzung- und Konsumprozessen der Nachfrager, erbringen können (Weiber/Hörstrup 2009, S. 287 ff.).

Unter dem Begriff der **Anbieterintegration** hat Hörstrup einen konzeptionellen Marketing-Ansatz entwickelt, der auf die „Planung, Koordination und Kontrolle der (weitgehend) bedarfs- und ablaufsynchronen sowie kundenaktivitäts- und kundenprofilbezogene Leistungserbringung eines Anbieters im Verlauf der Nutzungsprozesse der Nachfrager" (Hörstrup 2012, S. 49) abzielt. Um diese zu erreichen, müssen vor allem die Nutzungsprozesse der Nachfrager erfasst werden, was durch sog. Nutzungsprozess-Diagramme (*Nutzungsprints*) ermöglicht wird. Auch das Konzept der Anbieterintegration wurde im Hinblick auf seine Akzeptanz bei Konsumenten mit dem Ergebnis überprüft, dass diese eine grundsätzliche *Offenlegungsbereitschaft* hinsichtlich ihrer Nutzungsprozesse zeigen, wobei die Akzeptanz in besonderer Weise durch wahrgenommene Ergebnisverbesserungen in den Nutzungsprozessen geprägt ist (Weiber/Hörstrup/Mühlhaus 2011, S. 124 ff.).

Die Entwicklung von Nutzungsprozess-Diagrammen bildet den Nukleus der Anbieterintegration, da dadurch die entscheidenden Informationen für die Anbieterintegration gewonnen werden. Diese beziehen sich dabei nicht nur auf die Nutzungsprozesse einzelner Nachfrager (*Individualanalyse*), sondern können auch *aggregiert* für bestimmte Bedarfsfälle abgeleitet werden. Aus Nutzungsprints können z. B. folgende Informationen gewonnen werden (Hörstrup 2012, S. 90):

• Bestimmung der Ablaufstrukturen von Prozessaktivitäten,
• Ermittlung von Prozessoptimierungen und kritischen Verlaufspfaden,
• Identifikation von solchen Prozessaktivitäten, die in besonderer Weise als Integrationspunkte infrage kommen,
• Ableitung von Ansatzpunkte zur Gestaltung des Leistungspotenzials eines Anbieters, was z. B. durch aggregierte Nutzungsprints ermöglicht wird.

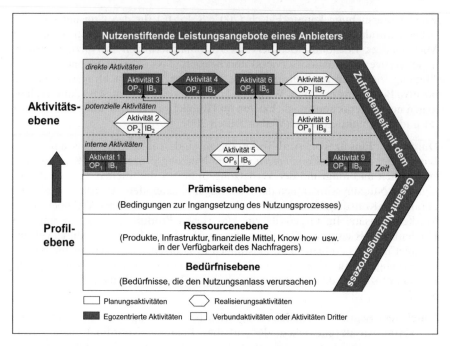

Abb. 48: Allg. Aufbau eines Nutzungsprozess-Diagramms (Nutzungsprint)
(Quelle: Weiber/Hörstrup 2009, S. 303; Hörstrup 2012, S. 90)

Diese Entwicklungen führen zu der Konsequenz, dass die Anbieter im BDM nicht nur die Nutzungsprozesse ihrer Unternehmenskunden analysieren, sondern auch stärker die Nutzungsprozesse von Konsumenten beachten müssen. Nur so erhalten sie ein tiefgehendes Verständnis von den „Kunden ihrer Kunden" und können prüfen, ob ihre Leistungen nicht nur eine Integralqualität für ihre direkten Kunden aufweisen, sondern auch bezüglich der Nutzungsprozesse der Konsumenten besitzen. Je stärker die Anbieterleistungen unmittelbar in die Absatzobjekte der Unternehmenskunden eingehen und damit deren Vorteilspotenziale gegenüber ihrer Kunden im Consumer-Bereich bestimmen, desto mehr ist eine solche „**mehrstufige Integralqualität**" zu gewährleisten.

6 Das Kaufverhalten von Unternehmen

6.1 Besonderheiten des Kaufverhaltens im BDM

Die Analyse des Kaufverhaltens kann als ‚Herzstück' des Marketings bezeichnet werden, da die Bestimmungsgrößen der Kaufentscheidung von maßgeblichem Einfluss auf die Ausgestaltung der Marketingaktivitäten eines Anbieters sind. Die Besonderheiten, die sich für die Kaufverhaltensforschung im BDM ergeben, lassen sich aus den bereits in Kapitel 2 herausgearbeiteten BDM-Charakteristika ableiten:

* abgeleitete Nachfrage,
* Unternehmen bzw. Organisationen als Käufer,
* Nachfrage von Leistungsbündeln.

Der Kaufentscheidungsprozess von Unternehmen unterscheidet sich i. d. R. deutlich von dem der Konsumenten, da die Kaufentscheider Mitglieder einer Unternehmensorganisation sind. Kaufentscheidungen im BDM sind damit immer Mehrebenen- und meist auch Mehrpersonen-Entscheidungen, was sich sehr gut an dem in Abb. 49 dargestellten *Modell des organisationalen Kaufverhaltens* von Webster/Wind (1972, S. 12 ff.) verdeutlichen lässt. Die verschiedenen Ebenen in dem Strukturmodell zeigen die Einflussbereiche auf organisationale Kaufentscheidungen. Hervorzuheben ist dabei die *Organisationsebene*, durch die organisationsspezifische Faktoren wie z. B. Beschaffungsvorschriften, Beschaffungstechnologien, Organisationstruktur aber auch Branche oder Unternehmenskultur die Beschaffungsentscheidung beeinflussen. Bei der Kaufentscheidung selbst unterstellt das Modell, dass diese durch ein Buying Center (Kollektivebene) getroffen werden und damit Mehrpersonen-Entscheidungen (multipersonale Kaufentscheidungen) darstellen.

Bei der *Kollektivebene* ist zu beachten, dass sich die kollektive Kaufentscheidung aus den Einstellungen und Präferenzen der einzelnen Personen im *Buying Center* bildet, wobei zusätzlich die Beziehungen zwischen den Mitgliedern des Buying Centers bzw. deren gegenseitige Einflussmöglichkeiten zu berücksichtigen sind.

Da die einzelnen Personen jeweils auf der *Individualebene* agieren, gelten hier in weiten Teilen die gleichen Einflussfaktoren auf die Kaufentscheidung wie sie auch für das Kaufverhalten von Konsumenten diskutiert werden (vgl. z. B. Foscht/Swoboda 2011; Kröber-Riel/Weinberg/Gröppel-Klein 2009; Kuß/Tomczak 2007; Trommsdorff/Teichert 2011). Die individuelle Kaufebene wird deshalb in diesem

Abb. 49: Modell des organisationalen Kaufverhaltens
(In Anlehnung an: Webster/Wind 1972a, S. 15.)

Buch nicht weiter vertieft, und es möge der in Abb. 50 dargestellte Überblick zu den unterschiedlichen Einflussvariablen der individuellen Kaufentscheidung in Form eines klassischen SOR-Modells genügen. In vereinfachter Weise können organisationale Kaufentscheidungen auch dadurch gekennzeichnet werden, dass sie sich in einem Zusammenspiel von einer *Makroebene* (Organisationsebene) und einer *Mikroebene* (Buying Center-Ebene) bilden. Weitere Besonderheiten des Kaufverhaltens im BDM resultieren daraus, dass im BDM primär *Leistungsbündel* vermarktet werden, die aus einer Kombination von Sach- und Dienstleistungen bestehen. Auf der Nachfragerseite entstehen dadurch besondere *Unsicherheitssituationen*, die nachhaltig das Kaufverhalten beeinflussen. Dadurch wird die Frage nach der Reduktion dieser Unsicherheiten für die Nachfrager zu einem zentralen, kaufbestimmenden Faktor.

In den folgenden Kapiteln konzentrieren sich die Darstellungen zunächst auf die Besonderheiten der **Buying Center-Kaufentscheidung.** Anschließend wird die besondere Ausgestaltung der nachfragerseitigen **Unsicherheitsproblematik** bei der Beschaffung von Leistungsbündeln (Kapitel 6.3) analysiert und mögliche Strategien zur Unsicherhheitsreduktion diskutiert (Kapitel 6.4).

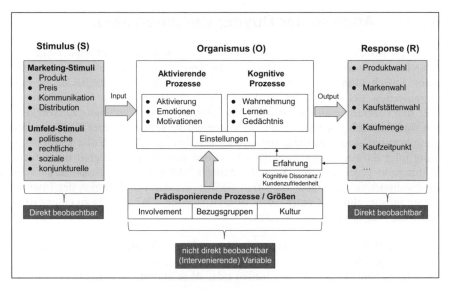

Abb. 50: Das SOR-Modell als Erklärungsmodell des individuellen Kaufverhaltens
(Quelle: Weiber 2006, S. 79)

6.2   Buying Center-Kaufentscheidungen

Die Analyse des organisationalen Beschaffungsverhaltens findet in der einschlägigen Literatur eine relativ breite Behandlung und reicht von der allgemeinen Beschaffungsanalyse (Koppelmann 2004, S. 269 ff.) über die Analyse der Bedarfsentwicklung (Godefroid/Pförtsch 2008, S. 79 ff.) bis hin zu Fragen der Beschaffungskooperationen (Arnold 2004, S. 287 ff.). Allerdings bildet die Analyse des Buying Centers den zentralen Schwerpunkt der Betrachtungen und wird deshalb auch im Folgenden fokussiert. Dabei wird eine Unterteilung nach der *strukturellen Analyse des Buying Centers* und der *Bildung von Kollektivpräferenzen* im Buying Center vorgenommen. Weiterhin konzentrieren sich die Darstellungen auf solche Aspekte, die für das BDM als elementar zu bezeichnen sind. Die Diskussion von z. B. unterschiedlichsten Partial- und Total-Ansätzen zur Erklärung des organisationalen Beschaffungsverhaltens wird hingegen nicht geführt. Der an diesbezüglich breiteren Darstellungen interessierte Leser sei auf die Werke von z. B. Backhaus/Voeth (2004a, Teil 3.1), dieselben (2010, S. 41 ff.), Fließ (2000, S. 251 ff.), Godefroid/Pförtsch (2008, S. 41 ff.) oder Chandler/Johnston (2012, S. 43 ff.) verwiesen.

6.2.1 Analyse der Buying Center-Struktur

Auch auf Business-Märkten werden Kaufentscheidungen immer wieder nur von einer Person (monopersonal) getroffen. Vor dem Hintergrund der häufig komplexerer Entscheidungssituationen und der Einbindung der Entscheider in eine Organisation stellt dies aber im Vergleich zu multipersonalen Entscheidungen eher den Ausnahmefall dar (Brinkmann 2006, S. 3). *Multipersonale Entscheidungen* sind dadurch gekennzeichnet, dass mehrere Personen an einer Kaufentscheidung beteiligt sind oder diese zumindest beeinflussen. Für die Entscheidungsfindung folgt daraus, dass sich zunächst bei den einzelnen Beteiligten individuelle Präferenzen gegenüber den Kaufalternativen bilden und auf dieser Basis auch „Individualentscheidungen" getroffen werden, die dann im Rahmen der Interaktionen im sog. **Buying Center** (Robinson/Faris/Wind 1967, S. 101) zu einer Gruppenentscheidung verdichtet werden.

Das Buying Center (Einkaufsgremium) bezeichnet die formelle und/oder informelle Zusammenfassung derjenigen Personen, die in Organisationen eine Kaufentscheidung gemeinsam treffen oder diese zumindest indirekt beeinflussen.

Für das Verständnis von Buying Center-Entscheidungen ist zunächst grundlegend, die unterschiedlichen Rollen und möglichen Verhaltensweisen der einzelnen Buying Center-Mitglieder zu kennen. Neben den individuellen Einflussgrößen der Kaufentscheidung (vgl. Abb. 50) sind bei der Analyse des Buying Centers folgende Perspektiven von besonderer Bedeutung:

* Rollen der Buying Center-Mitglieder,
* Machtpositionen der Buying Center-Mitglieder,
* Informationsverhalten der Buying Center-Mitglieder,
* Kommunikationsverhalten der Buying Center-Mitglieder.

Die im Zusammenhang mit diesen Perspektiven entwickelten Ansätze sind als komplementär anzusehen und für ein erstes Verständnis von Buying Center-Kaufentscheidungen von grundlegender Bedeutung. Die Vorteile dieser Ansätze liegen in der weitgehend *personenunabhängigen* Betrachtung von zu erwartenden Verhaltensmustern, weshalb sie einen wichtigen Beitrag zum Verständnis multipersonaler Kaufentscheidungen liefern.

6.2.1.1 Rollenverteilung im Buying Center

Bezüglich der möglichen Rollen von Organisationsmitgliedern im Buying Center hat vor allem der Ansatz von Webster/Wind (1972a, 17; dieselben 1972b, S. 77 ff.) eine weite Verbreitung gefunden. Die Autoren unterscheiden fünf verschiedene Rollen, die von ihnen wie folgt charakterisiert werden:

* **User** (Nutzer) sind nach dem Kauf direkt mit der Verwendung einer gekauften Leistung betraut. Sie nehmen damit eine Schlüsselstellung im Beschaffungspro-

zess ein, da Users meist über entsprechende Erfahrung im Umgang mit zu beschaffenden Leistungen verfügen und später auch deren zweckadäquaten Einsatz verantwortlich sind.

- **Influencer** (Beeinflusser) beeinflussen direkt oder indirekt die Kaufentscheidung aufgrund ihrer Erfahrungen und durch die Bereitstellung von Informationen (z. B. Beurteilungskriterien für Kaufalternativen). Häufig sind Influencer Experten, die aufgrund ihres Fachwissens und mittels ihres Informationsverhaltens, den Entscheidungsprozess beeinflussen, oder sie entstammen aus befreundeten Unternehmen.
- **Buyer** (Einkäufer) verfügen über die formale Berechtigung, Kaufabschlüsse zu tätigen und sind in aller Regel in der Einkaufsabteilung angesiedelt. Häufig fällt ihnen auch die Aufgabe der Lieferantenauswahl zu.
- **Decider** (Entscheider) verfügen meist hierarchiebedingt über die Entscheidungsmacht und sind für die Kaufentscheidung verantwortlich. Allerdings müssen die Entscheider nicht zwangsläufig über alle Aspekte der Kaufentscheidung informiert sein. Häufig handelt es sich hier um Mitglieder des oberen Managements oder der Unternehmensleitung.
- **Gatekeeper** (Informationsselektierer) selektieren Informationen und steuern den Informationsfluss im Buying Center, womit sie direkt wichtige Grundlagen der Kaufentscheidung beeinflussen. Häufig handelt es sich bei Gatekeepern um Mitarbeiterinnen oder Mitarbeiter eines Sekretariats oder um Assistenten (Haehnel 2011, S. 30).

	User	Influencer	Buyer	Decider	Gatekeeper
Problemerkennung	X	X			
Problemspezifikation	X	X	X	X	
Suche von Kaufalternativen	X	X	X		X
Bewertung von Kaufalternativen	X	X	X		
Anbieterauswahl	X	X	X	X	

Abb. 51: Einfluss der Buying Center-Rollen im Kaufentscheidungsprozess
(Quelle: Webster/Wind 1972b, S. 80)

Die Träger der verschiedenen Rollen müssen jedoch nicht zwangsläufig jeweils unterschiedliche Personen sein, sondern einzelne Personen können auch mehrere der obigen Rollen übernehmen. Im Extremfall vereinigen sich alle Rollen in einer Person, wie es z. B. häufig bei (kleineren) eigentümergeführten Unternehmen der Fall ist. Der Einfluss, den die Inhaber der verschiedenen Rollen auf die Kaufentscheidung typischerweise nehmen, ist in Anlehnung an Webster/Wind in Abb. 51 dargestellt.

6.2.1.2 Machtpositionen im Buying Center

Die letztendlich von einem Buying Center getroffene Kaufentscheidung wird wesentlich durch die bestehenden Machtverhältnisse bestimmt.

> *Macht* bezeichnet die Fähigkeit, das Verhalten anderer Personen oder einer Gruppe von Personen entsprechend den eigenen Vorstellungen zu beeinflussen oder erzwingen zu können.

Aufgrund von Macht können Mitglieder des Buying Centers die Kollektiventscheidung beeinflussen, womit Macht im Prinzip mit den Möglichkeiten der **Einflussnahme** gleichgesetzt werden kann (vgl. auch Kapitel 6.2.2). Für die Bildung von Kollektivpräferenzen werden dabei zumeist die Kommunikationsbeziehungen, die Möglichkeiten der Einflussnahme (Machtverhältnisse) sowie situative Faktoren als bedeutsam angesehen. Macht kann auf unterschiedlichste **Machtbasen** (Machtquellen) zurückgeführt werden, wobei im Hinblick auf die Analyse des Buying Centers zwischen organisationalen und persönlichen Machtbasen unterschieden werden kann. Der in Abb. 52 dargestellte Vergleich ausgewählter Ansätze zeigt, dass letztendlich immer noch die aus der Sozialpsychologie stammende Unterscheidung von Machtbasen von French/Raven (1959) eine allgemeine Akzeptanz in der Literatur gefunden hat.

	French/Raven (1959)	Patchen (1974)	Crozier/Friedberg (1979)	Bonoma (1982)	Mintzberg (1983)
Organisationale Machbasen	Legitimate Power	Legitimate Power	Organisatorische Regeln	Status Power	Rechte und Privilegien
Persönliche Machtbasen	• Expert Power • Referent Power • Reward Power • Coercive Power	• Expert Power • Referent Power • Reward Power • Coercive Power • Information Power • Department Power	• Expertenwissen • Beziehung zur Umwelt • Kontrolle der Informationskanäle	• Expert Power • Attraction Power • Reward Power • Coercive Power	• Fähigkeiten • Wissen • Ressourcen • Beziehung zu Machtbesitzer

Abb. 52: Differenzierung von Machtbasen

Dabei beziehen sich lediglich die Betrachtungen von Bonoma (1982, S. 111 ff.) direkt auf die Machtverhältnisse im Buying Center, wobei auch er auf den Ansatz von French/Raven zurückgreift. Die fünf Machtbasen dieser beiden Ansätze lassen sich wie folgt charakterisieren (French/Raven 1959, S. 444 ff.; Bonoma 1982, S. 115 f.).

- **Legitimate Power** (Legitimationsmacht) ergibt sich aus dem Zugeständnis anderer Personen, welches auf Basis von Wertvorstellungen und Normen erteilt wird. Legitimationsmacht basieren damit vor allem auf der *hierarchischen Position* einer Person im Unternehmen.

- **Expert Power** (Expertenmacht) basiert auf dem Fach- oder Expertenwissen von Personen, das sie gegenüber anderen abhebt.
- **Referent Power** (Identifikationsmacht oder Vorbildmacht) einer Person besteht, wenn sich andere mit einer Person identifizieren und ein Gefühl der Zugehörigkeit zu ihrem Vorbild entwickeln.
- **Reward Power** (Belohnungsmacht) resultiert aus der Möglichkeit einer Person, andere für ihre Tätigkeiten zu belohnen.
- **Coercive Power** (Bestrafungsmacht) resultiert aus der Möglichkeit, andere Personen für ihre Tätigkeiten zu bestrafen.

Unterschiede im Begriffsverständnis von Bonoma gegenüber French/Raven ergeben sich nur bei „Status Power" (Legitimate Power) und „Attraction Power" (Referent Power): Nach Bonoma resultiert *Status Power* (Statusmacht) aus der Position einer Person innerhalb des Unternehmens, die dieser aber von den übrigen Organisationsmitgliedern auch zugestanden werden muss und nicht nur qua Position in der Unternehmenshierarchie erlangt wird. Demgegenüber entsteht *Attraction Power* (Überzeugungsmacht) aus der Fähigkeit einer Person, andere von den eigenen Vorstellungen zu überzeugen.

		Machtquelle (Machtbasen)	
		hierarchische Position	fachliche Kompetenz
Wirkrichtung bzgl. der Kaufentscheidung	Förderung	Machtpromotor	Fachpromotor
	Verhinderung	Machtopponent	Fachopponent

Abb. 53: Promotoren und Opponenten der Kaufentscheidung nach Witte

Ebenfalls auf *Machtbasen* beruht ein Ansatz von Witte (1973 und 1976). Als Ergebnis eines empirischen Untersuchung zu Innovationsprozessen stellte er fest, dass sowohl Förderer (Promotoren) als auch Verhinderer (Opponenten) bei der Beschaffung innovativer Technologien in Unternehmen existieren: Während **Promotoren** den Beschaffungsprozess aktiv fördern, versuchen **Opponenten** eine Beschaffung zu verhindern oder zu verzögern. Der ‚Erfolg' von Promotoren und Opponenten sieht Witte dabei in Abhängigkeit der Machtquelle, wobei er zwischen hierarchisch legitimierter Macht und fachlich begründeter Macht unterscheidet (Witte 1998, S. 16 f.). Werden diese beiden Aspekte kombiniert so ergeben sich die in Abb. 53 dargestellten vier Fälle.

Der Ansatz von Witte wurde von Hauschildt/Chakrabarti (1998, S. 78) um die Kategorien der **Prozesspromotoren** und **Prozessopponenten** erweitert. Die Machtquelle des Prozesspromotors bzw. -opponenten ist dabei sein Wissen über innerbetriebliche Abläufe und die entsprechenden Kommunikationsstrukturen. Er stellt mit seinem Wissen über die informellen Strukturen ein Bindeglied zwischen Fach- und Machtpromotoren bzw. -opponenten dar, wobei seine primäre Machtquelle in der Überwindung innerbetrieblicher Hindernisse liegt. Eine zusätzliche Erweiterung erfuhr das Modell durch Gemünden/Walter (1995, S. 973 ff.), die den sog. **Beziehungspromotor** in das Modell einführten. Der Beziehungspromotor ist dabei stark mit dem Prozesspromotor verwandt, unterscheidet sich von diesem jedoch hinsichtlich seines Handlungsfelds. Während der Prozesspromotor primär intraorganisational aktiv ist, unterstützt der Beziehungspromotor primär die interorganisationale Kommunikation (Hauschildt/Schewe 1998, S. 169).

6.2.2 Bildung von Kollektivpräferenzen im Buying Center

Im Folgenden wird die Frage nach der Bildung von *Kollektivpräferenzen* im Buying Center genauer betrachtet. Entscheidend für die Bildung von Kollektivpräferenzen sind neben den bisher vorgenommenen, auf die Mitglieder des Buying Centers fokussieren Darstellungen, vor allem die Beziehungen unter den beteiligten Buying Center-Mitgliedern. Elementare Einblicke in *Beziehungsstrukturen* geben dabei neben dem individuellen Informationsverhalten vor allem das Kommunikationsverhalten und das Konfliktlösungsverhalten. Aufbauend auf diesen Betrachtungen kann dann die Bildung von *Kollektivpräferenzen* erklärt werden.

6.2.2.1 Informationsverhalten, Kommunikationsbeziehungen und Konfliktlösungsstrategien im Buying Center

Zum Verständnis der Kommunikationsflüsse im Buying Center und darauf aufbauend der *Beziehungsstrukturen* ist zunächst ein grundlegendes Verständnis des *Informationsverhaltens* der einzelnen Buying Center-Mitglieder erforderlich. Dieses bildet die Grundlage für das *Kommunikationsverhalten*, wobei vor allem dem *Konfliktlösungsverhalten* besondere Beachtung zu schenken ist. Alle drei Aspekte werden im Folgenden in gebotener Kürze dargestellt:

(1) Informationsverhalten im Buying Center
Eine Unterscheidung der Buying Center-Mitglieder nach dem Informationsverhalten wurde von Strothmann (1979, S. 90 f.) mit dem Ziel unterbreitet, entsprechend des „Informationstyps" die Wahl geeigneter Kommunikationsstrategien zu treffen. Strothmann kategorisiert bei seinem Ansatz die Mitglieder des Buying Centers anhand von zwei *informationsbezogenen Verhaltensdimensionen*: „Informationssuchverhalten" und „Informationsverarbeitungsverhalten". Bezüglich der **Informationssuche** unterscheidet er die Typen

- literarisch-wissenschaftlich orientierte Informationssucher,
- objektiv wertende Informationssucher und
- spontan passiver Informationssucher.

Sie werden wie folgt beschrieben (Strothmann 1979, S. 93 ff.): Der *literarisch-wissenschaftliche Typ* ist durch ein hohes Maß an Informationsbedarf gekennzeichnet. Er bevorzugt fachbezogene Informationen, bspw. in Form von Fachzeitschriften oder Büchern, sodass er sich selbst ein Bild der Lage verschaffen kann. Informationen in schriftlicher Form stehen für ihn im Vordergrund. Demgegenüber ist der *objektiv wertende Typ* durch ein phasenspezifisches Informationsverhalten gekennzeichnet. Je nach aktuellem Stand des Beschaffungsprojektes werden sowohl allgemeine Informationen, bspw. aus Anzeigen, wie auch fachbezogene Informationen von ihm gesucht. Im Gegensatz zum literarisch-wissenschaftlichen Typ spielen jedoch nicht nur schriftliche Informationen eine Rolle. Auch Informationen, die durch Kommunikation und Interaktion, bspw. auf Messen, erlangt werden, finden Berücksichtigung. Insgesamt ist der objektiv wertende Typ pragmatischer orientiert als der literarisch-wissenschaftliche. Schließlich ist der *spontan passive Typ* dadurch gekennzeichnet, dass er nicht aktiv nach Informationen sucht, sondern passiv die ihm dargebotenen Informationen aufnimmt. Sein Anspruch an die Informationstiefe und -breite ist dabei sehr begrenzt. Er unterscheidet sich somit deutlich von den zuvor beschriebenen Informationssuchtypen.

Bezüglich des **Informationsverarbeitungsverhaltens** nimmt Strothmann (1979, S. 99 ff.) eine Unterscheidung in folgende drei Entscheidertypen vor:

- Fakten-Reagierer,
- Image-Reagierer,
- Reaktionsneutrale.

Unter *Fakten-Reagierern* werden Fachleute verstanden, welche durch hinreichende Informationen versuchen, Unsicherheiten bzgl. der Kaufentscheidung zu reduzieren. Sie legen dabei besonderen Wert auf die Stimmigkeit der angebotenen Leistung in Bezug auf die beabsichtigte Verwendung. *Image-Reagierer* legen hingegen größeren Wert auf die allgemeinen Leistungseigenschaften sowie die Produktbeschreibung und -präsentation. Einzelne emotionale Aspekte verdichten sich bei ihnen zum Produktimage. Informationsverarbeitungsverhalten, das weder in die Kategorie der Fakten- noch in das der Image-Reagierer eingeordnet werden kann, bezeichnet Strothmann als *reaktionsneutral.* Dies liegt nicht zuletzt daran, dass ein Großteil der Entscheider im Buying Center von ihrer psychologischen Veranlagung her Image-Reagier sind, sich aufgrund ihrer Position als Teil des Buying Centers aber dazu gezwungen sehen, als Fakten-Reagierer zu verhalten.

Die unterschiedlichen Arten des Informationsverhaltens wurden im Rahmen einer empirischen Untersuchung von Strothmann/Kliche (1989, S. 82 f.) zu Entscheidertypen verdichtet, die in Kapitel 7.1.2 diskutiert werden.

(2) Kommunikationsverhalten im Buying Center
Das **Kommunikationsverhalten** der Buying Center-Mitglieder ist für das Verständnis der *Beziehungsstrukturen* in einem Buying Center von zentraler Bedeutung.

Ein grundlegender Ansatz hierzu wurde von Johnston/Bonoma (1981, S. 143 ff.) vorgestellt, wobei die Autoren jene Personen zum Buying Center zählen, deren Beiträge in einem Kommunikationsprozess entsprechend berücksichtigt werden (McQuiston/Dickson 1991; S. 159). Zur Charakterisierung der Kommunikationsbeziehungen im Buying Center schlagen Johnston/Bonoma (1981, S. 146 ff.) folgende fünf Dimensionen vor:

- **Vertical involvement:** Anzahl der beteiligten Hierarchieebenen,
- **Lateral involvement:** Anzahl der beteiligten Abteilungen,
- **Extensivity:** Anzahl der Personen im Buying Center,
- **Connectedness**: kommunikative Verknüpfungen zwischen den Buying Center-Mitgliedern,
- **Centrality:** direkte Kommunikationsverbindungen des formalen Einkaufsleiters zu den übrigen Buying Center-Mitgliedern.

Anhand der obigen Dimensionen versuchen die Autoren die soziale Interaktion während eines Beschaffungsprozesses im Buying Center abzubilden.

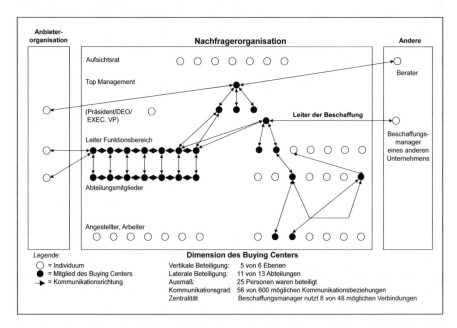

Abb. 54: Kommunikationsbeziehungen im Buying Center nach Johnston/Bonoma
(Quelle: Johnston/Bonoma 1981, S. 147)

Durch die Visualisierung der Beziehungsstrukturen kann ein guter Überblick über die Richtung und Intensität der Kommunikationsbeziehungen gewonnen werden. Dadurch können wiederum Rückschlüsse gezogen werden auf das Ausmaß, in dem einzelne Personen in den Beschaffungsprozess integriert sind und in welcher Beziehung sie zueinander stehen.

(3) Konfliktlösungsverhalten im Buying Center

In unmittelbarer Beziehung zum Kommunikationsverhalten steht auch die Frage nach **Konfliktlösungsstrategien** im Buying Center (Thomas 1984, S. 209 ff.). Konflikte können sich dabei aus Divergenzen bezüglich der Wahl einer Kaufalternative ergeben oder aber auch auf der personellen Ebene (z. B. Antipathien) angesiedelt sein (vgl. auch Kapitel 11.3.3.2). Köhler (1976, S. 150 ff.) spricht in diesem Zusammenhang von *sachbezogenen* und *nicht*-sachbezogenen Konflikten. Wird als primäre Zielsetzung der Konfliktlösung zwischen den Dimensionen

- Realisierung *eigener* Präferenzen und
- Realisierung *fremder* Präferenzen

unterschieden, so ergeben sich die in Abb. 55 dargestellten Lösungsalternativen.

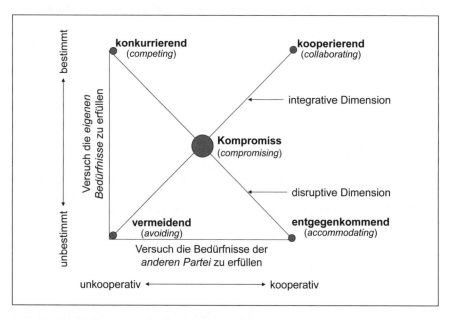

Abb. 55: Konfliktlösungsstrategien im Buying Center
(Quelle: Day/Michaels/Purdue 1988, S. 155)

Nach Reeder/Brierty/Reeder (1991, S. 122) lassen sich die Konfliktlösungsstrategien wie folgt charakterisieren:

- **Konkurrierendes Verhalten** (*competing*): Die Gruppenmitglieder sind allein darauf aus, ihre persönlichen Ziele durchzusetzen.
- **Kooperierendes Verhalten** (*collaborating*): Die Beteiligten suchen Lösungen zur bestmöglichen Erreichung aller divergierenden Ziele.
- **Konfliktvermeidendes Verhalten** (*avoiding*): Es wird versucht, Konflikte zu vermeiden, wodurch sich Entscheidungen aber häufig auch verschieben.

- **Entgegenkommendes Verhalten** (*accommodating*): Die Gruppenmitglieder versuchen sich unter häufiger Zurückstellung oder Anpassung der eigenen Ziele zu ‚arrangieren'. Einem solchen Verhalten liegt häufig das „do-ut-des"-Prinzip bzw. „quid pro quo" („ich gebe, damit du gibst"-Prinzip bzw. „dieses für das") zu Grunde, bei dem Zugeständnisse mit der Erwartung gemacht werden, dass bei späteren Entscheidungen dann die Partner entsprechende Zugeständnisse machen.
- **Kompromissverhalten** (*compromising*): Die Gruppenmitglieder machen gegenseitig Zugeständnisse und versuchen, einen gemeinsamen Konsens zu erreichen, der die bestmögliche Erfüllung aller Präferenzen erlaubt. Häufig erreicht dadurch aber keiner der Mitglieder seine ursprünglich gesetzten Ziele.

6.2.2.2 Ansätze zur Bestimmung von Kollektivpräferenzen

Kollektivpräferenzen bilden sich aus der Interaktion zwischen den Buying Center-Mitgliedern, wobei in der Literatur zusammenfassend folgende Determinanten für deren Bildung als besonders bedeutsam angesehen werden (Büschken 1994, S. 53 ff.; Fließ 2000, S. 350 ff.; Voeth/Brinkmann 2004, S. 352 ff.):

- *individuelle Präferenzen* der einzelnen Buying Center-Mitglieder,
- *Einflussstrukturen* (Machtverhältnisse) im Buying Center,
- *situationsspezifische Faktoren* der Kaufentscheidung.

Präferenzen können allgemein als *Einstellungsdifferenzen* zwischen Alternativen interpretiert werden, womit auch die Präferenzbildung den gleichen Bestimmungsgrößen unterliegt wie die Einstellungsbildung. Weiterhin kann festgehalten werden, dass Präferenzen immer *kontextabhängig* sind und maßgeblich durch die zur Verfügung stehenden *Informationen* beeinflusst werden (Böcker 1986, S. 543 ff.; Schneider 1997, S. 21 ff.; Helm/ Steiner 2008, S. 27 ff.).

> *Präferenzen* sind eindimensionale Indikatoren, die die subjektiv empfundene Vorziehenswürdigkeit von Alternativen in einem Alternativen-Set zu einem bestimmten Zeitpunkt abbilden.

Zur Erklärung der *Bildung von Kollektivpräferenzen* sind neben der Betrachtung der Individualpräferenzen der beteiligten Personen zusätzlich noch die **Einflussstrukturen** im Buying Center als zweite elementare Erklärungsgröße heranzuziehen. Über Einfluss verfügt eine Person dann, wenn sie das Verhalten anderer beeinflussen oder bestimmen kann, womit Einfluss weitgehend mit **Macht** gleichgesetzt werden kann. Schließlich sind Buying Center-Entscheidungen immer **situationsabhängig**. Das bedeutet, dass die Bestimmungsgrößen einer Kollektiventscheidung von der Kaufsituation abhängen und diese insbesondere die Struktur (Größe und Zusammensetzung), die Einflussmöglichkeiten der Mitglieder und das Entscheidungsverhalten im Buying Center bestimmt (Büschken 1994, S. 11 ff.). Eine wenngleich grobe, dafür aber durchaus brauchbare Unterscheidung von Kaufsituationen liefert der **Kaufklassen-Ansatz** von Robinson/Faris/Wind (1967, S. 25 ff.) welche in Abb. 14 dargestellt ist. Dabei ist aber zu beachten, dass der Neuigkeitsgrad eines Beschaffungsproblems auch für den Informationsbedarf bestimmend ist und verstärkte Informationsaktivitäten wiederum die betrachtete Alternativenzahl beeinflussen können, weshalb die Unterscheidungsmerkmale nicht unabhängig voneinander gesehen werden können.

	Unterscheidungsdimensionen		
	Neuheit des Produktes	Informations-bedarf	Betrachtung neuer Alternativ.
Neukauf	hoch	maximal	bedeutend
Modifizierter Wiederkauf	mittel	eingeschränkt	begrenzt
Identischer Wiederkauf	gering	minimal	keine

Abb. 56: Kaufklassen-Ansatz von Robinson/Faris/Wind
(Quelle: Robinson/Faris/Wind 1967, S. 25)

In der Literatur existiert eine Vielzahl an **Modellen** zur Erklärung von Kollektiv- bzw. Gruppenpräferenzen, die aber große Gemeinsamkeiten aufweisen. Voeth/ Brinkmann (2004, S. 354 f.) geben hierzu einen Überblick und unterteilen die Modelle zur Messung von Kollektivpräferenzen in zwei Kategorien:

• Modelle mit isolierter Präferenz- *oder* Einfluss-Messung,
• Modelle mit *integrierter* (gleichzeitiger) Präferenz-Einfluss-Messung.

Im Folgenden wird mit dem Modell von *Choffray/Lilien* zunächst ein Strukturmodell vorgestellt, das den *Prozess* der organisationalen Beschaffungsentscheidung in seinen elementaren Bestandteilen sehr gut abbilden kann. Die Entscheidung im Buying Center wird dabei aus der ‚Kombination' von Individualpräferenzen abgeleitet. Anschließend konzentrieren sich die Betrachtungen auf Modelle zur integrierten Präferenz-Einfluss-Messung und hier insbesondere auf methodische Aspekte.

6.2.2.2.1 Das Modell von Choffray/Lilien

Zielsetzung des Modells von Choffray/Lilien (1978, S. 20 ff.) ist die Erklärung des organisationalen Kaufentscheidungsprozesses, bei dem die Individualpräferenzen und deren Kombination zu Gruppenpräferenzen im Fokus der Betrachtungen steht. Zu diesem Zweck wird der organisationale Kaufprozess in drei Phasen zerlegt:

• Alternativenwahl,
• Bildung der Individualpräferenzen bei den Mitgliedern des Buying Centers,
• Bildung der gruppenbezogenen Präferenzen.

Ausgangspunkt des Kaufentscheidungsprozesses ist das sog. „*Evoked Set of Alternatives*", das alle dem Buying Center bekannten Angebotsalternativen umfasst und aus dem dann das Set der vom Buying Center als ‚realisierbar' erachteten Alternativen gebildet wird. Dieses stellt die Basis der individuellen Präferenzen der Buying Center-Mitglieder dar. Aufgrund der Interaktionen zwischen den beteiligten Personen kommt es zur gruppenbezogenen Präferenzbildung, die maßgeblich für die organisationale Kaufentscheidung ist. Zur Operationalisierung des Modells schlagen Choffray/Lilien vier Wahrscheinlichkeitsmodelle vor:

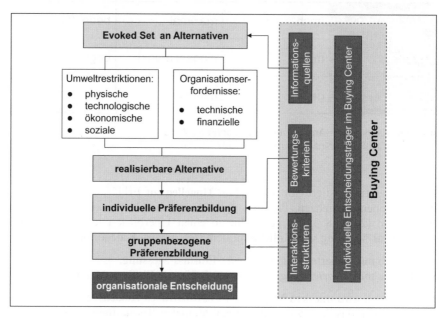

Abb. 57: Modell organisationalen Beschaffungsprozesses nach Choffray/Lilien (Quelle: Choffray/Lilien 1978, S. 22)

Mit dem sog. *Awareness-Modell* wird die Wahrscheinlichkeit bestimmt, dass aus der Summe aller möglichen Lösungsangebote ein bestimmtes Produkt in das Evoked Set of Alternatives gelangt. Diese Wahrscheinlichkeit wird insbesondere durch die zur Verfügung stehenden Informationen und das Kommunikationsverhalten im Buying Center bestimmt. Das sog. *Akzeptanz-Modell* wird durch die Anforderungen der Organisation an eine Lösung sowie den gegebenen Umweltbedingungen beeinflusst und bestimmt die Wahrscheinlichkeit, dass ein Produkt aus dem Evoked Set of Alternatives auch in dem Set der realisierbaren Alternativen enthalten ist. Mittels *individueller Bewertungsmodelle* wir dann die individuelle Präferenzbildung operationalisiert und die Wahrscheinlichkeit bestimmt, dass ein Produkt aus dem Set der realisierbaren Alternativen von einem Buying Center-Mitglied präferiert wird. Schließlich werden mit Hilfe eines *Gruppenentscheidungsmodells* vor allem die Machtbeziehungen und damit die Einflussmöglichkeiten einzelner Buying Center-Mitglieder abgebildet und im Ergebnis die Wahrscheinlichkeit berechnet, dass ein Produkt vom Buying Center oder zumindest von einer Personengruppe im Buying Center präferiert wird. Die organisationalen Präferenzen führen dann zur organisationalen Entscheidung.

Mit den verschiedenen Wahrscheinlichkeitsmodellen und den dabei vorgeschlagenen Operationalisierungen verfolgen Choffray/Lilien das Ziel, ein operationales Modell für organisationale Kaufentscheidungen zu entwickeln. Dennoch kann die praktische Anwendbarkeit des Modells auch aufgrund von Problemen der verschiedenen Operationalisierungsvorschläge nur als gering angesehen werden. Allerdings ist positiv herauszustellen, dass durch das Modell der multipersonale Kaufentscheidungsprozess gut beschrieben werden kann, da verschiedene Teilbereiche des organisationalen Kaufverhaltens in einem Gesamtkonzept zusammengefasst werden.

6.2.2.2.2 Integrierte Präferenz-Einfluss-Messung

Bei der integrierten Präferenz-Einfluss-Messung wird versucht, eine direkte Messung des Konstruktes „*Gruppenpräferenz*" zu erreichen. Für die Bildung von Kollektivpräferenzen werden dabei primär die Kommunikationsbeziehungen, die Möglichkeiten der Einflussnahme (Machtverhältnisse) sowie situative Faktoren als bedeutsam angesehen. Zur Vorgehensweise einer situationsspezifischen Einflussmessung schlägt Büschken (1994, S. 130 f.) eine bestimmte Reihenfolge der Messschritte vor, die in Abb. 58 dargestellt sind.

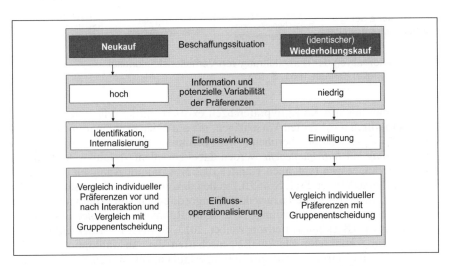

Abb. 58: Vorschlag für ein situationsspezifisches Einflussmessmodell (Quelle: Büschken 1994, S. 131)

Büschken sieht aufgrund des *Kaufklassen-Ansatzes* von Robinson/Faris/Wind besonders große Situationsunterschiede beim Vorliegen eines Neukaufs im Vergleich zum Wiederholungskauf, die aufgrund des unterschiedlichen Informationsbedarfs auch eine hohe Variabilität der Präferenzen erwarten lassen. Bezüglich der Einflussmöglichkeiten der einzelnen Buying Center-Mitglieder unterscheidet er (Büschken 1994, S. 62 ff.) in Anlehnung an Kelman (1961, S. 62 ff.) zwischen Identifikation, Internalisierung und Einwilligung als *Ergebnisse* der Einflussnahme. Bei der *Identifikation* führt die Einflussnahme, die meist auf Identifikationsmacht beruht, zu einer Verhaltensänderung, der dann auch eine Präferenzänderung folgt. Auch bei der *Internalisierung* kommt es zu Präferenzänderungen, wobei hier aber meist die Legitimationsmacht und die Expertenmacht dominierend für Verhaltensänderungen sind. Demgegenüber ändert sich bei der *Einwilligung* zwar das Verhalten, die ursprünglichen Präferenzen bleiben aber erhalten. Die Einflussnahme beruht hier meist auf Belohnungs- und Bestrafungsmacht. Abb. 59 fasst die Prozesse zur Herbeiführung von Verhaltenskonformität nochmals zusammen.

	Einwilligung	Identifikation	Internalisierung
Motivation zur Verhaltenskonformität	erwünschter sozialer Effekt des Verhaltens	erwünschte soziale Verankerung in der Gruppe	Übereinstimmung der dem Verhalten zugrundeliegenden Werte und Zielsysteme
Machtbasen	Ressourcenkontrolle Belohnung Bestrafung	Attraktivität Vorbildkraft	Glaubwürdigkeit Legitimität Information
Ursache der Verhaltenskonformität	Eingrenzung der möglichen alternativen Verhaltensmuster	Erfüllung von Rollenerwartungen	Verstärkung oder Bestätigung eigener Wertvorstellungen

Abb. 59: Alternativen der Herbeiführung von Verhaltenskonformität (Quelle: Kelman 1961, S. 67)

Zur Bestimmung von Kollektivpräferenzen existiert mittlerweile eine Reihe von auch methodisch ausgereiften Vorschlägen, die auf einer Kombination von multivariaten Analysemethoden beruhen (Voeth/Brinkmann 2004, S. 362 ff.). Zur *Präferenzmessung* auf *Individualebene* werden dabei vor allem Verfahren der **Conjoint Analyse** herangezogen (vgl. auch Kapitel 10.2.2): Conjoint Analysen (Backhaus/Erichson/Plinke/Weiber 2011, S. 458 ff.) stellen dekompositionelle Ansätze dar, die aus der Abfrage von Präferenzurteilen (Rangordnungen von Alternativen) oder von direkten Auswahlentscheidungen – z. B. im Rahmen von Choice Based Conjoint Analysen (Backhaus/Erichson/Weiber 2013, S. 169 ff.) – Rückschlüsse auf die Bedeutung konkreter Merkmalseigenschaften der Auswahloptionen (z. B. Angebotsalternativen) zur Präferenzbildung erlauben. Im zweiten Schritt werden dann auf Basis der gewonnenen Conjoint-Ergebnisse die *Einflussbeziehungen* zwischen den Buying Center-Mitgliedern bestimmt, die dann der Erklärung der *Kollektivpräferenz* dienen.

Ein erster Ansatz hierzu wurde von Büschken (1994, S. 132 ff.) entwickelt, der in Abb. 60 verdeutlicht ist: Die im ersten Schritt mittels Conjoint Analyse ermittel-

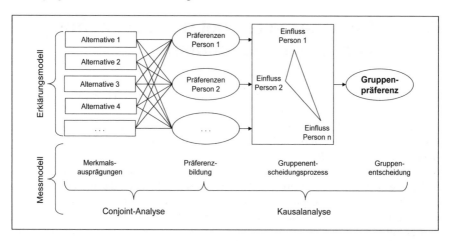

Abb. 60: Messung von Kollektivpräferenzen mittels Conjoint- und Kausalanalyse
(Quelle: Voeth/Brinkmann 2004, S. 363)

ten individuellen Präferenzen der Buying Center-Mitglieder dienen einem *kausal-analytischen Ansatz* (Weiber/Mühlhaus 2013, S. 38 ff.) als Input, durch den die Einflussbeziehungen zwischen den Beteiligten im Buying Center abgebildet werden (latente exogene Variable) und die Gruppenpräferenz (Auswahlentscheidung) die latente endogene Variable bildet.

Die zentrale Kritik an dem Vorschlag von Büschken bezieht sich vor allem darauf, dass hier keine Analyse multipersonaler Kaufentscheidungen auf *Individualniveau* möglich ist. Um eine Operationalisierung von Gruppenentscheidungen auf Individualniveau zu erreichen, kann z. B. dem Vorschlag von Voeth (2004, S. 719 ff.) gefolgt werden, der mit Hilfe der *mehrstufigen Limit Conjoint-Analyse* Gruppenentscheidungen auf Individualniveau analysiert: Dabei werden auf der *ersten Stufe* (Messung der Individualpräferenzen) die individuellen Präferenzen der Buying Center-Mitglieder mit Hilfe der Limit Conjoint-Analyse (LCA; Voeth/Hahn 1998, S. 119 ff.) gemessen. Dabei liefert die sog. „Limit Card" Informationen darüber, für welche Alternativen tatsächliche *Auswahlbereitschaft* besteht. Auf der *zweiten Stufe* (Einflussmessung) werden ebenfalls mit Hilfe der LCA mögliche Konfliktsituationen zwischen den Buying Center-Mitglieder beurteilt und mittels „Limit Card" die Entscheidungssituation ermittelt, bei der ein Kauf wahrscheinlich noch zustande kommt. Beide Stufen sind durch ein *Verknüpfungsmodell* (Voeth 2004, S. 729) zu Simulationszwecken der Gruppenentscheidung (Kollektivpräferenz) miteinander verbunden.

6.3 Unsicherheiten bei der Beschaffung von Leistungsbündeln

Da die im BDM vermarkteten *Leistungsbündeln* für den Nachfrager zum Kaufzeitpunkt überwiegend **Leistungsversprechen** darstellen, das endgültige Leistungsergebnis also zum Kaufzeitpunkt noch nicht exitiert, besitzt die Problematik der Kaufunsicherheit hier eine hohe Bedeutung. Sie resultiert aus der besonderen *Beurteilungsproblematik*, die für die Nachfrage zum Kaufzeitpunkt besteht (vgl. Kapitel 2.2). Weiterhin folgt aus der integrativen Leistungserstellung die Notwendigkeit des Zusammenwirkens von Anbieter und Nachfrager, das die Unsicherheit ebenfalls erhöht (vgl. Kapitel 2.3). Im Folgenden wird deshalb die (Kauf-)Unsicherheit bei Leistungsbündeln einer detaillierten Betrachtung unterzogen, um darauf aufbauend in Kapitel 6.4 mögliche Strategien der zur Reduktion der Kaufunsicherheit bei Leistungsbündeln ableiten zu können.

6.3.1 Unsicherheit und wahrgenommenes Risiko

Allgemein kann unter *Unsicherheit* ein wahrgenommener Mangel an Informationen verstanden werden, womit die Handlungen eines Akteurs auf *Informationsdefiziten* beruht. Die Problematik, die sich daraus ergibt, ist darin zu sehen, dass ein Akteur bei seinen Handlungen ggf. mit negativen Konsequenzen (Gefahren) rechnen muss. Die *originäre Ursache* der Unsicherheit liegt in der *beschränkten Rationalität* eines Akteurs begründet (Simon 1955, S. 99 ff.; derselbe 1972, S. 161 ff.).

> *Beschränkte Rationalität* („bounded rationality") bedeutet, dass ein Akteur Informationen nur unvollständig beschaffen kann und in seinen Informationsverarbeitungskapazitäten beschränkt ist.

Aufgrund der beschränkten Rationalität kann ein Akteur somit niemals Sicherheit bei seinen Handlungen erlangen, was im Hinblick auf z. B. Kaufentscheidungen bedeutet, dass ein Nachfrager auch keine Nutzenmaximierung, sondern nur eine **Nutzensatisfizierung** erreichen kann, d. h. die Erfüllung eines subjektiv gesetzten Anspruchsniveaus (Simon 1955, S. 107). Sowohl die Informationsökonomik als auch die Transaktionskostentheorie unterscheiden im Hinblick auf Austauschbeziehungen zwei **Grundformen der Unsicherheit** (Hirshleifer/Riley 1979, S. 1377; Williamson 1985, S. 56 ff.):

1. **Umweltunsicherheit („event uncertainty"):** wird auch als *exogene Unsicherheit*, *Ereignisunsicherheit* oder *technologische Unsicherheit* bezeichnet und liegt dann vor, wenn sich die Informationsdefizite eines Akteurs auf Variablen beziehen, die sich *außerhalb* des betrachteten ökonomischen Systems, d. h. in der exogenen Umwelt befinden. Ein Marktakteur kann Umweltunsicherheiten nicht aktiv beeinflussen, sondern sich diesen nur passiv anpassen.

2. **Marktunsicherheit („market uncertainty")**: wird auch als *endogene Unsicherheit* bezeichnet und liegt dann vor, wenn ein Marktakteur *innerhalb* einer Austauschbeziehung über die relevanten Marktbedingungen, wie z. B. Preise oder Qualitäten von Gütern, unvollkommen informiert ist, was zu nur begrenzt rationalen Entscheidungen führt.

Der Unterschied zwischen Umweltunsicherheit und Marktunsicherheit liegt somit darin begründet, dass „[...] individuals are not uncertain about the terms on which they might make market exchanges but rather about exogenious events" (Hirshleifer/ Riley 1979, S. 1377). Dadurch, dass *Umweltunsicherheiten* im Prinzip immer gegeben und auch unvermeidbar sind, laufen Markttransaktionen unter Unsicherheit ab. Während die Umweltunsicherheit durch entsprechende Aktivitäten der Akteure *nicht* veränderbar ist, kann die *Marktunsicherheit* durch geeignete Maßnahmen beseitigt oder zumindest reduziert werden. Sie steht deshalb auch im Mittelpunkt ökonomischer Betrachtungen. Die **Marktunsicherheit** besitzt verschiedene Erscheinungsformen, die in Abb. 61 dargestellt sind.

Im Gegensatz zur *Preisunsicherheit*, die sich z. B. auf Fragen der Preisgünstigkeit oder der Preiswürdigkeit bezieht, zielt die *Leistungsunsicherheit* auf Beurteilungsunsicherheiten der Eigenschaften einer Leistung ab. Dabei wird hier eine Unterscheidung zwischen Merkmals- und Verhaltensunsicherheit vorgenommen: Während sich die **Merkmalsunsicherheit** auf Unsicherheiten bei der Beurteilung z. B. der funktionalen oder physischen Qualität einer Leistung bezieht, ist die Verhaltensunsicherheit auf die Frage bezogen, ob ein Anbieter über hinreichende Qualifikationen, Ressourcen, Anstrengungsbereitschaft usw. verfügt, um eine hohe Qualität sicherzustellen.

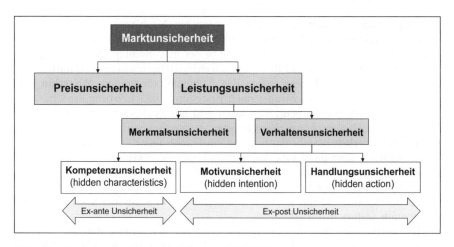

Abb. 61: Erscheinungsformen der Marktunsicherheit

Der Begriff der **Verhaltensunsicherheit** ist vor allem in der **Agency-Theorie** verbreitet (Spremann 1990, S. 561 ff.; Picot 1991, S. 150 ff.; Göbel 2002, S. 61 f.) und wird dort grundsätzlich auf die Unsicherheiten des Prinzipals (Auftraggeber) bezüglich der *Handlungen* eines Agenten (Auftragnehmer; Ausführender) bezogen.

> *Verhaltensunsicherheit* ist eine Form der Marktunsicherheit und liegt dann vor, wenn für den schlechter informierten Transaktionspartner die Gefahr besteht, dass sich der andere Transaktionspartner unter Ausnutzung seines Informationsvorsprungs opportunistisch verhält.

Die Gefahr des **opportunistischen Verhaltens** ist bei Kaufentscheidungen vor allem deshalb gegeben, weil Anbieter aufgrund ihres i. d. R. gegebenen Informationsvorsprungs im Hinblick auf die Leistungsqualität hierzu nicht nur die *Möglichkeit* haben (Williamson, 1990, S. 54), sondern aufgrund von i. d. R. divergierenden Zielsystemen (z. B. Nachfrager wünschen eher hohe Qualitäten, Anbieter eher niedrige Kosten, was meist mit Qualitätseinschränkungen einhergeht) auch die entsprechende *Motivation* besitzen.

> *Opportunistisches Verhalten* liegt vor, wenn ein Wirtschaftssubjekt eine zu seinen Gunsten bestehende asymmetrische Informationsverteilung unter Zuhilfenahme von List und Tücke einseitig zu seinen Gunsten ausnutzt.

Im Hinblick auf Kaufentscheidungen kann Verhaltensunsicherheit immer nur bei *Leistungsversprechen* auftreten, da hier Anbieter und Nachfrager mit dem Kaufabschluss eine Prinzipal-Agenten-Beziehung eingehen, bei der der Nachfrager als Auftraggeber (Prinzipal) den Anbieter als Auftragnehmer (Agent) mit der Erstellung von Leistungen betraut (Kaas 1992, S. 884 ff.; Kleinaltenkamp 1992, S. 812 ff., Adler 1996, S. 60 ff.). In diesen Fällen können drei Arten der Unsicherheit des Nachfragers bezüglich des Verhaltens des Anbieter, das dieser nach Kaufabschluss zeigt, unterschieden werden:

- **Kompetenzunsicherheit** besteht dann, wenn ein Nachfrager darüber unsicher ist, ob ein Anbieter auch über die nötigen Kompetenzen und Ressourcen (Charakteristika) verfügt, um eine Leistung in der gewünschten Qualität zu erstellen. Die Kompetenzen und Ressourcen werden dabei als kurz- und mittelfristig nicht veränderbare Eigenschaften des Anbieters verstanden. Weiterhin wird unterstellt, dass der Nachfrager nach Erstellung einer Leistung die Charakteristika eines Anbieters beurteilen kann und nur im Vorfeld unsicher ist, weshalb hier auch von *hidden characteristics* gesprochen wird.
- **Motivunsicherheit** besteht dann, wenn ein Nachfrager darüber unsicher ist, ob ein Anbieter über die nötige Motivation (Intension) verfügt, eine Leistung in der geforderten Qualität zu erstellen. Auch in diesem Fall wird unterstellt, dass der Nachfrager nach Erstellung einer Leistung die Motivation eines Anbieters beurteilen kann und nur im Vorfeld unsicher ist, weshalb hier auch von *hidden intention* gesprochen wird.
- **Handlungsunsicherheit** besteht dann, wenn ein Nachfrager darüber unsicher ist, ob ein Anbieter zur Erstellung einer Leistung in der geforderten Qualität auch die erforderlichen Maßnahmen ergreifen und Handlungen (Aktionen) durchführen wird bzw. durchgeführt hat, weshalb hier auch von *hidden action* gesprochen wird. Allerdings wird in diesem Fall davon ausgegangen, dass der Nachfrager Art und Qualität der Handlungen eines Anbieters auch bei Vorliegen des Leistungsergebnisses *nicht* beurteilen kann und deshalb auf die Sorgfalt des Anbieters vertrauen muss.

Neben dem Begriff der Unsicherheit wird im Zusammenhang mit Kaufentscheidungen häufig auch der Begriff des **wahrgenommenen Risikos** verwendet. Der Unterschied zwischen Unsicherheit und Risiko ist aus *entscheidungstheoretischer Sicht* darin zu sehen, dass von Risiko dann gesprochen wird, wenn sich für den Eintritt eines unsicheren Ereignisses eine *Eintrittswahrscheinlichkeit* angeben lässt (Knight 1921, S. 26). Sind also Eintrittswahrscheinlichkeiten *bekannt*, so wird eine Unsicherheitssituation als *Risikosituation* bezeichnet (Bamberg/Coenenberg/ Krapp 2008, S. 111; Eisenführ/Weber/Langer 2010, S. 303 ff.). Insbesondere bei realen Kaufentscheidungen sind die Eintrittswahrscheinlichkeiten von Ereignissen jedoch nur in den seltensten Fällen *objektiv* bestimmbar, sondern unterliegen subjektiven Schätzungen bzw. Wahrnehmungen. In der Käuferverhaltensforschung stellt das Konstrukt des wahrgenommenen Risikos eine zentrale Größe zur Erklärung des Nachfragerverhaltens dar (Kroeber-Riel/Weinberg/Gröppel-Klein 2009, S. 435 ff.).

> Das vom Nachfrager *wahrgenommene (Kauf-)Risiko* begründet sich darin, dass ein Nachfrager im Vorfeld einer Transaktion Unsicherheit darüber empfindet, welche Konsequenzen ein Kauf nach sich zieht und ob bzw. in welchem Ausmaß sich diese Konsequenzen für ihn negativ auswirken.

Anhand unterschiedlicher empirischer Studien konnte die Mehrdimensionalität des wahrgenommenen Risikos festgestellt und die Existenz unterschiedlicher *Risikodimensionen* (Risikoinhalte) belegt werden (Kaplan/Szybillo/Jacoby 1974, S. 289 ff.; Peter/Tarpey 1975, S. 29 ff.). Dabei hat sich in der Literatur eine Unterteilung in die fünf zentralen Dimensionen etabliert (Jacoby/Kaplan 1971, S. 384 ff.; Solomon 2004, S. 30; S. 70; Schiffman/Kanuk 2007, S. 197):

- Die **finanzielle Risikodimension** ist auf geldwerte Nachteile bezogen (z. B. Kauf einer aufgrund mangelnder Marktübersicht zu teuer erworbenen Leistung).
- Die **funktionale Risikodimension** betrifft Unsicherheit hinsichtlich der Funktionsfähigkeit bzw. des Ausmaßes an Funktionserfüllung eines Kaufes.
- Die **physische Risikodimension** bezieht sich auf durch den Kauf verursachte körperliche Gefährdungen des Käufers (z. B. Gesundheitsgefährdung).
- Die **psychologische Risikodimension** bezieht sich auf durch den Kauf verursachte psychische Gefährdungen des Käufers. Sie ist insbesondere bei Käufen relevant, bei denen eine hohe persönliche Identifizierung vorliegt und ein „Fehlkauf" zu Eigensanktionen wie bspw. Schuldgefühlen führen kann.
- Die **soziale Risikodimension** ist auf durch den Kauf verursachte Gefährdungen im sozialen Umfeld des Käufers bezogen. Sie ist insbesondere bei solchen Käufen relevant, bei denen die soziale Akzeptanz eine große Bedeutung besitzt und negative Sanktionen seitens des sozialen Umfeldes zu befürchten sind.

Darüber hinaus wird auch noch eine **zeitliche Risikodimension** diskutiert, die auf den zeitlichen Mehraufwand für den Erwerb von Ersatzprodukten bezogen wird (Roselius 1971, S. 58; Schiffman/Kanuk 2007, S. 197). Die Wahrnehmung der einzelnen Risikoinhalte hängt von individuellen und situativen Faktoren ab und unterliegen im Zeitablauf Veränderungen. Neben den personenspezifischen Merkmalen haben Produkt- und Angebotsmerkmale wie der Neuheitsgrad, die technische Komplexität, die Preishöhe oder Unüberschaubarkeit der Angebotssituation einen Einfluss auf die Höhe des wahrgenommenen Risikos.

Im Folgenden wird nicht mehr zwischen Unsicherheit und (wahrgenommenem) Risiko differenziert, da diese Unterscheidung letztendlich nur für die Operationalisierung der Unsicherheit von Bedeutung ist.

6.3.2   Kaufunsicherheit bei Leistungsbündeln

Die folgenden Betrachtungen setzen auf den allgmeinen Darstellungen des vorherigen Kapitels auf und nehmen eine detailliertere Analyse der unterschiedlichen Formen der Unsicherheit (vgl. Abb. 61) vor. Dadurch kann ein tiefergehendes Verständnis der Unsicherheitspositionen des Nachfragers beim Kauf von Leistungsbündeln erreicht werden, das es anschließend erlaubt, auch die unterschiedlichen Unsicherheitsreduktionsstrategien der Nachfrager besser zu verstehen (vgl. Kapitel 6.4).

6.3.2.1   Das Problem der Beurteilbarkeit von Leistungsangeboten

Der Unsicherheit ist im Hinblick auf die Kaufentscheidung vor allem deshalb eine zentrale Bedeutung beizumessen, weil dem Nachfrager die verlässliche *Beurteilung* der Qualität eines Leistungsangebotes zum Kaufzeitpunkt meist nicht möglich ist. Damit stellt sich die Frage, *ob* und *wann* Kaufunsicherheit abgebaut werden kann. Die Frage, *ob* Unsicherheit überhaupt beseitigt werden kann, hängt von der Beobachtbarkeit von Leistungseigenschaften (insbesondere Leistungsmängel) durch den Nachfrager, dem *Beurteilungs-Know-how* eines Nachfragers und den Kosten ab, den dieser zur Informationsbeschaffung in Kauf nehmen möchte bzw. muss. Bezüglich des Zeitpunktes (*wann*) der Beurteilung eines Leistungsangebotes sind insbesondere bei Leistungsbündeln folgende zwei Betrachtungsweisen von Bedeutung:

(1) Differenzierung nach Leistungsversprechen und Austauschgütern
Bei **Leistungsversprechen** liegt primär eine *Ex-post-Unsicherheit* vor, die erst nach Fertigstellung einer Leistung durch Begutachtung des dann erzielten Ergebnisses beseitigt bzw. reduziert werden kann. Der Käufer muss bzw. möchte diese aber bereits zum Zeitpunkt des Kaufabschlusses antizipieren und bei seiner Entscheidung berücksichtigen. Damit steht bei Leistungsversprechen vor allem die *Verhaltensunsicherheit* bezüglich des Anbieters im Vordergrund, womit die bereits vorgetragenen agency-theoretischen Überlegungen besonders zum Tragen kommen. Demgegenüber liegt bei **Austauschgütern** primär *Ex-ante-Unsicherheit* vor, die durch entsprechende Informationsaktivitäten beseitigt bzw. deutlich reduziert werden kann. Bei Austauschgütern steht vor allem die *Merkmalsunsicherheit* im Vordergrund.

(2) Differenzierung nach dem Beurteilungszeitpunkt

Der Beurteilungszeitpunkt von Leistungseigenschaften wird vertiefend von der **Informationsökonomik** (Bössmann 2000, S. 334 ff.; Hopf 1983, S. 313 ff.; Kaas 1995a, Sp. 971 ff.) ins Blickfeld gerückt und dabei insbesondere im Hinblick auf die *Merkmalsunsicherheit* diskutiert. Die Informationsökonomik verwendet dabei den Kaufakt (bzw. Vertragsabschluss) als Ankerpunkt und nimmt eine Differenzierung danach vor, ob die Beobachtung und Beurteilung der Qualität eines Leistungsangebotes

- *vor* Vertragsabschluss möglich ist,
- erst *nach* Vertragsabschluss möglich ist oder
- selbst nach Vertragsabschluss *nicht* möglich ist.

Diese drei Zeitpunkte sind für Kaufentscheidungen insbesondere deshalb von zentraler Bedeutung, weil sie wesentlich die Möglichkeiten eines Nachfragers bestimmen, seine *Kaufunsicherheit* vor allem durch Informationsaktivitäten zu reduzieren. Die Informationsökonomik unterscheidet dabei die Informationssuche, die Erfahrung (Nelson 1970, S. 312 f.) und das Vertrauen (Darby/Karni 1973, S. 68 f.) als mögliche grundlegende *Strategien zur Reduktion von Unsicherheiten* (vgl. auch Kapitel 6.4.2). Entsprechend werden Leistungseigenschaften, die durch Anwendung dieser Strategien beurteilt werden können, als Such-, Erfahrungs- oder Vertrauenseigenschaften bezeichnet.

Während die Informationsökonomik in ihren Anfängen Leistungsangebote in ihrer *Gesamtheit* als Suchgut (bzw. Inspektionsgut), Erfahrungsgut oder Vertrauensgut charakterisiert hat (Nelson 1970, S. 311 ff.; Backhaus 1992, S. 782 ff.), wurden in der weiteren Forschung die Betrachtungen auf einzelne *Leistungseigenschaften* bezogen und dabei nicht nur der Beurteilungszeitpunkt, sondern auch das Beurteilungs-Know-how, die Beurteilungskosten, die Wichtigkeit von Leistungseigenschaften u. a. Faktoren betrachtet (Weiber 1993, S. 59 ff.; Weiber/Adler 1995a, S. 52 ff.; Raff 2000, S. 51 ff.; Schönborn 2005, S. 96 ff.).

Sucheigenschaften (search qualities) sind dadurch charakterisiert, dass sie aus der subjektiven Sicht des Nachfragers durch Inspektion des Leistungsangebotes oder durch eine entsprechende Informationssuche bereits *vor dem Kauf* vollständig beurteilt werden können bzw. ihre Beurteilbarkeit als hoch angesehen wird.

Erfahrungseigenschaften (experience qualities) sind dadurch charakterisiert, dass ihre Beurteilbarkeit aus der subjektiven Sicht des Nachfragers erst *nach dem Kauf* möglich ist bzw. als hoch angesehen wird. Die Beurteilung ist dabei entweder erst nach dem Kauf möglich oder aber sie wird vom Nachfrager bewusst auf Erfahrungen beim Ge- bzw. Verbrauch einer Leistung verlagert.

Vertrauenseigenschaften (credence qualities) sind dadurch charakterisiert, dass sie aus der subjektiven Sicht des Nachfragers *weder vor noch nach dem Kauf* vollständig beurteilt werden können bzw. die Kosten der Beurteilung als prohibitiv hoch angesehen werden.

Abb. 62 zeigt hierzu einen entsprechenden Vorschlag von Raff (2000, S. 53), der als Abgrenzungskriterien das Beurteilungs-Know-how und die Beurteilungskosten heranzieht. Weiterhin wird davon ausgegangen, dass sich ein Leistungsangebot in seiner Gesamtheit *immer* aus Such-, Erfahrungs- und Vertrauenseigenschaften zusammensetzt (Darby/Karni 1973, S. 69), wobei deren Anteile aber variieren können. Die **informationsökonomischen Eigenschaftsategorien** werden damit als komplementär angesehen und ihre Anteile ergänzen sich bei jedem Kauf zu 100 %. Kaufentscheidungen können damit auf einer *Ebene* im dreidimensionalen Raum dargestellt werden, die von Weiber (1993, S. 63) als **Informationsökonomisches Dreieck** bezeichnet wird (vgl. Abb. 69).

		grundsätzliche Beurteilbarkeit der Qualität		
		Ja		**Nein**
		Zeitpunkt der Beurteilbarkeit		
		vor dem Kauf	*nach* dem Kauf	
Höhe der Beurteilungskosten	prohibitiv hoch	**Vertrauens- oder Erfahrungseigenschaft**	**Vertrauenseigenschaft**	**Vertrauens-eigenschaft**
	nicht prohibitiv hoch	**Sucheigenschaft**	**Erfahrungseigenschaft**	

Abb. 62: Abgrenzung der informationsökonomischen Eigenschaftskategorien (Quelle: Raff 2000, S.53)

Mit der Informationsökonomik kann gleichzeitig auch die Brücke zur Forschung im Dienstleistungsmarketing geschlagen werden: So setzt z. B. eine von Zeithaml (1984, S. 186 ff.) vorgeschlagene Differenzierung zwischen Sachgütern und Dienstleistungen auf den *informationsökonomischen Eigenschaftskategorien* auf (vgl. Abb. 63). Sachleistungen werden dabei aufgrund ihrer Dominanz an Sucheigenschaften als vor dem Kauf weitgehend beurteilbar angesehen, während Dienstleistungen als *Leistungsversprechen* verstanden werden, deren (vollständige) Beurteilung durch den Nachfrager aufgrund der Dominanz an Erfahrungseigenschaften erst nach deren Erbringung und bei einer Dominanz von Vertrauenseigenschaften selbst nach dem Kauf und Erstellung nicht möglich ist.

Die Dominanz von Erfahrungs- und Vertrauenseigenschaft führt somit dazu, dass bei Dienstleistungen grundsätzlich eine relativ *hohe Kaufunsicherheit* besteht (Zeithaml 1984, S. 188; Costen/Gössinger 2007, S. 22).

6.3.2.2 Informationsasymmetrien und Unsicherheitspositionen bei Leistungsbündeln

Aufbauend auf den bisherigen Überlegungen werden nun Unsicherheiten in *Austauschbeziehungen* betrachtet, bei denen die sog. *Informationsasymmetrien* eine besondere Rolle spielen, da sich mit ihrer Hilfe die verschiedenen Unsicherheitspositionen beim Kauf von *Leistungsbündeln* im BDM ableiten lassen. Zu diesem

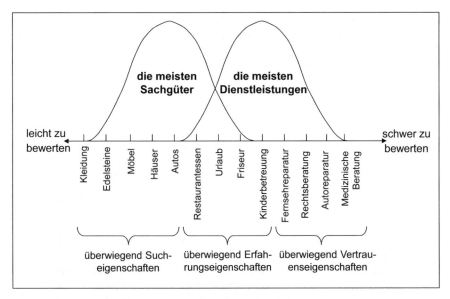

Abb. 63: Differenzierung von Sach- und Dienstleistungen nach Zeithaml
(Quelle: Zeithaml 1984, S. 186)

Zweck seien zunächst nochmals die bisher diskutierten kaufverhaltensrelevanten Merkmale von Leistungsbündel herausgestellt (vgl. auch Kapitel 2.2):

- Leistungsbündel stellen eine *Kombination* aus Austauschgütern *und* Leistungsversprechen dar.
- Die Beurteilung von Leistungsbündeln unterliegt sowohl der *Merkmals-* als auch der *Verhaltensunsicherheit.*
- Bei der Beurteilung von Leistungsbündeln bestehen sowohl *Ex-ante-* als auch *Ex-post-Unsicherheiten.*

Bisher wurde die Unsicherheit vor allem aus dem Tatbestand der *beschränkten Rationalität* erklärt und auf die Beurteilung von Leistungsangeboten bezogen. Wird nun die Kaufentscheidung und damit die *Austauschbeziehung* ins Blickfeld gerückt, so erfährt die Unsicherheitsproblematik dadurch eine Verschärfung, dass Informationen nicht nur unvollständig sind, sondern zwischen zwei Transaktionspartnern meist auch *ungleich verteilt* sind, was auch als *Informationsasymmetrie* bezeichnet wird (Arrow 1985, S. 37ff.; Spremann 1990, S. 564ff.; Kleinaltenkamp 1992, S. 812ff.; Weiber/Adler 1995a, S. 550ff.; Adler 1996, S. 62ff.;), und zudem *nicht kostenlos* beschafft werden können.

Informationsasymmetrie liegt allgemein dann vor, wenn zwei Akteure über unterschiedliche Informationsstände verfügen und einer der beiden Akteure über einen Informationsvorsprung verfügt, d. h. besser informiert ist.

Dabei wird bezüglich der Beurteilung von Leistungsangeboten i. d. R. unterstellt, dass die *Anbieterseite* über die Leistungsqualität grundsätzlich besser informiert ist als die Nachfragerseite, sodass bei Kaufentscheidungen eine Informations-asymmetrie zu Gunsten der Anbieter besteht. Bei Leistungsbündeln, die insbeson-dere auch durch eine *integrative Leistungserstellung* gekennzeichnet sind, kann diese Annahme jedoch nicht uneingeschränkt aufrecht erhalten werden, da der Kunde als externer Faktor bei der Leistungserstellung mitwirkt und über seine eigenen Anforderungen, Fähigkeiten, Anstrengungsbereitschaft usw. besser infor-miert ist als der Anbieter. Bei integrativ erstellten Leistungsbündeln ist deshalb von *wechselseitigen Informationsasymmetrien* auszugehen.

Um eine differenziertere Sicht der Unsicherheitspositionen beim Kauf von Leis-tungsbündeln zu erhalten, werden im Folgenden zwei Aspekte betrachtet, welche die Unsicherheitspositionen eines Nachfragers besonders beeinflussen:

1. Entsprechend der informationsökonomischen Sichtweise wird bezüglich der **Beurteilbarkeit der Leistungseigenschaften** eines Leistungsbündels danach unterschieden, ob diese bereits vor oder erst nach dem Vertragsabschluss (Kauf) beurteilbar sind oder aber selbst nach dem Kauf bzw. der Erfüllung eines Leistungsversprechens *nicht* beurteilbar sind.
2. Entsprechend der agency-theoretischen Sichtweise wird die **Veränderbarkeit von Leistungseigenschaften** eines Leistungsbündels nach Vertragsabschluss (Kauf) betrachtet und danach differenziert, ob zum Kaufzeitpunkt das *Anbieterverhal-ten determiniert* ist oder nicht, d. h. ob der Anbieter *nach* dem Vertragsabschluss die Leistungserstellung und damit das Leistungsergebnis noch beeinflussen kann oder nicht (Spremann 1990, S. 565 f.; Woratscheck 1992, S. 100).

Durch den ersten Aspekt kann der Tatsache Rechnung getragen werden, dass Leistungsbündel eine Kombination aus Austauschgütern und Leistungsverspre-chen darstellen. Demgegenüber ist der zweite Aspekt besonders zur Bestimmung der Unsicherheitspositionen bei *Leistungsbündeln* wichtig, weil diese zum Zeit-punkt der Kaufentscheidung nicht vollständig existent sind und somit die *Verhal-tensunsicherheit* in den Vordergrund tritt. Werden beide Aspekte kombiniert, so lassen sich verschiedene Typen von **Informationsasymmetrien** bei der Kaufent-scheidung von Leistungsbündeln ableiten. Diese sind in Abb. 64 dargestellt und münden im Ergebnis in bestimmten **Unsicherheitspositionen** des Nachfragers zum Zeitpunkt der Kaufentscheidung.

Im Folgenden werden die verschiedenen Arten von Informationsasymmetrien sowie die sich daraus ergebenden Unsicherheitspositionen im Einzelnen beschrie-ben:

**(1) Ex-ante Informationsasymmetrien und Unsicherheitsposition:
„Qualitätsunsicherheit"**
Leistungseigenschaften die vor dem Kauf bereits feststehen (open qualities) sowie gegebene bzw. nicht kurzfristig veränderbare Charakteristika eines Anbieters (open characteristics), wie z. B. Kompetenzen oder bestimmte Ressourcen, kön-nen grundsätzlich durch entsprechende Informationssuche und bei unterstelltem ausreichendem Beurteilungs-Know-how des Nachfragers von diesem zum Kauf-zeitpunkt beurteilt werden. Es liegen somit *Sucheigenschaften* vor. Eine Unsicher-heit ergibt sich bei Sucheigenschaften nur dann, wenn aufgrund unzureichender

Eigenschafts-charakter	Anbieter-verhalten ist ...	Beurteilung von Leistungseigenschaften ist ...		
		vor Vertrags-abschluss möglich	**nach** Vertrags-abschluss möglich	**nach** Vertragsab-schluss **nicht** möglich
		(ex-ante) *Informationsasymmetrien* *(ex-post)*		
Austauschgut (Merkmals-unsicherheit)	**vor** Vertrags-abschluss *determiniert*	open qualities	hidden qualities	*(nicht relevant)*
Leistungs-versprechen (Verhaltens-unsicherheit)	**vor** Vertrags-abschluss *determiniert*	open characteristics	hidden characteristics	*(nicht relevant)*
	nach Vertrags-abschluss *nicht determiniert*	*(nicht möglich)*	hidden Intention	hidden action
Eigenschaften eines Leistungs-bündels _zum_ Vertragsabschluss		**Such-eigenschaften**	**Erfahrungs-eigenschaften**	**Vertrauens-eigenschaften**
Unsicherheitspositionen bzgl. der Eigenschaften eines Leistungsbündels		**Qualitäts-Unsicherheit**	**Hold up**	**Moral Hazard**

Abb. 64: Typen asymmetrischer Information bei Leistungsbündeln
(In Anlehnung an: Weiber/Adler 1995a, S. 56; Adler 1996, S. 64)

Suchaktivitäten oder zu hoher Beurteilungskosten Qualitätsmängel vom Nachfrager vor dem Kauf nicht festgestellt werden. Wir sprechen in diesem Fall von der Unsicherheitsposition der „**Qualitätsunsicherheit**" (Stigler 1961, S. 224; Spremann 1990, S. 564 ff.).

Anders als bei Qualitätsunsicherheit gestaltet sich die Sachlage, wenn eine Beurteilbarkeit durch den Nachfrager erst *nach* dem Kauf möglich ist oder selbst dann *nicht* möglich ist: In diesen Fällen begründet sich die Unsicherheitsproblematik darin, dass Informationsasymmetrien zugunsten des Anbieters für den Nachfrager die Gefahr bergen, dass sich der Anbieter unter Ausnutzung seines Informationsvorsprungs *opportunistisch* verhält. Es lassen sich in Anlehnung an Spremann (1990, S. 564 ff.) zwei weitere Unsicherheitspositionen unterscheiden (Hold up und Moral Hazard) und für Leistungsbündel wie folgt begründen:

(2) Ex-post Informationsasymmetrien und Unsicherheitsposition: „Hold up"
Betrachten wir zunächst den Fall, dass ein Nachfrager Leistungeigenschaften *nach* dem Kaufabschluss beurteilen kann. Bei Leistungseigenschaften mit Austauschgut-Charakter (hidden qualities) ist das immer dann gegeben, wenn die Beurteilung der Qualität erst beim Einsatz im Nutzungsprozess eines Nachfragers erfolgen kann. Als typisches Beispiel können hier *Integralqualitäten* eines Leistungsangebotes angeführt werden. Im Hinblick auf die *Verhaltensunsicherheit* ist zwischen hidden characteristics und hidden intention zu unterscheiden. Während sich hidden characteristics (Kompetenzunsicherheit) auf (zumindest mittelfristig)

unveränderbare Merkmale eines Anbieters (z. B. Kreativität, Know-how) beziehen, sind hidden intention (Motivunsicherheit) auf Aktivitäten im Leistungserstellungsprozess bezogen, deren Qualität ein Anbieter nach Vertragsabschluss noch beeinflussen kann (z. B. Entgegenkommen, Fainess, Kulanz). Aus Nachfragersicht liegen hier *Erfahrungseigenschaften* vor, da zwar zum Kaufzeitpunkt Unsicherheit bezüglich dieser Eigenschaften besteht, deren Qualität der Nachfrager aber durch Monitoring und Kontrolle spätestens mit Vorliegenden des Leistungsergebnisses beurteilen kann. In diesen Fällen wird die **Unsicherheitsposition** auch als **„Hold up"** bezeichnet, da dem Kunden ex post die unzureichenden Anstrengungen des Anbieters gleichsam ‚überfallartig' bewusst werden können (Goldberg 1976, S. 439 ff.). Auch hier wird unterstellt, dass der Nachfrager über ein hinreichendes Beurteilungs-Know-how verfügt.

(3) Ex-post Informationsasymmetrien und Unsicherheitsposition: „Moral Hazard"
Liegt hingegen der Fall vor, dass ein Nachfrager Leistungseigenschaften auch *nach* dem Kaufabschluss nicht beurteilen kann, liegen Vertrauenseigenschaften vor und es kommt zur **Unsicherheitsposition des „Moral Hazard"** (Arrow 1985, S. 37 ff.). Moral hazard ergibt sich bei hidden action (Handlungsunsicherheit), d. h. ein Leistungsversprechen wird vom Anbieter in nur unzureichender Qualität erfüllt, wobei der Kunde aber *nicht* zwischen den Umweltrisiken als Ursache und z. B. unzureichenden Anstrengungen, Fleiß oder Sorgfalt eines Anbieters unterscheiden kann. Der Nachfrager ist damit gezwungen, auf die Qualität in der Ausführung der Anbieteraktivitäten zu vertrauen.

6.4 Nachfragerseitige Strategien der Unsicherheitsreduktion

Unsicherheit resultiert stets aus einem empfundenen Mangel an Informationen. Die Ausführungen im vorangegangenen Abschnitt haben gezeigt, dass für die Kaufentscheidung neben Preisinformationen vor allem *Qualitätsinformationen* als unterstützende Größen der Kaufentscheidung von zentraler Bedeutung sind. Im Folgenden konzentrieren sich die Betrachtungen deshalb vor allem auf die Beschaffung von Informationen zur Reduktion von Kaufunsicherheit. **Informationsaktivitäten** besitzen dabei nicht nur auf der Ebene der Einzeltransaktionen eine herausragende Bedeutung für zufriedenstellende Kaufentscheidungen, sondern sind auch für die Funktionsfähigkeit von Märkten insgesamt zentral. Wird nämlich unterstellt, dass *keinerlei* Informationsaktivitäten auf einem Markt erfolgen, so hat bereits Akerlof (1970, S. 489 ff.) gezeigt, dass die Gefahr von Marktversagen (*Adverse Selection*) besteht, bei dem gute durch schlechte Produktqualitäten vom Markt verdrängt werden.

Beispiel: „Adverse Selection nach Akerlof"

Ein Gebrauchtwagenmarkt weist heterogene Güterqualitäten und asymmetrisch verteilte Informationen zwischen Anbieter und Nachfrager auf. Dabei sei angenommen, dass die Anbieter über die Qualität ihrer Angebote *vollständig* informiert sind, während die Nachfrager individuelle Angebotsqualitäten nicht beobachten können, sondern nur die auf einem Markt gehandelte *Durchschnittsqualität*. Entsprechend sind sie auch nur bereit, einen der Durchschnittsqualität entsprechenden Preis zu zahlen. Bei einem solchen Nachfragerverhalten ist davon auszugehen, dass die Anbieter mit überdurchschnittlichen Qualitäten den Markt verlassen werden. Dadurch sinkt nicht nur die am Markt verfügbare Durchschnittsqualität, sondern auch der erzielbare Durchschnittspreis. Es kommt zu einer Abwärtsspirale und langfristig werden an diesem Markt nur noch die schlechtesten Qualitäten zum niedrigsten Preis gehandelt. Die Folge ist *Marktversagen*, und der Markt wird langfristig zusammenbrechen.

(In Anlehnung an: Akerlof 1970, S. 489 ff.)

Aufgrund der zentralen Bedeutung von Informationsaktivitäten wird im Folgenden zunächst der Kaufentscheidungsprozess aus einer die Informationsbeschaffung fokussierenden Perspektive betrachtet und darauf aufbauend die für die Kaufentscheidung relevanten Unsicherheitsreduktionsstrategien der Nachfrager analysiert.

6.4.1 Der Kaufentscheidungsprozess aus informationsökonomischer Sicht

Zur Reduktion von Kaufunsicherheit können Nachfrager unterschiedliche Strategien anwenden, wobei sich aus informationsökonomischer Sicht drei zentrale **Unsicherheitsreduktionsstrategien** identifizieren lassen.

*   Durchführung von Informationsaktivitäten (Informationssuche und Informationssubstitution),
*   Beurteilungsverlagerung auf Erfahrung,
*   Variation des akzeptierten Unsicherheitsniveaus.

Werden die Unsicherheitsreduktionsstrategien fokussiert, so kann der Kaufentscheidungsprozess, wie in Abb. 65 dargestellt, abgebildet werden (Weiber/Adler 1995c, S. 62 ff.; Adler 1998, S. 341 ff.; Schönborn 2005, S. 168 ff.). Danach versucht ein Nachfrager durch die Anwendung der Unsicherheitsreduktionsstrategien eine anfänglich (als zu hoch) wahrgenommene *Initial-Unsicherheit* (IU) auf ein von ihm als *akzeptabel* erachtetes Niveau (AU) zu reduzieren. Ist dies gelungen, so wird er auf diesem Unsicherheitsniveau eine Handlungsentscheidung (Kauf, Nicht-Kauf oder Verschiebung) treffen. Dabei ist zu beachten, dass es zum einen durch Informationen, die der Nachfrager während des Kaufprozesses sammelt, zu einer Korrektur des akzeptierten Anspruchsniveaus kommen kann

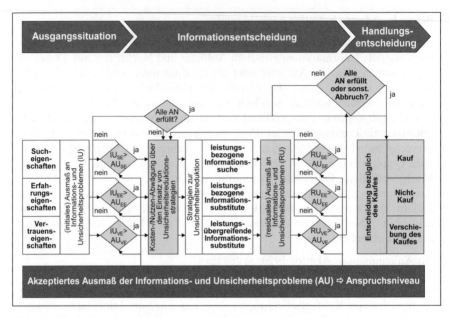

Abb. 65: Kaufprozess aus informationsökonomischer Sicht
(Quelle: Weiber/Adler 1995c, S. 65; Adler 1998, S. 345)

und der Nachfrager bereit ist, z. B. bei einem höheren Unsicherheitsniveau zu kaufen. Zum anderen kann sich der Nachfrager aber auch dazu entschließen, seine Unsicherheit durch „Ausprobieren" von Produkten und damit durch Verlagerung auf „Erfahrung" zu reduzieren (Nelson 1970, S. 312; Billen 2003, S. 118 ff.).

Informationsaktivitäten können somit dazu führen, dass der Nachfrager eine **Anpassung des akzeptierten Unsicherheitsniveaus** vornimmt, womit das Unsicherheitsniveau letztendlich eine *dynamischen Größe* darstellt (Simon 1959, S. 262 ff.). Die Theorie des wahrgenommenen Risikos bezeichnet das subjektiv akzeptierte Unsicherheitsniveau als *Handled risk*. Bereits Bettman (1973, S. 184 ff.) hat darauf hingewiesen, dass jeder „Produktklasse" ein bestimmtes Kaufrisiko inhärent ist (sog. ‚Inherent risk'), das durch entsprechende Reduktionsstrategien auf ein vom Nachfrager *subjektiv akzeptiertes Niveau* reduziert werden muss, damit eine Kaufentscheidung erfolgt. Es wird unterstellt, dass der Nachfrager im Ausgangspunkt der Kaufentscheidung über die höchste Risikowahrnehmung verfügt, die meist einen Kauf zu diesem Zeitpunkt verhindert. Erst durch gezielte Informationsaktivitäten kann das Risiko auf ein vom Nachfrager *akzeptiertes Risikoniveau* reduziert werden, bei dem dann auch eine Kaufentscheidung getroffen wird.

Dabei ist zu beachten, dass insbesondere durch Informationssuche nicht nur eine Risikoreduktion, sondern auch ein **Risikoerkennungseffekt** eintreten kann, der insbesondere dadurch bedingt ist, dass dem Entscheider bislang nicht wahrgenommene Risiken durch die Informationssuche bewusst werden (Pohl 1996,

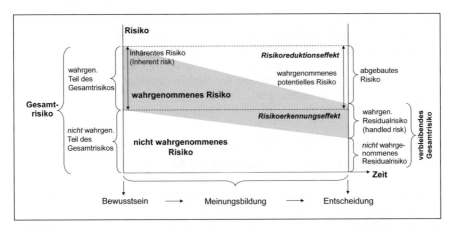

Abb. 66: Entwicklung des wahrgenommenen Risikos im Entscheidungsprozess
(Quelle: Pohl 1996, S. 149)

S. 148 ff.). Vor allem bei komplexen Absatzobjekten ist von einem starken Risiko-erkennungseffekt auszugehen, sodass das beim Kauf verbleibende Handled risk sogar das im Startpunkt wahrgenommene Inherent risk übersteigen kann. Die Höhe des akzeptierten Unsicherheitsniveaus wird neben der Kosten der Informationssuche auch durch die *Beurteilbarkeit* von Leistungseigenschaften *vor* dem Kauf bestimmt. So kann bei Sucheigenschaften ein bestimmtes Sicherheitsniveau deutlich leichter erreicht werden als bei Erfahrungs- und Vertrauenseigenschaften. Ein Nachfrager dürfte deshalb bei Erfahrungs- und Vertrauenseigenschaften tendenziell ein höheres Unsicherheitsniveau tolerieren als bei Sucheigenschaften (Schönborn 2005, S. 136). Weiterhin dürften die Informationsaktivitäten eines Nachfragers umso intensiver ausfallen, je geringer das von ihm akzeptierte Unsicherheitsniveau ist.

Die informationsökonomische Sicht des Kaufprozesses ist für das BDM auf die kollektive Kaufentscheidung zu übertragen: Dabei kann unterstellt werden, dass das **Buying Center** einen „gemeinsamen Informationspool" aufbaut, der die Summe der von den Buying Center-Mitgliedern zusammengetragenen Informationen umfasst und die kollektive Initial-Unsicherheit widerspiegelt. Im Rahmen des kollektiven Kaufentscheidungsprozesses versucht das Buying Center dann, „die Transformation von Vertrauens- bzw. Erfahrungeigenschaften bei der Beschaffung eines Leisungsbündels in Sucheigenschaften zu erreichen" (Lampach 2007, S. 50). Sowohl für die einzelnen Mitglieder im Buying Center als auch für das Buying Center insgesamt besitzen die eingangs genannten drei zentralen Unsicherheits-Reduktionsstrategien Gültigkeit. Alle drei Strategien stellen Aktivitäten des Nachfragers dar, die dieser zur Reduktion seiner Unsicherheiten ergreifen kann. Außer der Variation des Unsicherheitsniveaus sind die übrigen Strategien aber auch geeignet, die Leistungsqualität von Angeboten festzustellen und im Idealfall – bei hinreichenden Informationsaktivitäten (**sog. Screening**) – eine Entscheidung nahezu unter Sicherheit treffen zu können. Darüber hinaus kann aber auch ein Anbieter versuchen, dem Nachfrager gezielt solche Informationen bereitzustellen (**sog. Signaling**), die auf der Nachfragerseite zu einer Verbesserung des Informationsniveaus führen und damit zu einer Reduktion der Kaufunsicherheit beitragen können. Im Folgenden werden Screening- und Signaling-Aktivitäten der Marktparteien zur Reduktion der nachfragerseitigen Unsicherheit einer genaueren Betrachtung unterzogen.

6.4.2 Unsicherheitsreduktion durch nachfragerseitiges Screening

Sowohl die Forschungen im Rahmen der Neuen Institutionenökonomik – und hier besonders der Informationsökonomik – als auch die Forschung zum wahrgenommenen Risiko stellen *Informationsaktivitäten* als eine der zentralen Strategien der Nachfrager zur Reduktion von Unsicherheit bzw. des wahrgenommenen Risikos heraus. In der Informationsökonomik werden die Bestrebungen der *schlechter* informierten Marktseite, durch gezielte Informationsaktivitäten eine Unsicherheitsreduktion herbeizuführen, als Screening (Stiglitz 1975, S. 28 ff.; Kaas 1991, S. 357 ff.) bezeichnet.

> *Screening* bezeichnet die zielgerichtete Informationsbeschaffung der schlechter informierten Marktseite zur Reduktion der Unsicherheit.

Weiterhin postuliert die Forschung zum wahrgenommenen Risiko durch die sog. *risikotheoretische Hypothese*, dass durch Informationsaktivitäten das wahrgenommene Risiko maßgeblich reduziert und eine Kaufentscheidung gefördert werden kann. In Anlehnung an Kupsch/Hufschmied (1979 S. 236) können dabei zwei grundsätzliche Strategietypen unterschieden werden, die „Spielarten" des (informationsökonomischen) Screening darstellen:

• Informationssuche und
• Informationssubstitution.

Der Einsatz dieser Strategien erfolgt dabei auf Basis einer subjektiven Opfer-Nutzen-Abwägung, indem die Kosten des Einsatzes bestimmter Strategien mit dem Nutzen der erwarteten Unsicherheitsreduktion verglichen werden (Stigler 1961, S. 213 ff.). Bei intendiert rationalem Verhalten ist davon auszugehen, dass der Nachfrager diejenige Strategie wählt, die aus seiner subjektiven Sicht den höchsten bzw. einen als befriedigend anzusehenden Nettonutzen erbringt oder die Unsicherheit auf ein subjektiv gesetztes *Anspruchsniveau* (akzeptierte Unsicherheit) reduzieren kann.

(1) Informationssuche:
Bei der Unsicherheitsreduktion durch Informationssuche nimmt der Nachfrager für die mit Unsicherheit behafteten Leistungseigenschaften eine *aktive* Suche nach Informationen bei externen Quellen vor. Mit der Informationssuche wird eine direkte Beurteilung von Leistungseigenschaften angestrebt. Informationen,

die einem direkten Bezug zu Leistungseigenschaften aufweisen, werden auch als *direkte Leistungsinformationen* bezeichnet. Voraussetzung dabei ist, dass die Leistungseigenschaften *vor* dem Kauf bzw. dem Vertragsabschluss auch existent sind, womit die Informationssuche nur bei *Sucheigenschaften* angewendet werden kann.

(2) Informationssubstitution:
Bei der Informationssubstitution werden direkte Leistungsinformationen durch *indirekte Leistungsinformationen* ersetzt (substituiert) (Kupsch/Hufschmied 1979, S. 237).

> *Informationssubstitute* stellen Indikatoren (cues) dar, die zwar keine direkte Information über eine Leistungseigenschaft beinhalten, aber einen Rückschluss auf die Qualität einer Leistungseigenschaft erlauben.

Die herausragende Bedeutung von Informationssubstituten zur Reduktion von Nachfrager-Unsicherheit wird sowohl in der verhaltenswissenschaftlichen Literatur und hier speziell im Rahmen der Theorien zum wahrgenommenen Risiko (Mitchell 1994; Slovic 2000) sowie der Theorie der Qualitätswahrnehmung (Tolle 1994, S. 926 ff., Cox 1967, S. 324 ff.,) als auch in der ökonomischen Literatur und hier besonders im Rahmen der informationsökonomischen Signaling-Theorie untersucht (Riley 2001, S. 432 ff.; Rao/Monroe 1989, S. 351 ff.). Der Rückgriff auf Informationssubstitute erfolgt vor allem dann, wenn

*   Leistungseigenschaften oder ganze Leistungsangebote vor dem Kauf noch nicht existent sind (Leistungsversprechen),
*   die Qualität einer Leistungseigenschaft nicht oder nur schwer beurteilbar ist,
*   der Nachfrager nach einer ‚Informationsentlastung' sucht (sog. Information Chunking).

Informationssubstitute werden häufig auch als *Surrogatinformationen* bezeichnet, da sie ein ‚Ersatz' für direkte Leistungsinformationen darstellen. Damit sie eine unsicherheitsreduzierende Funktion ausüben können, müssen sie allerdings auch bereits vor dem Kauf beobachtbar sein. Insofern werden auch bei Informationssubstituten Informationen gesucht, sodass sie letztendlich nur eine besondere Form der Informationssuche darstellen (Billen 2003, S. 54 ff.). Weiterhin wird vorausgesetzt, dass Informationssubstitute vom *Anbieter* ausgesendet werden, weshalb sie im Rahmen der Informationsökonomik dem *anbieterseitigen Signaling* zugerechnet werden (vgl. Abb. 68). Informationssubstitute, die vom Anbieter in Form von *Leistungssignalen* ausgesendet werden, sind in der Lage, die Unsicherheit bei allen drei informationsökonomischen Eigenschaftskategorien (Such-, Erfahrungs- und Vertrauenseigenschaften) zu reduzieren. Voraussetzung dabei ist, dass der Nachfrager einen Bezug zwischen dem Signal (Indikator) und einer Leistungseigenschaft wahrnimmt bzw. herstellen kann (Weiber/Adler 1995c, S. 70 ff.), Abb. 67 zeigt das Wirkungspotenzial von Screening- und Signaling-Aktivitäten zur Unsicherheitsreduktion im Überblick. Auch bei *Sucheigenschaften*, zu denen prinzipiell direkte Leistungsinformationen verfügbar sind, ist den Informationssubstituten eine herausragende Bedeutung zur Verringerung der Unsicherheit beizumessen.

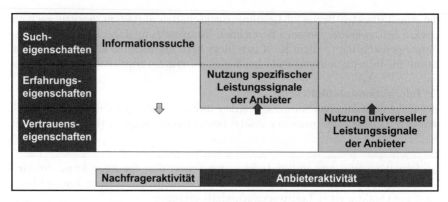

Abb. 67: Wirkungspotenzial von Unsicherheitsreduktionsstrategien

Als Gründe hierfür können insbesondere die begrenzte kognitive Verarbeitungs-kapazität der Nachfrager sowie Kosten-Nutzen-Abwägungen bei der Informati-onssuche und das ‚Streben nach Entlastung' genannt werden. Besonders hervor-zuheben ist dabei das *Information Chunking*. Chunk Information sind als ‚hochwertig' angesehene Anbietersignale, die vom Nachfrager als Substitut für mehrere Einzelinformationen verwendet werden (Miller 1956 S. 93; Jacoby 1976, S. 19; Raffée et al. 1976, S. 96).

Chunk Information (Schlüsselinformationen) sind relativ einfach feststellbare Informationen, die als ‚höherwertig' interpretiert werden, da durch sie mehrere andere Informationen substituiert oder gebündelt werden können.

Die Theorie des wahrgenommenen Risikos sieht z. B. Preis, Markenname, Anbieter-Reputation oder die Einkaufsstättentreue als solche Chunk Information angesehen.

6.4.3 Unsicherheitsreduktion durch anbieterseitiges Signaling

In der Informationsökonomik werden die Bestrebungen der *besser* informierten Marktseite, durch gezielte Übertragung von Informationen bei dem schlechter informierten Marktpartner eine Unsicherheitsreduktion herbeizuführen, als Signa-ling bezeichnet (Spence 1973, S. 355 ff.; Spence 1974, S. 5 ff.; Kaas 1991, S. 357 ff.).

Signaling bezeichnet das zielgerichtete Aussenden von Signalen durch die bes-ser informierte Markseite, um den Informationsstand der schlechter informier-ten Marktseite zu erhöhen.

Allgemein kann davon ausgegangen werden, dass ein Anbieter über seine Leistungs-fähigkeit, seinen Leistungswillen, die Angebotsqualität usw. besser informiert ist als der Nachfrager, sodass im Hinblick auf die Kaufentscheidung das Signaling durch die Anbieterseite erfolgt. In Bezug auf den Spezifitätsgrad von Signalen bezüglich konkreter Leistungseigenschaften können diese wie folgt unterteilt werden:

- Spezifische Leistungssignale beziehen sich direkt auf konkrete Leistungseigenschaften eines Angebots.
- Universelle Leistungssignale beziehen sich nicht auf konkrete Leistungseigenschaften, sondern fokussieren das komplette Leistungsangebot oder das Anbieter-Unternehmen in seiner Gesamtheit.

Für den Nachfrager sind **spezifische Leistungssignale** geeignet, die Unsicherheit bei Such- und bei Erfahrungseigenschaften zu reduzieren. Demgegenüber sind universelle Leistungssignale (Informationssubstitute) in der Lage, eine Unsicherheitsreduktion bei *allen* drei informationsökonomischen Eigenschaftskategorien vorzunehmen (vgl. Abb. 67), da sie die Leistungsfähigkeit oder auch die Vertrauenswürdigkeit eines Anbieters insgesamt fokussieren. Insbesondere Signale zu Erfahrungs- und Vertrauenseigenschaften haben dabei für die Kaufentscheidung eine besondere Bedeutung, da diese Eigenschaften erst *nach* dem Kauf bzw. überhaupt nicht durch den Nachfrager beurteilt werden können.

Content^PLUS

2 Der Informationswert von Signalen für die Nachfragerseite

Die Bedingungen, die erfüllt sein müssen, damit Signale für den Nachfrager einen Informationswert besitzen, werden in diesem Content^Plus-Kapitel dargestellt.

Universelle Leistungssignale können hingegen vom Nachfrager *vor* dem Kauf gesucht und zur Beurteilung herangezogen werden. Aufgrund ihrer leichteren Beurteilbarkeit ist ihnen auch zur Beurteilung von *Sucheigenschaften* eine große Bedeutung beizumessen ist, da sie in diesem Fall dem Nachfrager vor allem dem **Information Chunking** dienen.

	spezifische Leistungssignale	*universelle* Leistungssignale
ohne Geiselstellung	• Produkt-/Teilpreise • produktspezifische Werbung • Berichte zu Funktionstests • ...	• Unternehmenskommunikation • Serviceorganisation • Vertriebssystem • Bekanntheit • Preisimage • ...
mit Geiselstellung	• Garantien • Versicherungen • Produktimages • ...	• Reputation • Dachmarken • Unternehmensimage • ...

Abb. 68: Systematisierung ausgewählter Leistungssignale

Bei Signalen, die Informationen zu Erfahrungs- und Vertrauenseigenschaften bzw. allgemein zum Leistungsversprechen liefern, ist es von besonderer Bedeutung, dass sie dem Nachfrager bereits *vor* dem Kauf *glaubhaft* machen können, dass ein Anbieter seinen Handlungsspielraum nicht opportunistisch ausnutzen wird. Das kann dadurch erreicht werden, dass der Anbieter eine **Selbstbindung** eingeht. Dabei kann unterschieden werden zwischen:

* Signale ohne Geiselstellung (Pfandstellung) und
* Signale mit Geiselstellung (Pfandstellung).

Selbstbindung eines Anbieters liegt vor, wenn der Anbieter gegenüber dem Nachfrager eine bestimmte Verhaltensweise verspricht und sich selbst an diese Versprechung glaubhaft bindet. Dabei kann zwischen Selbstbindungen mit und ohne Geiselstellung (Pfandstellung) differenziert werden.

Selbstbindungen ohne Geiselstellung sind dadurch gekennzeichnet, dass der Anbieter dem Nachfrager *kein Pfand* zur Verfügung stellt, das dieser im Fall opportunistischer Handlungen des Anbieters bei diesem direkt einlösen könnte. Besondere Bedeutung für die Selbstbindungen ohne Geiselstellung besitzen spezifische Investitionen des Anbieters, wobei hier zwei Arten von spezifischen Investitionen (vgl. auch Kapitel 4.2.3.3) unterschieden werden:

* **Indirekte spezifische Investitionen** sind nicht auf einen bestimmten Nachfrager, sondern auf den Markt bezogen. Beispiele hierfür sind etwa Investitionen in Werbebudgets, in die Errichtung von Niederlassungen, den Aufbau eines Kundendienstes oder in die Vertriebsorganisation. Sie können auch als (spezifische) *Marktinvestitionen* bezeichnet werden, da sie i. d. R. für eine langfristig erfolgreiche Marktpräsenz des Anbieters erforderlich sind.
* **Direkte spezifische Investitionen** werden gezielt im Hinblick auf einen *bestimmten* Nachfrager getätigt, weshalb sie auch als (spezifische) *Kundeninvestitionen* bezeichnet werden können. Beispiele hierfür sind etwa Investitionen in den Aufbau von Kontakten zu einem bestimmten Kunden, spezielle Leistungsanpassungen für einen Kunden oder die Inkaufnahme von Verlusten beim Aufbau von Geschäftsbeziehungen.

Damit die Glaubwürdigkeit von Versprechungen eines Anbieters durch spezifische Investitionen erreicht werden kann, ist es erforderlich, dass die spezifischen Investitionen in einem Zusammenhang mit den Versprechungen stehen und bereits *vor* Abgabe des Versprechens getätigt wurden. Nur so erreichen sie einen entsprechenden Vorhersagewert für den Nachfrager. Auf spezifischen Investitionen beruhende Versprechungen werden in Anlehnung an Spence (1973, S. 355 ff.) auch als *„exogenous costly signals"* bezeichnet. Bei vollständiger Spezifität der getätigten Investitionen können diese in keiner anderweitigen Nachfrager-Beziehung mehr Verwendung finden und stellen von daher für den Anbieter *sunk costs* dar. Es wäre deshalb für den Anbieter ‚unsinnig', seine Versprechungen nicht zu halten. Die Glaubwürdigkeit des Anbieters basiert damit darauf, dass derjenige Anbieter, der spezifische Investitionen tätigt, auch plant, langfristig am Markt bzw. in der betreffenden Geschäftsbeziehung zu agieren. Eine solche Absicht lässt dann opportunistische Handlungen (z. B. Nichteinhaltung von Versprechen) unwahrscheinlich werden.

Bei einer **Selbstbindung mit Geiselstellung** stellt der Anbieter dem Nachfrager ein *Pfand* zur Verfügung, das dieser einlösen kann, wenn der Anbieter seine Versprechungen nicht einhält (Schelling 1970, S. 43). Damit die Geisel auch wirksam Unsicherheiten auf der Nachfragerseite reduzieren kann, muss der Wert der Geisel zumindest die Vorteile aufwiegen, die der Anbieter durch opportunistische Handlungen erzielen könnte. Dabei kann zwischen Selbstbindungen mit *direkter und indirekter Geiselstellung* unterschieden werden:

- Bei **Selbstbindungen mit direkter Geiselstellung** erfolgt die Übergabe eines Pfands *direkt* an den Nachfrager. Typisches Beispiel hierfür sind *Garantien*, bei denen dem Nachfrager der Schaden ersetzt wird, der ihm durch opportunistische Handlung entstanden ist (Grossman 1981, S. 461 ff.; Spremann 1988, S. 620 f.).
- Bei der **Selbstbindung mit indirekter Geiselstellung** liegt das „Pfand" des Nachfragers darin, dass der Anbieter bei opportunistischem Verhalten einen Verlust an ‚Marktprämie' befürchten muss. Typisches Beispiel hierfür sind Reputations- oder Imageverluste.

Signale mit direkter Geiselstellung können zur Reduktion aller Formen der Nachfrager-Unsicherheit (Qualitätsunsicherheit, Hold up und Moral Hazard) herangezogen werden. Allerdings ist bei Vorliegen von Moral Hazard zu beachten, dass in diesem Fall nur risikofreudige Anbieter z. B. Garantien abgeben werden, da der Schadensfall nicht nur durch *opportunistisches Verhalten*, sondern auch durch Umwelteinflüsse eintreten kann (Spremann 1988, S. 621) und Umweltrisiken bei Garantien auf den Anbieter übertragen werden. Bei der Selbstbindung mit *indirekter* Geiselstellung ist dem sog. **Reputationsmechanismus** eine herausragende Bedeutung beizumessen. Reputation wird dabei aus einer institutionenökonomischen Sicht in Anlehnung an Spremann (1988, S. 620) wie folgt verstanden:

Reputation spiegelt das Ansehen oder den guten Ruf einer Marktpartei wider und entsteht aufgrund der Interaktion zwischen den Marktteilnehmern. Sie basiert auf der von einem Akteur in der Vergangenheit am Markt gezeigten Sorgfalt und Berechenbarkeit seiner Aktivitäten.

In der Reputation schlagen sich die Erfahrungen Dritter mit einem Akteur nieder, wodurch sie „gewissermaßen die öffentliche Information über die bisherige Vertrauenswürdigkeit eines Akteurs" (Picot/Reichwald/Wigand 2001, S. 126) darstellt. Sie begründet sich auf einem konsistenten Anbieter-Verhalten in der Vergangenheit, das es den Nachfragern ermöglicht, auch in der Zukunft von einem solchen Verhalten auszugehen. Weizsäcker (1984, S. 1086) spricht deshalb im Zusammenhang mit Reputation auch von einem *Extrapolationsprinzip*: In der Extrapolation findet eine Umwandlung von Erfahrungen in Erwartungen über zukünftige Verhaltensweisen statt. Die Nachfrager können diese Extrapolation des vergangenen Verhaltens vollziehen, da diejenigen Anbieter, die bisher ein konsistentes Verhalten in der Erfüllung der Ansprüche gezeigt haben, einen Anreiz besitzen, dieses Verhalten auch in Zukunft nicht zu ändern. Dieser Anreiz begründet sich darin, dass die Reputation von den Nachfragern durch eine höhere Preisbereitschaft honoriert (sog. Reputations- oder Goodwill-Prämie) wird und sich beim Anbieter in höheren Gewinnen niederschlägt. Die **Reputationsprämie** fungiert damit als ‚Geisel‘, die dem Markt als ‚dritte Partei‘ übergeben wird. Handelt der Anbieter opportunistisch gegenüber einem Nachfrager und wird dies von dem Nachfrager anderen Marktteilnehmern kommuniziert, werden diese den opportunistisch handelnden Anbieter mit einer Reduktion der Reputationsprämie ‚bestrafen‘. Ein Anbieter mit hoher Reputation besitzt deshalb einen nur geringen Anreiz zu opportunistischem Verhalten, da bereits eine Fehlentscheidung die Reputation des Anbieters in kurzer Zeit zerstören kann, während ein Reputationsaufbau i. d. R. nur langfristig möglich ist.

Da Reputation u. a. die am Markt wahrgenommene Glaubwürdigkeit, Vertrauenswürdigkeit und Zuverlässigkeit eines Anbieters widerspiegelt, ist sie besonders geeignet, vor dem Kauf bestehende Unsicherheiten eines Nachfragers in Bezug auf erst nach dem Kauf beobachtbare Leistungseigenschaften (Erfahrungs- und Vertrauenseigenschaften) zu reduzieren. Sie erlangt vor allem dann eine große Bedeutung, wenn ein Nachfrager bisher noch keine oder erst wenig eigene Erfahrung mit einem konkreten Anbieter und seinem Leistungsspektrum gemacht hat (Einwiller/Herrmann/Ingenhoff 2005, S. 25 ff.). Sie wird dann zu einem Substitut für die nur eingeschränkt mögliche Qualitätsbewertung im Vorfeld einer Transaktion. Nachfrager, die aufgrund der Reputation der Kompetenz eines Unternehmens vertrauen, sind auch ohne Nachweis von Einzelleistungen von der Qualität des Angebots überzeugt. Reputation führt somit zu der Erwartung, dass das Unternehmen durch Sorgfalt die Vertragserfüllung für die Nachfrager sicherer macht.

7 Kauftypen und Markt- segmentierung im BDM

Die Ausrichtung der Marketingaktivitäten an den Verhaltensweisen der Nachfragerseite stellt eine generelle Leitidee des Marketings dar. Umso erstaunlicher ist es, dass z. B. in den Lehrbüchern zum Consumer-Marketing eine an Kauftypen orientierte Betrachtungsweise als Gliederungslogik im Prinzip nicht existent ist. Vielmehr stellt hier in aller Regel das Marketinginstrumentarium mit den klassischen „Four P's" (Product, Price, Promotion, Place) von McCathy (1963, S. 393 ff.) die dominante Einteilung dar. Gerade der Einsatz der Marketinginstrumente erfordert aber eine spezifische Ausgestaltung in Abhängigkeit von vermuteten Kauftypen bzw. Marktsegmenten.

Während vor allem im Rahmen der klassischen Käuferverhaltensforschung sog. **Kauftypen** gebildet werden, durch die typische Verhaltensweisen von Nachfragern *unabhängig* von konkreten Marktgegebenheiten beschrieben werden, ist die **Marktsegmentierung** meist empirisch ausgerichtet und versucht reale Märkte in Segmente mit solchen Nachfragern zu zerlegen, die durch ein mehr oder weniger homogenes Nachfragerverhalten charakterisiert sind. Im Rahmen der nachfolgenden Betrachtungen werden zunächst Ansätze zur (allgemeinen) Typisierung von Kaufverhaltensweisen im Dienstleistungs- sowie im B-to-B-Marketing (Industriegütermarketing) dargestellt und kritisch gewürdigt. Diese Überlegungen finden dann Eingang in Überlegungen zur Ableitung von *Geschäftstypen für das BDM* (vgl. Kapitel 1.8). Im zweiten Schritt werden dann die Besonderheiten der **Marktsegmentierung** im BDM herausgearbeitet.

7.1 Typisierung von Kaufverhaltensweisen

Durch Typenbildung soll der ‚wesenhafte Kern' einer Sache erfasst und damit zentrale Unterschiede zwischen Sachverhalten der gleichen Gattung kontrastierend herausgearbeitet werden.

> Eine *Typologie* ist allgemein dadurch gekennzeichnet, dass zwei oder mehr Kriterien simultan zur Charakterisierung eines Untersuchungsobjektes herangezogen werden, sodass sich durch die Kombination der Kriterien der wesenhafte Gesamteindruck des Untersuchungsobjektes abbilden lässt.

Zu diesem Zweck sind zunächst *Typisierungsmerkmale* abzuleiten, die möglichst theoretisch fundiert sind und die für das Untersuchungsziel relevanten Merkmale enthalten sollten, sodass eine möglichst eindeutige Typenbildung möglich ist. Aus *Anwendungssicht* sollte die Typenbildung dazu beitragen, möglichst unterschiedliche Handlungsempfehlungen für die gefundenen Typen ableiten zu können, was sich im Marketing vor allem auf die Ableitung differenzierter Strategie- und Marketing-Mix-Empfehlungen bezieht. Typenbildungen liefern zwar kein völlig realitätskonformes Abbild der Wirklichkeit, dafür aber einen im Hinblick auf das Untersuchungsziel *adäquaten Realitätsausschnitt*. Weiterhin ist die Typenbildung zwischen den Polen „Individualität" und „Generalität" von Abbildungen anzusiedeln. Im Gegensatz zur Generalisierung erlaubt die Typisierung eine deutlich höhere Anschaulichkeit, ohne dabei aber nur für bestimmte Einzelfälle (individuelle Betrachtung/Kasuistik) Gültigkeit zu besitzen (Knoblich 1972, S. 142).

Im **Consumer-Marketing** hat insbesondere die Unterscheidung von Kauftypen nach dem *„Ausmaß kognitiver Steuerung"* weite Verbreitung gefunden. Dabei wird zwischen extensivem, limitiertem, habitualisiertem und impulsivem Kaufverhalten differenziert (Kroeber-Riel/Weinberg/Gröppel-Klein 2009, S. 418 ff.). Im Bereich des **Dienstleistungsmarketings** gibt es nur wenige Versuche, Typen von Dienstleistungskäufern zu bestimmen. Der Grund ist wohl darin zu sehen, dass sich die grundsätzliche Struktur des Kaufprozesses bei Dienstleistungen *nicht* von der des Kaufprozesses bei Konsumgütern (Sachleistungen) unterscheidet, wenn die Kaufentscheidung einer Dienstleistung primär auf die Beurteilung des *Leistungspotenzials* eines Anbieters bezogen wird. Auch im Dienstleistungsbereich werden deshalb zur allgemeinen Erklärung des Kaufverhaltens die Erklärungsmodelle der traditionellen Käuferverhaltensforschung herangezogen (z. B. Meffert/Bruhn 2009, S. 68 f.), wobei auch hier dem sog. SOR-Modell eine große Bedeutung beigemessen wird (z. B. Göbl 2003, S. 20). Häufig wird der Fokus aber auch auf die Unterscheidung von Dienstleistungsarten (Dienstleistungstypologien) gelegt (Corsten/Gössinger 2007; S. 31 ff.; Fließ 2009, S. 17 ff.; Meffert/Bruhn 2009, S. 19 ff.) und damit einer ‚güterorientierten' Betrachtungsweise gefolgt. Im Gegensatz dazu hat die Bildung von Kauftypen im **industriellen Business-to-Business-Marketing** (Industriegütermarketing) eine lange ‚Tradition'. Da der B-to-B-Bereich im Hinblick auf Unternehmen als Käufer für das BDM von zentraler Bedeutung ist, stammen die nachfolgend vorgestellten Ansätze hauptsächlich im Schwerpunkt aus diesem Bereich. Dabei wird eine Unterscheidung nach güterbezogenen und nachfragerbezogenen Ansätzen vorgenommen.

7.1.1　Güterbezogene Typisierungsansätze

Güterbezogene Typisierungsansätze finden sich sowohl im B-to-B- als auch im Dienstleistungsbereich und verfolgen das Ziel, die unterschiedlichen Erscheinungsformen von Industriegütern bzw. Dienstleistungen zu verdeutlichen. In der Literatur zum **Dienstleistungsmarketing** werden diese meist als „Dienstleistungstypologien" bezeichnet und reichen von eindimensionalen Unterscheidungen (z. B. sach- versus personenbezogene Dienstleistungen; standardisierte versus individualisierte Dienstleistungen; komplementäre versus substitutive Dienstleistungen; vgl. zu Überblicken: Meffert/Bruhn 2009, S. 25 ff.; Corsten/Gössinger 2007,

S. 32 ff.) bis hin zu mehrdimensionalen Ansätzen, die mehrere Charakteristika von Dienstleistungen *simultan* zur Typisierung heranziehen (vgl. zu Überblicken: Fließ 2009, S. 19; Corsten/Gössinger 2007, S. 36 ff.).

In gleicher Weise findet sich auch in der Literatur zum **industriellen Business-to-Business-Marketing** eine Vielzahl güterbezogener Ansätze, die hier häufig als **Commodity Approach** bezeichnet werden. Die Abgrenzung nach Produktcharakteristika wird dabei als Indikator genommen, dass hier einerseits Nachfrager unterschiedliche Anforderungen bei der Kaufentscheidung zeigen, andererseits aber auch *Anbieter* ihr Vermarktungskonzept aufgrund der Produktbesonderheiten anpassen müssen. Eine Differenzierung nach Konsum- und Industriegüter wurde erstmals von Copeland (1924) vorgeschlagen, wobei er Industriegüter nochmals nach Anlagegütern, Zubehör, Betriebsstoffen, Halbfabrikaten, Teilen und Rohstoffen differenzierte. Dieser Ansatz wurde später dann vor allem von Engelhardt/Günter (1981) aufgegriffen und als Basis für die Differenzierung von Marketingaktivitäten im Industriegütersektor verwendet, wobei die Autoren explizit nach Problemen des Marketings von Anlagegütern, Teilen, Roh- und Einsatzstoffen sowie im Energiebereich unterscheiden.

Würdigung: Allen güterbezogenen Ansätzen – sowohl aus dem Dienstleistungs- als auch dem B-to-B-Marketing – ist gemeinsam, dass sie versuchen, die Besonderheiten der Erscheinungsformen von Absatzobjekten herauszuarbeiten, um darauf aufbauend Schlussfolgerungen über das (unterschiedliche) Kaufverhalten zu ziehen und damit auch differenzierende Marketing-Ansätze abzuleiten. Dem ist aber entgegenzuhalten, dass grundsätzlich einem Vermarktungsobjekt (Produkt) *nicht* anzusehen ist, *wie* es gekauft wird: So findet sich in der Literatur zwar eine Vielzahl ‚eigenständiger‘ Marketing-Bücher, die einen Produktbezug hervorheben (z. B. Marketing für Werkzeugmaschinen, Textilprodukte, Energieträger, Rohstoffe, Tourismus-Dienstleistungen, Hotelbetriebe). Ein Blick in diese Werke aber zeigt, dass letztendlich hohe Gemeinsamkeiten insbesondere im Bereich der strategischen, aber auch der operativen Marketing-Überlegungen bestehen. Außerdem ist zu beachten, dass im Hinblick auf das Kaufverhalten auch innerhalb einer Gütergruppe große Unterschiede auftreten können, zwischen den Gütergruppen aber auch große Gemeinsamkeiten bei den zu beobachtenden Kaufverhaltensweisen vorliegen können. Eine güterbezogene Betrachtung wird deshalb als nur wenig zweckmäßig erachtet und auch im Folgenden für das BDM nicht weiterverfolgt.

7.1.2 Nachfragerbezogene Typisierungsansätze

Nachfragerbezogene Typisierungsansätze verfolgen das Ziel, charakteristische Merkmale unterschiedlicher *Kaufverhaltensweisen* herauszuarbeiten, womit sie zur Ableitung von Marketing-Aktivitäten eine besondere Eignung aufweisen. Die Bildung von *Kauftypen* hat insbesondere im industriellen B-to-B-Marketing eine weite Verbreitung gefunden (vgl. Überblick (A) in Abb. 78), wobei sie hier häufig auch als „Geschäftstypen" bezeichnet werden (vgl. Kapitel 8). Im deutschsprachigen Bereich der Industriegüter-Marketingforschung hat sich zuerst Backhaus (1982, S. 92 ff.)

konsequent von einer güterbezogenen Betrachtungsweise gelöst und aufbauend auf einer empirischen Untersuchung von Marquard (1981), eine Polarisierung von Transaktionsprozessen nach „Individualtransaktionen" und „Routinetransaktionen" vorgenommen. Während Individualtransaktionen Anpassungserfordernisse auf die spezifischen Anforderungen von Einzelkunden verlangen, werden Routinetransaktionen für standardisierte und häufig wiedergekaufte Leistungen als typisch angesehen (Backhaus 1982, S. 273). Diese Unterscheidung überführt Backhaus 1990 in drei „Geschäftstypen": Produktgeschäft (Routinetransaktionen), Anlagengeschäft (Individualtransaktionen) und Systemgeschäft. Damit rückt er relativ nahe an die Differenzierung des Arbeitskreises „Marketing in der Investitionsgüter-Industrie" (1975, S. 757 ff.), wobei er aber die Unterschiede *nicht* in unterschiedlichem Erstellungs-Know-how auf der Anbieterseite begründet wissen will, sondern in Unterschieden im *Beschaffungsverhalten* der Nachfrager sowie den damit erforderlich werdenden unterschiedlichen Marketingmaßnahmen (Backhaus 1990, S. 205).

Im Hinblick auf die in Kapitel 6 fokussierte Analyse des Kaufverhaltens von Unternehmen konzentrieren sich die folgenden Betrachtungen auf Kauftypen, die einerseits die *Unsicherheitsproblematik* der Unternehmenskaufentscheidung in den Mittelpunkt stellen und andererseits im Hinblick auf das *Entscheidungsverhalten im Buying Center* gebildet werden.

(1) Kauftypen in Abhängigkeit der Kaufunsicherheit:
Einen näherungsweisen Anhaltspunkt für „Kauftypen" liefert der **Kaufklassen-Ansatz** von Robinson/Faris/Wind (1967, S. 23 ff.), der aufgrund seiner relativ einfachen Struktur auch eine breite Beachtung in der Literatur gefunden hat (vgl. auch Abb. 56). Die Autoren unterscheiden entsprechend dem Erfahrungsfundus der Nachfrager beim Kauf zwischen Neukauf (New Task), modifiziertem Wiederkauf (Modified Rebuy) und identischem Wiederkauf (Straight Rebuy). Sie unterstellen, dass die jeweilige Kaufklasse mit unterschiedlich hoher Unsicherheit behaftet ist, was dann auch zu unterschiedlichen Kaufverhaltensweisen führt. Aus informationsökonomischer Sicht und damit mit deutlicher Fokussierung auf die Unsicherheitsproblematik werden Kauftypen von Weiber (1993, S. 61 ff.) sowie Weiber/Adler (1995a, S. 43 ff.) und Adler (1996, S. 71 ff.) vorgeschlagen. Dabei wird eine Positionierung von Kaufprozessen im sog. **informationsökonomischen Dreieck** vorgenommen. Es wird unterstellt, dass die Anteile der sog. *informationsökonomischen Eigenschaftskategorien* – Such-, Erfahrungs- und Vertrauenseigenschaften – komplementär sind, d. h., dass bei jedem Leistungsangebot immer alle drei Eigenschaftskategorien in mehr oder weniger starkem Ausmaß vorhanden sind und sich deren Anteile in der Summe zu 100 % ergänzen (Weiber 1993, S. 61 ff.; Weiber/Adler 1995a, S. 60 ff.; Adler 1996, S. 71 ff.).

Abb. 69 macht deutlich, dass sich vor dem Hintergrund der *Komplementarität* der drei Eigenschaftskategorien **jede** Kaufentscheidung, gleich welcher Art, im Hinblick auf die Beurteilung der Leistungseigenschaften auf der durch die drei Pole aufgespannten Ebene *eindeutig* positionieren lässt. Damit können die Betrachtungen derart vereinfacht werden, dass nur noch die Position von Kaufentscheidungen auf der grau eingezeichneten Ebene betrachtet wird. Auf dieser

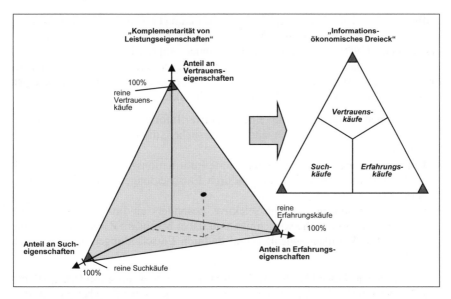

Abb. 69: Informationsökonomisches Dreieck
(Quelle: Weiber 1993, S. 63 f.)

Ebene lassen sich dann – je nach Dominanz einer Eigenschaftskategorie – **Such-, Erfahrungs- und Vertrauenskäufe** unterscheiden.

Dabei ist zu beachten, dass die Zuordnung einzelner Leistungseigenschaften zu den drei Eigenschaftstypen der *subjektiven Wahrnehmung* der Nachfrager unterliegt. Somit bestimmt nicht die objektive Beschaffenheit der Leistungseigenschaften eines Leistungsangebotes, ob es sich um einen Such-, Erfahrungs- oder Vertrauenskauf handelt, sondern die *Kaufsituation* des Nachfragers. Die informationsökonomischen Kauftypen werden für alle Arten von Kaufprozessen als *allgemeingültig* angesehen und sind somit nicht auf den Kauf bestimmter Sach- oder Dienstleistungen beschränkt. Ihre Gültigkeit konnte in umfassenden empirischen Untersuchungen, die jeweils bei sehr unterschiedlichen Transaktionsobjekten durchgeführt wurden, auch empirisch bestätig werden (Weiber/Adler 1995b, S. 104 ff.; Adler 1996, S. 160 ff.; Kaas/Busch 1996, S. 243 ff.; Schönborn 2005, S. 235 ff.).

(2) Entscheidertypen im Buying Center:
Obwohl in der Literatur die Buying Center-Kaufentscheidung breit diskutiert wird, so sind Ansätze, die die diesbezüglichen Betrachtungen im Ergebnis zu Kauftypen verdichten, relativ selten. Allerdings können die verschiedenen Rollen der Buying Center-Mitglieder hierzu einen ersten Anhaltspunkt liefern, wobei aber zu beachten ist, dass in einer Person auch mehrere Rollen vereint sein können.

Aufbauend auf den Überlegungen von Strothmann (1979, S. 90 f.) zum *Informationsverhalten* von Buying Center-Mitgliedern (vgl. Kapitel 6.2.2.1) haben **Strothmann/Kliche** (1989, S. 82 f.) im Rahmen einer empirischen Untersuchung im Bereich Maschinenbau und Elektroindustrie (Spiegel Verlag 1988) das Informationsverarbeitungsverhalten untersucht und dabei empirisch drei **Entscheidertypen** identifiziert, die von den Autoren wie folgt charakterisiert wurden:

- **Entscheidungsorientierte**, die eine selektive Informationssuche vornehmen, immun gegen Imagefaktoren sind und versuchen, die Kaufentscheidung zügig voranzutreiben.
- **Faktenorientierte**, die eine breitgefächerte Informationssuche vornehmen, stark an Details interessiert sind und dadurch Entscheidungen häufig auch verzögern.
- **Sicherheitsorientierte**, die eine selektive, besonders an Imagefaktoren orientierte Informationssuche vornehmen und dabei besonders Risikoaspekten eine hohe Aufmerksamkeit schenken und dadurch Entscheidungen eher zögerlich treffen.

Diese Entscheidertypen konnten auch durch eine Untersuchung von **Droege/Backhaus/Weiber** (1993, S. 57 ff.) weitgehend bestätigt werden, bei der aber eine stärker *informationsökonomisch orientierte Perspektive* eingenommen wurde: Bei dieser Studie wurde u. a. die Bedeutung von Kaufkriterien in der Investitionsgüterindustrie analysiert, wobei die befragten 354 Unternehmen nach ihrer subjektiven Einschätzung möglicher Kaufkriterien gefragt wurden. Das dabei untersuchte Set an Kaufkriterien konnte mittels explorativer Faktorenanalyse auf die *Kaufdimensionen* „produktbezogene Leistungsmerkmale", „Anbieterkompetenz" und „Anbieterreputation" verdichtet werden. Diese drei Kauffaktoren korrespondieren mit den informationsökonomischen Eigenschaftskategorien. Die *Anbieterkompetenz* ist dabei produktübergreifend zu verstehen und betrifft Aspekte wie die Anpassungsfähigkeit eines Anbieters an technologische Entwicklungen oder seine allgemeine technologische Kompetenz, womit hier ein Zusammenhang zu Erfahrungseigenschaften

	unterdurchschnittliche Bedeutung der Anbieterreputation	**über**durchschnittliche Bedeutung der Anbieterreputation
überdurchschnittliche Bedeutung der Anbieterkompetenz	**Faktenorientierte** (Anteil: 25%)	**Sicherheitsmaximierer** (Anteil: 34%)
unterdurchschnittliche Bedeutung der Anbieterkompetenz	**Inspekteure** (Anteil: 23%)	**Imageorientierte** (Anteil: 18%)

Abb. 70: Empirische Entscheidertypen nach Droege/Backhaus/Weiber (In Anlehnung an: Droege/Backhaus/Weiber 1993, S. 61)

gegeben ist. Auch die *Anbieterreputation* ist produktunspezifisch und fokussiert z. B. die Zukunftssicherheit eines Anbieters im Sinne der ‚Überlebensfähigkeit' am Markt. Die anschließende Gruppierung der befragten Unternehmen auf Basis der drei Kaufdimensionen mittels Clusteranalyse erbrachte die in Abb. 70 dargestellten vier **Entscheidertypen** (Segmente). Dabei kristallisierte sich mit dem *„Inspekteur"* ein vierter Entscheidertyp heraus, der selbst eine hohe Informationssuche bezüglich produktbezogener Leistungsmerkmale betreibt und sich nur nachrangig an der Reputation oder der Kompetenz eines Anbieters orientiert.

Ebenfalls eine informationsökonomische Interpretation von Entscheidertypen im Buying Center hat **Lampach** (2007, S. 51 ff.) vorgeschlagen, wobei er drei Entscheidertypen identifiziert, die er im sog. *Informationsökonomischen Dreieck* (vgl. Abb. 69) verortet:

- **Fachkundiger Sucher** („skilled seeker"), deren Informationssuchverhalten am ehesten dem literarisch wissenschaftlichen Typ von Strohmann entspricht (vgl. Kapitel 6.2.2.1) und die eine intensive Informationssuche betreiben. Sie bringen vor allem *Sucheigenschaften* in den Informationspool des Buying Centers ein.
- **Koordinatoren** („soft coordinators"), die vor allem als objektiv-wertende Entscheidertypen auf die Informationen der Fachsucher zurückgreifen, später dann aber sehr gut in der Lage sind, die Güte einer Beschaffungsentscheidung zu beurteilen. Sie sind deshalb vor allem für die *Erfahrungseigenschaften* im Informationspool des Buying Centers verantwortlich.
- **Machtinhaber** („leader"), die in nur sehr geringem Ausmaß von der konkreten Beschaffungsentscheidung betroffen sind bzw. später mit dem beschafften Leistungsbündel ‚arbeiten' werden und deshalb vor allem *Vertrauenseigenschaften* in den Informationspool des Buying Centers einbringen.

Durch das Zusammenspiel dieser informationsökonomisch interpretierten Entscheidungsträger im Buying Center ist zu vermuten, dass die kollektive Kaufentscheidung im Ergebnis zu einer deutlichen Reduktion von Erfahrungs- und Vertrauenseigenschaften und damit auch der kollektiven Kaufunsicherheit führt.

Würdigung:
Die nachfragerbezogenen Typisierungsansätze lassen eine hohe Kongruenz der Typologien im B-to-B- und im Dienstleistungsmarketing erkennen. Vor allem der Versuch, Unterschiede im Nachfragerverhalten auch in der ökonomischen Theorie zu begründen, führen das B-to-B- und das Dienstleistungsmarketing in diesem Punkt über die unterschiedlichen Ausprägungen der Beurteilungsunsicherheit im Rahmen informationsökonomischer Betrachtungen zusammen.

7.2 Marktsegmentierung im BDM

Während die Bildung von Kauftypen die *allgemeine* Abbildung unterschiedlicher Kaufverhaltensweisen *unabhängig* von konkreten Märkten bzw. Branchenbezügen verfolgt, ist es das Ziel der Marktsegmentierung, „Kauftypen" entsprechend den Gegebenheiten *realer Märkte* zu finden. Die Marktsegmentierung ist elementarer Bestandteil jeder Marketingstrategie, die an der Schnittstelle zwischen der Analyse- und Handlungsebene einer Marketingkonzeption angesiedelt ist und eine konsequente Nachfragerorientierung verfolgt.

Marktsegmentierung bezeichnet die Aufteilung eines Gesamtmarktes in Nachfragergruppen (Segmente), die dadurch gekennzeichnet sind, dass innerhalb eines Segmentes eine möglichst große Homogenität und zwischen den Segmenten eine möglichst hohe Heterogenität des Nachfragerverhaltens besteht.

Im Consumer-Marketing bildet das Käuferverhalten den Ausganspunkt der Marktsegmentierung, und es wird versucht, auf der Basis von möglichst kaufverhaltensrelevanten Kriterien eine Segmentbildung vorzunehmen (Freter 2008, S. 63 ff.). Auch hier spielt das sog. SOR-Modell (vgl. Abb. 50) mit den im „Organismus" enthaltenen Konstrukten eine entscheidende Rolle. Für die Segmentierung auf Business- und Dienstleistungsmärkten eignen sich diese Merkmale von Kunden jedoch nur in sehr eingeschränktem Maße, da die Käufe von *Organisationen* getätigt werden – auch wenn dabei durchaus einzelne Mitglieder von Buying Centern eine Rolle spielen und identifiziert werden können. Die wesentliche Herausforderung der Marktsegmentierung im BDM besteht somit darin, den verschiedenen Aspekten des *organisationalen Kaufverhaltens* (vgl. Abb. 49) Rechnung zu tragen und diese in ein entsprechendes Konzept einfließen zu lassen.

Auf realen Märkten unterscheiden sich die aktuellen und potenziellen Kunden hinsichtlich ihrer Bedürfnisse und Verhaltensweisen z. T. extrem, sodass es real nicht ‚den Nachfrager' gibt. Wenn ein im Business- und Dienstleistungsbereich tätiges Unternehmen also eine konkrete Marketingstrategie konzipieren und umsetzen möchte, dann besteht eine wesentliche Weichenstellung darin, zu bestimmen, inwieweit die betreffenden Unterschiedlichkeiten auf der Nachfragerseite im Rahmen der Marketingkonzeption Berücksichtigung finden sollen. Diese Festlegungen und ihre Konsequenzen sind Gegenstand der Marktsegmentierungsentscheidung. Entsprechend ihrer Definition umfasst die Marktsegmentierung drei zentrale Problembereiche (Freter 2008, S. 26 ff.):

- **Informationsaspekt** (Bildung von Marktsegmenten),
- **Entscheidungsaspekt** (Auswahl von Marktsegmenten),
- **Aktionsaspekt** (Bearbeitung der ausgewählten Marktsegmente).

Die Problemkreise werden im Folgenden mit Fokus auf die Besonderheiten im BDM behandelt. Abschließend wird noch die Zeitstabilität bzw. Veränderlichkeit (*Dynamisierung*) empirisch identifizierter Marktsegmente problematisiert.

7.2.1   Bildung von Marktsegmenten

7.2.1.1   Allgemeine Anforderungen an die Segmentbildung

Zur Bildung von Marktsegmenten müssen erstens geeignete *Kriterien für die Segmentierung* identifiziert werden und zweitens mittels dieser Kriterien Vorgehensweisen gefunden werden, die eine *Zusammenfassung von Nachfragern* zu Gruppen mit – im Idealfall – möglichst vielen ähnlichen Verhaltenscharakteristika erlauben. Die Marktsegmentbildung besitzt damit immer auch einen stark empirischen sowie methodischen Fokus. Zur Durchführung der beiden Verfahrensschritte ist der Einsatz *multivariater Analysemethoden* (Backhaus/Erichson/Plinke/Weiber 2011; Backhaus/Erichson/Weiber 2013) immer dann anzuraten, wenn entsprechende enpirisch fundierte Daten vorliegen. Abb. 71 gibt einen Überblick zu den dabei typischerweise zum Einsatz kommenden Methoden und deren Zusammenspiel.

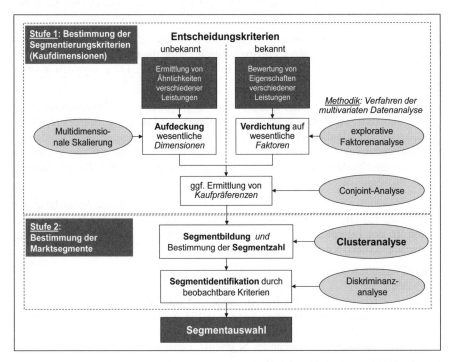

Abb. 71: Zusammenspiel multivariater Analyseverfahren bei der Segmentbildung

---

Content[PLUS]

3 Einsatz multivariater Analysemethoden zur Bildung von Marktsegmenten

Eine detaillierte Erläuterung des in Abb. 71 dargestellten Ablaufprozesses sowie weiterführende Informationen zur methodischen Vorgehensweise im Rahmen der Segmentbildung findet der Leser in diesem Content[Plus]-Kapitel.

Im Folgenden konzentrieren sich die Betrachtungen auf die inhaltliche Bestimmung der Segmentierungskriterien, während der Leser bezüglich der methodischen Vorgehensweise auf das entsprechende Content[Plus] -Kapitel verwiesen sei.

Durch die **Identifikation der Segmentierungskriterien** soll sichergestellt werden, dass die zu einem Marksegment zusammengefassten Nachfrager in Bezug auf ihre Kaufverhaltensweisen möglichst ähnlich sind (*Intra-Segment-Homogenität*) und sich gleichzeitig möglichst deutlich von den Mitgliedern anderer Marktsegmente unterscheiden (*Inter-Segment-Heterogenität*). Aufgrund der dabei insbesondere geforderten **Verhaltensrelevanz** der Segmentierungskriterien weist die Bildung von Marktsegmenten auf Business- und Dienstleistungsmärkten eine gewisse Parallelität zur Erforschung des *organisationalen Beschaffungsverhaltens* auf.

Je komplexer die entsprechenden Modelle zur Erklärung des Kaufverhaltens von Unternehmen wurden, desto komplexer wurden auch die diesbezüglichen Ansätze der Industrial Market Segmentation (Plank 1985, S. 91 ff.). Dies zeigt sich in zweierlei Hinsicht:

- Die Ansätze unterscheiden sich zunächst dahingehend, ob einfache und leicht beobachtbare Merkmale oder eher komplexere und damit schwerer erfassbare Kriterien zur Identifizierung der Nachfragergruppen herangezogen werden.
- Darüber hinaus differieren die Ansätze hinsichtlich der Anzahl von Stufen, zu denen verschiedene Merkmale zusammengefasst werden und die im Rahmen des Prozesses der Segmentbildung zu durchlaufen sind.

An die Auswahl von Segmentierungskriterien werden spezifische Anforderungen gestellt, die für eine „optimale Segmentierung" möglichst vollständig erfüllt sein sollten. In der Literatur werden dabei vor allem folgende **Anforderungen an Segmentierungskriterien** genannt (Freter 2008, S. 90 ff.):

- Kaufverhaltensrelevanz,
- Messbarkeit,
- Trennschärfe im Sinne von Intrahomogenität und Interheterogenität,
- Zugänglichkeit der gefundenen Segmente für Anbieteraktivitäten und Aussagefähigkeit für den Instrumentaleinsatz,
- Wirtschaftlichkeit (hinreichendes Segmentpotenzial),
- Zeitstabilität (vgl. Kapitel 7.3).

Ein *Kerndilemma der Marktsegmentierung* besteht dabei darin, dass einerseits Segmentierungskriterien mit möglichst engem Bezug zum **realen Kaufverhalten** der relevanten Nachfrager gesucht werden und diese andererseits möglichst einfach zu erfassen sein sollen. Die Orientierung der Segmentierung am realen Kaufverhalten der Nachfrager auf den relevanten Märkten ist durch produkt- bzw. leistungsbezogene Merkmale, die angebots- und nicht nachfragerorientiert sind, nicht oder nur in Ausnahmefällen erreichbar, auch wenn sie in der Praxis nach wie vor die am häufigsten vorzufindende Art von Segmentierungskriterien darstellt (Day/ Shocker/ Srivstava 1979, S. 9; Dibb/Sminkin 1994, S. 57).

Im BDM ist es die Aufgabe der Segmentbildung, aus einer Vielzahl an Merkmalen jene herauszufiltern, die Gemeinsamkeiten im **organisationalen Beschaffungsverhalten** bewirken bzw. jene aufzudecken, die zu Unterschieden im Beschaffungsverhalten führen. Abb. 72 gibt einen Überblick über mögliche Marktsegmentierungskriterien im B-to-B-Bereich, die sich sowohl auf die Ebene der Nachfragerorganisation als auch auf die des Buying Centers beziehen. Sie unterscheiden sich grundsätzlich danach, ob und inwieweit sie allgemein oder kaufspezifisch ausgerichtet sind sowie im Hinblick darauf, wie die Merkmale erfasst werden können, d. h. ob es sich um direkt beobachtbare Einzelmerkmale oder um ableitbare komplexe Merkmale handelt (Frank/Massy/Wind 1972, S. 27). Die Vielzahl der verschiedenen Merkmalskategorien macht das grundsätzliche Dilemma der Identifizierung von Marktsegmenten speziell im Business- und Dienstleistungsbereich deutlich: ‚Eigentlich' müssten zu diesem Zweck komplexe, kaufspezifische Merkmale verwendet werden, da sie am besten geeignet sind, dem Anspruch jeder Marktsegmentierung gerecht zu werden, einen Bezug zum Kaufverhalten der Nachfrager auf dem relevanten Markt zu besitzen. Andererseits sind gerade solche Kriterien in aller Regel schwer zu erfassen, so dass sie sich einer konkreten praktischen Anwendung mehr oder weniger entziehen (Plank 1985, S. 91 ff.; Dibb/Simkin 1994, S. 55 ff., Thomas 2012, 183 ff.). Die Konsequenz ist, dass in der Praxis nach wie vor häufig einfach erfassbare Kriterien (z. B. Branche der Nachfrager, ihr Standort, Kaufhäufigkeit, nachgefragte Produkte) Verwendung finden (Abratt 1993, S.81). Praktische Marktsegmentierungsansätze sind deshalb häufig *ex post-Erklärungen* des tatsächlichen Verhaltens (Wind/Cardozo 1974, S. 155) und korrespondieren nicht selten nur ‚zufällig' mit dem tatsächlichen Nachfragerverhalten (Bonoma/Shapiro 1984, S. 93).

Bei der Auswahl der zu verwendenden Kriterien ist somit meist ein *Kompromiss* zwischen den Ansprüchen der Marktsegmentierung (Kaufverhaltensrelevanz versus praktische Erfass- und Messbarkeit der Segmentierungskriterien) zu finden. Obwohl zur Lösung dieses Problems keine allgemeingültige Empfehlung abgegeben werden kann, so sind speziell im Industriegütermarketing verschiedene Marktsegmentierungsansätze konzipiert worden (Engelhardt/Günter 1981, S. 87 ff.; Backhaus/Voeth 2010, 118 ff.; Kleinaltenkamp 2002, S. 198 ff.), deren Anwendung die skizzierte Problematik zumindest in Teilen bewältigen kann. Im Folgenden konzentrieren sich die Betrachtungen auf ausgewählte ein- sowie mehrstufige Segmentierungsansätze aus dem B-to-B-Breich, die auch im BDM angewandt werden können.

Erfassung der Merkmale	Merkmale der Nachfragerorganisation	
	allgemeine Merkmale	**kaufspezifische Merkmale**
direkt beobachtbar	**Organisationsbezogene Merkmale** Unternehmensgröße, Organisationsstruktur, Standort, Betriebsform, Finanzrestriktionen u.a.	**Organisationsbezogene Merkmale** Abnahmemenge bzw. -häufigkeit, Wertschöpfungsprozesse, Anwendungsbereich der nachgefragten Leistung, Neu-/Wiederholungskauf, Marken-/Lieferantentreue, Verwenderbranche/ Letztverwendersektor
	Buying Center-bezogene Merkmale demographische und sozioökonomische Merkmale der Buying Center-Mitglieder (z.B. Ausbildung, Beruf, Alter, Stellung im Unternehmen)	**Buying Center-bezogene Merkmale** Größe und Struktur des Buying Centers
indirekt beobachtbar/ abgeleitet	**Organisationsbezogene Merkmale** Unternehmensphilosophie, Zielsystem des Unternehmens	**Organisationsbezogene Merkmale** organisatorische Beschaffungsregeln
	Buying Center-bezogene Merkmale Persönlichkeitsmerkmale der Buying Center-Mitglieder (z.B. Know-how, Risikoneigung, Entscheidungsfreudigkeit, Selbstvertrauen, Life-Style der Buying Center-Mitglieder)	**Buying Center-bezogene Merkmale** Kaufmotive, individuelle Zielsysteme, Anforderungsprofile, Entscheidungregeln der Kaufbeteiligten, Kaufbedeutung in der Einschätzung der Kaufbeteiligten, Einstellungen/Erwartungen gegenüber Produkt/Lieferanten, Präferenzen

Abb. 72: Marktsegmentierungskriterien für den Business-to-Business-Bereich
(In Anlehnung an: Frank et al. 1972, S. 27; Engelhardt 1995, S. 1063 f.)

7.2.1.2 Einstufige Segmentierungsansätze für das BDM

Für die Zwecke der Segmentierung von Business- und Dienstleistungsmärkten ist zunächst eine Vielzahl von einstufigen Konzepten entwickelt worden, die sowohl einfache als auch komplexe Merkmale eines Kaufentscheidungsprozesses zur Unterscheidung von Marktsegmenten heranziehen. Dabei finden Merkmale aus allen in Abb. 72 genannten Kriteriengruppen Verwendung. Charakteristisch für die genannten Konzepte ist, dass sie jeweils immer nur einzelne Aspekte des organisationalen Beschaffungsverhaltens herausgreifen, die sich mal auf einzelne Mitglieder eines Buying Centers beziehen. Es ist deshalb nur in seltenen Fällen zu erwarten, dass durch die alleinige Anwendung eines der betreffenden Ansätze eine umfassende und problemadäquate Segmentbildung erfolgen kann. Dies gilt auch für die in der Praxis besonders häufig anzutreffende branchenbezogene Segmentierung, da sich die Bedürfnisse und das Kaufverhalten der zu einer Branche gehörenden Unternehmen oft deutlich unterscheiden. Werden diese dennoch zu einem Marktsegment zusammengefasst und mit gleichen Vorgehensweisen im Marketing bearbeitet, so kann das gravierende Fehlsteuerungen zur Folge haben.

Im Zuge der stärkeren Prozessorientierung der Unternehmensführung werden in jüngster Zeit auch zunehmend (wertschöpfungs-)**prozessbezogene Segmentierungsansätze** verwendet. Sie stellen darauf ab, dass in den zu einem Segment gehörenden Kundenunternehmen die gleichen bzw. ähnliche Wertschöpfungsprozesse ablaufen, woraus nicht nur ein gleichartiger Bedarf, sondern auch mehr oder weniger übereinstimmende Kaufverhaltensweisen resultieren. Eine solche, an Wertschöpfungsprozessen anknüpfende Segmentierung sollte somit deutlich differenzierter und problemlösungsorientierter sein als eine rein branchenbezogene Einteilung. Besonders hervorzuheben sind hier zudem die verschiedenen Konzepte der Ländersegmentierung, die im Zuge der zunehmenden Internationalisierung des BDM eine steigende Bedeutung erlangt haben und die innerhalb der einstufigen Segmentierungsansätze eine Sonderrolle einnehmen (Weiber 1985, S. 99 ff.; Meyer 1987, S. 205 ff.). Bei ihnen wird als Marktsegmentierungskriterium allein auf den Standort der Nachfrager abgestellt. Eine solche Segmentierung nach Ländern ist nur dann sinnvoll, wenn aus der Tatsache, dass Nachfrager in unterschiedlichen Herkunftsländern angesiedelt sind, wesentliche Einflüsse auf das Kaufverhalten der betreffenden Nachfrager resultieren.

Auch wenn sich bei der Anwendung einstufiger Ansätze durchaus sinnvolle Segmentabgrenzungen ergeben, so können sie doch die Komplexität von Kaufentscheidungsprozessen im Business- und Dienstleistungsbereich meist nicht erfassen. Das kann dazu führen, dass ein solcher Segmentierungsansatz möglicherweise wichtige kaufverhaltensbestimmende Faktoren unberücksichtigt lässt und somit von falschen bzw. unpräzisen Einschätzungen der Nachfrager und ihrer Verhaltensweisen ausgeht. Dies kann weitreichende Fehlsteuerung der Marketingaktivitäten eines Unternehmens mit entsprechend negativen Erfolgswirkungen nach sich ziehen.

7.2.1.3 Mehrstufige Segmentierungsansätze für das BDM

Nicht zuletzt aufgrund der zuvor wiedergegebenen Kritik an den einstufigen Segmentierungskonzepten wurden speziell im Industriegütermarketing sog. *mehrstufige Vorgehensweisen* zur Bildung von Marktsegmenten konzipiert. Konkret hat sich dies in der Formulierung von zwei-, drei- und fünfstufigen Segmentierungsansätzen niedergeschlagen.

Zweistufige Ansätze wurden u. a. von Frank/Massy/Wind (1972), Wind/Cardozo (1974) und Choffray/Lilien (1978) vorgelegt. Den Ansätzen ist gemeinsam, dass sie zwischen einer „Makro-Segmentierung" und einer „Mikro-Segmentierung" differenzieren. Entsprechend den Darstellungen in Kapitel 6.1 zielt dabei die **Makro-Segmentierung** auf Merkmale der beschaffenden Organisation ab, während die **Mikro-Segmentierung** die verschiedenartigen Charakteristika der einzelnen Buying Center und ihrer Mitglieder fokussiert (vgl. Abb. 73). Ein Grundprinzip der zweistufigen Ansätze ist, dass eine Segmentierung nicht notwendigerweise beide Stufen durchlaufen muss. Vielmehr ist dann eine Segmentierung allein auf der Grundlage von – im Allgemeinen einfacher zu erfassenden – „Makro-Kriterien" vorzunehmen, wenn dadurch bereits eine sinnvolle Identifikation von Marktsegmenten möglich ist. Erst dann, wenn dem nicht so ist, sollten zusätzlich „Mikro-Kriterien" zur Bildung von Marktsegmenten herangezogen werden.

Dreistufige Ansätze nehmen eine differenziertere Betrachtung der Mikroebene vor. Ansätze hierzu wurden von Scheuch und Gröne entwickelt. Scheuch (1975) schlägt zunächst eine Segmentierung nach *umweltbezogenen Merkmalen* (z. B. politischen, technischen Bedingungen, Standort, Betriebsform) vor und segmen-

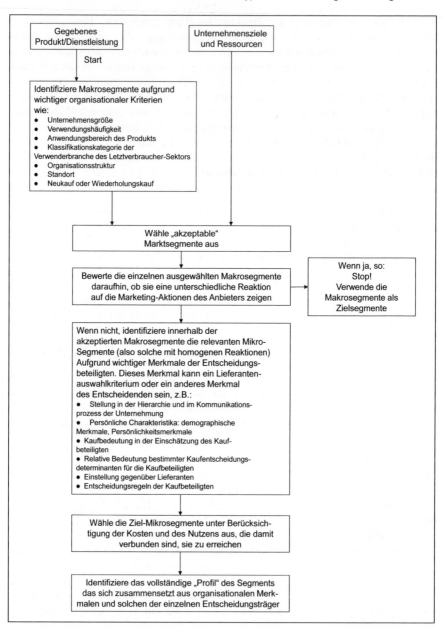

Abb. 73: Ablaufschema der zweistufigen Marktsegmentierung nach Wind/Cardozo (Quelle: Wind/Cardozo 1974, S. 156; dt. Übersetzung von Engelhardt/ Günter 1981, S. 91)

tiert dann auf der zweiten Stufe nach innerorganisationalen Merkmalen wie z. B. dem Zielsystem einer Organisation, der hierarchischen Struktur oder den Know how-Begrenzungen. Auf der dritten Stufe erfolgt dann eine Segmentierung nach Merkmalen der Buying Center-Mitglieder (z. B. Alter, Beruf, soziale Schicht). Ähnlich segmentiert auch Gröne (1977) zunächst nach organisationsbezogenen Merkmalen (sog. O-Segmentierung) und ‚springt' dann in der zweiten Stufe auf die Segmentierung nach dem Entscheidungskollektiv (sog. K-Segmentierung) bei der z. B. Größe und Zusammensetzung des Buying Centers der Segmentierung dient. Auf der dritten Stufe erfolgt dann eine Segmentierung nach Merkmalen der entscheidungsbeteiligten Individuen (sog. I-Segmentierung), wobei hier z. B. das Informationsverhalten oder die Einstellungen der Buying Center-Mitglieder herangezogen werden.

Ein **fünfstufiger Ansatz** wurde von Bonoma/Shapiro (1984, S. 7 ff.) vorgeschlagen, bei dem – analog zum Makro/Mikro-Ansatz – auf verschiedenen Ebenen jeweils geprüft wird, in wie weit die Segmentierungskriterien für die geplante Segmentierungsentscheidung hinreichend sind.

Dieser sog. „Nested Approach" greift dabei auf folgende Kriteriengruppen zurück (vgl. Abb. 74):

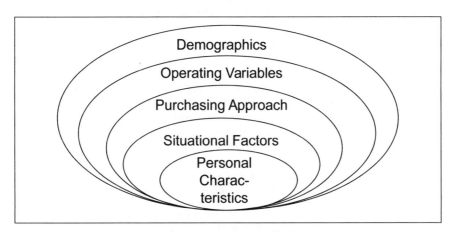

Abb. 74: „Nested Approach" zur Marktsegmentierung im B-to-B-Bereich
(Quelle: Bonoma/Shapiro 1984, S. 10)

- **Demographische Merkmale** (*Demographics*) beschaffender Organisationen,
- **Geschäftstätigkeit** der beschaffenden Organisation, die durch entsprechende Variablen (*Operating Variables*) erfasst wird,
- **Vorgehensweisen** der Beschaffung (*Purchasing Approach*), insbesondere formelle und informelle Vorgehensweisen,
- Merkmale der **Beschaffungssituation** (*Situational Factors*),
- **Persönlichkeitsmerkmale** (*Personal Characteristics*) der an der Beschaffung beteiligten Personen.

Die verschiedenen Merkmalsarten werden dabei als ineinander geschachtelt und miteinander verbunden angesehen, wobei – in der bildlichen Darstellung von außen nach innen gehend – bestimmte Segmente immer präziser beschrieben werden.

Ein Vergleich der mehrstufigen Konzepte macht deutlich, dass sie eine relativ hohe Ähnlichkeit aufweisen: Allen ist gemeinsam, dass sie zur Bildung von Marktsegmenten die verschiedenen Merkmale, die als Bestimmungsfaktoren organisationalen Beschaffungsverhaltens angesehen werden, nicht jeweils isoliert, sondern in *Kombination* miteinander nutzen. Die Ansätze unterscheiden sich lediglich dahingehend, in wie viele Gruppen die verschiedenen Kriterien gegliedert werden.

Durch die Anwendung der mehrstufigen Marktsegmentierungsansätze ist somit im Prinzip eine sehr ‚kaufverhaltensnahe' und detaillierte Segmentierung von Nachfragern möglich. Sie tragen den Besonderheiten des Business- und Dienstleistungssektors insofern Rechnung, als sie nicht nur auf bestimmte äußere Merkmale von Nachfragerunternehmen abstellen, sondern versuchen, in die Unternehmen ‚hineinzuschauen'. Sie berücksichtigen zusätzlich Unterschiede in den Verhaltensweisen der an einem Beschaffungsprozess beteiligten Personen, was auch als „**Buyer Segmentation**" oder „**Kundensegmentierung**" bezeichnet wird (Freter 2008, S. 355 ff.). Diese Annäherung der Marktsegmentierungskonzepte an real beobachtbares Nachfragerverhalten ist aber u. a. mit folgenden Schwierigkeiten verbunden:

- Kriterien, die sich auf einzelne oder eine Gruppe von an Beschaffungsprozessen beteiligten Personen beziehen, sind im Allgemeinen schwierig zu erfassen. So ist es häufig schon nicht einfach, Buying Center-bezogene Informationen im Hinblick auf einzelne Kundenunternehmen zu erlangen.
- Es ist relativ aufwendig, derartige Informationen für viele oder sogar alle Kunden auf den relevanten Märkten zu gewinnen.
- Strukturen und Zusammensetzungen von Buying Centern können sich von Kaufprozess zu Kaufprozess verändern, was die Ableitung nachfragerübergreifender Aussagen sowie die Erfassung von Veränderungen der Segmente und der Verhaltensweisen ihrer Mitglieder weiter erschwert.

Einen Ansatzpunkt zur Lösung der skizzierten Problematik bieten Kunden- bzw. Vertriebsinformationssysteme, in denen Buying Center-bezogene Informationen konsequent gesammelt werden, um sie auch und nicht zuletzt für die Zwecke der Marktsegmentierung aufzubereiten (vgl. beispielsweise Kapitza 1987, S. 52 ff.).

Wird der Gedanke der „Buyer Segmentation" konsequent verfolgt, so führt er letztlich zu dem Ergebnis, dass jeder Kunde und eigentlich sogar jeder Beschaffungsvorgang als ein Marktsegment angesehen werden müsste. Einzelne Kunden als Marktsegmente zu betrachten und sie auch, etwa im Rahmen eines **Key Account Managements** (Diller/Haas/Ivens 2005, S. 329 ff.), entsprechend differenziert zu bearbeiten, ist jedoch nur dann sinnvoll, wenn die betreffenden Kunden für das eigene Unternehmen als ‚bedeutend' anzusehen sind (Plinke 1997b, S. 113 ff.; Kleinaltenkamp 2011, S. 141 ff.). Ist eine solche Bedeutung von Einzelkunden hingegen nicht gegeben, ist eine derartig feine Aufgliederung des Marktes jedoch nicht angebracht, da der Aufwand für die Erfassung, Beobachtung und ggf. differenzierte Bearbeitung der sich dann ergebenden Vielzahl von Segmenten zu hoch wäre.

Die aufgezeigten Kritikpunkte haben nicht zuletzt zu der mehrfach geäußerten Forderung geführt, Segmentierungskonzepte vor allem unter dem Aspekt ihrer **praktischen Implementierung** wieder handhabbarer zu gestalten (Bonoma/Shapiro 1984, S. 5; Dibb/Simkin 1994, S. 56; Powers/Sterling 2008, S. 170 ff.; Simkin 2008, S. 464 ff.). Die ,Kunst', einen sinnvollen und geeigneten Segmentierungsansatz für eine Anwendung im BDM zu entwickeln, besteht demnach genau darin, die Segmente von ihrem Umfang und von ihrer Zahl her so zu bestimmen, dass wichtige kaufverhaltensrelevante Unterschiede auf dem relevanten Markt erfasst bzw. nicht übersehen werden und gleichzeitig die Zahl der Segmente überschaubar bleibt. Eine **pragmatische Vorgehensweise** zur Lösung der genannten Problematik, die verschiedene Elemente der zuvor vorgestellten Konzepte in Kombination miteinander nutzt, kann durch folgende vier Arbeitsschritte beschrieben werden:

1. Gliederung der Nachfrager nach einfach erfassbaren, allgemeinen organisationsbezogenen Merkmalen, wie etwa Branche, Standort, Unternehmensgröße, Prozessgestaltung.
2. Suche nach weiteren sinnvollen Segmentierungskriterien, wobei sich auf leicht erfassbare organisationsbezogene Merkmale konzentriert werden sollte. Allerdings sollten jetzt in stärkerem Maße kaufspezifische Attribute auf ihre Eignung hin überprüft werden.
3. Suche nach leicht erfassbaren Buying Center-bezogenen Merkmalen, sofern die dazu notwendigen Informationen verfügbar oder relativ leicht erhebbar sind.
4. Ist anhand leicht erfassbarer Kriterien keine sinnvolle kaufverhaltensbezogene Segmentierung eines Marktes zu erreichen, so sollte schließlich die Erhebung und Nutzung abgeleiteter, komplexer Merkmale in Erwägung gezogen werden. Diese können sich dabei sowohl auf das Unternehmen als Ganzes als auch auf das Buying Center beziehen.

7.2.2 Auswahl und Bearbeitung von Marktsegmenten

Die Entscheidung über die Auswahl der zu bearbeitenden Marktsegmente, die auch als „Zielgruppenbestimmung", „Zielgruppendefinition" o. ä. bezeichnet wird, stellt den **zweiten Schritt** der Marktsegmentierung dar. Um eine derartige Selektion durchführen zu können, ist eine wirtschaftliche Bewertung der identifizierten Marktsegmente vorzunehmen, die zunächst anhand der folgenden quantitativen Kriterien erfolgen kann:

- **Segmentvolumina** und **-potenziale** hinsichtlich Menge und Wert,
- erreichbare segmentbezogene **Marktanteile,**
- erzielbare **Preisniveaus,**
- **Anfragehäufigkeit** und **Anfragenumfang,**

- segmentspezifische **Kosten**, die für die Erschließung und Erhaltung von Marktsegmenten erforderlich sind,
- **Gewinn-** oder **Deckungsbeitragsgröße** als Indikatoren für die erwartete segmentspezifische Erfolgssituation.

Der **Segmentdeckungsbeitrag** ist dabei der Erlösbetrag, den ein Marktsegment nach Abzug der segmentspezifischen Kosten zur Deckung aller jener Kosten beiträgt, die nicht segmentbezogen zugerechnet werden können oder sollen (vgl. zur Deckungsbeitragsrechnung Plinke/Rese 2000, S. 691 ff.). Zur Ermittlung der Deckungsbeiträge von Marktsegmenten ist die *Absatzsegmentrechnung* entwickelt worden (vgl. z. B. Geist 1974; Köhler 1993, S. 304; Nieschlag/Dichtl/Hörschgen 1997, S. 963 ff.) die hier als Prognoserechnung anzuwenden ist. Sie kann aber auch als Kontrollrechnung genutzt werden, mit deren Hilfe eine nachträgliche Überprüfung der segmentspezifischen Erfolgssituation ermöglicht wird, welche dann wiederum die Grundlage für etwaige Korrekturen von Segmentierungsentscheidungen bildet. Darüber hinaus können auch die nachstehend genannten, qualitativen Kriterien für die Beurteilung von Marktsegmenten herangezogen werden:

- segmentspezifische **Entwicklungstendenzen** in Bezug auf Nachfrage, Wettbewerb und Umfeld (Technologie, Gesamtwirtschaft, Ökologie, gesellschaftlichen Entwicklungen, rechtliche Tendenzen),
- Grad der gegebenen und/oder erreichbaren **Kundenbindung,**
- innerbetriebliche und markt(-segment-)bezogene **Synergieeffekte,**
- segmentspezifische **Wettbewerbsvorteile.**

Dabei ist speziell darauf zu achten, ob und inwieweit einzelne Konkurrenten eine gleiche oder ähnliche Segmentierung ihrer relevanten Märkte vornehmen, sodass sich diesbezüglich strategische Gruppen von Wettbewerbern unterscheiden lassen. Immer dann, wenn die Nachfrager eines einzelnen Segments gleichzeitig die Zielgruppe mehrerer Konkurrenten darstellen, ist damit zu rechnen, dass die Wettbewerbsintensität hier besonders hoch ist (vgl. Doyle/Saunders 1985, S. 29).

Eine zusammenfassende Beurteilung von Marktsegmenten kann darüber hinaus durch die Anwendung von Kundenportfolios erfolgen, in deren Beurteilungsgrößen im Allgemeinen mehrere der oben genannten Kriterien in Kombination miteinander einfließen (Kleinaltenkamp 2011, S. 132 ff.).

Auf der Grundlage derartiger Bewertungen ist im dritten Schritt die Entscheidung über die **Bearbeitung von Marktsegmenten** zu treffen. Entsprechend dem ‚klassischen' Ansatz von Kotler (1977, S. 180 ff.) können die möglichen Formen der Marktbearbeitung danach unterschieden werden, ob

- die *Marktabdeckung* „total", d. h. bezüglich aller Marktsegmente oder nur „partial", d. h. bezüglich ausgewählter Marksegmente erfolgt.
- die *Art der Marktbearbeitung* durch differenzierte, d. h. auf die einzelnen Segmente abgestimmte Marketing-Konzepten erfogt oder für alle Segmente nur ein Marketing-Konzept entwickelt wird.

Werden diese beiden grundsätzlichen Möglichkeiten kombiniert, so ergeben sich die in Abb. 75 dargestellten alternativen Formen der Marktbearbeitung (vgl. hierzu ausführlich Freter 2008, S. 244 ff.):

		Marktabdeckung	
		teilweise	**vollständig**
Art der Markt-bearbeitung	**differenziert**	selektiv-differenziertes Marketing	differenziertes Marketing
	undifferenziert	konzentriertes Marketing *(Nischenstrategie)*	undifferenziertes Marketing

Abb. 75: Formen der Marktbearbeitung

Ein **„undifferenziertes Marketing"** liegt vor, wenn versucht wird, ein Markt in seiner Gesamtheit mit einem einzigen Marketing-Konzept zu erreichen. In diesem Fall ist eine Marktsegmentierung nicht erforderlich. Allerdings sind hier die Streuverluste des Marketingkonzepts auch als besonders hoch anzusehen, sodass diese Strategie insbesondere für das BDM typischerweise keine hohe Relevanz besitzt. Auch beim **„differenzierten Marketing"** wird der gesamte relevante Markt bearbeitet, wobei hier aber den einzelnen identifizierten Segmenten jeweils auf ihre Belange zugeschnittene Angebote unterbreitet werden. Darüber hinaus können bei einer Konzentration auf bestimmte Marktsegmente diese auch mit jeweils angepassten Vorgehensweisen bearbeitet werden. Dies stellt den Fall des **„selektiv-differenzierten Marketing"** dar.

Schließlich stellt sich die Frage, ob nicht im Rahmen eines sog. **„konzentrierten Marketing"** bzw. innerhalb einer „Nischenstrategie" eine Beschränkung auf ein Marktsegment oder wenige Marktsegmente erfolgen soll, dem bzw. denen das Unternehmen dann mit einer einheitlichen Strategie gegenübertritt. Für das BDM wird primär eine differenzierte Marktbearbeitung angestrebt, indem für die verschiedenen *BDM-Geschäftstypen* im **Teil III** dieses Buches ein jeweils spezifisches Marketingkonzept entwickelt wird.

7.3 Dynamisierung der Marktsegmentierung im BDM

Die Marktsegmentierung leidet allgemein unter der Problematik, dass sie Zeitstabilität von identifizierten Marktsegmenten unterstellt und damit von stabilen Strukturen im Markt ausgeht. Diese Annahme ist meist jedoch nicht oder nur für eine begrenzte Zeitspanne erfüllt, sodass Marktveränderungen auch Anpassungen in der Segmentbildung erfordern (sog. *dynamische Marktsegmentierung*; Freter 2008, S. 271 ff.). Das gilt in besonderer Weise auch für Business- und Dienstleistungsmärkte, weil hier meist eine erhöhte Sensibilität der Marktparteien in Bezug auf Veränderung vorliegt. Da Kunden im BDM selbst Unternehmen sind, besteht für diese, im Gegensatz zu Kunden auf einem Consumer-Markt, eine erhöhte Notwendigkeit auf Veränderungen am Markt zu reagieren (Blocker/ Flint 2007 S. 810 f.). Diese Anpassung an das Marktumfeld kann wiederum zu einer stetigen Veränderung der zu einem Zeitpunkt gebildeten Marktsegmente führen. Besonders auf der Ebene der Buying Center sind Veränderungen von Marktsegmenten dabei als die Regel und nicht als die Ausnahme anzusehen.

Die Dynamik von Marktsegmenten kann auf unterschiedliche Ursachen zurückgeführt werden, die Veränderung des Kundenverhaltens (z. B. Käuferwechsel zwischen Segmenten, Wechsel von Käufern zu Nichtkäufern) über die Veränderung der Segmentgrößen bis hin zu Änderungen im Konkurrenzverhalten reichen können (Freter 2008, S. 272 ff.). Im Folgenden wird dem Vorschlag von Blocker/Flint (2007, S. 810 ff.) gefolgt, der zwei Arten dynamischer Veränderungen unterscheiden:

- *Content Change*: Veränderungen der *Teilnehmerstruktur* innerhalb bestehender Segmente,
- *Structural Change*: Veränderungen von Segmenten selbst.

Unter **Content Change** wird das Wechseln von Mitgliedern zwischen bestehenden Segmenten verstanden. Die Segmente werden dabei als gegeben und weitgehend stabil betrachtet. Allerdings sind die Mitglieder dieser Segmente einer laufenden Veränderung unterworfen. Abb. 76 verdeutlicht die **Segmentveränderungen** beim Content Change. Blocker/Flint differenzieren dabei weiterhin zwischen einer manifesten und einer latenten Veränderung der Segmentmitglieder.

Bei latenter Veränderung der Marktsegmente bleiben die Segmente bestehen, lediglich die einem Segment zugehörigen Mitglieder werden über die Zeit hinweg ausgetauscht. Demgegenüber beschreibt die manifeste Veränderung den Bedürfniswandel der Segmentmitglieder, der im Zeitablauf zu einem Wechsel der Mitglieder von einem in ein anderes Segment führt (Blocker/Flint 2007, S. 812 f.). Im Gegensatz zur Veränderung der Mitgliederstruktur verändern sich beim **Structural Change** die Marktsegmente an sich in ihrer Erscheinung. Dabei werden drei Grundformen zeitlicher Strukturveränderung von Marktsegmenten unterschieden (vgl. Abb. 76):

- Größenveränderungen (Size Change),
- Homogenitätsveränderungen (Minor and Major Dispersion),
- Grenzveränderungen (Boundary Clarity).

Größenveränderungen stellen die einfachste Form der Strukturveränderung dar. Durch das Hinzukommen oder Abwandern von Mitgliedern eines Segmentes kann das Segment wachsen bzw. schrumpfen. Die Extremformen der Größenveränderung stellen dabei das Entstehen neuer bzw. das Verschwinden bestehender Marktsegmente dar. Homogenitätsveränderungen hingegen drücken sich in einer

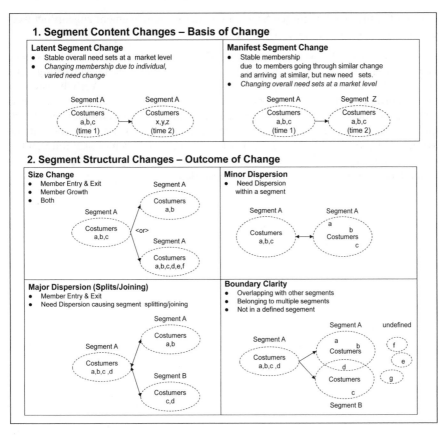

Abb. 76: Segment Content- und Segment Structural-Change
(Quelle: Blocker/Flint 2007, S. 813)

Veränderung der Gemeinsamkeit der Bedürfnisse der Kunden innerhalb eines Segments aus. Diese kann sich innerhalb der Grenzen eines bestehenden Segmentes abspielen (Minor Dispersion) oder die Grenzen des bestehenden Segments überschreiten (Major Dispersion). Während bei einer Minor Dispersion die Bedürfnisse der Nachfrager weitgehend homogen sind, sich über die Zeit jedoch leicht differenzieren bzw. noch homogener werden können, so ist diese Veränderung bei einer Major Disperson wesentlich stärker ausgeprägt. Dies hat zur Folge, dass sich aufgrund der Homogenitätsveränderung der Nachfragerbedürfnisse bestehende Segmente teilen oder zu einem Segment zusammenschließen.

Als letzte Form der Segmentstrukturveränderung führen *Blocker/Flint* die Veränderung der Segmentgrenzen an. Kernaspekt dieser Veränderung ist die eindeutige Zuordnung einzelner Nachfrager zu bestehenden Segmenten. Aufgrund sich verändernder Bedürfnisse kann es sowohl zu einer eindeutigen Zuordnung bisher nicht eindeutig klassifizierter Nachfrager als auch zu einer Aufweichung der Segmentzugehörigkeit kommen. Letzteres ist immer dann der Fall, wenn Nachfrager in ihren Bedürfnissen mehreren Segmenten oder keinem Segment zugeordnet werden können (Blocker/Flint 2007, S. 813 f.).

Aus der Tatsache der Veränderung von Marktsegmenten ergeben sich spezielle Herausforderungen aber auch Chancen für das differenzierte Marketing. Die zentrale Herausforderung besteht darin, die Wandlungen in den Verhaltensweisen der Nachfrager rechtzeitig zu erfassen und nachzuhalten, was eine entsprechende Sensibilität und entsprechende Aktivitäten der Informationsgewinnung erfordert. Gelingt dies und werden die Segmentveränderungen auch im Hinblick auf die Vorgehensweisen im Marketing nachvollzogen oder vielleicht sogar unterstützt, dann kann durch eine solche dynamische Marktbearbeitung im Allgemeinen eine besonders hohe Kundenbindung erreicht werden.

Teil III: Marketing in den Geschäftstypen des BDM

Das Spektrum der auf Business- und Dienstleistungsmärkten angebotenen Güter ist ebenso heterogen und vielschichtig wie deren Einsatzfelder und Kunden. Vor diesem Hintergrund ist die Ableitung eines *allgemeinen* über *alle* Nachfrager (-gruppen) und Güter hinweg gültigen Marketing-Ansatzes für das BDM nur wenig zweckmäßig. Auch wäre der Versuch, möglichst jede marktliche, technische oder sonstige Besonderheit berücksichtigen zu wollen, ebenso zum Scheitern verurteilt, weil er letztlich in einer unüberschaubaren Kasuistik enden würde. Ein aus den genannten Gründen gerade für den Business- und Dienstleistungsbereich sinnvoller ‚Kompromiss' besteht deshalb in der Verwendung von Geschäftstypen, zu denen wenige typische Vermarktungskonstellationen zusammengefasst und für die dann jeweils geeignete Vorgehensweisen abgeleitet werden. Die Ausrichtung von Marketingaktivitäten an Geschäftstypen entspricht damit der grundlegenden Überlegung, dass unterschiedliche Verhaltensweisen der Nachfrager auch spezifische Anpassungen im Marketingprogramm der Anbieter erfordern. Vor diesem Hintergrund verwundert es, dass die Mehrzahl der Marketing-Lehrbücher zwar strategische und operative (primär auf das Marketing-Instrumentarium ausgerichtete) Unterteilungen vornehmen, diese aber keine Differenzierung im Hinblick auf unterschiedliche Kauf- bzw. Geschäftstypen erfahren. Eine Ausnahme bildet hier lediglich die deutschsprachige Literatur zum industriellen B-to-B-Marketing (Industriegütermarketing), die ihre Überlegungen schon immer nach Geschäftstypen – wenn auch in Anzahl und Definition immer wieder verändert – differenziert hat.

Während die Darstellungen zu den Besonderheiten im BDM (Kapitel 2) sowie den grundsätzlichen Gestaltungsoptionen der Anbieter (Kapitel 3 und 4) den *allgemeinen anbieterseitigen Analyserahmen* für das BDM umfassen, liefern die Überlegungen im Teil II des Buches (Kapiteln 5 bis 7) den *allgemeinen nachfragerseitigen Analyserahmen* für das BDM. Gemeinsam bilden sie die **allgemeine Basis für Marketingüberlegungen im BDM** und besitzen ungeachtet der verschiedenartigen Absatzobjekte und Nachfragertypen Gültigkeit. Die Überlegungen im **Teil III** dieses Buches greifen auf diesen allgemeinen Analyserahmen zurück und konzentrieren die Betrachtungen auf die Ableitung von BDM-Geschäftstypen (**Kapitel 8**) und die Entwicklung von auf die BDM-Geschäftstypen angepassten Marketing-Konzepten (**Kapitel 9 bis Kapitel 12**). Dieser Teil des Buches schließt mit der Diskussion der Dynamik und fehlende Kongruenz der BDM-Geschäftstypen in **Kapitel 13**.

8 Geschäftstypen im Business- und Dienstleistungsmarketing

Während die Bildung von Kauftypen im Marketing ein fester Bestandteil der Käuferverhaltensfoschung ist, hat die Bildung von Geschäftstypen zur Abbildung von Transaktionsdesigns zwischen Anbieter- und Nachfrager nur im Bereich des Industriegütermarketings eine Tradition.

> Unter einem *„Geschäftstyp"* werden Transaktionsprozesse verstanden, die relativ homogene Nachfragerverhaltensweisen beschreiben und in Beziehung zu entsprechenden Anbieterverhaltensweisen gesetzt werden. Zwischen Geschäftstypen sollte eine möglichst hohe Heterogenität bestehen. Ziel der Bildung von Geschäftstypen ist die Ableitung spezifischer, auf bestimmte Kaufverhaltensweisen der Nachfragerseite angepasster Marketingprogramme.

Geschäftstypen im obigen Sinne sind damit ausschließlich *marktseiten-integrierende* Ansätze, bei denen ein Geschäftstypus sowohl auf ein homogenes Nachfragerverhalten als auch die darauf ausgerichteten Verhaltensweisen der Anbieter (Marketingprogramme) abstellt. Für das Verständnis von Geschäftstypen ist damit wesentlich, sowohl unterschiedliche Verhaltensweisen der Nachfrager als auch der Anbieter zu kennen bzw. im Geschäftstyp die auf eine typische Kaufsituation abgestimmte Reaktion des Anbieterverhaltens abzubilden. Dennoch wird in der Literatur teilweise auch dann von *„Geschäftstypen"* gesprochen, wenn Gegenstand der Typisierung nur das Nachfragerverhalten oder nur das Anbieterverhalten ist. Da Geschäftstypen zentrale Verhaltensdimensionen *beider Marktparteien* vereinen und somit marktseiten-integrierende Ansätze darstellen, ist es sinnvoll, auch nur auf die Nachfragerseite bzw. nur auf die Anbieterseite abzielende Typologien zu achten. Da für das BDM relevante Kauftypen bereits in Kapitel 7.1 diskutiert wurden, werden im Folgenden noch angebotsbezogene Typologien sowie marktseiten-integrierende Typolgien der Literatur vorgestellt, um vor diesem Hintergrund Geschäftstypen für das BDM abzuleiten.

8.1 Angebotsbezogene und marktseiten-integrierende Typisierungsansätze

Angebotsbezogene Typisierungsansätze weisen eine hohe Überschneidung zu den bereits in Kapitel 7.1.1 dargestellten güterbezogenen Ansätzen auf, wenn Produktcharakteristika als Ansatzpunkt für die Anpassung des Marketing-Konzeptes genommen werden. Da aber grundsätzlich einem Vermarktungsobjekt (Produkt) *nicht* anzusehen ist, *wie* es verkauft wird, wird auch hier diesen Ansätzen keine weitere Beachtung geschenkt. Im Folgenden werden in stark komprimierter Weise angebotsbezogene und marktseiten-integrierende Ansätze betrachtet und im Hinblick auf Überschneidungen diskutiert (vgl. auch die ausführlichen Darstellungen bei Kleinaltenkamp 1994, S. 77 ff. und Backhaus/Voeth 2010, S. 188 ff. sowie die an diese Autoren stark angelehnten Darstellungen bei Eckardt 2010, S. 9 ff.; Werani 2012, S. 36). Durch diese komprimierte Betrachtung sollen die zentralen Verhaltensdimensionen in der Unterscheidung von Nachfrager- und Anbieterverhalten sowie Geschäftstypen aufgedeckt werden, die dann die Basis für die Ableitung der *BDM-Geschäftstypen* im folgenden Kapitel liefert.

Content[PLUS]

4 Typisierungsansätze im Industriegütermarketing

Eine ausführlicher Darstellung der in Abb. 78 zusammengefassten Literatur-Konzepte findet der Leser in diesem Content[Plus]-Kapitel.

Die sog. **angebotsbezogenen Typisierungsansätze** nehmen die Perspektive des Anbieters ein und versuchen, *Verkaufstypen* zu differenzieren, die durch jeweils deutliche Unterschiede im Marketingansatz gekennzeichnet sind. Abb. 78 weist unter (B) die zentralen angebotsorientierten Ansätze aus, die primär für den Industriegütersektor entwickelt wurden. Die Unterschiede im Marketingansatz ergeben sich zwar aus anbieterseitigen Merkmalen (insbesondere Standardisierungs- bzw. Spezifitätsgrad), die aber aufgrund der unterschiedlichen Ausgestaltung der Absatzobjekte auch Konsequenzen für das Nachfragerverhalten implizieren. So setzt z. B. die von Riebel (1965, S. 666 ff.) vorgenommene Unterscheidung nach Markt- und Kundenproduktion zwar an produktionstechnischen Besonderheiten an, die aber auch den Nachfrager in die Betrachtungen einbezieht, indem Marktproduktion für den anonymen Markt unter der Antizipation von Kundenerwartungen und die Kundenproduktion unter Vorgabe von Kundenspezifikationen erfolgt. Darüber hinaus ist auch dem **Ansatz des Arbeitskreises „Marketing in der Investitionsgüter-Industrie"** der Schmalenbach Gesellschaft besondere Bedeutung beizumessen, der eine Differenzierung nach Produkt-, Anlagen- und Systemgeschäften vornimmt. Nach dem Arbeitskreis sind Produktgeschäfte durch das Zusammenwirken von Know-how der Entwicklung, der Konstruktion und Produktionstechnik gekennzeichnet (z. B. Einzelaggregate), während Anlagengeschäfte zusätzlich das Know-how für Kombinationstechnik erfordern (z. B. Industrieanlagen) und Systemgeschäfte die Vermarktung komplexer Systeme (z. B. Telekommunikationssysteme) betreffen (Arbeitskreis „Marketing in der Investitionsgüter-Industrie" 1975, S. 757 ff.). Der Arbeitskreis stellt damit vor allem auf das unterschiedliche Know-how auf der Anbieterseite ab, das bei der Erstellung von Produkten, Anlagen und Systemen erforderlich ist und hebt weiterhin aber auch die Bedeutung von Dienstleistungen (insbesondere des Projektmanagements) hervor, wodurch auch hier ein Bezug zum Nachfragerverhalten (indirekt) hergestellt wird. Schließlich ist auch der **Ansatz von Engelhardt/Kleinaltenkamp/Reckenfelderbäumer** (1993, S. 395 ff.) besonders herauszustellen, da er allgemein ausgerichtet ist und für die Aufgabe der Trennung von

Sach- und Dienstleistungen plädiert. Die Autoren argumentieren, dass im Prinzip die Erstellung aller Leistungen eine mehr oder weniger starke *Kundenintegration* erfordert und damit die *integrative Leistungserstellung* mit dem Kunden als externer Produktionsfaktor (vgl. Abb. 20) nicht nur charakteristisch für Dienstleistungen, sondern generell als der „typische Fall" anzusehen ist (vgl. auch die Ausführungen in Kapitel 2.3).

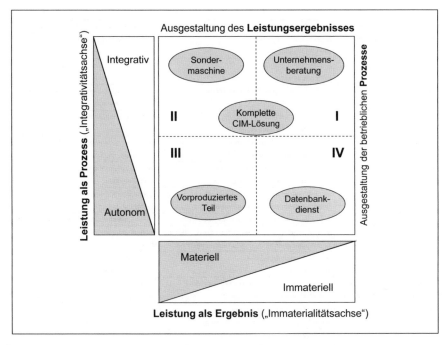

Abb. 77: Leistungstyologie von Engelhardt/Kleinaltenkamp/Reckenfelderbäumer
(Quelle: Engelhardt/Kleinaltenkamp/Reckenfelderbäumer 1993, S. 417)

Die sog. **marktseiten-integrierenden Ansätze** nehmen eine Integration von nachfragerbezogenen (Kapitel 7.1.2) und anbieterbezogenen Verhaltensweisen vor und versuchen, einerseits typische verhaltensbestimmende Dimension(en) der Nachfragerseite mit damit korrespondierenden verhaltensbestimmenden Dimension(en) der Anbieterseite zu kombinieren, die dann im Ergebnis das spezifische Marketingprogramm eines Geschäftstyps ergeben. Eine nähere Sichtung der in Abb. 78 unter (C) zusammengestellten Ansätze zeigt, dass im Prinzip alle Ansätze ihr theoretisches Fundament in der **Neuen Institutionenökonomik** besitzen: Während Backhaus sowie Plinke und Richter stark aus *transaktionskostentheoretischer* Sicht argumentieren und sich primär auf das Industriegütermarketing beziehen, betont Kaas primär den *agency-theoretischen* und Weiber den *informationsökonomischen* Ansatz, und beide Autoren nehmen dabei eine allgemeine Marketingperspektive ein. Demgegenüber setzt Kleinaltenkamp bei der aus der Dienstleistungsforschung kommenden integrativen Leistungserstellung an und enwickelt auch seine Typologie für das industrielle Business-to-Business-Marketing. Insbesondere über das Merkmal der „Spezifität" (individualisierte Leistung) kann aber auch sein Ansatz in der Transaktionskostentheorie verankert werden.

Von den genanten Ansätzen haben vor allem die **Arbeiten von Backhaus** zu *Geschäftstypen im Industriegütermarketing* besondere Beachtung erlangt. Sie wur-

(A) Nachfragerbezogen	Verhaltensdimensionen/Nachfrageseite	Kauftypen ("Geschäftstypen")
Robinson/Farris/Wind 1967	Neuartigkeit der Kaufentscheidung und Informationsbedarf	Neukauf, modifizierte Wiederkauf, identischer Wiederkauf
Backhaus 1982	Standardisierungsgrad und Komplexität des Absatzobjektes	Individualtransaktionen versus Routinetransaktionen
Strothmann/Kliche 1989	Informationsverhalten der Kaufentscheider	Entscheidungsorientierte, Faktenorientierte, Sicherheitsorientierte
Backhaus 1990	Komplexitätsgrad/Standardisierung sowie Einsatzzweck der Leistung (isoliert/vernetzt)	Produktgeschäft, Anlagengeschäft, Systemgeschäft
Droege/Backhaus/Weiber 1993	wahrgenommene Anbieterkompetenz wahrgenommene Anbieterreputation	Faktenorientierte, Imageorientierte Inspekteure, Sicherheitsmaximierer
Weiber 1993; Weiber/Adler 1995	Dominanz von Eigenschaftskategorien im Informationsökonomischen Dreieck	Suchkäufe, Erfahrungskäufe Vertrauenskäufe
Lampach 2007	Informationsverhalten der Kaufentscheider im Informationsökonomischen Dreieck	Fachsucher, Koordinatoren, Machtinhaber
(B) Angebotsbezogen	**Verhaltensdimensionen/Angebotsseite**	**Verkaufs-/Leistungstypen**
Riebel 1965	produktionstechnische Besonderheiten und Erstellung für den anonymen Markt versus kundenindividuell	Kundenproduktion versus Marktproduktion
Rowe/Alexander 1968	Standardisierungsgrad und Verwendungszweck (bekannt/neu)	standardisierte versus individualisierte Produkte mit bekanntem/neuen Zweck
Arbeitskreis Marketing in der Investitionsgüter-Industrie 1975	Technische Kompetenz der Leistungserstellung Bedeutung des Projektmanagements	Produktgeschäft, Anlagengeschäft, Systemgeschäft
Plinke 1992	Fokus Transaktion versus Wiederkauf Fokus Einzelkunde versus Marktsegment	Transaction-, Key Account-, Relationship-Marketing; Projekt-Management
Engelhardt/Kleinaltenkamp/ Reckenfelderbäumer 1993	Integrativität der Leistungserstellung Immaterialitätsgrad des Leistungsergebnisses	Leistungstypus I bis IV
(C) Integrierend	**Verhaltensdimensionen Nachfrager/Anbieter**	**Geschäftstypen**
Backhaus 1993	zeitlicher Kaufverbund Fokus Transaktion versus Wiederkauf	Produktgeschäft, Anlagengeschäft, Key Account-Geschäft, Systemgeschäft
Backhaus/Aufderheide/ Späth 1994	Ex ante/ex post-Unsicherheit Verhaltensunsicherheit/Quasi-Renter Anbieterseite	Produktgeschäft, Anlagengeschäft, Zulieferergeschäft, Systemgeschäft, (Nirwanageschäft)
Kaas 1995b	Informationsmängel/Ausmaß der Verhaltensunsicherheit und Vertragsformen	Austauschgüter, Kontraktgüter Geschäftsbeziehungen
Backhaus 1997	Ex ante/ex post-Unsicherheit Quasi-Rente Nachfragerseite/Anbieterseite	Produktgeschäft, Anlagengeschäft, Zulieferergeschäft, Systemgeschäft
Plinke 1997a	Transaction Buying/Selling Relationship Buying/Selling	Markt(segment)-, Projekt-Management, Kundenbindungs-, Key Account-Management
Kleinaltenkamp 1994, 1997c	Individualisierungsgrad (Integrativität); Materialitätsgrad; Intensität Anbieter-Nachfrager-Beziehung	Spot-, Commodity-, Anlagen-Geschäft, Customer Integration-Geschäft
Richter 2001	Spezifitätsgrad (Individualisierung); Relationalität der Anbieter-Nachfrager-Beziehung	Kunden-, Kooperations-, Mengen-, Komplex-, Koordinations-Geschäfte
Weiber 2007	Kauf-/Verkaufsunsicherheit; Positionierung gem. informationsökonomischen Eigenschaftskategorien	Suchtransaktionen, Erfahrungstransaktionen, Vertrauenstransaktionen

Abb. 78: Typologien von Kauf-, Verkaufs- und Geschäfts-Typen in der Literatur

den von ihm im Laufe der Jahre sukzessive erweitert und auch verändert. Diese Entwicklung lässt sich in Kürze wie folgt nachzeichnen:

Nach Maßgabe des Ablaufs von Interaktionsprozessen im industriellen B-to-B-Bereich schlägt Backhaus (1982, S. 92 ff.) eine Polarisierung von Transaktionsprozessen nach „Individualtransaktionen" und „Routinetransaktionen" vor. Diese Unterscheidung überführt er 1990 in die *Geschäftstypen* „Produktgeschäft" (Routinetransaktionen) und „Anlagengeschäft" (Individualtransaktionen) und nimmt zusätzlich als dritten Geschäftstyp das „Systemgeschäft" auf. Damit rückt er relativ nahe an die Differenzierung des Arbeitskreises „Marketing in der Investitionsgüter-Industrie" (1975, S. 757 ff.), wobei er aber die Unterschiede *nicht* in unterschiedlichem Erstellungs-Know-how auf der Anbieterseite begründet wissen will, sondern in Unterschieden im *Beschaffungsverhalten* der Nachfrager sowie den damit erforderlich werdenden unterschiedlichen *Marketingmaßnahmen* (Backhaus 1990, S. 205). In der Folge wurde diese Dreiteilung auch einer theoretischen Fundierung auf Basis der *Neuen Institutionenökonomik* unterzogen (Backhaus 1992, S. 781 ff.). In einer weiteren Arbeit wurde die theoretische Fundierung mit Fokus auf der *Transaktionskostentheorie* durch Backhaus/Aufderheide/Späth (1994, S. 65 ff.) ausgebaut, was im Ergebnis zu einem „Prüfalgorithmus" führte, mit dessen Hilfe sich nun vier Geschäftstypen im Sinne von Transaktionstypen bestimmen ließen. Diesen **Geschäftstypen-Ansatz** hat Backhaus erstmalig 1997 auch in sein Lehrbuch zum Industriegütermarketing übernommen (Backhaus 1997, S. 290 ff.).

Die diesbezüglichen theoretischen Überlegungen fokussieren die Unsicherheitsproblematik der Marktparteien und unterstellen signifikante Unterschiede des

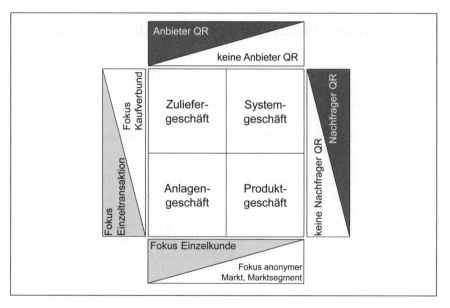

Abb. 79: Vier-Geschäftstypenansatz von Backhaus
(Quelle: Backhaus 1997, S. 295)

Verhaltens in Transaktionsprozessen, die sowohl auf der Nachfrager- als auch auf der Anbieterseite bestehen können. Unterschiede im Transaktionsprozess lassen sich vor allem daran festmachen, ob die Vertragspartner spezifische Investitionen bei einer Transaktion tätigen und damit aus der Transaktion eine sog. *Quasi-Rente* (QR; im Sinne des Vorteils einer realisierten Transaktion im Vergleich zu Alternativ-Transaktionen) erzielen können. Die Entscheidungsfreiheit einer Marktpartei, die eine Quasi-Rente bei einer Transaktion erzielt, ist insbesondere bei Folgetransaktionen eingeschränkt, woraus eine stärkere Bindung an den Marktpartner erwächst.

Würdigung: Die vor allem im Industriegütermarketing entwickelten Ansätze weisen eine hohe Übereinstimmung in ihrer theoretischen Fundierung durch die Ansätze der Neuen Institutionenökonomik und hier speziell in der Transaktionskostentheorie oder der Informationsökonomik auf. Sie finden damit letztendlich in der *Unsicherheitspositionen der Marktparteien* ihre Gemeinsamkeit, die sowohl für das nachfrager- als auch das anbieterseitige Verhalten in Austauschbeziehungen als besonders bedeutsam angesehen werden. Die allgemein bestehende Problematik ist allerdings darin zu sehen, dass die Ansätze aufgrund ihrer überwiegenden Zweidimensionalität zwei Kriterien als Kristallisationsgröße für das Verhalten der Marktparteien fokussieren und damit in ihrer Sichtweise eingeschränkt sind. Auch die Vielzahl der verhaltenswissenschaftlichen Faktoren in Austauschbeziehungen (z. B. Aktivierung, Einstellungen, Lernen) treten in den Hintergrund.

8.2   Geschäftstypen-Ansatz für das BDM

Auch für das BDM wird es als sinnvoll erachtet, die Entwicklung von Marketing-Konzepten an Geschäftstypen auszurichten und dabei eine marktseiten-integrierende Perspektive zu verfolgen. Der abzuleitende **Geschäftstypen-Ansatz** für das BDM soll dabei eine möglichst allgemeine Strukturierung der Austauschprozesse im BDM erlauben und so für eine möglichst große Anzahl an Transaktionsprozessen Gültigkeit besitzt.

Als *BDM-Geschäftstypen* werden Zusammenfassungen von Transaktionen auf Business- und Dienstleistungsmärkten verstanden, die sich aus der Kombination unterschiedlicher Verhaltensweisen auf der Nachfragerseite und Zielsetzungen sowie Verhaltensweisen auf der Anbieterseite ergeben und in der Konsequenz signifikante Differenzierungen im Marketingprogramm der Anbieter erforderlich machen. Die in einem Geschäftstyp zusammengefassten Transaktionsprozesse sollten dabei möglichst homogen und zwischen den Geschäftstypen möglichst heterogen sein.

Obwohl im Folgenden von einer güterspezifischen Betrachtung Abstand genommen wird, so werden dennoch vor allem aus didaktischen Gründen und zur Verdeutlichung der weiteren Überlegungen immer wieder konkrete Absatzobjekte als ‚typische Beispiele' benannt, bei denen sich häufig bestimmte Nachfrager- oder Anbieterverhaltensweisen zeigen. Auch muss bewusst bleiben, dass bei der konkreten Ausgestaltung von Transaktionsprozessen im BDM produktspezifische Merkmale selbstverständlich von hoher Relevanz sind und die Marketingaktivitäten im Einzelfall mit bestimmen.

8.2.1 Ableitung der BDM-Geschäftstypen

Die Entwicklung des folgenden Geschäftstypen-Ansatzes für das BDM wird an folgenden **Anforderungen** orientiert:

- Fundierung der Geschäftstypen in der ökonomischen Theorie,
- Identifikation von charakteristischen Dimensionen für BDM-Transaktionen,
- marktseiten-integrierender Ansatz,
- Zweidimensionalität der Typologie.

Bei der Ableitung von BDM-Geschäftstypen wird die **Interaktionsperspektive** bei Business- und Dienstleistungstransaktionen in den Vordergrund gestellt, da diese aufgrund der großen Bedeutung der *Kundenintegration* bei der Erstellung sowohl von Industriegütern als auch unternehmensbezogenen Dienstleistungen im BDM eine zentrale Rolle spielt. Kundenintegration und integrativer Leistungserstellungsprozess mit der Folge, dass die vermarkteten Leistungsbündel den Charakter von Leistungsversprechen haben, führen insbesondere auf der Nachfragerseite zu einer deutlichen Erhöhung der *Kaufunsicherheit* (vgl. Kapitel 6.3.2). Analog vergrößern sich aber auch die Unsicherheitspositionen auf der Anbeiterseite, da mit zunehmendem Spezifitätsgrad des Absatzobjektes auch die Abhängigkeitsposition des Anbieters von seinem Kunden tendenziell steigt. Das bedeutet, dass der Unsicherheitsproblematik eine besondere Bedeutung beizumessen ist, die insbesondere in **transaktionskostentheoretischen und informationsökonomischen** Überlegungen eine Basis in der ökonomischen Theorie finden. Vor dem Hintergrund, dass hier Geschäftstypen als Kombination unterschiedlicher Verhaltensweisen auf der Nachfragerseite und Zielsetzungen sowie Verhaltensweisen auf der Anbieterseite verstanden werden, wird ein **marktseiten-integrierender Ansatz** verfolgt. Das bedeutet, dass durch die zu bildenden Geschäftstypen sowohl das Nachfrager- als auch das Anbieterverhalten repräsentiert werden soll. Es gilt somit, auf *beiden Marktseiten* verhaltensrelevante Dimensionen im Hinblick auf den Austauschprozess zu bestimmen.

Wird zunächst das **Nachfragerverhalten** betrachtet, so zeigt der in Abb. 78 unter (A) und (C) zusammengestellte Literaturüberblick, dass insbesondere folgende Größen als *verhaltensrelevant* für die Nachfragerseite angesehen werden:

- Einmalkauf oder Wiederkauf (Kaufverbund),
- Individual- oder Routinetransaktionen,
- Nachfrage standardisierter oder individueller Leistungsangebote,
- Such-, Erfahrungs- und Vertrauenskäufe (Beurteilungsproblematik),
- Verhaltensunsicherheit bezüglich der Anbieterseite.

Die Kriterien stehen in enger Abhängigkeit: So weisen Individualtransaktionen eine hohe Korrelation mit spezifischen, vom Kunden individuell nachgefragten Leistungen auf, die ihrerseits meist den Charakter von Einmalkäufen tragen. Ebenso dürfte bei hoher Beschaffungskomplexität die Individualtransaktion und nicht die Routinetransaktion typisch sein. Gleichzeitig vergrößert die Nachfrage nach spezifischen Lösungen die Kaufunsicherheit der Nachfrager, da diese erst nach Kaufabschluss vom Anbieter erstellt werden können. Die Kriterien finden deshalb in der *Spezifität des Transaktionsobjektes* ihren gemeinsamen Nenner. Je spezifischer die Wünsche des Nachfragers sind, desto stärker muss sich der Kunde zum einen in die Leistungserstellung des Anbieters integrieren und zum anderen steigt seine Abhängigkeit vom gewählten Anbieter.

> *Transaktionsobjektspezifische Investitionen* sind Investitionen, die der spezifischen Anpassung eines Transaktionsobjektes an die individuellen Anforderungen eines konkreten Kunden dienen.

Aus Sicht der Transaktionskostentheorie führt eine hohe *Transaktionsobjektspezifität* zu *Quasi-Renten* auf der Nachfragerseite und besonderen Unsicherheiten bei der Kaufentscheidung. Das Kriterium „Kauf individualisierter oder standardisierter Leistungen" besitzt deshalb auch für die Verhaltensweise der Nachfrager eine entscheidende Bedeutung und führt im Ergebnis zu unterschiedlichen nachfragerseitigen Unsicherheitssituationen. Darüber hinaus korreliert die Transaktionsobjektspezifität auch mit dem Charakter des Austauschobjektes als Leistungsversprechen. Beide Kriterien führen bei hoher Objektspezifität (Leistungsversprechen) eher zu Erfahrungs- und Vertrauenskäufen, während bei geringer Objektspezifität (Austauschgut) Suchkäufe dominant sein dürften. Vor diesem Hintergrund wird im Folgenden als zentrale verhaltensbestimmende Größe auf der Nachfragerseite das **Ausmaß der transaktionsobjektspezifischer Investitionen** zur Typenbildung herangezogen.

Im Hinblick auf das **Anbieterverhalten** zeigt der in Abb. 78 unter (B) und (C) zusammengestellte Literaturüberblick, dass in der Literatur primär folgende Größen zur Differenzierung des Anbieterverhaltens herangezogen werden:

- Standardisierung oder Individualisierung der Leistung,
- Einzelkunde oder Marktsegment (anonymer Markt),
- Ausmaß der Kundenintegration im Leistungserstellungsprozess,
- Such-, Erfahrungs- und Vertrauensverkäufe (Beurteilungsproblematik),
- Verhaltensunsicherheit bezüglich der Nachfragerseite.

Auch hier ist eine große Gemeinsamkeit der in der Literatur verwendeten Kriterien festzustellen, da sie sich letztendlich alle auf die in der Betriebswirtschaftslehre als ‚klassisch' zu bezeichnende Frage nach **„Standardisierung oder Individualisierung?"** zurückführen lassen (vgl. Kapitel 3.1). Bei *individualisierten Leistungen* wird der Einzelkunde fokussiert, was mit einer höheren Interaktion zwischen Anbieter und Kunde verbunden ist und weshalb der Kunde auch eine stärkere Integration in den Leistungserstellungsprozess des Anbieters erfährt. Aus Sicht der *Transaktionskostentheorie* sind alle diese Kriterien mit einer hohen Spezifität der zu erstellenden Leistung verbunden, wodurch *Quasi-Renten* auf der Anbieterseite entstehen, die zu einer größeren Abhängigkeit des Anbieters von einem Kunden führen. Aus Sicht der *Informationsökonomik* besitzt die Erstellung individueller Leistungen den Charakter eines Leistungsversprechens, was in Verbindung mit der Kundenintegration zu besonderen *Verhaltensunsicherheiten* auf der Anbieterseite führt, und es liegt eine Dominanz von Erfahrungs- und Vertrauensverkäufen vor. Demgegenüber sind bei standardisierten Leistungen die genannten Kriterien eher gering ausgeprägt, wodurch *Quasi-Renten* auf der Anbieterseite entfallen und bezüglich der Verhaltensunsicherheit Suchverkäufe dominant werden (vgl. auch Abb. 69). Die zentrale Frage ist nun, welche Konsequenzen die Entscheidung für Standardisierung oder Individualisierung von Leistungen für das Marketingprogramm des Anbieters besitzt. Es können zwei elementare Schlussfolgerungen gezogen werden:

Zum einen wird die Entscheidung für Standardisierung oder Individualisierung wesentlich durch die Anforderungen der Kundenseite bestimmt und liegt damit letztendlich nur bedingt im Entscheidungsbereich des Anbieters. Zum anderen ist in *beiden* Fällen (Standardisierung und Individualisierung) für das Anbieterverhalten die Frage entscheidend, ob der jeweilige Kunde eine Einmalkaufentscheidung trifft oder in eine dauerhafte Geschäftsbeziehung mit dem Anbieter gebracht werden kann oder diese bereits existiert. Es ist deshalb aus Anbietersicht jeweils der *Kundenwert* bzw. der *Customer Lifetime Value* (CLV) zu analysieren. Führt dieser zu dem Ergebnis, dass es lohnend ist, eine Geschäftsbeziehung mit dem Nachfrager aufzubauen, so steht die Profitabilität der Geschäftsbeziehung im Vordergrund, während ansonsten die Profitabilität der (aktuellen) Transaktion sichergestellt werden muss. Die Entscheidung für den Aufbau oder den Erhalt einer Geschäftsbeziehung führt dann auf der Anbieterseite zur Entscheidung für das Tätigen geschäftsbeziehungsspezifischer Investitionen, die zwar *Quasi-Renten* auf der Anbieterseite versprechen, dafür aber auch höhere Umwelt- und Verhaltensunsicherheiten für den Anbieter zur Folge haben. Vor diesem Hintergrund wird im Folgenden als zentrale verhaltensbestimmende Größe auf der Anbieterseite das **Ausmaß der geschäftsbeziehungsspezifischen Investitionen** (vgl. auch Kapitel 4.2.3.3) zur Typenbildung herangezogen.

> *Geschäftsbeziehungsspezifische Investitionen* sind Investitionen, die ausschließlich zur *Stützung einer Geschäftsbeziehung* vorgenommen werden und auf das Erlangen von Vorteilspositionen bei *Folgetransaktionen* abzielen

Werden die Typisierungsdimensionen der Anbieter- und der Nachfragerseite kombiniert, so ergeben sich die in Abb. 80 dargestellten vier Geschäftstypen für das BDM, die sich durch transaktionskostentheoretische und informationsökonomische Überlegungen begründen lassen und vor allem auf unterschiedliche Unsicherheitspositionen der Transaktionspartner im Austauschprozess abstellen. Das Zusammentreffen von unterschiedlichen **Unsicherheitssituationen** der Transaktionspartner führt auf der Anbieterseite zu der Notwendigkeit einer Anpassung des Verhaltensprogramms und damit zu der Erfordernis, unterschiedliche Marketing-Konzepte zu entwickeln.

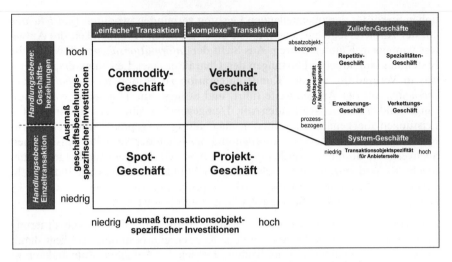

Abb. 80: Geschäftstypen für das Business- und Dienstleistungsmarketing

Im folgenden Kapitel werden die BDM-Geschäftstypen zunächst einer kurzen Abgrenzung nach charakteristischen Unterscheidungsmerkmalen unterzogen. In den Kapiteln 9 bis 12 werden dann die unterschiedlichen Marketing-Konzepte und deren spezifische Ausgestaltung in den BDM-Geschäftstypen im Detail diskutiert.

8.2.2 Zentrale Charakteristika und Marketing-Fokusse der BDM-Geschäftstypen

In Abb. 81 sind zunächst die aus Nachfrager- und Anbietersicht zentralen Merkmale der verschiedenen BDM-Geschäftstypen zusammengestellt, wobei zu beachten ist, dass auch hier eine strenge Merkmalsunabhängigkeit nicht gegeben ist. Vielmehr sind die aufgeführten Merkmale auf die Betrachtungswinkel der jeweiligen Transaktionssituation bezogen, aus denen sich in der Zusammenschau aber die geschäftsbeziehungsspezifischen Investitionen des Anbieters und die objektspezifischen Investitionen des Nachfragers als Kristallisationsgrößen zur Unterscheidung der Geschäftstypen herausstellen lassen. Im Folgenden sind die Ausführungen auf die zenralen Unterscheidungsmerkmale der BDM-Geschäftstypen konzentriert, die im Ergebnis die geschäftstypenspezifischen Marketing-Ansätze im BDM begründen.

Als **Spot-Geschäft** werden Transaktionen bezeichnet, bei denen die Nachfrager aus einer großen Angebotspalette wählen können und die gesuchte Problemlösung keine besonderen, auf den Nachfrager zugeschnittenen Leistungsmerkmale aufweist. Die Transaktionsobjekte sind somit (relativ) homogene Güter. Dadurch besitzen die in diesem Geschäftstyp vermarkteten Leistungen einerseits für den Nachfrager keine Objektspezifität und ein Anbieterwechsel ist bei jeder neuen

	Commodity-Geschäft	Verbund-Geschäft
Marketing von Geschäftsbeziehungen	Transaktionsobjekte weitgehend standardisiert	Transaktionsobjekte standardisiert und individualisiert
	„einfache" Einzeltransaktionen mit Bindungspotenzial	„komplexe" Einzeltransaktionen mit techn. Bindungspotenzial
	Bindung über Beziehungsspezifität	Bindung über Transaktionsobjektsspezifität
	ungeplante Geschäftsbeziehung	geplante Geschäftsbeziehung
	geschäftsbeziehungsspezifische Investition	transaktionsbeziehungsspezifische Investition in Bargaining Transactions
	Kunden Lock-In über Zufriedenheit	Kunden Lock-In über Faktorspezifität
	Marketing-Ansatz und besondere Foki	**Marketing-Ansatz und besondere Foki**
	Marketing-Ansatz: beziehungsorientiert/instrumentell	**Marketing-Ansatz:** beziehungsorientiert/Lock-In
	primäre Zielgröße: Profitabilität der Einzeltransaktionen und der Geschäftsbeziehung	primäre Zielgröße: Geschäftsbeziehungs-Profitabilität
	Foki im beziehungsbezogenen Marketing-Ansatz:	*Foki im beziehungsbezogenen Marketing-Ansatz:*
	Geschäftsbeziehungsspezifische Investitionen	abhängig von Verbundtypen

	Spot-Geschäft	Projekt-Geschäft
Marketing von Einzeltransaktionen	Transaktionsobjekte: weitgehend homogen	Transaktionsobjekte: hoch spezifisch (Leistungsversprechen)
	„einfache" Einzeltransaktionen ohne Bindungspotenzial	„komplexe" (abgeschlossene Einmaltransaktion)
	keine Ansatzpunkte für spezifische Investitionen	transaktionsbeziehungsspezifische Investition in Managerial Transactions
	Wiederholungskäufe nur über Wirtschaftlichkeit	keine Folgekäufe/Geschäftsbeziehung
	Marketing-Ansatz und besondere Foki	**Marketing-Ansatz und besondere Foki**
	Marketing-Ansatz: effizienzorientiert	**Marketing-Ansatz:** projektphasenbezogen
	primäre Zielgröße: Profitabilität der Einzeltransaktionen	primäre Zielgröße: Profitabilität der Einmaltransaktion
	Foki im instrumentellen Marketing-Ansatz:	*Foki im phasenorientierten Marketing-Ansatz:*
	Preis; Beschaffungseffizienz	Transaktionsbeziehungsspezifische Investitionen; Objektspezifität
		Akquisitionsphase; Angebotserstellungsphase

Abb. 81: Zentrale Charakteristika und Fokusse im Marketing-Ansatz der BDM-Geschäftstypen

Transaktion im Hinblick auf das Transaktionsobjekt problemlos möglich. Die Transaktionen selbst sind hier somit als *„einfach"* zu bezeichnen. Das bedeutet für den Anbieter, dass bei der Vermarktung zunächst der Preis eine hohe Dominanz besitzt und daher ein Fokus auf das Kostenmanagement gelegt werden sollte. Geschäftsbeziehungen lassen sich im Spot-Geschäft nur bedingt und wenn überhaupt durch besonders attraktive Logistikleistungen und Zufriedenheit mit der Transaktionsabwicklung aufbauen. Das Marketing sollte hier deshalb einen **effizienzorientierten Ansatz** mit einem Fokus auf der Preispolitik, der Mengen- und Konditionenpolitik sowie dem Kostenmanagement und der Beschaffungseffizienz verfolgen. Typische Beispiele für Leistungsangebote, die häufig im Spot-Geschäft vermarktet werden, sind insbesondere im Bereich homogener Roh- und Einsatzstoffe zu finden.

Im **Commodity-Geschäft** werden ebenfalls Leistungen nachgefragt, die zumindest im Hinblick auf das Kernprodukt *weitgehend standardisiert* sind und deshalb zwischen verschiedenen Anbietern keine großen Unterschiede aufweisen. Die Transaktionsobjektspezifität ist für den Nachfrager deshalb ebenfalls relativ gering. Allerdings trifft hier die im BDM häufig höhere Komplexität der Leistungen auf Know-how-Defizite auf der Nachfragerseite und damit höhere Unsicherheiten. Dennoch können die Transaktionen im Commodity-Geschäft insgesamt auch als vergleichsweise *„einfach"* bezeichnet werden. Die nachgefragten Leistungen gehen zwar als eigenständige Objekte in die Prozesse des Nachfragers ein, stehen dabei aber – im Vergleich zum Verbund-Geschäft – in *keinem* objektiv-technischen Bedarfsverbund zu anderen Produkten, die in den Prozessen des Nachfragerunternehmens eingesetzt werden. Obwohl im Commodity-Geschäft meist eine weitgehende Standardisierung der Kernleistung vorliegt, so kann sich ein Anbieter dennoch durch eine entsprechende Ausgestaltung der *Marketing-Instrumente* im Wettbewerb differenzieren und somit eine *„De-Commoditisierung"* herbeiführen. Ebenso ergeben sich aufgrund der Nutzungsdauer der im Commodity-Geschäft vermarkteten Leistungen und der damit meist erforderlichen Begleitung des Nachfragers im Nutzungsprozess für den Anbieter gute Ansatzpunkte zum Aufbau psychologischer Bindungen durch geschäftsbeziehungsspezifische Investitionen. Das Marketing sollte deshalb hier versuchen, einen **beziehungsorientierter Marketing-Ansatz** zu verfolgen, wobei Schwerpunkte vor allem auf die Servicepolitik (insbesondere technische Dienstleistungen, Beratung) und eine prozessbezogene Integralqualitätspolitik gelegt werden sollten, da dadurch der Aufbau oder die Stabilisierung einer Geschäftsbeziehung gestützt werden kann. Typische Beispiele für Leistungsangebote, die häufig im Commodity-Geschäft vermarktet werden, reichen von sog. Einzelaggregaten (z. B. Baufahrzeuge; Standardmaschinen, Elektrobauteile) bis hin zu standardisierten Dienstleistungen.

Beim **Projekt-Geschäft** kann der Nachfrager auf keine ‚vorgefertigte' Lösung am Markt zurückgreifen, sondern muss diese erst durch einen Anbieter für den konkreten Bedarfsfall des Nachfragers entwickeln lassen (Auftragsfertigung). Entsprechend hoch ist bei diesen Transaktionen die Integration des Kunden in den Leistungserstellungsprozess des Anbieters. Projekt-Geschäfte stellen damit immer *Leistungsversprechen* dar, die eine hohe Spezifität für Nachfrager und Anbieter aufweisen: Anbieter können damit ein erstelltes Projektergebnis keinem anderen Nachfragern anbieten und Nachfrager sind mit der Lösungserstellung an den gewählten Anbieter gebunden. Die Transaktionen im Projekt-Geschäft sind meist als *„komplex"* zu bezeichnen, was insbesondere auch die zugehörigen Managerial Transactions betrifft. Nach Fertigstellung des Projektes wird unterstellt, dass das Projektergebnis ohne größere Zusatzleistungen vom Nachfrager verwendet werden kann, so dass sich für den Anbieter keine Folgetransaktionen – auch nicht im Bereich des Cross-Selling – ergeben. Damit sind auch die Ansatzpunkte für geschäftsbeziehungsspezifische Investitionen im Prinzip nicht existent. Das Marketing im Projekt-Geschäft sollte deshalb einem **phasenbezogener Marketing-Ansatz** folgen, da die Vermarktungsphase zweigeteilt ist und aus einer Akquisitionsphase und einer Angebotserstellungsphase besteht. Die eigentliche Projekterstellungsphase liegt dann erst nach der Akquisition eines Projektes, wobei aber auch hier Ansatzpunkte für das Marketing aufgrund der Kundenintegration bei der Leistungserstellung relevant sind. Beispiele für Leistungsangebote, die typischerweise im Projekt-Geschäft vermarktet werden, reichen von komplexen Dienstleistungsprojekten (z. B. Unternehmensberatung) über Software-Entwicklungsprojekte bis hin zum industriellen Großanlagenbau.

Die Besonderheit des **Verbund-Geschäfts** ist darin zu sehen, dass die Transaktionsobjekte in einem *objektiv-technischen Bedarfsverbund* zu anderen Vermarktungsobjekten stehen, die eine zeitraumbezogene Nachfrageverbundenheit zwingend begründen. Solche Bedarfsverbunde bestehen dann, wenn die vom Nachfrager gewünschte Problemlösung umfassend entweder *nur* in mehreren, zeitlich aufeinander folgenden Kaufentscheidungen erstellt werden kann oder der Nachfrager mit seiner (Erst-)Kaufentscheidung Festlegungen auch für folgende Transaktionen trifft. Damit gerät der Nachfrager durch die Erstkaufentscheidung in eine **Lock-in-Situation**, die ihn bei Folgekaufentscheidungen in Abhängigkeit von einem Anbieter oder einer gewählten technischen Lösung bringt. Verbund-Geschäfte sind damit für den Nachfrager immer mit hoch spezifischen Investitionen bei der Erstkaufentscheidung verbunden und führen aufgrund der eingeschränkten Entscheidungsfreiheit bei den Folgekaufentscheidungen beim Nachfrager zu ,erzwungenen' oder geplanten Geschäftsbeziehungen (Kapitel 4.2.2). Die Transaktionen im Verbund-Geschäft sind damit als *„hoch komplex"* zu bezeichnen, was auch hier für die zugehörigen Managerial Transactions gilt. Aus Anbietersicht können im Verbund-Geschäft sowohl standardisierte als auch sehr individuelle Lösungen vermarktet werden. Bezogen auf das Vermarktungsobjekt können die Anbieterleistungen damit Ähnlichkeiten sowohl mit dem Commodity- als auch mit dem Projekt-Geschäft aufweisen. Der zentrale Unterschied zu diesen beiden Geschäftstypen besteht aus Anbietersicht jedoch darin, dass sich auch der Anbieter zur Geschäftsbeziehung verpflichten *muss*, womit bei Verbund-Geschäften immer ein **beziehungsorientierter Marketing-Ansatz** verfolgt werden sollte, bei dem auch der Anbieter i. d. R. hohe transaktionsbeziehungs- und geschäftsbeziehungsspezifische Investitionen leistet. Leistungsangebote, die im Verbund-Geschäft vermarktet werden, können danach unterschieden werden, ob sich der Bedarfsverbund der Anbieterleistung auf die Absatzobjekte des Nachfragers (*absatzobjektbezogene Bedarfsverbunde*) oder die Prozesse des Nachfragers (*prozessbezogene Bedarfsverbunde*) bezieht. Als typisch für den ersten Fall sind die Leistungen von *Zulieferern* zu bezeichnen, die von Standardteilen über Komponenten (z. B. Karosserien, Batterien) bis hin zu ganzen Systemen (z. B. Elektroniksystem bei Autos) reichen, während prozessbezogene Bedarfsverbunde dann vorliegen, wenn die Anbieterleistungen z. B. Systemtechnologien darstellen, die in die Systemlandschaft des Nachfragers integriert werden müssen. Die Konsequenzen für das Marketing ergeben sich hier jedoch nicht primär aus der Beschaffenheit der Produkte, sondern aus den bestimmenden Kriterien der Kaufentscheidung. Da diese jedoch sehr unterschiedlich sein können, wird das Verbund-Geschäft in diesem Buch nochmals nach **vier Verbundtypen** unterschieden, für die der beziehungsorientierte Marketing-Ansatz jeweils deutliche Modifikationen erfährt (vgl. Abb. 80). Absatzobjektbezogene Bedarfsverbunde bezeichnen wir dabei als **Zuliefer-Geschäfte** mit den Verbundtypen *Repetitiv- und Spezialitäten-*

Geschäft, während prozessbezogene Bedarfsverbunde als **System-Geschäfte** deklariert und nach den Verbundtypen *Erweiterungs- und Verkettungs-Geschäft* unterschieden werden (vgl. Kapitel 12.2).

Zusammenfassend kann festgehalten werden, dass sich das Marketing in den verschiedenen BDM-Geschäftstypen dahingehend unterscheidet, dass es bei *Spot- und Projekt-Geschäften* primär auf der **Handlungsebene der Einzeltransaktionen** angesiedelt ist, da in diesen Geschäftstypen keine oder nur wenig Ansatzpunkte zum Aufbau von Geschäftsbeziehungen gegeben sind. Demgegenüber ist das Marketing bei *Commodity- und Verbund-Geschäften* auf der **Handlungsebene der Geschäftsbeziehungen** verortet. Eine weitere Unterscheidung kann nach der *Komplexität der Transaktionen* vorgenommen werden: Danach können die Transaktionen im *Spot- und im Commodity-Geschäft* als vergleichsweise „**einfach**" deklariert werden, während es sich im *Projekt- und Verbund-Geschäft* um relativ „**komplexe**" Transaktionen handelt. Bereits diese Differenzierungen lassen erkennen, dass die Ausgestaltung des Marketing-Ansatzes in den verschiedenen Geschäftstypen signifikante Unterschiede aufweist, was die Notwendigkeit einer differenzierenden Betrachtungsweise nochmals unterstreicht. In den Kapiteln 9 bis 12 werden die an den BDM-Geschäftstypen orientierten Marketing-Ansätze im Detail vorgestellt und in Kapitel 13 Dynamik und Verschiedenartigkeit der Geschäftstypen diskutiert.

9 Marketing im Spot-Geschäft

9.1 Charakteristika des Spot-Geschäfts

Das Spot-Geschäft ist dadurch gekennzeichnet, dass relativ homogene Leistungen auf kompetitiven Märkten vermarktet werden. Typische Beispiele hierfür stellen die Märkte für Rohstoffe wie etwa Eisenerz, Kupfer, Blei, Zink, Zinn, Nickel, Quecksilber, Silber und Gold oder Kautschuk, Wolle, Seide, Jute, u. ä. dar, ebenso aber auch die für Nahrungs- und Genussmittel sowie landwirtschaftliche Produkte wie z. B. Rohkaffee, Rohkakao, Tee, Zucker, Orangensaftkonzentrat, Rinderhäute, Talg, Sojabohnen, Erdnüsse oder Kokosöl. Da sich bestimmte Rohstoffvorkommen oft mehr oder weniger konzentriert in bestimmten Regionen der Welt befinden, ist das Geschäft gerade in diesem Bereich und in der Folge oft auch das für die daraus hergestellten Grund- und Einsatzstoffe stark international geprägt. Die Vermarktungscharakteristika des Spot-Geschäfts lassen sich aber nicht nur auf den Rohstoffmärkten finden, sondern auch beim Absatz standardisierter Teile, wie z. B. Standard-Computerchips, oder beim Vertrieb standardisierter Dienstleistungen, wie etwa bei bestimmten Handwerkerleistungen.

> Als *Spot-Geschäfte* werden Vermarktungsprozesse von weitgehend homogenen Leistungen bezeichnet, die vom Nachfrager zum Zwecke des Verbrauchs gekauft werden und i. d. R. keine eigenständige Nutzenfunktion in den Prozessen des Nachfragers übernehmen können.

Gemeinsam ist den im Spot-Geschäft gehandelten Absatzobjekten, dass eine Differenzierung der Kernleistung nicht und auch über spezielle Dienstleistungsangebote kaum bzw. nur sehr schwer möglich ist. Dabei ist die Homogenität der im Spot-Geschäft vermarkteten Produkte und Dienstleistungen nur sehr selten „naturgegeben". Es handelt sich in aller Regel also nicht um Güter, die schon von der Produktsubstanz her gleichförmig sind. Die Homogenität der Güter wird vielmehr in aller Regel von Anbietern oder/und Nachfragern bewusst herbeigeführt, um die Vermarktungsfähigkeit der Produkte durch eine Verringerung der Kaufparameter zu verbessern bzw. überhaupt erst zu ermöglichen. So haben sich z. B. für den Absatz bestimmter Roh- und Einsatzstoffe detaillierte, vielfach international geltende Reglementierungen, Handelsklassen und Qualitätsstandards herausgebildet – wie etwa beim Erdöl, wo zwischen den ‚leichten' Sorten „West Texas Intermediate" (WTI) und „Brent" (Nordseeöl) sowie den schweren Sorten wie „Mars" und „Poseidon" unterschieden wird. So werden die angebotenen Leistungen zu „vertretbaren Sachen" gemäß § 93 BGB, d. h. zu Gütern, die dadurch charakterisiert sind, dass sie gleichwertig beschaffen und gegeneinander austauschbar sind. Für ihren Verkauf werden standardisierte Verträge abgeschlossen, sodass keine Unterschiede nach Maß, Gewicht und insbesondere Qualität der getauschten Güter existieren. Zudem sind in aller Regel auch die Mengen festgelegt, was bedeutet, dass es bestimmte Mindestabschlussmengen („Kontrakte") und fest umrissene Kontraktdauern gibt, die für jede Ware festgelegt sind. So umfasst etwa ein Kontrakt Kakao 30.000 lbs. Kakaobohnen. Schließlich haben sich auch für die Lieferbedingungen in Bezug auf Fracht, Versicherungen, Zoll usw. seit langem weltweit anerkannte und von der Internationalen Handelskammer in Paris herausgegebene Standards, die sog. *Incoterms* („International Commercial Terms"), herausgebildet. Diese müssen bei der Durchführung einer Transaktion nicht jedes Mal neu geklärt werden, sondern es kann in einem Vertrag auf sie Bezug genommen werden.

Über die technische Homogenisierung hinaus ist somit auch eine Angleichung bzw. Vereinheitlichung der Vertragskonditionen typisch für das Spot-Geschäft. Sie ermöglicht nicht nur die Durchführung der Transaktionen, sondern führt auch dazu, dass die angebotenen Leistungen mit – nahezu – allen ihren Aspekten für den Nachfrager leicht zu vergleichen sind und die Kaufentscheidung letztlich im Wesentlichen durch die Höhe des zu zahlenden Kaufpreises sowie ggfs. die Zahlungsbedingungen beeinflusst wird. Das Nachfragerverhalten im Spot-Geschäft kann durch folgende *allgemeine Charakteristika* beschrieben werden:

- Es werden Leistungen nachgefragt, die als Verbrauchsgüter in die Prozesse der Nachfrager eingehen und dabei keine eigenständige Nutzenfunktion für den Nachfrager übernehmen.
- Die Homogenität der Leistungen erlaubt den Nachfragern eine weitgehend vollständige Leistungsbeurteilung vor dem Kauf durch entsprechende Suchprozesse (Dominanz an Sucheigenschaften).
- Die Suchprozesse erfolgen meist über Auktionen oder Warenbörsen, wobei elektronische Marktplattformen eine immer größere Bedeutung erlangen.
- Die weitgehende Substituierbarkeit der Angebote erlaubt es den Nachfragern eine Fokussierung auf den Preis vorzunehmen.
- Die Leistungsbeschaffung weist einen hohen Routinegrad auf.
- Das Nachfragerverhalten wird nicht oder kaum durch existierende Geschäftsbeziehungen zwischen den Anbietern und den Nachfragern beeinflusst.

9.2 Vermarktungsformen im Spot-Geschäft

Spot-Geschäfte werden typischerweise auf drei Arten abgewickelt: Erstens im direkten Kontakt zwischen den Anbietern und Nachfragern der Leistungen, zweitens über Aktionen und drittens an Warenbörsen.

(1) Direktes Spot-Geschäft

Insbesondere dann, wenn es nur wenige Anbieter und Nachfrager auf den betreffenden Märkten gibt, werden Güter auf Spot-Märkten von den Nachfragern direkt und ohne Einschaltung von institutionalisierten Handelsplätzen von den Anbietern bezogen. Bei diesen Anbietern kann es sich dann sowohl um die Erzeuger selbst als auch um Firmen handeln, die entsprechende Mengen bei den Herstellern ein- und an die Abnehmer weiterverkaufen („kollektierender Handel").

(2) Auktionen

Eine zweite Art und Weise der Durchführung des Spot-Geschäfts stellen Auktionen dar. Beispiele sind etwa Großhandelsauktionen, auf denen neben Agrarprodukten auch Naturprodukte der Forst-, Gärtnerei- und Fischwirtschaft vertrieben werden. Die Naturprodukte werden von Erzeugern und Erzeugervereinigungen, Zentralgroßhändlern und Importeuren angeboten, denen Großverwender, Verarbeiter und Weiterverkäufer auf der Nachfrageseite gegenüberstehen.

> *Auktionen* sind organisierte und unter einheitlicher Leitung stehende Marktveranstaltungen, die zu einer festgelegten Zeit an einem bestimmten Ort stattfinden. Dabei wird ein meist am Auktionsort anwesendes Angebot an Waren, das ganz oder durch Proben der allgemeinen Besichtigung zugänglich gemacht worden ist, in öffentlichen Bietverfahren an den Meistbietenden verkauft.

Durch die immer weitere Verbreitung des E-Business haben sich auch zunehmend elektronische Auktionsformen etabliert (Internet-Auktionen, „e-auctions"). Während traditionelle Auktionen vor allem dem Interesse der Anbieter dienen, einen möglichst hohen Preis zu erzielen, werden Internet-Auktionen im Allgemeinen von der Seite der beschaffenden Unternehmen durchgeführt mit dem Ziel, einen möglichst geringen Preis für die betreffenden Güter zu zahlen. Diese werden teilweise von Internetaktionshäusern (z. B. Ariba.com, MFG.com, SourcingParts.com) oder von den beschaffenden Firmen selbst durchgeführt. So werden etwa Reverse Auctions regelmäßig von großen Automobilherstellern veranstaltet.

(3) Warenbörsen

Spot-Geschäfte finden zu großen Teilen auch an Warenbörsen statt. Wichtige Handelsplätze sind z. B. die Warenbörsen in New York (Metalle), London (Metalle) oder Pittsburgh (Stahl) sowie zahlreiche Terminbörsen mit ausschließlich regionaler Bedeutung, wie in Deutschland etwa die EEX (European Energy Exchange) in Leipzig oder die RMX (Risk Management Exchange AG) in Hannover.

> *Warenbörsen* sind organisierte, zentrale Marktveranstaltungen, die zu festen Zeiten an bestimmten Orten und unter fixierten Regeln sowie unter staatlicher Aufsicht stattfinden. Grundvoraussetzung der Institutionalisierung einer Warenbörse und des ihr zugrundeliegenden Regelwerks ist somit eine Genehmigung durch ein entsprechendes staatliches Organ (Mattmüller 1995, S. 2643).

Die Transaktionen an der Warenbörse können nur von zugelassenen Börsenmitgliedern geschlossen werden wie bspw. zwischen Handelshäusern, Produzenten,

Verarbeitern oder Maklern. Im Rahmen des „Verpflichtungsgeschäfts" (= Bargaining Transaction) wird ein Vertrag geschlossen, wobei sich die Vertragsparteien aufgrund der Vertretbarkeit der gehandelten Waren nur über die Gattung bzw. die Art der Güter, die Menge, d. h. die Anzahl der Kontrakte sowie den Preis einigen müssen. Das „Erfüllungsgeschäft" (= Managerial Transaction), das die Lieferung der Ware sowie die dafür anfallende Zahlung des Kaufpreises umfasst, wird zwischen den Vertragsparteien direkt abgewickelt und findet dementsprechend außerhalb der Warenbörse statt. Die Besonderheit des Spotgeschäftes an den Warenbörsen besteht somit im Zustandekommen eines Kaufvertrages ohne materielles Vorhandensein der Ware am Börsenort sowie ohne vorherige Besichtigung der Ware durch den Käufer. Neben dem *Effektivgeschäft*, bei dem die Ware zum Zeitpunkt des Vertragsabschlusses getauscht wird („Lokogeschäft"), sind an der Warenbörse auch *Termingeschäfte* („Futures") möglich, bei denen das vereinbarte Geschäft erst zu einem genau festgelegten späteren Termin zu erfüllen ist. Die wichtigsten Aufgaben der Warenbörse liegen nach *Mattmüller* (1995, S. 2643) in folgenden Aspekten:

- Preisbildung,
- Preisausgleich,
- Preissicherung.

Die Aufgabe der **Preisbildung** nimmt die Warenbörse dadurch wahr, dass die an namhaften Börsen festgestellten Notierungen auch den Wert der Ware bei außerbörslichen Geschäften stark beeinflussen. Darüber hinaus lassen sich aus den Terminkursen auch die Erwartungswerte der Börsenteilnehmer in Bezug auf zukünftig erhältliche Mengen und Qualitäten ablesen, sodass die Warenbörse auf diese Weise ebenfalls zu einer höheren Markttransparenz beiträgt (Mattmüller 1995, S. 2644). Die Feststellung der Kontraktpreise bzw. der Börsenkurse des Abschlusstages stellt dabei allerdings eine Eigentümlichkeit der Warenbörse dar. Ein individuell vereinbarter Preis zweier Börsenteilnehmer wird schließlich durch amtliche Festschreibung und Veröffentlichung zum Kurs. Die freien Vereinbarungen der Vertragsparteien determinieren seine Höhe.

Entsprechend den zwei an der Börse üblichen Geschäftsarten – Effektivgeschäft und Termingeschäft – werden auch die dazugehörigen Notierungen unterschieden: die Einheitsnotierung und die variable bzw. fortlaufende Notierung. Der *Einheitskurs* wird für jeden gehandelten Qualitätstyp täglich gesondert festgestellt. Dieser einzige Kurs stellt dabei den amtlichen Börsenpreis dar, bei dem aufgrund der Marktlage die meisten Geschäftsabschlüsse realisiert werden können. Der Einheitspreis bzw. -kurs berücksichtigt folglich die an einem Börsentag vorliegenden Kauf- und Verkaufsgebote, stellt die Realisierung des größtmöglichen Umsatzes sicher und stellt sodann den Kontraktpreis für alle am selben Tag stattfindenden Börsentransaktionen in den betreffenden Qualitätstypen dar. Im Gegensatz zur Einheitsnotierung gibt es bei der *fortlaufenden Notierung* nicht nur einen Kurs, sondern eine ganze Anzahl verschiedener Kurse für jeden gehandelten Qualitätstyp. Die Kontraktpreise der einzelnen individuellen Geschäftsabschlüsse werden bei dieser Notierung festgestellt und fortlaufend notiert. Dies ist typisch für den spekulativen Charakter des Terminmarktes, da auf diese Weise die Tendenz- und Preisentwicklung im Verlauf der Börsenveranstaltung deutlich zu Tage tritt. Beim Effektivgeschäft hingegen ergeben sich ausschließlich Kursveränderungen von einer zur anderen Börsenveranstaltung.

Die **Preisausgleichsfunktion** erfüllen die Warenbörsen dadurch, dass sie Arbitragegeschäfte ermöglichen, wodurch regionale Preisspitzen relativ schnell ausgeglichen werden. Sie beruhen auf der Ausnutzung von Kursunterschieden bei identischen Gütern an verschiedenen Börsenplätzen (Mühlmann/Ngalassa/Pupprecht 1987, S. 35). Ein Händler kann etwa beim Handel mit Erzen Kursunterschiede zwischen der Commodity Exchange in New York und der London Metal Exchange für sich vorteilhaft zur Gewinnerzielung nutzen, wenn er Erze zu einem niedrigen Kurs in New York einkauft und gleichzeitig zu einem höheren Kurs in London verkauft. Dies bewirkt einen Nachfrageüberhang nach Erzen an der New Yorker Börse und einen Angebotsüberhang an der Londoner Börse. In Folge ist deshalb ein Ausgleich der beiden Notierungen zu erwarten (vgl. Mattmüller 1995, S. 2644). Gleichwohl führt nicht jeder kleinste Kursunterschied zu derartigen Arbitragegeschäften, da die anfallenden Transaktionskosten, die für den Kauf bzw. Verkauf entstehen, eine hinreichend große Differenz zwischen den Kursen voraussetzt, damit ein Arbitragegewinn überhaupt erzielt werden kann.

Durch die Möglichkeit der Tätigung von Termingeschäften erfüllen die Warenbörsen zudem auch die Funktion der **Preissicherung**. Gegenstand des Handels von Terminkontrakten sind standardisierte Verträge über die Lieferung von Gütern zu einem späteren Zeitpunkt, i. d. R. einem bestimmten Monat. Die Beziehungen zwischen den Börsenteilnehmern werden durch die sog. Abrechnungsstelle der Warenbörse entpersonalisiert, welche die Erfüllung des Geschäftes sichert, falls offene Positionen des Publikums nicht bereits vor Fälligkeit durch entsprechende Gegengeschäfte geschlossen werden (vgl. Streit 1981, S. 474). Durch solche Preissicherungsgeschäfte – auch „Hedging" (vom engl. „to hedge" = einhegen, einzäunen) genannt – sollen folglich durch ungünstige Preisentwicklungen entstehende Nachteile vermieden werden und Anbietern und Nachfragern darüber hinaus eine sichere Kalkulationsgrundlage verschafft werden. In der Praxis werden Termingeschäfte oft parallel zum Effektivgeschäft getätigt, um eventuelle Verluste aus dem Effektivgeschäft mit Gewinnen aus dem Terminhandel zu kompensieren (Mattmüller 1995, S. 2644).

Neben der Risikominderung dienen die Terminkontraktmärkte allerdings auch der Kapitalbeschaffung sowie der Informationsgewinnung (Mühlmann/Ngalassa/Pupprecht 1987, S. 40 f.). Die Kapitalbeschaffungsfunktion ergibt sich dabei aus der Tatsache, dass Banken i. d. R. eher Kontrakte vorfinanzieren, für die es eine Preissicherung gibt. Durch die Schaffung von Hedgingmöglichkeiten lässt sich somit der Bedarf an Eigenkapital bei den Verarbeitern von Rohstoffen verringern. Daneben können Terminkontraktpreise eine Informationshilfe für Produzenten, Händler und Verarbeiter darstellen. Neben der Erleichterung der Produktionsplanung durch meist bessere Prognosemöglichkeiten dienen Terminkontraktpreise auch als Referenz beim Aushandeln nicht-standardisierter Einzelverträge.

9.3 Effizienzorientierter Marketing-Ansatz im Spot-Geschäft

9.3.1 Anpassung an Marktstandards und Kostenmanagement

In allen Fällen des Spot-Geschäfts verfügen die Akteure im Augenblick des Kaufs bzw. Vertragsabschlusses über eine hohe Transparenz in Bezug auf die Qualität der Leistungen. Die Möglichkeiten des Einsatzes leistungsbezogener Instrumente des Marketings sind dementsprechend merklich eingeschränkt, wenn nicht gar ausgeschlossen. Der Bereich der Produktpolitik ist im Wesentlichen darauf reduziert, die Spezifikationen einzuhalten, die in den am Markt geltenden Standards festgelegt sind. Für Anbieter hat dies zur Folge, dass sie auf Spot-Märkten kaum Möglichkeiten für die Mitwirkung an den Nutzungsprozessen der Kunden haben, wenn man von Maßnahmen zur Steigerung bzw. Sicherung deren Beschaffungseffizienz absieht (z. B. durch elektronischen Datenaustausch oder die Erbringung von Logistikleistungen). Darüber hinaus zwingen die hohe Markttransparenz und preisliche Wettbewerbsintensität dazu, dem internen Kostenmanagement (Werani 2012, S. 142 ff.) eine große Beachtung beizumessen.

Beispiel: „Glencore"

Das Unternehmen *Glencore* ist ein weltweit führender Anbieter von Rohstoffen. Es verfügt über eigene Einrichtungen zur Beschaffung, Produktion, Weiterverarbeitung, Raffination, zum Transport und zur Lagerung aber auch zur Bereitstellung sowohl von Metallen und Mineralien als auch von energieliefernden und agrarischen Rohstoffen. Die Kunden des Unternehmens entstammen einer großen Bandbreite von Branchen, wie der Automobilindustrie, der Energieversorgung, der Stahlproduktion und der Lebensmittelindustrie. Im Rahmen seiner Strategie konzentriert sich das Unternehmen – nach eigenen Angaben – auf das Kostenmanagement sowie die weitere Verbesserung seiner logistischen Fähigkeiten. Dies kommt insbesondere in der folgenden auf der Website der Firma zu findenden Formulierung zum Ausdruck. „We intend to continue our focus on cost control and operational efficiencies at our industrial assets and on the sourcing of competitively priced physical commodities from reliable third party suppliers."

(Quelle: http://www.glencore.com/strategy.php, 16. 04. 2012)

Der Geschäftstyp des Spot-Geschäfts ist somit durch *relativ einfache* Bargaining Transactions gekennzeichnet, bei deren Abwicklung Managerial Transactions nur im Rahmen des Erfüllungsgeschäfts erforderlich sind. Aufgrund der im Prinzip nicht vorhandenen Differenzierungsmöglichkeiten agiert der Anbieter auf der *Handlungsebene der Einzeltransaktionen*. Das Marketing sollte deshalb einem **effizienzorientierten Ansatz** folgen, wobei die Schwerpunkte bei der Preispolitik, insbesondere durch Beeinflussung der auf dem Markt angebotenen Mengen sowie einer Fokussierung auf das unternehmensinterne Kostenmanagement liegen. Zusätzlich sollten die Kunden dabei unterstützt werden, dass sie ihre Beschaffungsaktivitäten möglichst effizient durchführen können. Gleichwohl gibt es aber auch immer wieder Versuche von Anbietern, dem Preisdruck der Spot-Märkte auszuweichen und die Vermarktungskonstellation in die eines *Commodity-Geschäfts* zu wandeln.

Ein bekanntes Beispiel stellen die australischen Schafzüchter dar, auf die rund 70 % der internationalen Schurwolle-Produktion entfallen. Sie standen und stehen in Konkurrenz zu den Anbietern von Baumwolle und von Kunstfasern, gegenüber denen sie jedoch erhebliche Kostennachteile aufweisen. In einer gemeinsamen Branchenstrategie vermarkten die Schafzüchter ihre Schurwolle seit geraumer Zeit unter der Marke des „Wollsiegels" („Woolmark"), wobei die betreffenden Marketingaktivitäten von dem von den Züchtern gemeinsam finanzierten *Internationalen Wollsekretariat* durchgeführt werden: So wurde in einer weltweit erhobenen Marktstudie festgestellt, dass Schafwolle den Verbraucheranforderungen vor allem in Bezug auf „einfache Pflege (einschließlich Maschinenwaschbarkeit), Komfort und Weichheit und letztendlich leichte Stoffe und Kleidungsstücke" nicht entsprach (Corran 1994, S. 69). Um diesen Anforderungen gerecht zu werden, investierten die Schafzüchter, die sich dem Wollsekretariat angeschlossen hatten, nicht nur in die Entwicklung neuer Verfahren der Schafzucht, sondern auch in Prozessinnovationen, die auf allen nachfolgenden Wertschöpfungsstufen, d. h. beim Kämmen, Spinnen und Weben bis hin zum Stricken sowie der Konfektionierung zum Einsatz kommen (Corran 1994, S. 69). Zudem wurden im Rahmen eines **mehrstufigen Marketings** (vgl. hierzu ausführlich Kapitel 12.3.2.2.2) marktstufenübergreifende Werbe- und Promotionaktionen ergriffen, um so einen Sogeffekt zu erreichen, der zu einer Bindung der direkten Kunden und eine Reduzierung des Preiswettbewerbs führte.

9.3.2 Mengen- und Konditionenpolitik

Aufgrund der Homogenität der Leistungen, der Dominanz des Preises als Kaufentscheidungskriterium sowie der Tatsache, dass auf vielen Spot-Märkten Terminkontrakte abgeschlossen werden, unterliegen solche Märkte häufig spekulativen Tendenzen mit entsprechenden Schwankungen der Preise. Diese Volatilität der Preise ist für Anbieter wie für Nachfrager mit Risiken verbunden. So sind die Nachfrager in aller Regel an einer möglichst sicheren Versorgung zu angemessenen Preisen interessiert, während es den Produzenten an stabilen Absatzzahlen bei möglichst hohen Preisen gelegen ist. Große Preisschwankungen bergen für sie hingegen nicht nur die Gefahr, mögliche höhere Verkaufserlöse zu verfehlen, sondern auch die, dass die realisierten Erlöse möglicherweise sogar soweit sinken, sodass keine Kostendeckung mehr gewährleistet ist.

Eine Möglichkeit zur Reduktion der genannten Unwägbarkeiten ist der Abschluss *langfristiger Lieferverträge* zu stabilen Preisen. So war es beispielsweise auf dem Markt für Eisenerz viele Jahrzehnte üblich Jahresverträge abzuschließen. Dieses System stand allerdings im Jahre 2010 vor einem Umbruch, was die Stahlhersteller als Kunden vor großer Herausforderungen stellte. Da sie auf ihren Absatzmärkten selbst weiterhin mit Jahresverträgen agierten bzw. agieren mussten, wichen die auf ihrem Beschaffungsmarkt geltenden Vertragslaufzeiten von denen auf ihrem Absatzmarkt ab.

Ein weiterer Versuch die negativen Auswirkungen der Preisschwankungen zu verhindern, bilden *(internationale) Rohstoffabkommen.* Sie werden in aller Regel zwischen den Regierungen der Produzentenländer mit denen der Verbraucherländer abgeschlossen. Im Rahmen solcher Kartelle wurde allerdings bislang oft vergeblich versucht, die preisliche Instabilität der Märkte zu vermeiden, wie eine Reihe von Beispielen zeigt.

Internationale Marktvereinbarungen (auch Internationale Warenabkommen) sind Vereinbarungen unabhängig bleibender Wirtschaftseinheiten zur Marktbeeinflussung einer Ware, wobei die produzierenden Vertragspartner mindestens zwei verschiedenen Ländern angehören.

Die wesentlichen Ziele solcher Warenabkommen sind:

• die Vermeidung oder der Abbau von Produktionsüberschüssen,
• die Verhinderung (zu) großer Preisschwankungen,
• die Erhaltung bzw. sinnvolle Verwendung der gegebenen Ressourcen,
• ein ‚gerechte' Verteilung der Waren im Verknappungsfall.

Zur Erreichung dieser Ziele werden im Wesentlichen die folgenden Maßnahmen ergriffen:

• Festsetzung von Höchst- und Mindestpreisen,
• mengenpolitische Aktionen,
• Aufbau von gemeinsam finanzierten Stabilisierungsreserven (sog. „buffer stocks").

10 Marketing im Commodity-Geschäft

10.1 Charakteristika des Commodity-Geschäfts

Commodity-Geschäfte zeichnen sich vor allem dadurch aus, dass die Vermarktungsobjekte weitgehend standardisiert sind und damit eine Differenzierung am Markt über das Kernprodukt selbst oft nicht möglich ist. Im Vergleich zu den Absatzobjekten im Spot-Geschäft sind die Anbieterleistungen jedoch als *„komplex"* zu bezeichnen und werden in den Prozessen des Nachfragerunternehmens bei identifizierbarer Nutzenfunktion eingesetzt. Beispielhaft können Fahrzeuge wie Lkws und Traktoren, Standardmaschinen, Elektrobauteile, standardisierte Logistik- und Telekommunikationsdienstleistungen oder Energieversorgungsdienste als Produkte genannt werden, die häufig in diesem Geschäftstyp vermarktet werden.

> Als *Commodity-Geschäfte* werden Vermarktungsprozesse von weitgehend standardisierten Leistungen bezeichnet, die vom Nachfrager zum Zwecke des Ge- und Verbrauchs gekauft und in einem weitgehend isolierten Nutzungsprozess verwendet werden.

Anders als im Spot-Geschäft ist die Homogenität der angebotenen Leistungen weniger eine Notwendigkeit für die Durchführung der Transaktionen, sondern sie stellt in aller Regel das Ergebnis bestimmter marktlicher Prozesse dar, die auch als „Commoditisierung" bezeichnet werden. Dabei können leistungs-, kunden-, unternehmens- und marktbezogene Gründe für eine derartige Entwicklung unterschieden werden (Enke et al. 2011, S. 11 ff.)

- Eine wesentliche leistungsbezogene Ursache für eine „Commoditisierung" ist das marktliche Alter einer Leistung. Je länger ein Produkt am Markt ist, d. h. je weiter es in seinem Produktlebenszyklus vorangeschritten ist, desto eher bilden sich am Markt Leistungsmerkmale heraus, die allgemein akzeptiert sind und somit einen Marktstandard bilden, dem sich die verschiedenen Anbieter anpassen (müssen) (Kleinaltenkamp 1993, S. 63 ff.).
- Diese Entwicklung ist oft verbunden mit bzw. wird getrieben von den zunehmenden Erfahrungen und dem steigenden Wissen der Kunden. Sie stellen somit wesentliche kundenbezogene Ursachen für die Vereinheitlichung von Produkten dar. Dies kann auch einhergehen mit einer Anspruchsinflation, die sich aufgrund des größer werdenden Erfahrungsschatzes der Nachfrager herausbildet und dafür sorgt, dass ursprünglich einmal differenzierende Leistungsmerkmale diese Funktion verlieren.

• Seitens der Unternehmen werden Standardisierungsprozesse oftmals forciert, weil sie ihnen die Chance zur Erzielung von Kostenersparnissen ermöglichen. Ebenso können von Wettbewerbern vorgenommene Imitationen die Differenzierungsmöglichkeiten von Marktführern einschränken und zu einer unternehmensübergreifenden Vereinheitlichung von Produkten und Dienstleistungen führen.

• Seitens des marktlichen Umfelds können auch regulatorische Eingriffe, die eine entsprechende Anpassung der Leistungen erfordern, zur „Commoditisierung" beitragen.

Aufgrund dieser Tendenzen und der damit verbundenen Standardisierung der Kernleistungen laufen Anbieter unter solchen Gegebenheiten immer Gefahr, dass sich die Vermarktungskonstellation in die eines Spot-Geschäfts wandelt und zu einer entsprechenden Einschränkung ihrer Handlungsspielräume führt. Sie befinden sich dann in der sog. „**Commodity-Falle**" (Christensen 1997). Ein Beispiel hierfür bietet die im Folgenden skizzierte Entwicklung des Unternehmens Compaq in den 1980er und 1990er Jahren (Maital/Seshadri 2007).

Beispiel: „Compaq"

Dem Unternehmen Compaq gelang es in den Jahren 1981 bis 1985 zunächst mit der Einführung des 386-PC Marktführer auf dem Markt für x86-Rechner zu werden. Die dabei von ihm verfolgte Mehrwert-Strategie ermöglichte ihm ein hohes Preisniveau mit entsprechenden Stückgewinnen zu erzielen.

In den Jahren von 1985 bis 1990 drängten dann jedoch asiatische Anbieter auf den Markt, die vergleichbare PCs wesentlich günstiger als Compaq herstellen und anbieten konnten. Dieser *Commoditisierung* konnte Compaq preislich nichts entgegensetzen, da seine Kostenstruktur hierfür zu ungünstig war, was zusätzlich noch durch den zu der Zeit schnell ansteigenden Dollarkurs verschärft wurde. Da dadurch sogar die Existenz des Unternehmens auf dem Spiel stand, wechselte man die Strategie sehr plötzlich hin zu der eines Niedrigpreis-Anbieters. Das Unternehmen konnte dadurch seine führende Marktposition zwar verteidigen, allerdings nur auf Kosten weiter fallender Margen.

Daraufhin wandte sich das Unternehmen im Zeitraum von 1990 bis 1995 wieder einer Mehrwert-Strategie zu. Sie basierte im Wesentlichen auf dem Angebot von Servern mit hoher Verfügbarkeit, was zu der Zeit im Zuge der Entwicklung von IT-Netzwerken genau den Bedürfnissen der Benutzer entsprach. Aber auch dieses Produkt wurde schnell wieder zum Commodity als andere Anbieter vergleichbare Produkte anboten. Ab 1995 wechselte Compaq erneut zur Strategie der Kostenreduktion und fusionierte im Jahre 2001 schließlich mit der Firma Hewlett-Packard, dem damaligen Zweiten im Markt. Diese Fusion stellte sich jedoch in der Folge als eine Übernahme heraus, sodass heute zwar noch die Produktmarke, jedoch nicht mehr das Unternehmen existiert.

Unternehmen, denen es jedoch gelingt sich – durch im Folgenden noch näher zu erläuternde Maßnahmen – vom Wettbewerb zu differenzieren und eine gewisse Bindung ihrer Kunden zu erreichen, erzielen in Bezug auf die erreichte Kundenzufriedenheit, die Zahlungsbereitschaft der Kunden oder den Absatz im Durchschnitt bis zu 30 % bessere Werte als solche, die das nicht schaffen (Homburg et al. 2008, S. 34 ff.). Marketing im Commodity-Geschäft zielt also – auch wenn es sich paradox anhören mag – im Kern darauf ab, eine **„De-Commoditisierung"**, d. h. eine Differenzierung der Leistungen herbeizuführen (Enke et al. 2011, S. 16; Homburg et al. 2011, S. 33). Ansatzpunkte hierfür sind aus dem Nachfragerverhalten im Commodity-Geschäft abzuleiten, das vor allem durch folgende *allgemeinen Charakteristika* beschrieben werden kann:

- Es werden durchaus *komplexe* Leistungen nachgefragt, deren technische Leistungskomponenten aber weitgehend *standardisiert* sind.
- Die Leistungen werden in den Prozessabläufen des Nachfrage-Unternehmens eingesetzt, weshalb die Nachfrager der *Integralqualität* eine große Bedeutung beimessen.
- Die Leistungsobjekte erfüllen eine eigenständige, für den Nachfrager aber *bedeutsame* Nutzenfunktion.
- Eine Beurteilung der zu erwerbenden Anbieterleistung ist für den Nachfrager zum Zeitpunkt des Kaufabschlusses relativ gut möglich (*Sucheigenschaften*), wobei die Güte der Einbettung der Anbieterleistung in die nachfragseitigen Prozesse jedoch erst nach Kaufabschluss erfolgen kann (*Erfahrungseigenschaften*).
- Die Leistungsobjekte werden beim Nachfrager weitgehend *„isoliert"* eingesetzt, d. h. es erfolgt keine Vernetzung zu anderen Produktivgütern.

10.2 Beziehungsorientierter Marketing-Ansatz im Commodity-Geschäft

Vor dem Hintergrund der im vorangegangenen Abschnitt dargestellten Besonderheiten des Commodity-Geschäfts liegt der Schwerpunkt der nachfolgenden Betrachtungen auf der *De-Commoditisierung* mit dem Ziel des Aufbaus einer Geschäftsbeziehung, weshalb auch insgesamt für das Commodity-Geschäft ein **beziehungsorientierter Marketing-Ansatz** fokussiert wird. Inhaltliche Ansatzpunkte für einen solchen Marketing-Ansatz ergeben sich insbesondere aus

- der Möglichkeit einer Leistungsindividualiserung, um so eine Differenzierung im Wettbewerb und eine Kundenbindung zu erreichen,
- der Komplexität der Leistungen, wodurch eine nennenswerte Erklärungsbedürftigkeit gegeben ist,
- dem meist langfristigen Einsatz der Leistungsangebote im Nachfragerunternehmen, der i. d. R. durch technische Dienstleistungen unterstützt werden muss bzw. kann.

Erst aus der potenziell gegebenen Option der ‚*Begleitung*‘ der Kauf- und Nutzungsprozesse eines Nachfragers durch den Anbieter resultiert für den Anbieter im Commodity-Geschäft die Möglichkeit, auf der **Handlungsebene der Geschäfts-beziehungen** zu agieren. Eine Bindung des Nachfragers kann dabei entweder dadurch entstehen oder herbeigeführt werden, dass dieser der Geschäftsbeziehung einen besonders hohen *Beziehungswert* beimisst oder dass die Beendigung einer bestehenden Geschäftsbeziehung für ihn mit hohen Wechselkosten verbunden wäre (vgl. Kapitel 4.2.3.3). Im Folgenden konzentrieren sich die Betrachtungen zu einem *beziehungsorientierten Marketing-Ansatz* im Commodity-Geschäft auf zentrale Möglichkeiten zur **„De-Commoditisierung"**, durch die sowohl der Einstieg in eine neue Geschäftsbeziehung für den Out-Supplier als auch die Stabilisierung der Geschäftsbeziehung durch den In-Supplier erreicht werden kann. Dennoch ist zu beachten, dass in Abhängigkeit der *Anbieterposition* Differenzierungen vorzunehmen sind (vgl. Kapitel 4.2.4) und dem In-Supplier zunächst einmal gegenüber dem Out-Supplier andere und meist auch bessere Möglichkeiten zur Bindung des Nachfragers zur Verfügung stehen: Der **In-Supplier** sollte dabei insbesondere versuchen, eine Steigerung des Beziehungswertes zu erreichen. Zentrale Ansatzpunkte hierzu liefern vor allem die sechs Dimensionen des Beziehungswertes nach dem Modell von *Ulaga/Eggert* (2006, S. 119 ff.) (vgl. hierzu ausführlich Kapitel 4.2.2; Abb. 43) . Bezüglich der Erhöhung der Wechselkosten kann der In-Supplier grundsätzlich bei allen drei Wechselkosten-Arten (Sunk Costs, Opportunitätskosten und direkte Wechselkosten) ansetzen (vgl. hierzu ausführlich Kapitel 4.2.3.3). Demgegenüber muss der **Out-Supplier** zunächst versuchen, eine De-Commodisierung und damit den Einstieg in eine Geschäftsbeziehung durch Differenzierung gegenüber dem Wettbewerb zu erreichen. Dabei gilt es vor allem die Differenzierungsmöglichkeiten im Rahmen des klassischen Marketing-Instrumentariums auszuloten.

Im Folgenden werden deshalb die **Marketing-Instrumente** im Hinblick auf zentrale Ansatzpunkte zur *Differenzierung* im Commodity-Geschäft untersucht, wobei die allgemeinen Grundlagen zum Marketing-Instrumentarium vorausgesetzt werden bzw. der Leser diesbezüglich verwiesen sei auf z. B. Meffert/Burmann/Kirchgeorg (2012, S. 385 ff.) oder Steffenhagen (2008, S. 108 ff.). Einen direkten Bezug der vier Marketing-Instrumente zum industriellen B-to-B-Marketing liefern z. B. Backhaus/ Voeth (2010, S. 215 ff.), Eckardt (2010, S. 127 ff.), Godefroid/Pförtsch (2008, S. 145 ff.) oder – mit Bezug zur „Wertperspektive" – Werani (2012, S. 120 ff.).

10.2.1 Differenzierung im Rahmen der Produktpolitik

Die Produktpolitik bietet vielfältige Möglichkeiten der Differenzierung. Im Hinblick auf das Commodity-Geschäft werden im Folgenden neben den grundsätzlichen Ansatzpunkten der Leistungsindividualisierung (vgl. Kapitel 3.1) die folgenden drei als besonders zentral angesehene Möglichkeiten diskutiert:

* Servicepolitik,
* Integralqualitätspolitik,
* Branding von Commodities.

10.2.1.1 Servicepolitik

Die Servicepolitk besitzt vor allem in B-to-B-Bereich eine herausragende Bedeutung, und Studien zeigen, dass Industrieunternehmen heute eine große und stetig steigende Anzahl unterschiedlicher Serviceleistungen anbieten (Kleinaltenkamp/ Plötner/Zedler 2004, S. 628). Dabei handelt es sich typischerweise um sog. „produktbegleitende Dienstleistungen" bzw. „produktbegleitende Services", die in Ergänzung zu einer dominierenden Kernleistung angeboten werden und die letztlich ebenfalls darauf abzielen, die Integralqualität der angebotenen Leistungen zu verbessern. Die große Bandbreite an Serviceleistungen kann mit Wimmer/Zerr (1995, S. 83 ff.) unterschieden werden nach:

- dem Zeitpunkt der Serviceleistung,
- der Verbindung zur Kernleistung,
- der Bepreisung des Service-Angebots.

Content^PLUS

5 Servicepolitik im Commodity-Geschäft

Eine ausführliche Darstellung zur Servicepolitik im Commodity-Geschäft findet der Leser in diesem Content^Plus-Kapitel.

Eine **zeitbezogene** Unterscheidung von Services erfolgt i. d. R. danach, ob Serviceleistungen vor, während oder nach dem Kauf eines Sachgutes angeboten werden. Die Relevanz dieser Unterscheidung ergibt sich daraus, dass die betreffenden Leistungen im Hinblick auf die Vermarktung der jeweiligen Sachgüter unterschiedliche Funktionen einnehmen. Geht es bei den „Pre sales"-Services vor allem darum, Vertrauen zum Anbieter aufzubauen, ist es das wesentliche Ziel der „After sales"-Services, einmal erworbenes Kundenvertrauen zu sichern, und für die Etablierung beziehungsweise erfolgreiche Fortführung von Geschäftsbeziehungen zu nutzen. Den „At sales"-Services kommt ebenfalls eine wesentliche Bedeutung beim Vertrauensaufbau zu, darüber hinaus spielen sie aber auch eine wichtige Rolle im Hinblick darauf, dass die Kundenwünsche richtig erfasst werden und dass das Kernprodukt später auch tatsächlich erfolgreich zum Einsatz kommen kann.

Ein weiterer Gestaltungsbereich resultiert aus dem unterschiedlich engen Bezug der betreffenden Services zum **Kernprodukt**. Bestimmte Leistungen sind mit letzterem unauflöslich verbunden. Sie müssen mit ihm gemeinsam angeboten werden, weshalb sie auch als „obligatorisch" oder als „Muss-Leistungen" bezeichnet werden (Meffert 1982, S. 17; Schönrock 1982 S. 85 f.; Forschner 1988, S. 141 ff.; Bauche 1994, S. 11 f.; Friege 1995, 41 f.). Der Grund für das Vorliegen einer „Muss-Leistung" kann darin bestehen, dass die Leistung durch Gesetze oder sonstige Regelungen vorgeschrieben ist (z. B. Gewährleistungspflichten) oder aus der Erwartungshaltung der Kunden resultiert (z. B. ein gewisses Maß an Beratungsleistungen oder die Montage vor Ort). In solchen Fällen bieten die betreffenden Serviceleistungen wenig Möglichkeiten für eine Differenzierung des Angebots und die Entfaltung einer entsprechenden Bindungswirkung. Anders stellt sich das bei

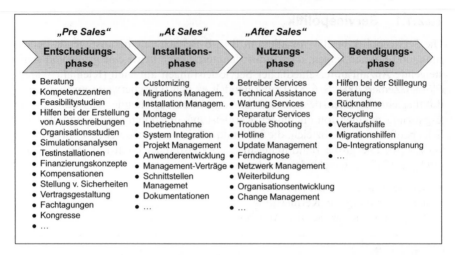

Abb. 82: Ausgewählte Beispiele für phasenspezifisch relevante Serviceangebote

allen sog. *„fakultativen" Serviceleistungen* dar, die nicht-obligatorischen Charakter haben. Ihr Angebot ist für die Vermarktungsfähigkeit des Hauptproduktes nicht notwendig, steigert aber die Attraktivität des Gesamtangebots (Engelhardt/Reckenfelderbäumer l993, S. 267 f.; Graßy 1993, S. 90 f.; Engelhardt 1996, S. 74).

Aus der „Muss-" oder „Kann-"Eigenschaft einer Serviceleistung ergeben sich auch Konsequenzen im Hinblick auf die **Bepreisung** bzw. die Möglichkeit einer gesonderten Rechnungsstellung. Werden solche Leistungen aus akquisitorischen Gründen erbracht, sind die entstehenden Kosten aus den erzielten Deckungsbeiträgen zu bestreiten. Dabei ist etwa im deutschen Maschinenbau zu beobachten, dass im Durchschnitt nur ca. 45 % der erbrachten Dienstleistungen den Kunden getrennt in Rechnung gestellt werden. Das bedeutet im Umkehrschluss, dass im Mittel 55 % der Servicekosten über die Hardware-Entgelte erwirtschaftet werden müssen (VDMA 2002, S. 7). Dies hat in den letzten Jahren dazu geführt, dass in der Praxis Serviceleistungen zunehmend auch als eigenständige Dienste gegen Entgelt angeboten werden.

10.2.1.2 Integralqualitätspolitik für Commodities

Weitere besondere Ansatzpunkte zur Differenzierung im Commodity-Geschäft stellen Maßnahmen dar, die auf eine *verbesserte Nutzung* der ansonsten unveränderten Standardleistungen in den Prozessen eines Nachfragers gerichtet sind. Dies kann insbesondere durch die sog. *Integralqualität* (vgl. Kapitel 5.2.1) erreicht werden. Eine höhere integrale Produktqualität kann durch eine entsprechende Abstimmung der technischen Schnittstellen der Anbieterleistungen mit denen weiterer in den Nachfragerprozessen eingesetzten Produkten herbeigeführt werden. Ein Beispiel hierfür stellt die Zusammenarbeit der Firma *ENGEL (*Anbieter von Spritzgießmaschinen), mit dem Extruder-Hersteller *Leistritz* dar, die bei der

Herstellung von Kunststoffspritzguss-Produkten zu einer verbesserten Material-
ausnutzung bei gleichzeitiger Energieeinsparung führt.

Beispiel: „ENGEL 2-Farben-Spritzgießcompounder"

Schwertberg/Österreich – Oktober 2007

Verbesserte mechanische Eigenschaften des Endprodukts sowie eine beträchtli-
che Materialkosten- und Energieersparnis. Das und noch mehr sind die Vor-
züge vom Spritzgießcompoundieren. ENGEL hat nun in Kooperation mit dem
Nürnberger Extrusionsspezialisten Leistritz einen 2-Farben-Spritzgießcom-
pounder entwickelt.

Die ENGEL duo-Maschine mit integriertem ZSE MAXX Extruder ermöglicht, das compoundierte Material kontinuierlich und direkt in den Spritzgieß-
prozess einzufahren. Der ENGEL-Vorteil: Die Spritzgießmaschine kann bei
Bedarf auch unabhängig vom Extruder für Standardspritzgießprozesse eingesetzt werden. Beim Compoundieren werden unterschiedliche thermoplastische
Kunststoffe und andere Stoffe durch Zusätze mittels gleichläufigen Doppel-
schneckenextruders aufbereitet. Je nach Zusatz erhält das Material spezifische
Charakteristika, die letztendlich die Eigenschaften des Endprodukts ausmachen. Beim Spritzgießcompoundieren ist dieser Prozess direkt in den Spritz-
gießvorgang integriert. [...]

Gemeinsam mit der Leistritz Extrusionstechnik GmbH aus Nürnberg hat
ENGEL nun einen 2-Farben-Spritzgießcompounder entwickelt. Integriert in
eine 1000 t duo-Anlage bietet der ENGEL Spritzgießcompounder eine Reihe
an Vorteilen. So kann beispielsweise aufgrund des Einsatzes einer „Universal-
Anlage" die Maschine auch als Standardspritzgießmaschine eingesetzt werden.
Auch Mehrkomponentenanwendungen sind aufgrund der Bauweise und der
hohen Flexibilität der ZSE MAXX Extruderserie aus dem Hause Leistritz,
mit Hilfe eines Huckepackaggregats sehr einfach darstellbar. Der Ablauf mit
Standardplastifizierung, Schmelzepuffer (mit ENGEL Nachdrucktechnik) und
Zwei-Schneckenextruder ermöglicht einen kontinuierlichen Prozess des Com-
pounders und ist damit auch für schwierige Compoundieraufgaben geeignet.

Ein weiterer Vorteil: Die minimierte Bauhöhe und die einfache (entkoppelte)
Anordnung mit optimaler Automatisierungsmöglichkeit. Dadurch wird die
Maschine für etwaige Wartungsarbeiten leichter zugänglich und durch den
getrennten Nebeneinander-Aufbau sind Schwingungseinflüsse auf die Dosie-
rung eliminiert.

(Quelle: http://www.engelglobal.com/engel_web/global/de/22_1172.htm,
Abfrage: 16. 04. 2012)

Neben der verbesserten Abstimmung der Anbieterprozesse auf die des Kunden,
kann bei entsprechenden Marktbedingungen oder Kundenanforderungen auch
der umgekehrte Weg beschritten werden: Der Anbieter kann dem Kunden dabei
helfen, seine Prozesse besser an die Anbieterprodukte anzupassen. Dieser Weg ist
etwa bei Herstellern von Installationsmaterial für Elektro- oder Sanitäranlagen

weit verbreitet. Durch Schulungen verbessern die Hersteller die Nutzungskompetenz der Installateure. Der höhere Wissenstand der Installateure gegenüber den Konkurrenzprodukten führt für Commodity-Anbieter zu einer wirksamen Differenzierung. Eine wesentliche Voraussetzung für derartige Maßnahmen sind entsprechende Kenntnisse der Nutzungsprozesse der Kunden und der dort geltenden technischen Bedingungen (vgl. auch Kapitel 5.2).

10.2.1.3 Branding von Commodities

Während im Consumer-Bereich der Markenpolitik schon immer eine herausragende Bedeutung zur qualitätsmäßigen Differenzierung beigemessen wurde (Sattler/Völckner 2007, S. 23 ff.), wird die Bedeutung der Marke bzw. des Branding im industriellen B-to-B-Bereich aufgrund der meist technischen Dominanz des Kernprodukts deutlich geringer eingeschätzt (Backhaus/Sabel 2004, S. 785 ff.). Auch ist zu erkennen, dass aufgrund der Homogenität der angebotenen Kernleistungen und der Tatsache, dass diese oft bestimmten technischen Standards entsprechen müssen, bei den Branding-Strategien im B-to-B-Bereich im Allgemeinen Firmen- und keine Produktmarken im Vordergrund stehen. Allerdings gewinnen Branding-Strategien auch im B-to-B-Bereich immer mehr an Bedeutung, da sich mittels der Marke besonders gut ein Mehrwert verdeutlichen lässt. Mittlerweile belegen auch einschlägige Studien, dass dem Branding von Commodities eine große Bedeutung für deren Differenzierung beizumessen ist (Baumgarth 2004, S. 801 ff.; Leisching/Geigenmüller 2011, S. 121 ff.). Da dies i. d. R. nicht auf Grundlage der über die Wettbewerbsangebote hinweg homogenen Qualität des Kernprodukts erreicht werden kann, sind die Anbieter darauf angewiesen, andere Merkmale des Leistungsangebots für die Markenpositionierung und Differenzierung zu nutzen. Hierzu zählen z. B.

- ein breites Sortiment mit entsprechenden Auswahlmöglichkeiten,
- Forschungs- und Entwicklungstätigkeiten, welche die Innovativität des Unternehmens verdeutlichen,
- bedeutsame Ressourcen für die Versorgungssicherheit der Nachfrager.

Diese positive Wirkung der Marke ist dabei darauf zurückzuführen, dass die Kunden bei einer wirkungsvollen Branding-Strategie typischerweise sowohl eine einstellungsbezogene als auch eine kaufbezogene Markenloyalität entwickeln und sie darüber hinaus auch bereit sind, für die ‚gebrandeten' Produkte ein Preispremium zu zahlen. Die positiven Wirkungen einer Markenrelevanz kommen insbesondere dann zustande, wenn den Nachfragern durch die Markierung ein entsprechender Nutzen in Bezug auf ihre Informationseffizienz, ihre Risikoreduzierung sowie das Image der Produkte entsteht (vgl. Abb. 83).

Der *Informationseffizienznutzen* ergibt sich daraus, dass Nachfrager, wenn sie ihre Kaufentscheidung wesentlich auf eine Markierung stützen, den Aufwand reduzieren können, den sie für ihre Suchaktivitäten im Rahmen von Kaufentscheidungsprozessen auf sich nehmen müssen. Ein *Risikoreduktionsnutzen* resultiert aus der Verminderung der Gefahr bei der Auswahl eines markierten Produkts eine Fehlentscheidung zu treffen. Der *Imagenutzen* kann schließlich aus der Tatsache ent-

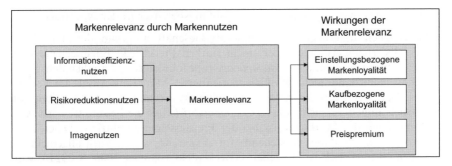

Abb. 83: Modell zur Markenrelevanz bei Commodities
(Quelle: Leischnig/Geigenmüller 2011, S. 127)

stehen, dass durch die Verwendung eines markierten und mit einem entsprechend gutem Image versehenen Vorproduktes ein positiver Reputationstransfer auf die von den Kunden erzeugten und vertriebenen Produkt entstehen kann (Kleinaltenkamp 2009, S. 162).

Beispiel: „Intel Inside"

Mittlerweile ist „Intel Inside" zu einer Marke geworden, die auch dem wenig versierten Nachfrager („Amateur Buyer") als Qualitätsindikator eines Computers dient. Besonders deutlich wird dies bei den im Consumer-Bereich erzielten Verkaufserfolge von Verbrauchermarktketten mit No-Name-PCs. Nicht die Herkunft des Rechners ist für die Käufer entscheidend, sondern die Angabe, dass der Rechner mit einem Intel-Chip ausgerüstet war. Dadurch wurde der psychologische Mehrwert des Produkts erhöht (Ohlwein/Schiele 1994, S. 577) und somit das von den Kunden wahrgenommene Preis-Leistungsverhältnis verbessert.

Das Beispiel von „Intel Inside" zeigt weiterhin, dass durch eine Markenpolitik auch das sog. **mehrstufige Marketing** (vgl. hierzu ausführlich Kapitel 12.3.2.2.2) im Commodity-Geschäft ein erfolgreicher Ansatz sein kann, bei dem ein Anbieter über folgende Marktstufen hinweg eine Präferenzschaffung möglichst nahe auf der Stufe der Endverbraucher zu erreichen versucht.

10.2.2 Differenzierung im Rahmen der Preispolitik

Aufgrund der Homogenität der im Wettbewerb stehenden Güter ist im Commodity-Geschäft tendenziell von einem intensiven Preiswettbewerb auszugehen. Entsprechend dem Marketing-Dreieck (vgl. Abb. 25) kann bzw. muss die Preisfindung an den drei Wettbewerbsaspekten ausgerichtet werden:

- Kosten des Leistungsangebots für den Anbieter,
- Preisforderungen der relevanten Konkurrenten,

- Nutzen des Leistungsangebots und Zahlungsbereitschaft der Nachfrager.

Grundsätzlich unterliegt das Commodity-Geschäft aufgrund der weitgehend standardisierten Leistungen eher einem starken Preisdruck. Entsprechend wird anbieterseitig vor allem das *Kostenmanagement* fokussiert und ähnlich dem Spot-Geschäft steht dann auch ein effizienzorientierter Marketing-Ansatz im Vordergrund. Wird hingegen durch Leistungsindividualisierung und das Angebot von Serviceleistungen versucht, eine *De-Commoditisierung* herbeizuführen, so wird dadurch auch der Markteinfluss bei der Preisfestlegung reduziert (Diller 2008, S. 466). Durch die damit entstehende Intransparenz, wie sie auch allgemein für Servicemärkte typisch ist (Engelhardt/Reckenfelderbäumer 2006, S. 232 f.), wird die Wettbewerbsorientierung bei der Preisbildung erschwert. Vor dem Hintergrund des Ziels der De-Commoditisierung und dem beziehungsorientierten Marketing-Ansatz fokussieren die folgenden Betrachtungen

- die *beziehungsorientierte* Preispolitik sowie
- die *nutzenorientierte* Preisfindung (*Value-Based-Pricing*).

Eine **beziehungsorientierte Preispolitik** orientiert die Preisüberlegungen an der Geschäftsbeziehung. Das bedeutet für den *Out-supplier*, dass er bei einem entsprechend hohen erwarteten Kundenwert ggf. sein Erstangebot deutlich unter Kostendeckung anbietet, um so den ersten Auftrag zu erhalten und die dabei gemachten Verluste im Sinne eines *kalkulatorischen Preisausgleichs* über die Zeit im Verlauf der Geschäftsbeziehung wieder zu kompensieren versucht. In ähnlicher Weise kann auch versucht werden, einen etwaigen Verlustausgleich beim Erstauftrag durch ein entsprechendes *Pricing von produktbegleitenden Dienstleistungen* (vgl. Kapitel 10.2.1.1) in den späteren Phasen der Geschäftsbeziehung zu erreichen. Bei einem solchen *Relationship Pricing* (Bruhn 2013, S. 210) erfolgt die Preisgestaltung unter Berücksichtigung der gesamten Kundenbeziehung und des *Customer Lifetime Value*. Die endgültige Preisfestsetzung erfolgt bei erfolgreicher De-Commoditisierung meist in *Preisverhandlungen* (vgl. hierzu Kapitel 11.3.3.1). In der Startphase der Geschäftsbeziehung ist es vor allem Aufgabe der Preispolitik, eine intensive Leistungsnutzung sowie ein Cross Selling über monetäre Anreize zu stimulieren. Dabei spielt auch die *Preisbündelung* (Diller 2008, S. 240 ff.; Simon/Fassnacht 2009, S. 296 ff.) eine zentrale Rolle, bei der mehrere Teilleistungen (z. B. Produkte und Dienstleistungen oder unterschiedliche Dienstleistungen) zu einem Angebotspaket zusammengefasst und zu einem „Paketpreis" angeboten werden. Zur *Akquisition* der Geschäftsbeziehung liefert die Preispolitik wichtige Ansätze, die z. B. von Preisnachlässen für Testkäufe bzw. Sonderpreisen für Testphasen über Megenrabatte und Kundenkarten bis hin zu Gewährung von Preisgarantien oder Treuerabatten in den späteren Phasen der Geschäftsbeziehung reichen (Bruhn 2013, S. 196 ff.).

Bei der **nutzenorientierten Preisfindung** (Diller 2008, S. 319 ff.; Prem 2009; Simon/Fassnacht 2009, S. 447 ff.; Werani 2012, S. 127 ff.; Cressman 2012, S. 246 ff.), die auch bei der Preisgestaltung von Serviceangeboten eine hohe Bedeutung besitzt (Tacke/Pohl 1998, S. 880 ff.; Diller 2008, S. 484 ff.), orientiert der Anbieter die Preissetzung für ein Leistungsbündel an der Nutzenwahrnehmung des Kunden und der daraus resultierenden Zahlungsbereitschaft. Die Nutzenüberlegungen sind dabei auch am *Buying Center* auszurichten (vgl. Kapitel 6.2), wodurch der Preisbildungsprozess nicht nur in mehreren Phasen verläuft, sondern sich auch die kundenseitigen Preisvorstellungen in unterschiedlichen Prozessen im Kundenunternehmen (z. B. Product-Life-Cycle-Management, Supply Chain-Mangement, Customer Relationship-Mangement) bilden (Diller 2008, S. 468 ff.; Diller/Kossmann 2007, S. 67 ff.). Entscheidend dabei ist, dass die Mitglieder des Buying Centers unterschiedliche Preisvorstellungen besitzen und die Preisfindung des Anbieters vor dem Hintergrund der *Einflussstrukturen* im Buying Center erfolgen muss. So hat z. B. Prem (2009; zitiert nach Werani 2012, S. 130 f.) an einem Fallbeispiel mit 98 Unternehmen gezeigt, dass bei Vernachlässigung der Einflussstrukturen die Preisbereitschaft im Buying Center in der Hälfte der Fälle überschätzt und in 31 % der Fälle unterschätzt wurde.

Zur **Feststellung des Kundennutzens** existieren diverse Verfahren (Simon/Fassnacht 2009, S. 448), wobei nach einer Studie von Anderson/Jain/Chintagunta (1993, S. 25) vor allem *Fokusgruppen* und Kundenbewertungen der *Wichtigkeit* von Leistungseigenschaften eine zentrale Rolle spielen. Darüber hinaus ist aber auch *Wirtschaftlichkeitsanalysen* eine hohe Bedeutung beizumessen, durch die der Fokus nicht auf den Kaufpreis, sondern auf die Wirtschaftlichkeit eines Leistungsobjektes im Nutzungsprozess des Nachfragers gelenkt wird. Zunehmende Bedeutung erlangen auch **Conjoint Analysen**, mit deren Hilfe sog. *Nutzenwerte* ermittelt werden können, die eine Angabe darüber machen, welche Nutzenwahrnehmung ein Nachfrager mit einem Angebot verbindet und welche Leistungskomponenten in besonderer Weise den Gesamtnutzen eines Angebotes bestimmen (vgl. auch Kapitel 6.2.2.2.2). Die Nutzenwerte erlauben dann eine Schlussfolgerung für solche Leistungselemente, denen ein Nachfrager eine besondere Preisbereitschaft entgegen bringt. Im Rahmen der Conjoint Analyse werden den Kunden unterschiedliche Leistungsangebote zur Beurteilung vorgelegt. Die Leistungsangebote sind dabei durch die zentralen Leistungsmerkmale (z. B. Garantie, Qualität, Preis) sowie deren mögliche Ausprägungen (z. B. Garantie: 3 Jahre, 5 Jahre, 7 Jahre; Qualität: marktüblich; über Marktniveau; Preis: x Euro; x–10 %; x+10 %) beschrieben. Durch Kombination der unterschiedlichen Ausprägungen der Leistungsmerkmale ergeben sich dann die *theoretisch* möglichen Angebotsalternativen, die einem Nachfrager zur Beurteilung vorgelegt werden können, wobei er diese entweder in eine Präferenzrangfolge bringt (sog. traditionelle Conjoint Analyse; vgl. Backhaus/Erichson/Plinke/Weiber 2011, S. 457 ff.) oder direkte Auswahlentscheidungen trifft (sog. auswahlbasierte Conjoint Analyse; vgl. Backhaus/Erichson/Weiber 2013, S. 170 ff.). Besondere Beachtung ist dabei der Auswahl der in einer solchen Erhebung einbezogenen Merkmale und deren Ausprägungen zu schenken (Weiber/Mühlhaus 2009, S. 43 ff.), da durch diese die alternativen Leistungsangebote beschrieben werden. Mit Hilfe der nutzenorientierten Preisfindung können auch mögliche Preisabstände zu Konkurrenzangeboten bestimmt werden, die über Nutzendifferenzen begründbar sind. Ebenso lassen sich qualitätsbedingte Preisaufschläge gegenüber Konkurrenzangeboten berechnen, durch die ggf. ein Auftrag trotz geringerer Konkurrenzpreise gewonnen werden kann. Die nutzenorientierte Preisfindung ist damit vor allem für Anbieter mit überlegenen Leistungsangeboten von Bedeutung (Pohl 2004, S. 1089 ff.).

10.2.3 Differenzierung im Rahmen der Distributionspolitik

Mithilfe der Distributionspolitik wird der Weg der Leistungsübertragung zum Kunden definiert und umgesetzt. Die unterschiedlichen Aufgabenfelder der Distribution werden häufig unterschieden nach

- *akquisitorischer Distribution*, die das Management der Absatzkanäle umfasst und dabei rechtliche, ökonomische, informatorische und soziale Beziehungen in die Betrachtungen einbezieht, und
- *logistischer Distribution*, die die Überbrückung von Raum und Zeit bei der Güterübertragung beinhaltet.

Im Rahmen der **akquisitorischen Distribution** erfolgt die Auswahl der Absatzkanäle, die typischerweise in direkte Absatzwege (z. B. Vertriebsniederlassungen, Reisende, Key Account-Manager) und indirekte Absatzwege (z. B. Produktionsverbindungshandel, Handelsvertreter) unterschieden werden (Backhaus/Voeth 2010, S. 280 ff.; Specht/Fritz 2005, S. 66 ff., Kleinaltenkamp 2006, S. 326 ff.). Im Hinblick auf das Ziel der *De-Commoditisierung* ist vor allem dem Direktvertrieb eine hohe Bedeutung beizumessen, da die Leistungsindividualisierung sowie die auf die Kundenprozesse abgestimmten Services meist einen direkten Kundenkontakt erfordern, Konkurrenzangebote leichter ausgeschaltet werden und eigene Vertriebsleute auch die Kompetenz eines Anbieter besser verdeutlichen können. Allerdings erfordert dies auch eine *innerorganisatorische Umsetzung* beim Anbieter. Nach Geiger/Kleinaltenkamp (2011, S. 257 ff.) sind dabei vor allem die folgenden Maßnahmen von Bedeutung:

- Einrichtung entsprechender Stellen und Abteilungen, die sich um die betreffenden Aufgabenfelder kümmern (*„Key Account Management"*),
- Auswahl von Personen, die für die Tätigkeiten verantwortlich sind und die Ausgestaltung ihrer Zusammenarbeit (*„Key Account Management Teams"*),
- Ausarbeitung und Implementierung von Anreizsystemen, welche ein kundenbindungsorientiertes Verhalten der verantwortlichen Personen fördert.

Beispiel: „Würth Industrie Service"

Würth Industrie Service ist beauftragt mit dem C-Teile-Management von Liebherr – einer der größten Baumaschinenhersteller der Welt – und sorgt dafür, dass die 120.000 Kanban-Behälter in weltweit 15 Liebherr-Werken niemals leer sind. C-Teile sind Artikel mit einem geringen Wert, deren Beschaffungskosten gegenüber dem Warenwert sehr hoch liegen (z. B. Schraub-/Steckverbindungen, Dübel oder Schellen). Insgesamt über 10.000 verschiedene C-Teile stehen Liebherr so bedarfsgerecht zur Verfügung. Jährlich liefert Würth über 200 Millionen solcher Teile an Liebherr; Prozesse und Logistik hierzu werden permanent optimiert, so dass ein zufriedenstellendes Niveau für Preise, Sortiment, Qualität und Termintreue gewährleistet werden kann. Neben einer hohen Kundenbindung hat Würth Industrie Service durch diese Partnerschaft auch einen enormen Wissenszuwachs verzeichnen können und einen umfassenden Zugang zum Markt für Baumaschinen erhalten. Weitere Schritte zum Ausbau der Partnerschaft sehen die technische Beratung und Entwicklung durch Würth Industrie Service vor.

(Quelle: Hermes 2011, S. 74 f.)

Demgegenüber ist es Aufgabe der **logistischen Distribution** dafür Sorge zu tragen, dass ein Produkt genau zu dem Zeitpunkt im Nutzungsprozess eines Nachfragers verfügbar ist, wenn es benötigt wird (*integrale Verfügbarkeitsqualität*). Zu den zentralen Aufgaben der Distributionslogistik zählen dabei insbesondere der Gütertransport, die Lagerhaltung und die Auftragsabwicklung (Backhaus/Voeth 2010, S. 293 ff.; Specht/Fritz 2005, S. 115 ff., Kleinaltenkamp 2006, S. 324 ff.). Beispielhaft für das Commodity-Geschäft sind alle Fälle, in denen die Ausgangslogistik des Anbieters mit der Eingangslogistik des Nachfragers koordiniert wird, das Produkt selbst aber ansonsten unverändert bleibt. Als Differenzierungsmerkmal dient hier einzig die Logistikleistung, die dem Nachfrager zu effizienteren Beschaffungs- und Versorgungsprozessen verhilft.

10.2.4 Differenzierung im Rahmen der Kommunikationspolitik

Die aufgezeigten Maßnahmen der Leistungsdifferenzierung im Rahmen von Produkt-, Preis- und Kommunikationspolitik müssen, damit sie von den Kunden auch wahrgenommen werden, durch entsprechende Maßnahmen gegenüber dem Markt kommuniziert werden. Prinzipiell können hierfür alle anzutreffenden Kommunikationsformen, -mittel und -wege eingesetzt werden: vom Messeauftritt über Artikel in Fachzeitschriften bis hin zu persönlichen Verkaufsgesprächen oder Kundenevents.

Bei der Auswahl der in der Kommunikationspolitik herauszustellenden Informationen ist zwischen deren Relevanz und deren jeweiliger Ausprägung zu unterscheiden (Geiger 2011, S. 162). Die kommunizierten Inhalte sollten dabei in der Lage sein, potenzielle Kunden von der Überlegenheit des eigenen Angebots gegenüber dem der Konkurrenz zu überzeugen. Leistungsmerkmale, hinsichtlich derer sich ein Anbieter im Commodity-Geschäft glaubhaft darstellen kann, sind etwa (Backhaus/Voeth 2010, S. 295 ff.; Geiger 2011, S. 162):

- Produktspezifikationen,
- Qualitätszertifikate, Garantien, Referenzen,
- Kosten-Nutzen-Ermittlungen,
- Preiszusicherungen, ggf. inkl. der Zusicherung der (anteilsmäßigen) Übernahme von Kundenwechselkosten,
- Informationen über die Aufbauorganisation (Standorte, Ansprechpartner),
- Informationen über die Prozessorganisation (Logistik, Termintreue).

Content^{PLUS}

6 Managementprozess der Kundenkommunikation im Commodity-Geschäft

Eine ausführliche Darstellung des Managementprozesses der Kundenkommunikation im Commodity-Geschäft liefert dieses Content^{Plus}-Kapitel.

Bei der Planung und Durchführung der entsprechenden Maßnahmen kann den fünf Schritten des ‚klassischen' *Managementprozess der Kundenkommunikation* gefolgt werden:

(1) Die **Bestimmung der Kommunikationsziele** erfolgt zu Beginn einer jeden Kampagne und beinhaltet eine präzise Festlegung der Zielgruppen für die Kommunikationsmaßnahmen. Dies können Marktsegmente, wie z. B. Anwenderbranchen, aber auch einzelne Kunden sein. Im zweiten Schritt müssen für die jeweiligen Adressaten die zu erreichenden Kommunikationsziele bestimmt werden. Eine solche Formulierung eines Kommunikationsziels könnte etwa wie folgt lauten: „Wir wollen eine Erhöhung des Preispremiums von Produkt XY bei der Zielgruppe Z (Zielinhalt) um 2 % (Zielausmaß) innerhalb eines Jahres (Zeitbezug) erreichen."

(2) Die **Auswahl der Kommunikationskanäle** beinhaltet die Entscheidung über die zu wählenden Kommunikationskanäle (z. B. eher Fachzeitschriften, Messen, Online-Medien oder eine bestimmte Kombination) und die Auswahl eines speziellen Mediums innerhalb eines konkreten Kommunikationskanals (z. B. eine eine konkrete Fachzeitschrift oder Messe). Für die Auswahl der Kanäle und Medien stehen verschiedene *qualitative (z. B. Präsentations- bzw. Darstellungsmöglichkeiten)* und *quantitative (z. B. Anzahl mögliche Kontakte)* Größen zur Verfügung.

(3) Bei der **Gestaltung der Kommunikationsmaßnahmen** unterscheidet man zwischen einer *formellen*, einer *inhaltlichen* und einer *zeitbezogenen* Dimension (vgl. ähnlich Plötner 2006, S. 511). Alle drei Dimensionen sind für eine vollständige Gestaltung der Maßnahmen notwendig und sollten im Einklang mit der gesamten Marketing- bzw. Kommunikationsstrategie sein (*integrierte Kommunikation*). Bei der *formellen Dimension* geht es nicht um spezifischen Positionierungsinhalte, sondern die Verankerung des Angebots in der Erinnerung des Kunden (z. B. Aspekte der Corporate Identity wie Typographie oder die Kleidung von Mitarbeitern mit Kundenkontakt). Bei der *inhaltlichen Dimension* geht es um die Frage, welche Botschaft bzw. welche Informationen übermittelt werden sollen. Im Rahmen des Commodity-Geschäfts werden hier typischerweise bestimmte Eigenschaften des Unternehmens zur Differenzierung genutzt bzw. hervorgehoben. Bei der *zeitbezogenen Dimension* geht es schließlich um die Häufigkeit von Kommunikationsmaßnahmen in einem bestimmten Zeitraum. Dabei ist eine Wiederholung von Kommunikationsprozessen oft notwendig, weil einmalige Maßnahmen die Zielgruppe in aller Regel nicht zuverlässig erreichen. Wichtig ist, die Wiederholungsintensität von Kommunikationsmaßnahmen immer an den konkreten *Zielen* auszurichten. Eine feste Bindung zum Kunden und der Aufbau eines bestimmten Images gelingen z. B. eher über eine längere, kontinuierlich-gleichmäßige Kommunikation, während für eher zeitpunktorientierte Ziele (z. B. Messetermin, Markteinführung eines neuen Produkts, Saisongeschäft) eine kurzfristig-konzentrierte Kommunikation mit höherer Intensität gewählt werden sollte.

(4) Die **Festlegung des Kommunikationsbudgets** sollte grundsätzlich aus den Zielen abgeleitet werden, die für die Durchführung kommunikativer Maßnahmen formuliert wurden.

(5) Die Rechtfertigung dieser Kosten wird über eine kontinuierliche **Kontrolle der Kommunikationswirkung** bei der Zielgruppe gesichert (bzw. repräsentativen Vertretern der Zielgruppe).

11 Marketing im Projekt-Geschäft

11.1 Charakteristika des Projekt-Geschäfts

Das Projekt-Geschäft hebt sich von allen anderen Geschäftsyen dadurch hervor, dass hier keine vorgefertigten Anbieterleistungen vermarktet werden, sondern eine *kundenindividuelle Leistungserstellung* erfolgt. Die Vermarktungsobjekte im Projekt-Geschäft sind damit immer *Leistungsversprechen*, wobei der *Kundenintegration* hier eine herausragende Bedeutung beizumessen ist.

Als *Projekt-Geschäfte* werden Vermarktungsprozesse von Leistungsversprechen bezeichnet, bei denen eine vorab definierte, kundenindividuelle Leistungserstellung erst nach Abschluss des Kaufvertrags erfolgt. Die Leistungserbringung erfolgt dabei i. d. R. im Rahmen einer zeitlich und sachlich abgeschlossenen Projektorganisation.

Im Projekt-Geschäft wird das Zusammenspiel zwischen Sach- und Dienstleistungen im B-to-B-Bereich besonders deutlich. Es kann sogar als „reines" Dienstleistungs-Geschäft bezeichnet werden, wenn mit Rück (1995, S. 24) der Dienstleistungsbegriff verstanden wird als „... auftrags- und erwartungsorientierte Produktion von Dienstleistungen ... sowie die auftragorientierte Produktion von Sachgütern".

Das **Nachfragerverhalten** im Projekt-Geschäft kann durch folgende *allgemeinen Charakteristika* beschrieben werden:

- Die Nachfrager stehen vor speziellen Problemstellungen, deren Lösung individuelle, auf den Nachfrager abgestimmte Lösungskonzepte erfordert, die vom Nachfrager in Auftrag gegeben werden (*Auftragsfertigung*).
- Die vom Nachfrager gewünschten Problemlösungen beziehen sich auf klar definierte Bedarfsfälle, die in *keinen Nutzungsverbund* zu anderen Objekten im Nachfrage-Unternehmen treten und auch im Nutzungsprozess keine größeren Unterstützungsleistungen durch den Anbieter erfordern.
- Die Nachfrager besitzen zwar Know-how-Defizite zur Lösungserstellung, verfügen aber über spezifische Kenntnisse, die für den Anbieter zur Leistungserstellung zwingend erforderlich sind.
- Eine Beurteilung der Anbieterleistung ist für den Nachfrager erst nach Vertragsschluss im Rahmen der sog. „Projektabnahme" möglich, wobei aber auch hier die nachfragerseitigen Know-how-Defizite dazu führen, dass eine vollständige Leistungsbeurteilung meist nicht möglich ist (*Dominanz von Erfahrungs- und Vertrauenseigenschaften*).

- Die Leistungserstellung durch den Anbieter erfolgt erst *nach* Vertragsabschluss in Form einer sog. *Projektorganisation*.

Untersuchungen von Hofmann/Rollwagen/Schneider (2007) zeigen, dass die Wertschöpfung von Unternehmen zunehmend über Projekte erfolgt, womit dem Projekt-Geschäft in der Praxis und auch im BDM ein zentraler Stellenwert beizumessen ist. Darüber hinaus sind die im Folgenden vorgestellten Überlegungen aber auch für die übrigen Geschäftstypen von grundlegender Bedeutung: So basiert auch das *Verbund-Geschäft* häufig auf der Entwicklung kundenspezifischer Lösungen, die ebenfalls in Form von Projekten realisiert werden. Ebenso erfolgt das für das Commodity-Geschäft zentrale Customizing von Standardlösungen ebenfalls häufig in Form von Projekten. Der grundlegende Unterschied zu diesen beiden Geschäftstypen ist vor allem darin begründet, dass im Projekt-Geschäft eine Problemlösung für den Kunden entwickelt wird, die nach Fertigstellung vom Nachfrager in Eigenverantwortung im Unternehmen eingesetzt wird. Es existieren damit *keine* an die Projektentwicklung gekoppelten Folgetransaktionen (wie etwa im Verbund-Geschäft), und ggf. in der Betreiberphase erforderliche Lieferungen z. B. in Form von Verbrauchsprodukten sind *nicht* an den mit der Projektentwicklung beauftragten Anbieter gebunden.

11.2 Erscheinungsformen des Projekt-Geschäfts

Projekt-Geschäfte als ein *„Typus von Vermarktungsprozessen"* sind insbesondere im Hinblick auf die vom Nachfrager geforderten Problemlösungen, die Komplexität der Projekte sowie deren zeitliche Dauer durch eine große Heterogenität gekennzeichnet: So fallen unter das Projekt-Geschäft sowohl ‚kleine' Projekte z. B. im Bereich der Software-Entwicklung als auch Großprojekte, wie sie z. B. im industriellen Großanlagenbau zu finden sind (Backhaus/Voeth 2010, S. 325 ff.; Königshausen/Spannagel 2004, S. 1123 ff.). In diesem Buch wird ein sehr grundlegendes Projekt-Verständnis unterstellt, bei dem die Einmaligkeit des Projektes und der klar definierte Anfangs- und Endtermin konstituierende Merkmale bilden.

> Nach DIN 69901 ist ein *Projekt* definiert als „Vorhaben, das im Wesentlichen durch Einmaligkeit der Bedingungen in ihrer Gesamtheit gekennzeichnet ist, wie z. B. Zielvorgabe, zeitliche, finanzielle, personelle oder andere Begrenzungen, Abgrenzung gegenüber anderen Vorhaben, projektspezifische Organisation."

Zur Systematisierung von Projekten wird im Sinne dieses Buches eine zweckmäßige Betrachtungsweise in der Fokussierung auf

- den Innovationsgrad eines Projektes und
- den Komplexitätsgrad eines Projektes

gesehen, die gleichzeitig zentrale *Herausforderungen* bei der Realisierung darstellen: Bei *hoher Komplexität* kommt es insbesondere darauf an, eine größere Anzahl von Teilleistungen zu koordinieren, ohne dabei den Überblick für das Gesamtprojekt zu verlieren. Typische Beispiele für diese Art von Projekten sind große IT- oder Bau-Vorhaben. Ein hoher Komplexitätsgrad kann dabei bei suboptimalem Projekt-Management zu hohen Zeit- und Kostenüberschreitungen führen. Ein *hoher Innovationsgrad* des Projekts hingegen erfordert primär eine präzise Analyse der zugrunde liegenden Problemstellung und einen hohen Input an Kreativität.

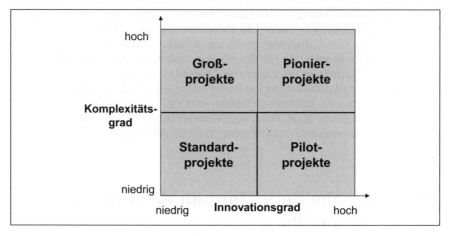

Abb. 84: Projekt-Typen nach Komplexitäts- und Innovationsgrad

Darüber hinaus sind bei besonders komplexen Projekten, wie sie z. B. für das industriellen Großanlagenbau typisch sind, auch besondere Probleme relevant (z. B. Finanzierungsproblematik, Risikomanagement, Vertragsmanagement), die im Folgenden jedoch nicht näher betrachtet werden.

11.3 Phasenorientierter Marketing-Ansatz im Projekt-Geschäft

Die aufgezeigten Charakteristika des Projekt-Geschäfts lassen erkennen, dass das Projekt-Geschäft meist durch *komplexe Bargaining Transactions und Managerial Transactions* gekennzeichnet ist. Zur Leistungserstellung werden auf der Anbieterseite Projekte häufig in Kooperation mit anderen Anbietern (z. B. Sublieferanten) sowie dem Kunden aufgesetzt, mit deren Zielerreichung auch das Projekt-Geschäft seinen Abschluss findet. Ansatzpunkte für (ähnliche oder modifizierte) Folgetransaktionen sind damit im Prinzip nicht gegeben, sodass es sich hier primär um *Einmaltransaktionen* handelt, womit sich der Anbieter bei diesem Geschäftstyp auf der *Handlungsebene der Einzeltransaktionen* bewegt.

Komplexität, Umfang und ein besonders intensiver interdisziplinärer Charakter von Projekten bedingen eine zeitliche Gliederung in verschiedene Projektphasen. Eine Projektphase ist dabei ein zeitlicher Abschnitt im Projektablauf, welcher sachlich von anderen Abschnitten getrennt werden kann. Bildung und Auslegung der Planungsphasen erfolgen nach Maßgabe der jeweiligen Gegebenheiten und Ansprüche an ein Projekt. Die große Bandbreite an Aufgabenstellungen, die durch Projekt erfüllt werden können, bringt dabei unterschiedliche Anforderungen mit sich, wodurch die Phasenverläufe in Abhängigkeit des jeweiligen Projekts sehr unterschiedlich ausfallen. Alternative Phasenmodelle zeigen z. B. Gadatsch (2008), Hölzle (2007) oder Zell (2007). Gemein ist jedoch dem überwiegenden Anteil der Phasen-Ansätze die Orientierung an den **Handlungspunkten des Anbieters**. In der Unternehmenspraxis lassen sich vier Ereignisse beobachten, zu denen bestimmte Projektaktivitäten spätestens abgeschlossen sein müssen. Hierzu zählen die Aufforderung der Nachfrager zu einer Angebotsabgabe, die häufig in Form von Ausschreibungen erfolgt, die Angebotsabgabe, die Projekt-Beauftragung durch den Kunden und damit der eigentliche Start des Projektes sowie die Abnahme des Projektergebnisses. Es ist deshalb zweckmäßig, diese Ereignisse auch zur Strukturierung des Projekt-Geschäftes zu verwenden und darauf abgestimmt einen **phasenbezogenen Marketing-Ansatz** zu verfolgen. Abb. 85 zeigt exemplarische Phasenverläufe bei unterschiedlichen Projekttypen und die im Folgenden verwendeten *„generische" Phaseneinteilung* für das Marketing im Projekt-Geschäft.

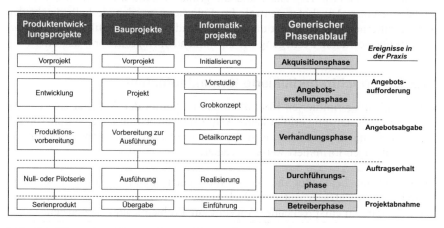

Abb. 85: Allgemeiner Phasen-Ansatz für das Projekt-Geschäft

Projektlaufzeiten können sich je nach geforderter Problemlösung über einige Wochen oder aber auch mehrere Jahre erstrecken, wobei die einzelnen Phasen in Dauer und Aufwand sehr unterschiedlich sein können. Eine für Praxisprojekte nicht untypische Verteilung des Gesamtaufwands ist die Einteilung in Projektvorbereitung im Sinne der Akquisitionsphase mit 5 % des Aufwands, der Projektplanung 20 %, der Durchführungsphase 60 % und den Maßnahmen zum Übergang zur Betreiberphase 15 %. Diese Aufteilung macht bereits deutlich, dass schon vor Durchführung des Projekts erhebliche Mittel gebunden werden, sodass den vorauslaufenden Phasen eine hohe Bedeutung beizumessen ist. Im Folgenden werden die in den einzelnen Projektphasen zentralen Marketing-Aufgaben einer detaillierten Betrachtung unterzogen.

11.3.1 Marketing in der Akquisitionsphase

In der Akquisitionsphase hat der Anbieter zu entscheiden, mit welcher Akquisitions-Strategie er an den Markt gehen möchte, wobei hier grundsätzlich zwischen einer *nachfragerinitiierten* (passive Akquisitionsstrategie) und einer *anbieterinitiierten* (aktive Akquisitionsstrategie) *Kontaktaufnahme* unterschieden werden kann.

> Die *Akquisitionsphase* bezeichnet im Projekt-Geschäft den Zeitraum der Gewinnung von Auftragsanfragen und erstreckt sich von der ersten Kontaktaufnahme mit dem Nachfrager bis zur anbieterseitigen Entscheidung, ein Angebot für den Nachfrager zu erstellen oder den aktuellen Kontakt abzubrechen.

Darüber hinaus ist in der Akquisitionsphase vor allem die Entscheidung über die *Auswahl von Projektoptionen* und die grundsätzliche Entscheidung über die Erstellung eines Angebotes zentral. Im Folgenden werden deshalb die beiden Strategiealternativen beleuchtet und anschließend die Problematik der sog. *Anfragenselektion* sowie die Festlegung der zu wählenden *Angebotsform* diskutiert.

11.3.1.1 Nachfragerinitiierte Kontaktaufnahme

Bei der nachfragerinitiierten Kontaktaufnahme nimmt der Anbieter eine passive Rolle ein. Anbieterseitig erfolgt keine Akquisitionsarbeit im engeren Sinn, da der Anbieter primär nur auf Anfragen der Nachfrager, die vor allem in Form von Ausschreibungen formuliert werden, reagiert.

> Eine Anfrage beinhaltet die Artikulation einer konkreten Problemstellung durch den Nachfrager mit dem Ziel, einen oder mehrere Anbieter dazu zu veranlassen, ein entsprechendes Angebot zur Problemlösung abzugeben.

Eine Anfrage kann nicht nur vom Projektnachfrager selbst, sondern auch z. B. von einem vom Nachfrager beauftragten Consultant oder von einem anderen Anbieter, der Kooperationspartner für ein gemeinsames Angebot sucht, ausgehen. Um Projektaufträge im Wettbewerb zu vergeben und in der Folge Angebote potenzieller Anbieter zu erhalten, kann der Nachfrager unterschiedliche Vergabeformen einsetzen, wobei folgende in der Praxis von besonderer Bedeutung sind:

- Wettbewerbspräsentation,
- Ausschreibung,
- Freihändige Ausschreibung/Vergabe.

Bei **Wettbewerbspräsentationen** skizziert der Nachfrager seine Problemstellung und gibt interessierten Anbietern die Möglichkeit, ihre Lösungsansätze zu präsentieren. Wettbewerbspräsentationen sollten dann eingesetzt werden, wenn die Problemstellung hinreichend Raum für kreative Lösungsansätze der Anbieter bietet und der Nachfrager entsprechende Hilfestellungen zur Problemlösung durch die Präsentationen, die i. d. R. vom Nachfrager auch vergütet werden, erhalten kann.

> Eine *Ausschreibung* ist ein Vergabeverfahren von Aufträgen unter Wettbewerbsbedingungen. Dabei formuliert eine öffentliche Institution (Staat, Kommune, Behörde) oder ein Unternehmen der Privatwirtschaft seine Anforderungen an eine bestimmte Problemlösung im sog. Lastenheft und fordert potentielle Anbieter auf, ein Angebot zur Problemlösung zu unterbreiten.

Durch **Ausschreibungen** verfolgt ein Nachfrager primär die Ziele der Reduktion des Risikos, das mit steigender Projektkomplexität einhergeht, und der wettbewerbsbasierten Preisermittlung. Durch die Ausschreibung eines Projektes an mehrere potenzielle Anbieter hält der Nachfrager den Wettbewerb aufrecht und erhofft sich davon einen ‚optimalen' Preis für die nachgefragte Leistung zu erhalten. Darüber hinaus kann er sich durch die Sichtung mehrerer Angebote einen besseren Überblick über die Leistungsfähigkeit der einzelnen Anbieter verschaffen. Die Vergleichsmöglichkeit zwischen verschiedenen Angeboten kann dabei über die genaue Spezifikation der erwarteten Problemlösung im sog. Lastenheft sichergestellt werden.

> Im *Lastenheft* nimmt der Kunde (Auftraggeber) die Spezifizierung eines Projekts vor und beschreibt seine Anforderungen hinsichtlich des Leistungs- und Lieferumfangs sowie der Rahmenbedingungen. Zum Lastenheft gehören vor allem die allgemeinen Angebotsbedingungen, technische sowie betriebswirtschaftliche Vorgaben und Beschreibungen und generelle Angaben zum Projektvorhaben.

Bislang gibt es in der Europäischen Union noch keine einheitliche Regelung bzgl. der Veröffentlichung von Ausschreibungen, sodass in den unterschiedlichen Branchen durchaus verschiedene Formvorschriften gelten. Ebenso gibt es kein branchenübergreifendes Portal in dem die Ausschreibungen sämtlicher Branchen aufgelistet sind. Das führt dazu, dass meist jede Branche über ein eigenes, einschlägiges Portal verfügt. Primäer erfolgt die Bekanntmachung von Ausschreibungen über drei Wege:

- **Öffentliche Ausschreibung:** Eine unbeschränkte Anzahl von Unternehmen wird vom Nachfrager öffentlich zur Abgabe eines Angebotes aufgefordert.
- **Beschränkte Ausschreibung:** Nach der Aufforderung zur Bewerbung um einen Auftrag wird anschließend vom Nachfrager eine beschränkte Zahl von Unternehmen zur Angebotsabgabe aufgefordert.

- **Freihändige Ausschreibung:** Der Nachfrager wendet sich, mit oder ohne öffentliche Ausschreibung, an eine ausgewählte Zahl von Unternehmen, um mit diesen die Angebotsbedingungen zu verhandeln.

Während *Öffentliche Ausschreibungen* in der Vergangenzeit über Tageszeitungen oder speziellen Fachzeitschriften sowie dem Handelsregister veröffentlicht wurden, findet sich heute eine Vielzahl an Portalen im Internet, in denen Informationen über öffentliche Ausschreibungen aufbereitet werden. Diejenigen des Bundes werden z. B. über die Online-Plattform www.bund.de bekannt gegeben.

Beispiel: „Elektronische Ausschreibungsplattform www.bund.de"

(Quelle: www.bund.de, 21. 05. 2002)

Bei der nachfragerinitiierten Kontaktaufnahme verfolgt der Anbieter nur eine allgemeine Informations- und Kommunikationspolitik (Public Relations), und es finden keine speziellen projekt- bzw. kundenorientierten Marketing-Anstrengungen statt. Das passive Verhalten des Anbieters beruht dabei auf der Annahme, dass der Kunde zumindest die grundlegende Entscheidung für ein bestimmtes Investitionsvorhaben getroffen haben muss. Die ‚Sicherheit', auch ohne aktive

Akquisitionsmaßnahmen rechtzeitig von Projektausschreibungen zu erfahren und in die Anfrage einbezogen zu werden, resultiert auch aus der hohen Markttransparenz. Diese ergibt sich daraus, dass Projekt-Geschäfte zumeist auf oligopolistischen Märkten stattfinden, auf welchen den Projektausschreibungen nur eine relativ geringe Zahl an potenziellen Anbietern gegenübersteht. Im besonderen Maß ist dies im industriellen Großanlagenbau (Backhaus/Voeth 2010, S. 331 f.) ausgeprägt. Hier wird das Anbieterfeld durch die Voraussetzungen eines hohen Leistungspotenzials und einer ausreichenden Liquidität selektiert. Der Anbieter kann bei nachfragerinitiierter Kontaktaufnahme seine Erfolgschancen dadurch erhöhen, dass er z. B.

- sich im Vorfeld eingehend über den Modus der Vergabeverfahren informiert,
- die geforderte Leistungsqualität und die Preisbereitschaft des Nachfragers einer eingehenden Analyse unterzieht,
- streng die Einhaltung der Formvorgaben und der Fristen beachtet (bei öffentlichen Ausschreibungen führt häufig bereits eine nur um wenige Stunden verspätete Angebotsabgabe zum Ausschlus),
- frühzeitig den Kontakt zum Nachfrager herstellt, um so die Problemstellung besser zu verstehen und bereits im Vorfeld Signale seine Leistungsfähigkeit und Leistungswilligkeit gegenüber dem Nachfrager signalisiert,
- das Auftragsvergabeverhalten des Nachfragers in der Vergangenheit analysiert und sich mit der ausgeschriebenen Problemlösung vertraut macht.

11.3.1.2 Anbieterinitiierte Kontaktaufnahme

Die nachfragerinitiierte Kontaktaufnahme, verbunden mit einer passiven Akquisitionsstrategie des Anbieters, ist in Zeiten rückläufiger Auftragsgewinnungs-Wahrscheinlichkeiten nur noch bedingt sinnvoll (Albers/Söhnchen 2005, S. 62.). Ein Grund für die rückläufige Auftragsgewinnungs-Wahrscheinlichkeit ist die zunehmende Professionalisierung des Einkaufs. Diese führt dazu, dass es mittlerweile zum ‚Standard' gehört, bei Beschaffungsentscheidungen zwei bis drei Angebote unterschiedlicher Lieferanten einzuholen. Weiterhin wird die Erfolgswahrscheinlichkeit der Auftragsakquisition auch durch den zunehmenden Anteil an Angeboten, der für nicht ersichtliche Scheinnachfrager erstellt wird, die sich ohne ernsthafte Bestellabsichten nur über die Marktsituation informieren wollen, reduziert. Anbieter betreiben deshalb zunehmend eine *aktive Projektakquisition*, welche soweit gehen kann, dass das eigentliche Projekt – lediglich auf allgemein formulierten Bedürfnissen des Nachfragers basierend – sogar durch den Anbieter kreiert wird. Die anbieterinitiierte Kontaktaufnahme strebt bewusst den Kundenkontakt an, wobei sich drei grundsätzliche anbieterseitige Handlungsoptionen differenzieren lassen:

1. Allgemeine Akquisitionsbemühungen,
2. Systematische Projektakquisition,
3. Projektspezifische Kundenakquisition.

(1) Allgemeine Akquisitionsbemühungen
Im Rahmen der allgemeinen Akquisitionsbemühungen steht die *Kommunikationspolitik* im Vordergrund. Auftritte auf wichtigen Branchenmessen, die Schaltung

von Werbeanzeigen und die Publikation von Aufsätzen in Fachzeitschriften stellen hier bevorzugte Akquisitionsmaßnahmen dar. Auch sog. Roadshows können helfen, das Image des Unternehmens als Know-how-Partner und Problemlöser in bestimmten Kundenbranchen zu verankern und potenzielle Kunden über neue Produktinnovationen zu informieren (Königshausen/Spannagel 2004, S. 1129).

Ein primäres Ziel der Kommunikationspolitik ist es dabei, den Anbieter z. B. aufgrund seines Namens, seiner technologischen Kompetenz oder eines Markenbildes ins Bewusstsein der Kunden zu rücken und dort zu festigen. Dadurch soll ein **Mindest-Aktivierungsniveau** beim Nachfrager erreicht werden, damit ein Unternehmen als potenzieller Anbieter für ein geplantes Projekt überhaupt wahrgenommen wird und im sog. **Awareness Set** des Nachfragers verankert ist. Um im zweiten Schritt auch in das **Evoked Set** des Nachfragers zu gelangen, müssen die relevanten Beurteilungskriterien gefunden werden, die dem Wahrnehmungsprozess des jeweiligen Nachfragers zugrunde liegen. Versuchen die Anbieter im Consumer Marketing die beurteilungsrelevanten Kriterien mühevoll in Form von Konsumentenbefragungen zu identifizieren, werden im Business Marketing und insbesondere im Projekt-Geschäft die zu erfüllenden Kriterien teilweise bereits durch die Auftraggeber vorgegeben: So dürfen nach dem Erlass „B 15-01082-102/ 11" vom 17. Januar 2008 des Bundesministeriums für Verkehr, Bau und Stadtentwicklung (BMVBS) bei freihändigen Vergaben und beschränkten Ausschreibungen nur noch Unternehmen berücksichtigt werden, die eine erfolgreiche Eignungsprüfung (Präqualifikation) abgeschlossen haben und in der Liste des Vereins für die Präqualifikation von Bauunternehmen e.V. (www.pq-verein.de) geführt werden.

> Die *Präqualifikation* ist eine dem Wettbewerb vorgelagerte, auftragsunabhängige Eignungsprüfung, bei der Anbieter ihre allgemeine Leistungsfähigkeit und Fachkompetenz für ein bestimmtes Problemfeld nachweisen.

Während die Präqualifikation in anderen europäischen Ländern etabliert ist, nimmt in Deutschland hier das *Baugewerbe* eine Vorreiterrolle ein: Die Transaktionsprozesse in der Bauwirtschaft weisen die klassischen Charakteristika von Projekt-Geschäften auf, und die Absatzobjekte stellen Leistungsbündel sowie Leistungsversprechen dar. Der komplexe Leistungserstellungsprozess im Baugewerbe führt nachfragerseitig zu **hohen Unsicherheiten**, was zu einer für das Projekt-Geschäft typischen *Dominanz an Erfahrungs- und Vertrauenseigenschaften* führt. Reputation und Vertrauen werden damit zu zentralen Erfolgsfaktoren. In diesem Sinne wirkt die Listung eines Anbieters in der Präqualifizierungsliste beim Nachfrager als **Gütesiegel**, welches Zuverlässigkeit, Fachkunde und Leistungsfähigkeit eines Bauunternehmens dokumentiert, weshalb sich zunehmend auch private Auftraggeber für diese Art der Qualifizierung von Anbietern interessieren.

(2) Systematische Projektakquisition

Bei der systematischen Projektakquisition verfolgt der Anbieter das Ziel der nachfragerseitigen Bedarfsermittlung, um auf diese Weise potenziellen Kunden konkrete und auf deren individuelle Bedürfnisse zugeschnittene Problemlösungen *proaktiv* offerieren zu können. Hierzu ist in einem ersten Schritt eine Potenzial-analyse unterschiedlicher Teilmärkte durchzuführen sowie Entscheidungen über die Segmentierung und Bearbeitung des Marktes zu treffen. Die hierfür notwendigen Marktforschungsbemühungen sind dabei zunächst darauf ausgerichtet, Kenntnisse über mögliche Investitionsplanungen von lukrativen Nachfragern zu erlangen. Da Projektvorhaben zu einem hohen Grad durch das Merkmal der Neuartigkeit gekennzeichnet sind, muss der Anbieter in einem zweiten Schritt prüfen, ob die eigenen Know-how-Potenziale und Ressourcenausstattung ausreichen, um im Rahmen der systematischen Projektakquisition wettbewerbsfähige Projektangebote abgeben zu können.

Beispiel: „Bedarfsweckung bei der Telekom durch IBM"

Die IBM Deutschland GmbH liefert von Anbeginn Hard- und Software für das T-Online-System der Deutschen Telekom. Entscheidend dabei ist, dass die Rechnerausstattung frühzeitig entsprechend der Teilnehmerentwicklung von T-Online hinreichend groß ausgelegt ist. Insbesondere in der Anfangszeit des Systems erstellte deshalb die IBM regelmäßige Prognosen zur Entwicklung der Teilnehmerzahlen, um auf dieser Basis der Telekom die weitere Investitionsnotwendigkeit in den Ausbau der Hardware sowie die Weiterentwicklung der Software zu verdeutlichen. Die so bei der Telekom generierte Investitionsaufmerksamkeit verschaffte der IBM beim weiteren Ausbau des Systems einen klaren Akquisitionsvorteil und ermöglichte die Stabilisierung der Telekom-Präferenz für die IBM als Hard- und Software-Lieferant für das T-Online-System.

Zur **systematischen Projektfindung** kann der Anbieter auf eine Reihe von Methoden zurückgreifen, wie sie auch bei der Ideenfindung im klassischen Innovationsprozess eingesetzt werden (Weiber/Kollmann/Pohl 2006, S. 119 ff.; Weiber 2013), wobei hier nur die Folgenden exemplarisch genannt seien:

- Strategisches Suchfeldanalyse,
- Szenario-Technik,
- Expertenbefragungen,
- Studien zu potenziellen Anwendungsproblemen und deren Simulation,
- Kooperation mit Kunden (Lead User; Open Innovation usw.),
- Methoden der Technologiefrühaufklärung und -vorhersage.

Neben der eigenen Ermittlung des Kundenbedarfs bietet sich im Rahmen der systematischen Projektfindung auch die Möglichkeit der Bedarfsverdeutlichung bzw. **Bedarfsweckung** seitens des Anbieters. Diese Aufgaben werden in der Praxis bei (Groß-)Firmen häufig von eigenständigen Business Development-Abteilungen übernommen, die bspw. die nachgelagerten Märkte bzw. Folgekäufe der Abnehmer analysieren, um so mögliche Bedarfslücken zu identifizieren.

(3) Projektspezifische Kundenakquisition
Die häufig hohe Komplexität der Problemstellungen bei Projekten führt dazu, dass potenzielle Kunden in der Anfangsphase (Akquisitionsphase) des Projekts nur *vage Problemvorstellungen* besitzen und somit Schwierigkeiten haben, die

Anforderungen an den Anbieter bzw. das Projekt zu spezifizieren. Im Rahmen der projektspezifischen Kundenakquisition werden von Anbietern deshalb oft Beratungsleistungen angeboten, die dem Kunden dabei helfen sollen, nachfragerseitige Lücken in der Problemstrukturierung zu schließen und aus den Anforderungen des Kunden ein realisierbares Umsetzungskonzept (Projektbeschreibung) zu erstellen. Für den Anbieter eröffnet das Angebot solcher Serviceleistungen die Möglichkeit, Vertrauen zum Nachfrager aufzubauen und noch *vor* der Formulierung der eigentlichen Anfrage bzw. einer Ausschreibung das Bewertungsmuster des Kunden mit zu prägen und sich somit früh eine Vorteilsposition gegenüber den Wettbewerber zu verschaffen. Eine solche Beratung des Kunden beinhaltet typischerweise drei zentrale Elemente:

- Transfer von Problemlösungsansätzen aus Erfahrungen anderer Projekte,
- Beratung von Investitionsüberlegungen durch Machbarkeitsstudien und Wirtschaftlichkeitsanalysen,
- Unterstützung bei der Ausformulierung der Ausschreibungstexte.

Von besonderer Bedeutung sind solche Beratungsleistungen vor allem in solchen Situationen, in denen der Kunde wegen seiner vagen Vorstellungen über das Projektziel nicht in der Lage ist, eigenständig ein Projektkonzept bzw. eine Anfrage mit seinen Anforderungen zu erstellen. Lücken in der Problemstrukturierung bergen jedoch auf der anderen Seite die Gefahr einer unklaren Ausgangsbedingung, welche im Projektverlauf zu existenzgefährdenden Problemen anwachsen können. In diesen Fällen lässt der Nachfrager in der Regel eine Vorstudie meist in Form einer **Machbarkeitsstudie** erstellen, in der die genauen Rahmenbedingungen fixiert und konkrete Leistungsaspekte definiert werden. Machbarkeitsstudien umfassen oft eine Reihe von Teiluntersuchungen, die von der Prüfung der technischen Durchführbarkeit über die Prüfung der Wirtschaftlichkeit bis hin zur Prüfung der Gegebenheiten von Infrastruktur und Standort reichen können.

11.3.1.3 Anfragenselektion

Die Kontaktaufnahme zum Nachfrager mündet im Ergebnis immer in dem anbieterseitigen Entscheidungsproblem, für welche Nachfrager konkrete Angebote zur Problemlösung erstellt werden sollen. Diese Entscheidung ist vor allem deshalb von zentraler Bedeutung, da die Angebotserstellung mit vergleichsweise hohen Kosten für den Anbieter verbunden ist. Sie können je nach Art des Projekttyps (Standard-, Pilot-, Groß-, oder Pionierprojekt) durchaus 5 % bis 10 % des Auftragswerts ausmachen. Ihre konkrete Höhe wird im Wesentlichen vom Umfang der Akquisitions-, Projektierungs- und Anbieterorganisationskosten bestimmt (Heger 1998, S. 71; von Lindeiner-Wildau 1986, S. 23). Neben dem Kostenaspekt ist weiterhin auch die erwartete *Wahrscheinlichkeit des Auftragserhalts* zentral für die Entscheidung einer Angebotsabgabe, da mit Bearbeitungsbeginn einer Anfrage bzw. einer Ausschreibung anbieterseitig projektspezifische Kosten anfallen, denen nur bei einem *Angebotserhalt* entsprechende Erträge aus der Projektrealisierung gegenüberstehen. Außerdem führen umfangreiche Projekt-Geschäfte dazu, dass beim Anbieter für längere Zeit Kapazitäten gebunden werden, wodurch er in eine **Lock-in-Situation** gelangt und dadurch möglicherweise attraktive Aufträge in der Zukunft nicht bearbeitet werden können. Vor diesem Hintergrund sollte der Anbieter eine **Selektion von Anfragen** vornehmen. Dabei sind vor allem trennscharfe Kriterien zu bestimmen, die eine Unterscheidung nach bearbeitungswürdigen und -unwürdigen Projektanfragen erlauben. In der Literatur findet sich hierfür eine Vielzahl unterschiedlicher Kriterienkataloge, wobei umfangreiche Kriterienlisten zur Anfragenselektion insbesondere im industriellen Anlagengeschäft verbreitet sind. Sie betonen insbesondere die folgenden Aspekte (Schoof 1984, S. 6; Backhaus 1980, S. 31 ff.):

- Strategische Bedeutung eines Projekte (z. B. als Referenzprojekte),
- Risiken des Projektes und Absicherungsmöglichkeiten,
- Konkurrenten, die am Bietverfahren wahrscheinlich teilnehmen werden,
- eigene Wettbewerbsposition und Auftragserlangungswahrscheinlichkeit,
- Vergabekriterien des Kunden und bisherige Erfahrungen mit dem Kunden,
- Anteil standardisierter bzw. bereits vorliegende Komponenten, Prozesse und Leistungen, auf die bei der Projektrealisierung zurückgegriffen werden kann,
- Projektkosten, Projektvolumen und Projektprofit

Content^{PLUS}

7 Verfahren der Anfragenselektion

Eine detaillierte Darstellung der in Abb. 86 dargestellten Verfahren der Anfragenselektion findet der Leser in diesem Content[Plus]-Kapitel.

Nach der Sammlung trennscharfer Kriterien zur Bewertung eines potenziellen Projektes müssen diese in einem zweiten Schritt zu einem *Entscheidungsmodell* verdichtet werden. Hierfür kann auf die in der Literatur bekannten Methoden zur Bewertung von Anfragen zurückgegriffen werden (vgl. zu Überblicken etwa: Albers/Söhnchen 2000, S. 59 ff.; Backhaus/Voeth 2010, S. 336 ff.; Heger 1988, S. 22 ff.). Abb. 86 liefert hierzu eine systematisierende Übersicht zentraler Verfahren:

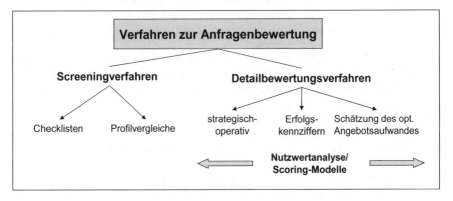

Abb. 86: Zentrale Verfahren zur Selektion und Bewertung von Anfragen

11.3.2 Marketing in der Angebotserstellungsphase

Die Angebotserstellungsphase besitzt aus Marketing-Sicht die größte Bedeutung, da am Ende dieser Phase – wenn keine Nachverhandlungen nach Angebotsabgabe möglich sind – der Nachfrager die Auftragsvergabe vornimmt. Bei Projekt-Geschäften liegt damit die Vermarktung immer *vor* der eigentlichen Leistungserstellung, weshalb Projekt-Geschäfte immer auch *Leistungsversprechen* darstellen.

Die *Angebotserstellungsphase* bezeichnet im Projekt-Geschäft den Zeitraum von der Erstellung eines Angebotes für den Nachfrager bis zur Angebotsabgabe. In dieser Phase müssen die Zahlungsbereitschaft des Kunden sowie die Kosten der nach Auftragserhalt zu erbringenden Leistung *antizipiert* werden. *Angebote* sind für den Anbieter meist bindend, da er sich verpflichtet, zu einem vereinbarten Preis eine vereinbarte Leistung zu erbringen.

Weiterhin entscheiden die im Angebot vorgenommenen Spezifikationen nicht nur über die Auftragsvergabe durch den Kunden, sondern auch über den vom Anbieter realisierbaren Gewinn. Die Problematik der Angebotserstellung ist im Projekt-Geschäft insbesondere darin zu sehen, dass meist sehr *individuelle Leistungen* erstellt werden, sodass Vergleiche mit bereits durchgeführten Projekten nur bedingt Anhaltspunkte für die Festlegung von Leistungsumfang und Preissetzung bieten können. Der damit verbundene Charakter des Projekt-Geschäfts von *Leistungsversprechen* führt weiterhin dazu, dass zum Zeitpunkt der Angebotserstellung die tatsächlich relevanten Kosten nicht bekannt sind und deshalb geschätzt werden müssen. Die Angebotserstellung im Projekt-Geschäft ist damit für den *Anbieter* mit **besonderen Unsicherheitspositionen** verbunden, die sich vor allem in folgenden Aspekten begründen:

- Leistungsumfang und Kosten stehen nur zum Teil fest und müssen *antizipiert* werden, sodass sie nur als *Erwartungsgrößen* in die Betrachtung eingehen.
- Projekte mit einem hohen Grad an Kundenintegration sind häufig durch *Informationsasymmetrien zu Lasten des Anbieters* gekennzeichnet, da der Kunde über seine spezifischen Gegebenheiten, Kompetenzen und Anforderungen besser informiert ist als der Anbieter.
- Projekte werden häufig in Kooperation mit Subunternehmen oder in Form von *Anbieterkoalitionen* erstellt, wodurch die Schätzung der Qualität des Leistungsergebnisses nicht nur erschwert, sondern auch nur zum Teil durch den Anbieter beeinflusst werden kann.
- Die *interaktive Wertschöpfung* mit Kunde und Kooperationspartnern im Rahmen der Projektrealisierung führt dazu, dass auch für den Anbieter die Projektbeurteilung durch eine *Dominanz an Erfahrungseigenschaften* gekennzeichnet ist.
- Bei langfristigen Projekt-Geschäften werden verstärkt *Umweltunsicherheiten* relevant und auch die Zahlungsfähigkeit, die Zahlungswilligkeit sowie die kundenseitigen Zahlungseingänge sind grundsätzlich als unsicher einzustufen.

Bei der Erstellung eines Angebotes liegen die zentralen Aufgaben in der Bestimmung des *Leistungsumfangs* und der *Preisfindung*. Die Verbindlichkeit der dabei getroffenen Aussagen sind durch die *Angebotsform* bestimmt.

11.3.2.1 Bestimmung der Angebotsform

Nach der Anfragenselektion ist im ersten Schritt in Abhängigkeit der selektierten Anfrage zu entscheiden, welche Angebotsform gewählt werden soll, wobei in der Unternehmenspraxis folgende Varianten häufig anzutreffen sind:

* Kontaktangebote,
* Richtangebote,
* Fest(preis)angebote,
* Beratungsangebote.

Kontaktangebote enthalten nur allgemeine Angaben bezüglich der grundsätzlichen Ausführung zu einer angefragten Leistung. Zu diesem Zweck orientiert sich der Anbieter, soweit möglich, an vergleichbaren Projekten der Vergangenheit und skizziert die grundsätzliche Struktur einer möglichen Problemlösung. Kontaktangebote eignen sich deshalb vor allem bei der anbieterinitiierten Kontaktaufnahme, wenn noch keine detaillierten Spezifikationen zu einer nachfragerseitigen Problemstellung vorliegen. Insbesondere sog. *Wettbewerbspräsentationen* sind häufig mit der Abgabe von Kontaktangeboten verbunden. Kontaktangebote verursachen beim Anbieter zwar einen nur geringen Erstellungsaufwand, weisen aber auch für den Nachfrager einen nur begrenzten Informationsgehalt auf und sind ihrer Verbindlichkeit nur gering. Sie können gegenüber einer (späteren) verbindlichen (ordentlichen) Angebotsabgabe erhebliche Unterschiede (20 % und mehr) in Preis, Liefertermin und Detailspezifikation aufweisen. **Richtangebote** (*standard offer*) versuchen die wesentlichen Charakteristika einer Problemlösung zu beschreiben und bezüglich Preisen, Terminen und Lösungsansatz eine deutlich höhere Verbindlichkeit als bei Kontaktangeboten zu erreichen. Voraussetzung zur Erstellung eines Richtangebots sind bereits im Vorfeld vom Kunden bereitgestellte Informationen zur Problemstellung (Grobbeschreibung). Gegenüber dem *ordentlichen Angebot* sind die Abweichungen im Hinblick auf die Verbindlichkeit auf plus/minus 10 % zu schätzen. In der Folge führt ein Richtangebot i. d. R. aber nochmals zu detaillierten Gesprächen mit dem Kunden, auf deren Basis dann eine verbindliche Angebotsabgabe erfolgt. Bei Richtangeboten kann für beide Marktparteien dadurch eine höhere Sicherheit erreicht werden, dass ein sog. **Letter of Intent** (LoI) abgegeben wird.

> Der *Letter of Intent (LoI)* ist die formlose Erklärung einer oder mehrerer Vertragsparteien, in dem die Absicht zur Unterzeichnung eines Vertrages schriftlich bekundet wird. Der LoI besitzt jedoch keine rechtliche Verbindlichkeit.

Festangebote sind formale Angebote, bei denen der Leistungsumfang vom Anbieter im Detail verbindlich formuliert wird. Sie werden meist im Rahmen von *Ausschreibungen* gefordert und auf Basis des *Lastenhefts* des Kunden erstellt. Entsprechend ist die Verbindlichkeit hinsichtlich Preisen, Terminen und Lösungsspezifikation bei Festangeboten am größten. Damit sind sie für den Anbieter aber auch mit dem höchsten Erstellungsaufwand verbunden. Allerdings ist zu unterscheiden, ob bei Festangeboten nach deren Abgabe Nachverhandlungen mit dem Kunden geführt werden können. Sind diese *nicht* möglich, so wird von **Festpreisangeboten** gesprochen, während ansonsten erst im Rahmen der *Verhandlungsphase* das endgültige, verbindliche Angebot ausgehandelt wird. **Beratungsangebote** sind „reine Dienstleistungen" und zielen auf Leistungen zur Unterstützung und Begleitung eines vom Nachfrager selbständig durchzuführenden Projekts ab. Sie beinhalten damit *nicht* die Erstellung einer Gesamtlösung, womit der Anbieter auch keine Gewährleistung der Funktionsfähigkeit für die gesamte Problemlösung übernimmt.

11.3.2.2 Bestimmung des Leistungsumfangs

Die Definition des Leistungsumfangs hat sich am *Lastenheft* des Nachfragers zu orientieren. Je konkreter und detaillierter das Lastenheft formuliert ist, desto eindeutiger ist auch der vom Anbieter zu erbringende Leistungsumfang spezifiziert. Komplexität und Neuartigkeitsgrad von Projekten führen jedoch meist dazu, dass diese Eindeutigkeit nicht gegeben ist und der Anbieter zunächst den erforderlichen Leistungsaufwand *schätzen* muss. Dabei sind folgende Probleme zentral:

- Definition des Leistungsanteils von Kooperationspartnern,
- Aufwandschätzung des eigenen Leistungsanteils,
- Umsetzung von Kundenanforderungen in Leistungsmerkmale.

(1) Definition des Leistungsanteils von Kooperationspartnern
Projekte werden oft in **Kooperation** mit anderen Anbietern realisiert, sodass eine Entscheidung über den eigenen Leistungsanteil und den Leistungsanteil der Kooperationspartner herbeizuführen ist. Die Leistungsaufteilung sollte dabei vor dem Hintergrund der Ressourcensituation und der Kompetenzen des Anbieters vorgenommen werden. Darüber hinaus kann die Einbeziehung von Fremdanbietern allerdings auch aufgrund der Rechtssituation (z. B. bei Patenten), der Wirtschaftlichkeit (z. B. günstigere Fremdanbieter im Ausland) oder Kundenforderungen (z. B. Kunde verlangt die Kooperation mit bestimmten Anbietern bei einzelnen Gewerken) erforderlich sein. Stehen jedoch Know-how-Aspekte im Vordergrund, so sollten die Einzelgewerke eines Projektes jeweils durch diejenigen Anbieter erstellt werden, die über die größte Kompetenz und/oder größte Effizienz verfügen. Dabei ist allerdings zu beachten, dass die Vorteile des Outsourcings nicht durch die damit verbundenen Koordinationskosten kompensiert werden.

(2) Aufwandsschätzung des eigenen Leistungsanteils
Stehen Umfang und Inhalte des eigenen Leistungsanteils fest bzw. wird ein Projekt durch einen Anbieter allein realisiert, so ist eine **Aufwandsschätzung** für den eigenen Leistungsanteil eines Anbieters zur Erreichung der gesetzten Leistungsqualität vorzunehmen. Liegt ein detailliertes Lastenheft des Nachfragers vor, so

kann auf dieser Basis eine Aufwandsschätzung für die Projektrealisierung vorgenommen werden. Unter Verwendung des Lastenhefts erstellt der Anbieter dann das sog. *Pflichtenheft*, das einen hohen Detaillierungsgrad aufweist und dem Anbieter auch als Basis zur Erstellung eines bindenden Angebots dient.

> Das *Pflichtenheft* umfasst gemäß DIN 69901-5 die vom Auftragnehmer erarbeiteten Realisierungsvorgaben aufgrund der Umsetzung des vom Auftraggeber vorgegebenen Lastenhefts.

Das Kernproblem bei der Aufwandsschätzung ergibt sich aus dem Charakter von Projekt-Geschäften als *Leistungsversprechen* und besteht damit in der Unbestimmtheit der Leistung zum Zeitpunkt der Angebotserstellung. Die Gründe hierfür liegen z. B. in der Komplexität, dem Neuartigkeitsgrad, den spezifischen Kundenanforderungen, der Langfristigkeit oder der Ungenauigkeit des Lastenhefts. In diesen Fällen muss auf *Näherungsverfahren* zur Aufwandschätzung zurückgegriffen werden.

Content^PLUS

8 Verfahren der Aufwandsschätzung im Projekt-Geschäft

Als Näherungsverfahren der Aufwandsschätzung sind in der Praxis vor allem Analogie-, Experten- und algorithmische Schätzverfahren von Bedeutung, die in diesem Content^Plus-Kapitel detailliert dargestellt werden.

(3) Umsetzung von Kundenanforderungen in Leistungsmerkmale
Zur Umsetzung der z. B. im Lastenheft formulierten Kundenanforderungen in Leistungsmerkmale der zu erstellenden Problemlösung ist vor allem dem sog. *Quality Function Deployment* eine große Bedeutung beizumessen (Akao 1992, Saatweber 2007, S. 35 ff.). Mit Hilfe des sog. *House of Quality* können die Kundenanforderungen in konkrete Produkt- und Dienstleistungsmerkmale umgesetzt werden. Die frühzeitige Verwendung des House of Quality in der Angebotserstellungsphase ermöglicht dem Anbieter schwierige Anforderungen zu identifizieren und mögliche Zielkonflikte frühzeitig zu erkennen. Dies führt zu einem besseren Ressourceneinsatz und somit auch zu Kostenreduktionen. Einsparungen können dann in Form eines besseren Preises an den Kunden weitergegeben werden und das eigene Angebot attraktiver machen. Damit spielen das Quality Function Deployment und insbesondere die Erstellung des House of Quality auch bei der Bestimmung der Leistungsqualität im Rahmen des Qualitätsmanagements eine herausragende Rolle, und der Leser sei hier auf die Darstellungen in Kapitel 15.2.2.2 verwiesen.

11.3.2.3   Preisfindung im Projekt-Geschäft

Im Projekt-Geschäft wird die Preisfindung durch die anbieter-, nachfrager-, leistungs- und marktbezogenen Charakteristika dieses Geschäftstyps beeinflusst (Pohl 2004, S. 1082 ff.). Während die marktbezogenen Faktoren vor allem die durch die Wettbewerbssituation beeinflusste Preisobergrenze definieren, geben nachfragerbezogene Überlegungen über die Zahlungsbereitschaft des Kunden Auskunft und legen so die beim Kunden durchsetzbare Preisobergrenze fest. Weiterhin bestimmt die interne Orientierung an den Kosten des Unternehmens (kurzfristig an den variablen und langfristig an den gesamten Stückkosten) die Untergrenze des Preisspielraumes. Schließlich ist zu berücksichtigen, dass Lieferumfang/Leistungsmerkmale des Projekt-Geschäftes bis weit hinter die Akquisitionsphase durch Variationen geprägt sind und die Leistungserbringung häufig in Form von Anbieterkoalitionen stattfindet.

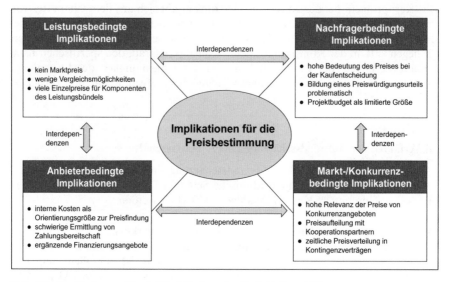

Abb. 87: Implikationen für die Preisfindung im Projekt-Geschäft
(Quelle: Pohl 2004, S. 1085)

Aus Marketing-Sicht sollte sich die Preisfindung im Projekt-Geschäft zunächst an den marktbezogenen Faktoren orientieren, um die marktgerechten Preise bestimmen zu können. Die in einem zweiten Schritt stattfindende Kostenorientierung, dient dann der Sicherung einer marktgängigen aber auch wirtschaftlich erfolgsträchtigen Preissetzung des Anbieters und weist hier eine Kontrollfunktion auf. Im Vergleich zu den anderen Geschäftstypen sind damit konkurrenz- und nachfragerbezogene Preisfindungs-Überlegungen in eine andere Reihenfolge gebracht (Reckenfelderbäumer 2007, S. 426 ff.). Wird berücksichtigt, dass die Leistungserbringung häufig in Kooperation mit anderen Anbietern erfolgt, so ergibt sich insgesamt eine für das Projekt-Geschäft typische **Dreistufigkeit der Preisfindung:**

1. markt- und nutzenorientierte (nachfragerbezogene) Preisfindung,
2. unternehmensbezogene Preisfindung,
3. partnerbezogene Preisaufteilung.

Zu allen Bereichen existieren unterschiedliche Ansätze der Preisfindung (Back-kaus/Voeth 2010, S. 356 ff.; Plinke 1998, S. 154 ff.; Pohl 2004, S. 1089 ff.; Recken-felderbäumer 2007, S. 431 ff.), wovon ausgewählte in Abb. 88 zusammengefasst sind. Im Folgenden werden zentrale Verfahrensvarianten entsprechend der obigen Reihenfolge einer genaueren Betrachtung unterzogen.

Bezeichnung	Prinzip	Ausprägungsformen
Marktorientierte Preisfindung	Abgleich der anbieterinternen Preiskalkulation mit der Preisbereitschaft des Nachfragers	• Festpreisausschreibungen • Oligopolistische Preisoptimierung • Competitive Bidding-Ansätze
Nutzenorientierte Preisfindung (Value-Based Pricing)	Preisfindung auf Basis der Nutzenwahrnehmung durch den Nachfrager	• Kundennutzen des eigenen Angebotes im Vergleich zu Konkurrenzangeboten • Transformation von Nutzenwerten in Preisbereitschaften • Berechnung von Überlegenheitsprämien

Unternehmens-bezogene Preisfindung	Bestimmung des Mengengerüsts und Zuweisung von Preisen auf der Basis interner Daten (anbieterinterne Kalkulation)	• Aufwandschätzung (Auswahl):
		  • Analogie-Schätzungen
		  • Experten-Schätzungen
		  • Algorithmische Schätzungen
		• Zuweisung Wertgerüst zu Aufwandschätzungen

Partner-bezogene Preispolitik	Abgleich der anbieterinternen Preiskalkulation mit den Preisvorstellungen der Koalitionspartner	• Integration von Preiskalkulationen der Koalitionspartner (Preisverhandlungen) • „Herunterbrechen" von Zahlungsbereit-schaften auf die einzelnen Anbieter

Abb. 88: Verfahren der Preisfindung im Projekt-Geschäft

11.3.2.3.1 Markt- und nutzenorientierte Preisfindung

Ziel der markt- und nutzenorientierten Preisfindung ist es, die anhand innerbe-trieblicher Kostenstrukturen fixierten Preise auf ihre *Realisierbarkeit am Markt* zu überprüfen. Während die marktorientierte Preisfindung dabei vor allem auf die Betrachtung der Konkurrenzseite abzielt und die Konkurrenzfähigkeit der eigenen Preissetzung überprüft, ist mit der nutzenorientierten Preisfindung das Ziel verbunden, die Zahlungsbereitschaft eines Nachfragers bzw. des Buying Cen-ters und dessen besondere Preisbereitschaft im Hinblick auf einzelne Leistungs-merkmale eines Angebotes zu prüfen. Beide Betrachtungen geben dem Anbieter einen Anhaltspunkt für die maximal am Markt durchsetzbare Preisobergrenze und dienen der Beurteilung der *Zuschlagswahrscheinlichkeit* eines Auftrags.

Bezüglich der **nutzenorientierten Preisfindung** (*Value-Based-Pricing*) sei hier auf die Darstellungen in den Kapiteln 6.2.2.2.2 und 10.2.2 verwiesen. Bei der **markt-orientierten Preisfindung** wird vor allem die Wettbewerbsseite fokussiert, wobei hier insbesondere die Submissionspreisbildung zu nennen ist. **Submissionen** stellen eine besondere Form der *Angebotsvergabe* dar und sind vorwiegend bei Festange-boten, die öffentlich ausgeschrieben werden, zu finden (Berz 2007, S. 37).

> Als *Submission* werden allgemein Ausschreibungen verstanden, bei denen die Leistungsbeschreibung zur geforderten Problemlösung durch den Nachfrager z. B. in Form eines Lastenheftes genau spezifiziert und öffentlich bekannt gegeben wird. Bei *Closed Bid-Ausschreibungen* finden nach der Angebotsabgabe durch den Anbieter keine weiteren Verhandlungen mehr statt.

Die Angebotsvergabe über Submission spielt bei sog. Ausschreibungen *ohne* Nachverhandlungen (Closed Bid) eine besondere Rolle. Bei **Closed Bid-Ausschreibungen** muss der Anbieter auf eine im Detail fixierte Leistung ein Angebot mit einem Festpreis in einem verschlossenen Umschlag einreichen. Aufgrund der detaillierten Leistungsbeschreibung erhält derjenige Anbieter mit der niedrigsten Preisforderung i. d. R. den Zuschlag. Der Anbieter steht somit in dem Zwiespalt zwischen der Abgabe eines Angebotes mit einem hohen oder einem niedrigeren Preis. Mit einem hohen Preis können zwar i. d. R. auch hohe Deckungsbeiträge erwirtschaftet werden, jedoch reduziert dies die Auftragswahrscheinlichkeit und birgt somit das Risiko eines Auftragsverlustes. Ansätze, die den Anbieter in einer solchen Situation unterstützen, indem eine systematische Aufbereitung der gegebenen, meist eher geringen Marktinformationen stattfindet, sind Submissions-Preismodelle, die auch als **Competitive Bidding-Modelle** bezeichnet werden: Häufig haben die Anbieter weder Kenntnis darüber, wie viele Mitanbieter an der jeweiligen Ausschreibung teilnehmen, noch über deren Angebote. Zur Unsicherheitsreduktion versucht der Anbieter seine Umwelt zu definieren und möglichst umfassende Informationen über die Konkurrenzangebote zu gewinnen und diese – gemeinsam mit seinen Kenntnissen über den Kunden – systematisch in ein *Submissionsmodell* zu integrieren. Um das optimale Angebot zu ermitteln, kann grundsätzlich auf spieltheoretische oder entscheidungstheoretische Ansätze zurückgegriffen werden (Alznauer/Krafft 2004, S. 1064 ff.; Römhild 1997, S. 21 f.).

Spieltheoretische Ansätze sind primär bei Open Bid-Ausschreibungen (Ausschreibungen *mit* Nachverhandlungen) von Bedeutung. Sie spielen in der Praxis jedoch bislang eine nur geringe Rolle, was darauf zurückzuführen ist, dass diese Modelle zur Bestimmung des strategischen Verhaltens der Mitanbieter hypothetische Verhaltensmuster aufwendig ableiten müssen und diese dann meist komplex modellieren (Alznauer/Krafft 2004, S. 1073). Der interessierte Leser findet detaillierte Ausführungen zu spieltheoretischen Modellen z. B. bei Berz 2007, Holler/Illingen 2005 und Milgrom 2004. Demgegenüber bestimmt sich bei **entscheidungstheoretischen Competitive Bidding-Modellen** die anbieterseitige Preissetzung im Rahmen einer Submission vor allem durch folgende Determinanten:

• Zielfunktion des Anbieters,
• Kosten der Angebotserstellung und Auftragsabwicklung,
• Konkurrenzverhalten,
• Vergabekriterien des Nachfragers.

In der Unternehmenspraxis werden diese Kriterien meist subjektiv geschätzt und dann *implizit* zu einem Angebotspreis verdichtet. Allerdings ist hier auch eine formale, modellgestützte Preisbestimmung möglich, bei der die obigen Preisdeterminanten über Zuschlagswahrscheinlichkeiten bei unterschiedlichen Preisen und alternativen Konkurrenzpreisen sowie die Eintrittswahrscheinlichkeiten für bestimmte Konkurrenzpreise Berücksichtigung finden. Auch wenn die formale Berechnung von Competitive Bidding-Modellen in der Praxis nur wenig verbreitet ist, so liefern heute dennoch moderne Customer Relationship Management- sowie Vertriebsinformations-Systeme eine Vielzahl an Daten, mit deren Hilfe die Berechnungen leicht durchgeführt und zu einer Preisempfehlung für den Anbieter verdichtet werden können. Außerdem liefert die Vorgehensweise des formalen Competitive Bidding-Ansatzes auch eine hervorragende Richtlinie für die ‚implizite' Ableitung der Preissetzung bei Closed Bid-Submissionen.

Content^{PLUS}

9 Competitive Bidding-Modelle

Die allgemeine Vorgehensweise eines formalen Competitive Bidding-Modells wird in diesem Content^{Plus}-Kapitel anhand eines konkreten Beispiels erläutert.

11.3.2.3.2 Unternehmensbezogene Preisfindung

Die häufig hohe ‚Individualität' der Leistungsergebnisse im Projekt-Geschäft führt dazu, dass meist kein ‚*Marktpreis*' existiert, den der Anbieter als Referenz für die Preissetzung heranziehen kann. Aufgrund fehlender Vergleichsmöglichkeiten der eigenen Preisfindung ist deshalb der (internen) Kostenorientierung eine besondere Bedeutung beizumessen. Die Kosten dienen in diesem Fall nicht mehr ausschließlich als Kontrollfunktion und Sicherung kostendeckender Preise, sondern ebenso als erste *Orientierung* im Rahmen der Preisfindung. Im Projekt-Geschäft ist deshalb nicht selten eine „inside-out"- an Stelle einer „outside-in"-orientierten Preisbildung anzutreffen (Reckenfelderbäumer 2007, S. 426).

Die **kostenbasierte Preisermittlung** der *Kalkulationsverfahren* ist im Business Marketing weit verbreitet (Forman/Lancioni 2002, S. 51). Die Verfahren greifen dabei in Ermangelung von Marktpreisen bei individueller Angebotskalkulation auf interne Daten zurück. Dabei wird oftmals unterschieden zwischen Verfahren mit und ohne Mengengerüst. Aus der Definition des Leistungsumfangs lässt sich das sog. Mengengerüst eines Projektes bestimmen, das dann im zweiten Schritt mit einem Wertgerüst zu versehen ist. Das Wertgerüst beinhaltet dabei die unterschiedlichen Preise, die für die verschiedenen Bestandteile des Mengengerüstes (Inputfaktoren) zu zahlen sind (z. B. Löhne, Mieten, Materialpreise). Die multiplikative Verknüpfung von Mengen- und Wertgerüst führt dann zu Kostengrößen, die die zentrale Basis für die interne Preisfindung darstellt. Abb. 89 zeigt ausgewählte Ansätze, die sich wie folgt charakterisieren lassen:

Bei vielen Projekt-Geschäften handelt es sich um innovative, individuelle und auch komplexe Projekte, sodass ein differenziertes und verlässliches Mengengerüst zum Zeitpunkt der Angebotsabgabe *nicht* bzw. nur sehr schwer ermittelt werden kann. In diesen Fällen sowie bei der Abgabe von *Kontaktangeboten* erweisen sich sog. **Daumenregeln** als erste Richtgröße zur Abschätzung des Gesamtpreises als sehr hilfreich: So ist etwa im Baugewerbe eine Preisfindung durch Rückgriff auf Kubikmeterpreise (z. B. Preis pro Kubikmeter umbauter Raum), bei Soft-

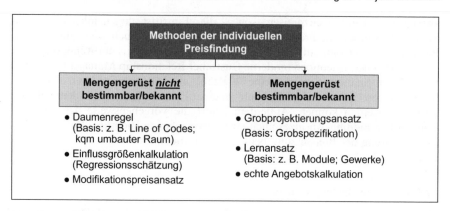

Abb. 89: Methoden der individuellen Preisfindung

ware-Projekten der Rückgriff auf die „Line of Codes" oder im industriellen Groß-anlagenbau die Preisschätzung mit der „Kilokostenmethode" (Kosten pro kg Anlagengewicht) zu finden. Demgegenüber versucht die **Einflussgrößenkalkula-tion** eine höhere Verlässlichkeit der Preisschätzung dadurch zu erreichen, indem sie die zentrale Kostenbestimmungsgrößen eines Projektes festlegt (z. B. Material-, Lohn-, Fertigungskosten) und deren Einflussgewichte im Hinblick auf die Zielgröße „Herstellkosten" z. B. mittels Regressionsanalyse schätzt (Eversheim/ Minolla/Fischer 1977, S. 53 ff.). Schließlich werden beim **Modifikationspreisansatz** die Kalkulationen von in der Vergangenheit realisierten Projekte herangezogen und entsprechend den Besonderheiten bzw. Abweichungen eines aktuellen Projektes modifiziert.

Eine deutlich höhere Genauigkeit und Verlässlichkeit der Preisschätzung lässt sich nur erzielen, wenn ein *differenziertes Mengengerüst* zu einem Projekt vorliegt, das z. B. durch die bereits beschriebenen Näherungsverfahren zur Aufwandschätzung erstellt werden kann. In diesen Fällen können z. B. auf der Basis von Stücklisten, Arbeits- oder Projektplänen die Herstellkosten geschätzt werden. Während der **Grobprojektierungsansatz** bei der Festlegung des Wertgerüstes Erfahrungswerte verwendet, greift der **Lernansatz** auf „Lernmodelle" zurück. Voraussetzung dabei ist, dass Projekte der Vergangenheit systematisch gegliedert und in einer Daten-bank hinterlegt sind, sodass bei neuen Projekten auf Bausteine und Kosteninfor-mationen aus vergangenen Projekten zurückgegriffen werden kann und diese ent-sprechend den Anforderungen für ein aktuelles Projekt ‚zusammengesetzt' werden können. Ist das Mengengerüst eindeutig und vollständig festgelegt, so kann eine ‚echte' Angebotskalkulation vorgenommen werden.

Abschließend sei noch herausgestellt, dass die ausschließliche Orientierung an innerbetrieblichen Kosten für die Preisfindung nicht zielführend ist (Pohl 2004, S. 1086). Neben den Kosten als Referenzpunkt für die unternehmensinterne Preis-untergrenze sind immer auch die Preissetzungen der Wettbewerber als Referenz-punkt zu beachten sowie die Zahlungsbereitschaft und Zahlungsfähigkeit der Kunden zu berücksichtigen. Nur letztere liefern die entscheidenden Informationen zur Abschätzung der Durchsetzbarkeit von Preisen beim Kunden und standen deshalb hier auch am Ausgangspunkt der Betrachtungen. Die häufig hohe Langfristigkeit von Projekten erfordert es weiterhin, eine **Preissicherung** vorzunehmen. Da in die Kalkulation des Anbieters Preiskomponenten eingehen, die erst zu einem deutlich späteren Zeitpunkt im Rahmen der Projektrealisierung relevant werden, sind zukünftige Preisentwicklungen zu antizipieren und Preisschwankungen z. B. im Lohn- oder Materialbereich zu berücksichtigen. Möglichkeiten hierzu bieten etwa Preisgleitungen in Abhängigkeit der tatsächlichen Preisentwicklungen, Festpreiseinschlüsse oder die Kalkulation von entsprechenden Risikozuschlägen. Detaillierte Ausführungen hierzu findet der Leser in Kapitel 11.3.3.1.

11.3.2.3.3 Partnerbezogene Preisfindung

Für das Projekt-Geschäft ist es als durchaus als typisch anzusehen, dass Projekte von mehreren Unternehmen gemeinsam angeboten und realisiert werden und sich die betreffenden Unternehmen zu diesem Zweck z. B. in einer **Anbieterkoalition** zusammenschließen. Das primäre Ziel von *partnerbezogenen Preisverhandlungen* liegt in der Verdichtung der individuellen Preisvorstellungen auf einen gemeinsamen Angebotspreis gegenüber dem Kunden. Dies setzt voraus, dass jeder Anbieter für sich eine Vorstellung über die Kostenhöhe seines Leistungsanteils bzw. den von ihm gewünschten Preis im Rahmen der unternehmensbezogenen Preisfindung entwickelt hat. Bei partnerbezogenen Preisverhandlungen sollte *im Ausgangspunkt* möglichst versucht werden, zunächst eine *gemeinsame* Vorstellung der Koalitionspartner über den endgültigen Angebotspreis aufgrund der markt- und nutzenorientierten Preisüberlegungen zu entwickeln. Vor diesem Hintergrund und unter Berücksichtigung der unternehmensbezogenen Kalkulationen geht es in den folgenden Preisverhandlungen vor allem um die Frage, welcher Anteil des geplanten Gesamtpreises auf die einzelnen Koalitionspartner entfallen soll. Allerdings sind meist neben dem gemeinsamen Ziel der Angebotspreisfindung auch **partnerindividuelle Verhandlungsziele** relevant (vgl. Abb. 90), die aber auch durchaus konfliktär sein können.

Zielebene	Einzelziele	
Unternehmensbezogene Ziele	• Gewinnsteigerung • Umsatzsteigerung • Kostendeckung	• Kapazitätsauslastung • Risikoreduktion/-streuung • Finanzierungsaspekte

Wettbewerbsbezogene Ziele	• Stützung der Geschäfts-
	  beziehung zum Partner
	• Aufbau von Marktmacht
		• Image- und Referenzaufbau
		• Kundengewinnung und
		  Kundenbindung

Mitarbeiterbezogene Ziele	• Ausgleich von Know how- Defiziten • Mitarbeitersynergien	• Nutzung von Erfahrungen • geringere Schnittstellenprobleme

Abb. 90: Ausgewählte Motive für das Eingehen von Anbieterkoalitionen

Ein zentraler Aspekt bei koalitionsbezogenen Verhandlungen liegt in der Frage, wie ein Unternehmen in der Verhandlung seine eigenen Positionen (z. B. die Preisvorstellung für den Leistungsanteil) durchsetzen, d. h. die Verhandlungspartner entsprechend *beeinflussen* kann und welche Konfliktpotenziale sich dabei ergeben können. Die **Durchsetzbarkeit** der eigenen Preisvorstellungen in Koalitionsverhandlungen wird von vielfältigen Kriterien beeinflusst, die den unterschiedlichsten Einflussbereichen entstammen können (Oliveira Gomes 1987, S. 56 ff.).

Einflussbereich	Einzelkriterien
Wettbewerbsbezogene Faktoren	• geringeres Preisniveau als die Konkurrenz • bessere Marktposition und größere Marktmacht • gute Imageposition; hohe Reputation
Unternehmens-bezogene Faktoren	• bessere Gewinnposition • höherer Grad der Kapazitätsauslastung • Verfügbarkeit kritischer Ressourcen • bessere Kostensituation
Mitanbieterbezogene Faktoren	• geringe Bedeutung der langfristigen Partner-Zusammenarbeit • Koalitionszusagen aus vergangenen Projekten • geringes Referenzpotenzial des Partners
Projektbezogene Faktoren	• Alleinstellungsmerkmal des Leistungsanteils • Lizenzerfordernisse sonst nicht erfüllbar • Referenzcharakter des Projektes für den Partner • Vergrößerung der Finanzierungsmöglichkeiten • Einbringung fehlender Kreditsicherungen
Ausschreibungs-bezogene Faktoren	• Local Content-Forderung des Kunden • Anbieterpräferenz des Kunden • gute Kundenkenntnis (z. B. aus früheren Projekten)

Abb. 91: Durchsetzbarkeit von Preisforderungen in der Anbieterkoalition

Abb. 91 listet hierzu ausgewählte Kriterien auf, deren jeweilige Einflussstärke auf die Durchsetzbarkeit von Preisforderungen in der Koalitionsverhandlung umso höher ist, je stärker die genannten Kriterien ausgeprägt sind. Je mehr ‚starke' Kriterien ein Anbieter anführen kann, desto größer ist die Macht, seine Verhandlungsposition(en) durchzusetzen. **Konfliktpotenziale** ergeben sich bei Preisverhandlungen unter Koalitionspartnern nicht nur bei konträren Zielsetzungen der Partner, sondern auch aus der *Verschiedenheit* der Verhandlungspartner selbst. Diese kann aus Unterschieden z. B. in der Organisationsgröße, der Unternehmenskultur, den Funktionen der Personen oder den Hierarchieebenen resultieren. Darüber hinaus sind bei Verhandlungen zwischen Koalitionspartnern aber grundsätzlich auch die Aspekte in analoger Weise relevant, die bereits in Kapitel 6.2.2.1 zur Bildung von Kollektivpräferenzen im Buying Center diskutiert wurden. Zur *Konfliktlösung* sind auch hier die von Reeder/Brierty/Reeder (1991, S. 122) vorgeschlagenen Strategien relevant, die im Hinblick auf die Preisverhandlung mit dem Kunden in Kapitel 11.3.3.2 eingehender dargestellt werden.

11.3.3 Marketing in der Verhandlungsphase

Mit Ausnahme von sog. Closed Bid-Submissionen, wo es nach Angebotsabgabe *keine* Möglichkeit einer Verhandlung mit dem Nachfrager mehr gibt, werden in der Verhandlungsphase Gespräche zwischen dem Nachfrager und ausgewählten Anbietern geführt. Gegenstand der Verhandlungen sind die jeweiligen Angebotspositionen nach Maßgabe der von den Anbietern eingereichten Angebote.

> Die *Verhandlungsphase* bezeichnet im Projekt-Geschäft den Zeitraum der Verhandlung zwischen Anbieter und Nachfrager über die zu erbringende Leistung und den Preis einer Problemlösung. Sie endet mit der Entscheidung des Nachfragers zur Auftragsvergabe oder Auftragsverweigerung. Bei der *Verhandlung* treten die Parteien mit dem Ziel in Interaktion, bestehende Präferenzkonflikte einer gemeinsamen Lösung zuzuführen.

Im Ausgangspunkt wählt der Nachfrager zunächst aus der Menge der abgegebenen Angebote die für ihn grundsätzlich in Frage kommenden Angebote aus (Evoked Set). Anschließend wird den Anbietern auf der sog. Shortlist die Möglichkeit eröffnet, mit dem Nachfrager in Verhandlungen einzutreten, bei der die Verhandlungsparteien Leistung und Gegenleistung unter gegenseitiger Einflussnahme aushandeln. Der Ausgang einer Verhandlung ist für beide Parteien unsicher, der Verlauf beeinflusst jedoch Chancen und Risiken der beiden Parteien sowie auch die Beziehung zwischen den Marktpartnern im Verlauf eines Projekts. Daher gehören im Projekt-Geschäft unsicherheitsreduzierende Maßnahmen vor und während der Verhandlung zu den wichtigsten Aspekten: Der Leser sei hier insbesondere auf die Ausführungen zum *anbieterseitigen Signaling* in Kapitel 6.4.3 verwiesen.

Aufgrund der Heterogenität des Projekt-Geschäftes ist es relativ schwierig, einheitliche Merkmale zu finden, die die Vielseitigkeit und Individualität einzelner Verhandlungsarten erfassen können. Dennoch lassen sich nach Voeth/Herbst (2009, S. 5) folgende allgemeinen Charakteristika von *Verhandlungen* finden:

- Interaktionsprozess,
- Multipersonalität/Multiorganisationalität,
- Präferenzkonflikt,
- Einigungs-/Verhandlungsraum,
- Zielkongruenz (gemeinsames Einigungsinteresse).

Jeder interaktive Prozess, für den obige Charakteristika gelten, kann als „Verhandlung" bezeichnet werden. Verhandlungen im Projekt-Geschäft zeichnen sich durch große Bandbreite im Hinblick auf Verhandlungsobjekte, Verhandlungsdauer oder auch Verhandlungsintensität aus. Auch das Ausmaß, in dem die Ausgestaltung der Verhandlungsobjekte im Verlauf einer Verhandlung noch verändert werden kann, ist sehr unterschiedlich. Diese die *Verhandlungssituation* kennzeichnenden Aspekte sowie die Frage der *Verhandlungsstrategie* werden im Folgenden einer genaueren Betrachtung unterzogen. Beide Aspekte werden hier als „Schlüsselfragen" angesehen, obwohl bei Verhandlungen vielfältige Einzelfragen zu beachten sind, die von der Verhandlungsanalyse über die Verhandlungsorganisation bis hin zum Verhandlungscontrolling reichen. Der am *Verhandlungs-Management* tiefergehend interessierte Leser sei hierzu auf die Spezialliteratur wie z. B. Barisch 2011, Fisher/Ury/Patton 2009, Geiger 2007, Lewicki/Saunders/Barry 2006, Sandstede 2010 oder Voeth/Herbst 2009 verwiesen.

11.3.3.1 Verhandlungssituationen

Mit der Verhandlungssituation wird beschrieben, welche Ziele im Rahmen einer Verhandlung erreicht werden sollen und welche Aspekte den Schwerpunkt der Verhandlungen bilden (*Verhandlungsobjekte*). Elementarer Gegenstand einer Kundenverhandlung ist auf jeden Fall der *Preis* sowie – damit eng verbunden – Fragen nach Preisnachlässen und Preissicherungen. Darüber hinaus ist häufig aber auch die *Ausgestaltung der Leistung* ein zentraler Verhandlungsgegenstand, wobei sehr unterschiedliche *Verhandlungsobjekte* aus dem technischen, kaufmännische und juristischen Bereich (insbesondere Vertragsgestaltung) relevant sein können. Das Verhandlungsspektrum reicht somit von Leistungskomponenten über produktbegleitende Dienstleistungen bis hin zu Fragen der Unterstützungen bei der Finanzierung des Nachfragers durch den Anbieter und Vertragsstrafen bei Nicht-Erfüllung von Vertragsklausel. Die unterschiedlichen Interessen, die die Verhandlungsparteien mit den Verhandlungsgegenständen verbinden, beeinflussen dabei maßgeblich das Verhandlungsgeschehen und können sich auf Wertobjekte oder Ressourcen, aber auch auf Ansichten, Ideen oder Vorschläge beziehen, die allesamt zu Verhandlungsobjekten werden können. Im Ergebnis werden durch die Verhandlung Leistung und Gegenleistung verbindlich bestimmt.

Im Hinblick auf die *Variabilität* der Verhandlungsobjekte, d. h. die Möglichkeiten deren Ausgestaltung noch im Sinne der eigenen Ziele zu beeinflussen, ist zwischen distributiven und integrativen Verhandlungsobjekten zu unterscheiden. Während es bei *distributiven* Verhandlungsgegenständen um die Aufteilung eines feststehenden, mit dem Verhandlungsgegenstand verbundenen Vorteils oder Wert geht (,Aufteilung des Kuchens'), ist bei *integrativen* Verhandlungsgegenständen der Wert bzw. Vorteil variabel, und es besteht die Chance, dass beide Parteien durch Veränderungen von dem neuen Ergebnis profitieren können. Unter Beachtung der Variabilität der Verhandlungsobjekte lassen sich in Anlehnung an Koch (1986, S. 86) drei Typen von Verhandlungssituationen unterscheiden (Mintzberg/Raisinghani/Théorêt 1976, S. 251; Geiger 2007, S. 25):

1. **Solution-given-Verhandlung (Preisverhandlungen):** Die Lösung des Kundenproblems existiert bereits und ist damit im Prinzip bereits *vor* der Verhandlung bestimmt (Standardlösungen), sodass eine distributive Verhandlung vorliegt. In diesem Fall konzentriert sich die Verhandlung mit dem Kunden in erster Linie auf den Kaufpreis sowie bspw. Liefer-, Service- und Finanzierungskonditionen.
2. **Solution-ready-made-Verhandlung:** Den Kern der Verhandlungen bildet die technische Lösung des Kundenproblems. Deren Ergebnis ist nur in Teilen bestimmt und wird im Rahmen der Verhandlung an die kundenspezifischen Anforderungen angepasst. Die mögliche Ausgestaltung kann im Ergebnis bei-

den Verhandlungspartnern Vorteile bringen, sodass hier im Hinblick auf die Problemlösung integrative Verhandlungsgegenstände vorliegen.

3. **Solution-modified-Verhandlung:** Auch hier handelt es sich überwiegend um integrative Verhandlungsobjekte, deren ‚Ergebnis' noch weitgehend offen ist. Das gilt sowohl für die technische Lösung als auch den Preis. Hier bestehen die größten Spielräume für Anbieter und Kunde im Hinblick auf die Art und Weise der Erstellung sowie das zu erzielende Ergebnis.

Bei allen drei Verhandlungssituationen ist nach Festlegung der endgültigen Problemlösung am Ende die Preisverhandlung der finale Verhandlungsgegenstand. Es gilt einen Preis zu finden, der von Anbieter und Nachfrager getragen werden kann. **Preisverhandlungen** sind *distributive Verhandlungen*, wobei die Präferenzen der beiden Verhandlungspartner in aller Regel gegensätzlich sind: Während der Anbieter meist versucht, einen möglichst hohen Preis durchzusetzen, wird der Nachfrager im Allgemeinen einen möglichst geringen Preis anstreben. Dabei ergeben sich für beide Seiten Unsicherheiten, die beim Nachfrager in der Gefahr einer zu hohen Preiszahlung begründet sind, während für den Anbieter jedes Eingehen auf Preisnachlässe mit Gewinneinbußen verbunden ist. Weiterhin ergibt sich für den Anbieter folgendes *Dilemma*: Fordert er einen zu hohen Preis, geht er das Risiko ein, den Auftrag zu verlieren. Fordert er hingegen einen zu geringen Preis, geht er das Risiko ein, einen Auftrag zu realisieren, der jedoch unter monetären Aspekten zu Verlusten führen kann. Für den Anbieter ist dabei das Risiko bei einem *Festpreisangebot* am größten, während es bei einem Kontakt- oder Richtangebot deutlich geringer bzw. nicht existent ist.

Durch sog. **Preissicherungsmethoden** wird deshalb häufig versucht, die beidseitige Preisunsicherheit zu minimieren und das Kosten- bzw. Preisrisiko zwischen den Parteien aufzuteilen. Folgende Instrumente der Preissicherung sind dabei von besonderer Bedeutung:

- Festpreiseinschlüsse,
- Preisvorbehalte,
- Preisgleitklauseln.

Bei **Festpreiseinschlüssen** werden die erwarteten Kostenerhöhungen durch einen Festpreis abgesichert. Für beide Parteien ist das jeweils mit Vor- und Nachteilen verbunden. Dennoch verfügen beide Parteien auf längere Zeit eine kalkulierbare Größe. Der Anbieter sichert sich dabei zumeist durch Risikozuschläge ab. Treten die Risiken dann im Nachhinein nicht oder nur vermindert ein, so wirken die Risikozuschläge wie Gewinnzuschläge. Bei Verträgen mit **Preisvorbehalten** wird dem Anbieter erlaubt, nachgewiesene Kostensteigerungen später dem Kunden in Rechnung zu stellen. In diesem Fall liegt das Risiko jedoch allein beim Nachfrager.

Bei **Preisgleitklauseln** wird der Endpreis der Leistung zumindest in Teilen von externen Größen abhängig gemacht, bspw. Lohnentwicklung oder Materialkosten. Die Klauseln finden Anwendung, wenn es zum Zeitpunkt des Vertragsabschlusses nicht möglich ist, Risiken eine der beiden Parteien eindeutig zuzuordnen. Diese Form der Preissicherung ermöglicht die Vermeidung von Nachverhandlungen während der Projektdurchführungsphase. Dabei kann generell zwischen unbestimmten und definierten Preisgleitklauseln unterschieden werden:

Beispiel:

„Preisformel der United Nations Economic Commission for Europe"

$$P = P_0/100 \ (a + m \times M/M_0 + w \times W/W_0)$$

Legende:

P = endgültiger Preis – P_0 = Preis am Basisstichtag
M_0 = Materialkosten, Basisstichtag – M = Materialkosten, Abrechnungsstichtag
W_0 = Lohnkosten, Basisstichtag – W = Lohnkosten, Abrechnungsstichtag
a = nicht gleitender Preisanteil
m = Anteil der Materialkosten am Preis
w = Lohnanteil am Preis
mit: $a + m + w = 100$

Unbestimmte Preisgleitklauseln berücksichtigen zwar das Risiko, aber es mangelt oft an Eindeutigkeit in den Formulierungen. Ein mögliches Beispiel wäre die Formulierung „Sollten sich während der Projektlaufzeit die Preise für Rohstoffe erhöhen, ist der Anbieter berechtigt, die Preise entsprechend anzupassen." Unbestimmte Preisgleitklauseln sichern somit nur das Kostenrisiko des Anbieters ab, während die Marktrisiken beim Nachfrager verbleiben. Bei *definierten Preisgleitklauseln* legen beide Parteien die einzelnen Preis- bzw. Kostenbestandteile in der Verhandlung in einer sog. Preisgleitklausel fest. Bei der Bestimmung von möglichen Preisen können Preisindizes oder Entgeltgruppen aus Tarifverträgen zur Hilfe genommen werden.

Zusammenfassend ist jedoch festzustellen, dass die meisten Instrumente der Preissicherung eher anbietergerichtet sind und nur sich bei einem Verhandlungsgegenstand, nämlich dem Preis, zumeist kein optimales Verhandlungsergebnis finden lässt, da der Gewinn des einen zwangsläufig den Verlust des anderen bedeutet (Nullsummenspiel).

11.3.3.2 Verhandlungsstrategien

Mit Voeth/Herbst (2009, S. 122) bezeichnen wir hier als Verhandlungsstrategie nur solche Aspekte, die „eine generelle Leitlinie für das Verhandlungsverhalten darstellen". Diese können sich auf folgende grundsätzlichen Fragestellungen beziehen:

- Leitlinien bezüglich des Verhandlungsprozesses (*Prozessstrategien*),
- Leitlinien bezüglich des zu erzielenden Ergebnisses (*Ergebnisstrategien*).

Prozessstrategien sind losgelöst vom Verhandlungsergebnis und gehen der Frage nach, wie der *Verhandlungsprozess* ablaufen soll. In Anlehnung an Voeth/Herbst (2009, S. 109 ff.) kann die Gestaltung des Prozessverlaufs bezogen sein auf:

- *ökonomische Ziele*, die entsprechend dem Wirtschaftlichkeitsprinzip darauf abstellen, ein gesetztes Verhandlungsergebnis mit möglichst geringem Aufwand zu erreichen und damit insbesondere die Verhandlungskosten und die Verhandlungsdauer betreffen,

- *verhaltensbezogene Prozessziele*, die auf die ,Art und Weise' der Verhandlung abstellen und z. B. die in Verhandlungen zu zeigende Fairness, Ehrlichkeit, Offenheit, Kooperationswillen oder das ,Benehmen' betreffen.

Im Gegensatz dazu sind **Ergebnisstrategien** auf die Frage gerichtet, wie bei Präferenzdivergenzen der Verhandlungspartner eine Einigung erzielt werden kann. Präferenzdivergenzen ergeben sich dabei vor allem aus konfliktären Zielsetzungen der Partner, aber auch bei unterschiedlichen Wichtigkeiten. Allerdings kann bei Kundenverhandlungen auch unterstellt werden, dass Anbieter und Nachfrager durch ein gemeinsames *Einigungsinteresse* motiviert sind, da sie gemeinsam die Realisierung einer Problemlösung anstreben. Im Hinblick auf die divergierenden Verhandlungsziele wird jede Verhandlungspartei versuchen, die Präferenzen des Partners zu den eigenen Gunsten zu verändern, um so die für sie bestmögliche Lösung zu erreichen. Divergierende Ziele spiegeln sich grundsätzlich in denselben *Konflikten* wider, wie sie bereits im Rahmen der Konfliktsituationen im Buying Center diskutiert wurden (vgl. Abb. 55). Entsprechend gelten auch hier die in Kapitel 6.2.2.1 dargestellten Konfliktlösungsstrategien nach Reeder/Brierty/Reeder (1991, S. 122), die von Voeth/Herbst (2009, S. 123) als *Ergebnisstrategien* bezeichnet werden:

- Konkurrenzstrategie (competing),
- Kooperationsstrategie (collaborating),
- Vermeidungsstrategie (avoiding),
- Anpassungsstrategie (accommodating),
- Kompromissstrategie (compromising).

Die Strategiealternativen unterscheiden sich dadurch, ob die Realisierung der eigenen Zielvorstellungen oder die des Verhandlungspartners im Vordergrund steht.

Da im Projekt-Geschäft spezifische, auf einen bestimmten Kunden zugeschnittene Lösungen erzielt werden sollen, gilt es für den Anbieter, vor allem die Interessen des Kunden zu respektieren und deren Realisierung anzustreben.

Daher sind **Vermeidungsstrategien** tendenziell wenig sinnvoll und bergen die Gefahr des Auftragsverlustes. Außerdem sind Vermeidungsstrategien aus Sicht des Anbieters meist auch ineffizient, da er die häufig nicht unerheblichen Angebotserstellungskosten beachten muss. Dennoch kann ein solches Verhalten in der Realität auftreten, wenn es z. B. dem Renommee eines Beratungsunternehmens schaden würde, *kein* Angebot zu unterbreiten. In solchen Fällen wird nicht selten ein ,nicht ernst zu nehmendes Angebot' unterbreitet in der Hoffnung, dass das Angebot vom Kunden abgelehnt wird. Grundsätzlich sind auch **Konkurrenzstrategien** in Kundenverhandlungen vor allem beim Auffinden der Problemlösung möglichst zu vermeiden, da der Anbieter hier einseitig seine eigenen Interessen verfolgen würde. Allerdings besitzen sie insbesondere bei der Preisverhandlung eine hohe Relevanz, da es beiden Parteien wichtig ist, einen ,guten Preis' zu verhandeln.

Bei der **Kooperationsstrategie** versuchen die Partner für beide Seiten ein möglichst günstiges Verhandlungsergebnis zu erzielen. Dies setzt jedoch voraus, dass es sich um integrative Verhandlungsobjekte handelt. Dies ist häufig bei *Solution-ready-*

made- und Solution-modified-Verhandlungen der Fall, da hier i. d. R. eine Vielzahl an Verhandlungsgegenständen vorliegt, bei denen davon ausgegangen werden kann, dass sich die Präferenzstrukturen beider Parteien nicht gegenseitig völlig ausschließen. Beide Parteien haben hier die Möglichkeit, sich in die Realisierung der Lösung einzubringen und können daher bei Zusammenarbeit ein gutes Ergebnis realisieren. Auch bei der **Anpassungsstrategie** versucht der Anbieter, den Interessen des Kunden möglichst weitgehend entgegenzukommen, was insbesondere für *Solution ready-made-Verhandlungen* gilt. Schließlich bildet die **Kompromissstrategie** eine ,Mischung' der anderen Ergebnisstrategien, bei der sowohl die eigenen Interessen wie auch die gegnerischen Interessen verfolgt werden. In erster Linie gilt es, den gemeinsamen Nutzen zu steigern, ohne dabei eine bestimmte Partei „auszunutzen". Kompromissstrategien werden meist dann verfolgt, wenn Kooperationsstrategien nicht umsetzbar sind.

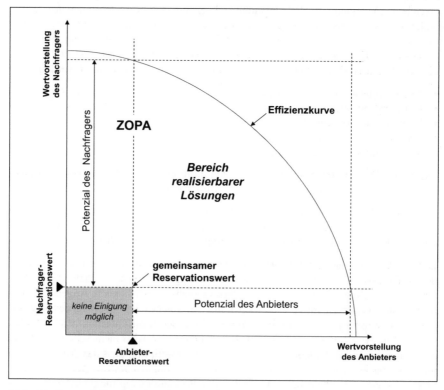

Abb. 92: Zone of Possible Aggrements (ZOPA) und Pareto-Effizienz
(In Anlehnung an: Raiffa 1982, S. 138)

Bei der Wahl des Strategietyps sollte der Anbieter überlegen, welche Strategie für ihn die bestmögliche Lösung erbringt. Bei *distributiven* Verhandlungsobjekten, bei denen es letztlich ,nur' um die Verteilung eines ,Verhandlungsüberschusses' geht, sind die Verhandlungsergebnisse durch die Mindestvorstellungen (Reservationswerte) der Partner bestimmt. Ausgehend von dem *gemeinsamen Reservationswert* ergibt sich die in Abb. 92 eingezeichnete *„Zone of possible Aggrements"* (ZOPA), in der beide Parteien einen Vorteil erzielen können. Die Effizienzkurve zeigt den Verlauf der *pareto-optimalen Verhandlungsergebnisse*, bei deren Verlassen das Verhandlungsergebnis für einen Partner nur durch Schlechterstellung des anderen Partners erhöht werden kann (Raiffa 1982, S. 139).

Die Verhandlungsparteien sind damit im sog. *„Negotiator's Dilemma"*, das darin besteht, dass eine Maximierung des eigenen Vorteils nur durch eine Konkurrenzstrategie bei unterstelltem kooperativem Verhalten des Partners zu erreichen ist, während bei einer einseitigen Kooperationsstrategie das schlechteste Ergebnis zu erwarten ist (vgl. Abb. 93). Der Grund hierfür ist darin zu sehen, dass das Verhandlungsergebnis mit einem Konkurrenzverhalten positiv und mit Kooperationsverhalten negativ korreliert (Lax/Sebenius 1992, S. 49 ff.). Nach diesen Überlegungen führt die Kooperationsstrategie zum bestmöglichen *kollektiven* Erfolg von Verhandlungen.

		Nachfrager (Kunde)	
		Konkurrenzstrategie	**Kooperationsstrategie**
Anbieter	**Konkurrenz-strategie**	mittleres *kollektives* Ergebnis	**bestes Ergebnis für Anbieter** *(schlechtestes Ergebnis für Nachfrager)*
	Kooperations-strategie	**bestes Ergebnis für Nachfrager** *(schlechtestes Ergebnis für Anbieter)*	gutes *kollektives* Ergebnis

Abb. 93: Negotiator's Dilemma

Während die obigen Überlegungen zunächst einmal für distributive Verhandlungsobjekte gelten, besteht bei *integrativen Verhandlungsobjekten* mit noch auszuhandelnden Lösungen die Chance, dass durch neue Aspekte ein bisher ‚unbekanntes Ganzes' entsteht, von dem beide Partner profitieren. Grundsätzlich spricht auch das für ein kooperatives Verhalten. Das Votum für eine Kooperationsstrategie wird weiterhin noch dadurch gestärkt, dass Verhandlungen nur selten *„one-shot-games"* darstellen, sondern sich die Parteien auch zukünftig wieder begegnen werden und ein Nachfrager sich auch über das Verhalten eines Anbieters gegenüber anderen äußert oder als Referenz für andere Nachfrager fungieren kann.

Im Hinblick auf das *Führen von Verhandlungen* ist dem sog. **Harvard-Konzept** eine große Bedeutung beizumessen, das auf folgenden vier Grundprinzipien basiert, die situationsübergreifend Gültigkeit besitzen (Fisher/Ury/Patton 2009, S. 34):

1. Menschen und Probleme sind getrennt zu behandeln.
2. Nicht auf „Positionen" bestehen, sondern Interessen vertreten.

3. Handlungsoptionen suchen, die zum beidseitigen Vorteil gereichen.
4. Anwendung möglichst objektiver und neutraler Beurteilungskriterien.

Eine hohe Bedeutung in realen Verhandlungen hat auch die aus der Spieltheorie bekannte *Tit-for-Tat-Strategie* (Axelrod 2005, S. VII), bei der ein Verhandlungspartner im ersten Schritt kooperiert und dann auf das Verhalten seines Partners mit dem gleichen Verhalten reagiert. D. h., kooperiert der Partner, so reagiert das Gegenüber ebenfalls mit kooperativem Verhalten, lehnt er hingegen das Angebot zur Kooperation ab (Defektion), so reagiert anschließend auch der Partner mit defektivem Verhalten. Tit-for-Tat entspricht dem Prinzip „wie du mir, so ich dir" und ist sehr ähnlich den Prinzipien *quit pro quo* („dieses für das") und *do ut des* („ich gebe, damit du gibst"). Bekannt ist hier auch das lateinische Sprichwort *manus manum lavat* („eine Hand wäscht die andere"). Bei diesen Strategien ist aber dem Partner i. d. R. vorher bekannt, dass zunächst eine kooperative Handlung erfolgt, während in der Spieltheorie unterstellt wird, dass die Parteien die Strategie des Partners im Vorfeld nicht kennen. Untersuchungen von Axelrod zur Tit-fot-Tat-Strategie führten zusammenfassend zu folgendem Ergebnis (Axelrod 2005, S. 25 ff.). Eine erfolgreiche Strategie ist

- klar, weil sie vom Gegenüber durchschaut und kalkuliert werden kann,
- nett, weil sie nie zuerst ‚schummelt' (nicht kooperiert),
- provozierbar, weil sie nicht-kooperatives Verhalten unmittelbar bestraft,
- nachsichtig, weil sie bereit ist, die Kooperation nach einmaliger Vergeltung sofort wieder aufzunehmen.

Insgesamt kann festhalten werden, dass *häufig* die Kooperationsstrategie die größten Aussichten auf ein ‚gutes' Verhandlungsergebnis liefert. Eine allgemeingültige Aussage ist jedoch nicht möglich, da ‚die Erfolgsstrategie' nicht existiert und immer auch von der vom Verhandlungspartner verfolgten Strategie abhängt.

11.3.4 Marketing in der Durchführungsphase

Nach der Festlegung technischer, ökonomischer und juristischer Details in der Verhandlung und nach erfolgtem Auftragserhalt startet beim Anbieter die Durchführungsphase, in der das gegebene Leistungsversprechen realisiert wird. Obwohl diese Phase meist stark von technischen Realisierungsentscheidungen dominiert wird, spielen hier aber auch zentrale Marketingaspekte eine Rolle, die sich vor allem in der Erstellung der vom Kunden gewünschten Leistung (z. B. festgelegt im *Lastenheft*) begründen. Darüber hinaus sind in dieser Phase die Durchführung des Projektes so zu steuern und die vertraglich vereinbarten Details so zu erbringen, dass Dissonanzen beim Kunden möglichst verhindert werden.

> Die *Durchführungsphase* bezeichnet im Projekt-Geschäft den Zeitraum, der vom Anbieter zur Realisierung eines Angebotes benötigt wird. Sie beginnt mit dem Zeitpunkt des Auftragserhalts und endet mit der Abnahme des finalen Leistungsergebnisses durch den Kunden.

Das Kernanliegen der Durchführungsphase liegt in der Realisierung der in der Verhandlungsphase vertraglich verbindlich fixierten Ziele und der termingerechten Erstellung des Projektergebnisses. In dieser Phase ist deshalb dem **Projektmanagement** eine herausragende Bedeutung beizumessen.

Gemäß DIN 69901 umfasst das Projektmanagement die Gesamtheit von Führungsaufgaben, -organisation, -techniken und -mitteln für die Initiierung, Definition, Planung, Steuerung und den Abschluss von Projekten.

Im Projektmanagement gilt das zentrale Augenmerk der Planung, Steuerung und Überwachung des Projektes. Als Grundlage der Planung dient – falls vorhanden – das vom Kunden erstellte Lastenheft sowie die häufig vom Anbieter in Angebotsphase erstelle *Grobprojektierung*. Da ein Projekt jedoch aufgrund der meist hohen Dynamik der Gestaltungsparameter i. d. R. nicht allumfassend planbar ist, ist in der Durchführungsphase die Planung der Teilaufgaben (sog. *Feinprojektierung*) zwingend erforderlich. Die Details der Realisierung werden vom Anbieter meist im *Pflichtenheft* zusammengefasst. Die Projektdurchführungsphase ist deshalb ein sich ständig wiederholender Prozess der drei Hauptaufgaben Planung, Steuerung und Überwachung, dessen grundlegende Struktur in Abb. 94 dargestellt ist.

Zum Projektmanagement selbst existiert eine umfängliche Literatur, die unterschiedlichen Aufgaben und Problemstellungen des Projektmanagements beschreibt. Der an den Details interessierte Leser sei hier deshalb auf die Spezialliteratur wie z. B. Kessler/Winkelhofer 2004, Kuster et al. 2008 oder Lock 2007 verwiesen. Hilfreiche Internetauftritte zum Projektmanagement findet der Leser z. B. auch unter: www.pmqs.de; www.projektmanagement-definitionen.de oder bei der Deutschen Gesellschaft für Projektmanagement e.V. unter: www.gpm-ipma.de.

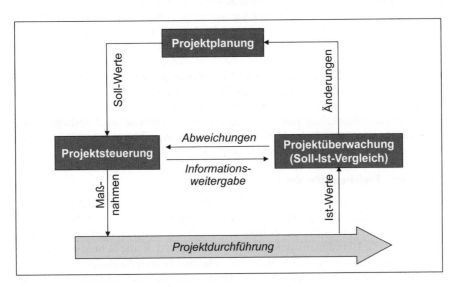

Abb. 94: Prozess der Projektdurchführung

Im Folgenden konzentrieren sich die Betrachtungen auf die *Anforderungsebenen* der Projektrealisierung sowie auf zentrale Instrumente zur Erfüllung dieser Ebenen. Ziel der Projektrealisierung ist die Erzeugung einer für den Kunden zufriedenstellenden Qualität des Projektergebnisses. Die Qualität ist dabei von folgenden drei **Anforderungsebenen** abhängig:

1. Ziel- bzw. Leistungsebene,
2. Kostenebene,
3. Zeitebene.

Während auf der **Ziel- bzw. Leistungsebene** die Erfüllung der Projektziele und die in der Spezifikation festgelegten Leistungsergebnisse im Vordergrund stehen, geht es auf der **Kostenebene** um die Einhaltung der in der Angebotserstellungsphase kalkulierten Kosten. Projekten ist i. d. R. ein festgelegtes Budget zugewiesen, das nicht überschritten werden darf. Abhängig von der abgegebenen Angebotsart und vertraglichen Preissicherungsklauseln kann diese Anforderungsebene mehr oder minder die Projektrealisierung gefährden. Kommt es bei den erforderlichen Personal-, Sach-, oder Materialressourcen zu Preissteigerungen, erhöhen diese den Kostendruck. Auf der **Zeitebene** geht es um die Erfüllung des Terminplans, da meist fixe Termine gesetzt sind, die ein Anbieter einhalten muss. Das gilt insbesondere dann, wenn er dem Nachfrager Erstellungszeitgarantien gegeben hat. Da im BDM das Projektergebnis entweder in die Geschäftsprozesse des Nachfragers eingebunden wird oder Bestandteil von dessen Absatzobjekte wird, führen insbesondere Verzögerungen bei der Fertigstellung des Projektergebnisses zu unmittelbaren Konsequenzen im Ablauf der kundenseitigen Prozesse, was zu erheblichen Kosten und ggf. auch dem Verpassen von Marktchancen auf der Kundenseite führen kann.

Die Problematik bei dem Bestreben, alle drei Anforderungsebenen zu erfüllen, ist darin zu sehen, dass die drei Ebenen in *Konkurrenzbeziehung* stehen, weshalb auch vom *„magischen Dreieck des Projektmanagement"* (triple constraint) gesprochen wird. Die Konkurrenzbeziehung der verschiedenen Ebenen ist darin begründet, dass alle auf die gleichen Ressourcen zurückgreifen und damit, bei vorgegebenem und konstantem Ressourcenniveau, eine Verbesserung auf der einen Anforderungsebene zwangsläufig zu einer Verschlechterung auf einer anderen Ebene führen muss. Es kommt somit auf das „richtige" Zusammenspiel der drei Anforderungsebenen an, da sie gemeinsam die Gesamtqualität eines Projektes bestimmen. Trotz der Abhängigkeiten von Ziel-, Kosten- und Zeitebene wird deshalb häufig die **Qualität** als weitere Anforderungsebene betrachtet, womit aus dem „magischen Dreieck" ein *„Teufelsquadrat"* (Sneed 2005, S. 37) wird (vgl. Abb. 95).

Beispiel: „Teufelsquadrat des Projektmanagements"

Beim Bau einer Schule wird die Qualität des Gebäudes (Belastbarkeit, Spannweite, Lebensdauer etc.) anhand eines Pflichtenhefts definiert. Um diese Qualität sicherzustellen, muss die Schule entsprechend dimensioniert sein. Durch eine generelle Überdimensionierung des Gebäudes, d. h. die Schule würde größer als notwendig gebaut, könnten zwar alle qualitativen Anforderungen problemlos gewährleistet werden, aber ein gesteigerter Materialverbrauch würde zu einem enormen Anstieg der Baukosten führen und damit die Effizienz des

Projektmanagements in berechtigte Kritik bringen. Ebenso würde sich damit die Bauzeit verlängern. Würde die Baufirma hingegen versuchen, wie in Abb. 95 dargestellt, das Schulprojekt schneller und kostengünstiger zu realisieren, würde dies Auswirkungen auf die Qualität sowie die Größe des Baus haben.

Letztendlich entscheidet nämlich die subjektive Wahrnehmung des Kunden über die im Ergebnis erzielte Qualität. Das Qualitätsurteil ist dabei nicht nur auf das Leistungsergebnis, sondern auch auf den Leistungserstellungsprozess bezogen, dessen Qualität davon abhängt, ob es dem Anbieter gelungen ist, die inhaltlichen Ziele, die Kosten und die Termine einzuhalten. Darüber hinaus beeinflussen aber auch objektive Faktoren die Qualität wie z. B. rechtliche Vorgaben oder zu erfüllende Sicherheitsvorschriften.

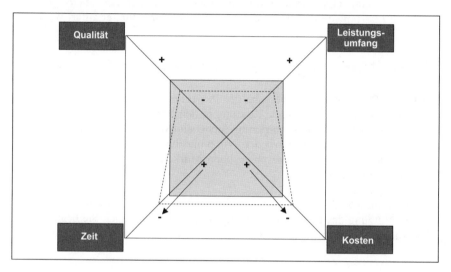

Abb. 95: Das Teufelsquadrat des Projektmanagement

Die Problematik des „Teufelsquadrats" lässt sich verdeutlichen, wenn davon ausgegangen wird, dass alle vier Zielgrößen gemessen und die Messergebnisse – wie in Abb. 95 dargestellt – in einem Quadrat auf von den Eckpunkten zur Mitte verlaufenden Skalen abgetragen werden. Die Fläche des sich dann ergebenden Vierecks spiegelt einen Gesamtergebniswert wider. Dieser ist bei gegebener Ressourcensituation *konstant*, sodass sich z. B. eine Kostenreduktion und eine Beschleunigung bei gleichem Gesamtergebniswert nur erreichen lässt, wenn dadurch Einbußen bei Qualität und Leistungsumfang hingenommen werden (vgl. Abb. 95; gestrichelte Linie).

Ziel der Projektdurchführung ist es, die verschiedenen Anforderungsebenen so zu steuern, dass die *Soll-Vorgaben* realisiert werden. Bei realen Projekten ist die gleichzeitige Erfüllung aller vier Anforderungsebenen eine äußerst komplexe Aufgabe, weshalb eine Vielzahl an Methoden und Techniken existiert, die bei der

Steuerung und Kontrolle von Projekten eingesetzt werden und zur Lösung dieses Problems beitragen können. Deren Zweckmäßigkeit ist jedoch abhängig von Projektart, Projektgröße sowie der jeweiligen Branche. Die detaillierte Vorstellung der einzelnen Instrumente des Projektmanagements würde den Rahmen des vorliegenden Buches jedoch sprengen, weshalb der Leser hier wiederum auf die einschlägige Literatur zum Projektmanagement verwiesen sei.

Content^{PLUS}

10 Zentrale Instrumente zur Steuerung und Kontrolle von Projekten

In der Unternehmenspraxis stellen vor allem die Earned-Value-Analyse zur *Überwachung und Prognose* von Projektkosten und der finalen Projektdauer sowie das Gantt-Diagramm und die Netzplantechnik zur *Terminüberwachung* wichtige Instrumente dar, die in diesem Content^{Plus}-Kapitel erläutert werden.

11.3.5 Marketing in der Betreiberphase

Ein Projekt endet mit der Übergabe der Projektleistung an den Kunden, womit die vom Anbieter zu erbringende Leistung in den Verfügungsbereich des Kunden übergeht. Jedoch ist es aus Marketing-Sicht sinnvoll, den Kunden auch in der sich anschließenden Betreiber- oder Nutzungsphase des Projektergebnisses zu begleiten, wodurch die Betreiberphase beim Marketing im Projekt-Geschäft eine besondere Bedeutung erlangt.

Die *Betreiberphase* bezeichnet im Projekt-Geschäft den Zeitraum der dauerhaften Nutzung des Projektergebnisses durch den Nachfrager. Sie beginnt mit der Abnahme des Projektergebnisses und endet mit der Einstellung der Nutzung.

Die Betreiberphase umfasst sehr unterschiedliche Zeiträume: Sie kann ganz entfallen, wenn z. B. ein Beratungsauftrag erbracht ist oder viele Jahre umfassen, wie z. B. im Fall der Nutzung einer industriellen Großanlage oder im Bereich von Bauprojekten. Aus Sicht der Nachfrager ist die Betreiberphase für den Projekterfolg sogar als entscheidend anzusehen, da mit der Nutzung des Projektergebnisses die mit dem ursprünglichen Leistungsversprechen verbundenen Erfahrungseigenschaften nun durch den Nachfrager beurteilt werden können.

In der Betreiberphase selbst kann ein Anbieter den Nachfrager durch eine gezielte **Servicepolitik** mit „After sales"-Services unterstützen. Diese können sowohl *obligatorisch* (z. B. Serviceleistungen die mit gegebenen Garantien verbunden sind) als auch *fakultativ* sein (z. B. Wartungs-, Reparaturleistungen, Schulungen). Nach Weiber (1985, S. 10 f.) kann dabei aus einer inhaltlichen Perspektive zwischen System- und Anwenderdienstleistungen differenziert werden: Während *Systemdienstleistungen* erbracht werden, um die ‚technische' Funktionsfähigkeit eines Projektergebnisses sicherzustellen (z. B. Engineering-Leistungen), helfen *Anwenderdienstleistungen* bei der Lösung kundenspezifischer Probleme im Umgang mit einem Projekt (z. B. Absatzhilfen, Finanzierungshilfen), womit sie in besonderer Weise ein Differenzierungsinstrument im Wettbewerb darstellen. Die Untersuchung von Weiber (1985, S. 136 ff.) von 157 verschiedenen Projekten im industriellen Großanlagenbau zeigt, dass Anwenderdienstleistungen sowohl eine phasenspezifische als auch eine phasenübergreifende Relevanz aufweisen (vgl. Abb. 96) und in Abhängigkeit von bestimmten (Länder-)Kundensegmenten unterschiedliche Bedeutung besitzen.

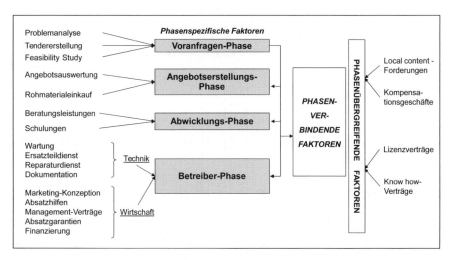

Abb. 96: Relevanz von Anwenderdienstleistungen im industriellen Anlagenbau
(Quelle: Weiber 1985, S. 142)

Die Untersuchung macht weiterhin deutlich, dass selbst im industriellen Anlagengeschäft das zentrale Differenzierungsinstrument im Wettbewerb Anwenderdienstleistungen darstellen, während die ‚technische Lösung' sowie Systemdienstleistungen ‚nur' die notwendige Bedingung für den Akquisitionserfolg im Großanlagenbau bilden und damit eher als ‚Türöffner' dienen (Backhaus/Weiber 1993, S. 83 f.; Weiber 1985, S. 166 ff.). Insbesondere bei komplexen Projekten, wie sie für den Großanlagenbau typisch sind, kann das Dienstleistungsspektrum bis hin zur Unterstützung des Nachfragers beim Betreiben einer Anlage reichen. Bei **Betreibermodellen** in der Form von sog. BOO-Verträgen (Build-Operate-Own) übernimmt der Anbieter häufig sogar die Instandhaltung, die Ersatzteilversorgung und den eigenverantwortlichen Betrieb einer Industrieanlage. Die Anlage wird damit dem Kunden im Prinzip als „*Dienstleistung gegen Entgelt*" angeboten. Solche Betreibermodelle sind insbesondere für den Bau und Betrieb von Infrastruktureinrichtungen (z. B. Straßen, Flughäfen) eine etablierte Form der Projektfinanzierung und -abwicklung. Im öffentlichen Sektor wird in diesem Zusammenhang oftmals von Public Private Partnership gesprochen. Das Spektrum von Dienstleistungen bei Betreibermodellen zeigt Abb. 97 auf Basis einer Befragung von 63 Firmen, die im Rahmen des vom Bundesministerium für Bildung und Forschung geförderten Projektes NaNuMA (Nachhaltige Nutzungskonzepten für den Maschinen- und Anlagenbau) durchgeführt wurde. Die Servicepolitik ist dabei jedoch nicht nur auf die Betreiberphase konzentriert, sondern spielt auch in den übrigen Phasen des Projekt-Geschäfts eine bedeutende Rolle. Die Überlegungen zur Ausgestaltung der Servicepolitik sind dabei grundsätzlich analog zur Servicepolitik im *Commodity-Geschäft*, weshalb der Leser hier auf die Ausführungen in Kapitel 10.2.1.1 verwiesen sei.

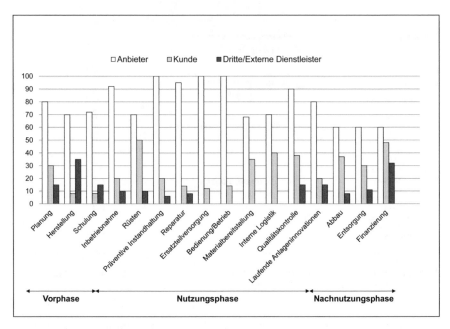

Abb. 97: Service-Leistungen bei Betreibermodellen im Industrieanlagenbau
(Quelle: Schuh/Frick/Schönung 2003, S. 23 f.)

Selbst wenn der Anbieter *nicht* in die Betreiberphase eingeschaltet ist, so sollte er dennoch immer wieder prüfen, ob die vom Kunden in der Betreiberphase verfolgten Ziele durch das Projektergebnis auch erreicht werden. Es gilt, auch nachträglich die *Kundenzufriedenheit* (vgl. Kapitel 4.2.3.2) im Zuge des anbieterseitigen *Qualitätsmanagements* (vgl. Teil IV des Buches) zu kontrollieren und den Kunden so in seiner Anbieterwahl zu bestätigen. Dadurch können *kognitive Dissonanzen* vermieden oder zumindest eingeschränkt werden.

Abschließend sei darauf hingewiesen, dass Serviceleistungen in besonderer Weise dazu geeignet sind, nach der Durchführung eines Projektes zu dem Nachfrager eine *Geschäftsbeziehung* aufzubauen. In diesen Fällen ändert sich allerdings dann der Charakter des Projekt-Geschäfts. Es steht dann nicht mehr das Projekt als Einzeltransaktion im Vordergrund, sondern es erhält den Charakter eines *Verbund-Geschäfts*, bei dem das Projekt als „Basisgeschäft" zu verstehen ist und die Geschäftsaktivitäten in der Betreiberphase „Verbund(ver)käufe" darstellen.

12 Marketing im Verbund-Geschäft

12.1 Charakteristika des Verbund-Geschäfts

Das Verbund-Geschäft unterscheidet sich von allen anderen Geschäftstypen dadurch, dass der Nachfrager durch eine Kaufentscheidung in eine Lock-in-Situation kommt, die ihn auch für nachfolgende Käufe entweder auf eine bestimmte Technologie oder einen konkreten Anbieter festlegt. Obwohl bei allen Geschäftstypen die Anbieter grundsätzlich bestrebt sind, Geschäftsbeziehungen aufzubauen, handelt es sich beim Verbund-Geschäft um eine zumindest aus Nachfragersicht *geplante* bzw. erzwungene Geschäftsbeziehung, bei welcher der Nachfrager durch die Ersttransaktion in eine Abhängigkeitssituation gelangt und eine ‚unfreiwillige' (ökonomische) Bindung zum Anbieter eingeht (vgl. Kapitel 4.2.3.3). Der Grund für diese Abhängigkeit zwischen den Kaufentscheidungen liegt dabei im *Transaktionsobjekt*, das in einem *objektiv-technischen-Bedarfsverbund* zu den Transaktionsobjekten zukünftiger Kaufentscheidungen steht.

> Als *Verbund-Geschäfte* werden Vermarktungsprozesse bezeichnet, bei denen das Vermarktungsobjekt in einem objektiv-technischen Bedarfsverbund zu anderen Vermarktungsobjekten steht, der eine zeitraumbezogene Nachfrageverbundenheit zwingend begründet.

Ein objektiv-technischer Bedarfsverbund liegt vor, wenn die Leistung eines Anbieters in einem *komplementären* Verhältnis zu anderen Leistungen steht und eine Nutzenstiftung für den Nachfrager entweder *nur* im Zusammenhang mit diesen erreicht werden kann oder die Nutzenstiftung im Zusammenspiel der Leistungen deutlich vergrößert werden kann. Solche Bedarfsverbunde sind im B-to-B-Bereich auf der Nachfragerseite primär in folgenden Situationen (vgl. Kapitel 12.2.1) anzutreffen:

1. absatzobjektbezogene Bedarfsverbunde,
2. prozessbezogene Bedarfsverbunde.

Bei **absatzobjektbezogenen Bedarfsverbunden** geht die Anbieterleistung als integraler Bestandteil in die *Absatzobjekte* des Nachfragers ein. Insbesondere solche Anbieterleistungen, die spezifische Funktionen des Absatzobjektes übernehmen und/oder speziell für einen bestimmten Nachfrager entwickelt werden, müssen besondere *Kompatibilitätsanforderungen* erfüllen, wodurch für den Nachfrager eine Abhängigkeit vom Anbieter sowohl im Produktions- als auch im Absatzprozess entsteht. Typische Beispiele hierfür sind die Leistungen von Zulieferunternehmen, die Teile, Baugruppen oder (Teil-)Systeme für die Lieferkette eines Herstellers anbieten. Ist der Nachfrager ein OEM (Original Equipment Manufacturer = Erstausrüster), dessen Produkte (ggf. über den Handel) an Endkonsumenten geliefert werden, so werden die direkten Zulieferer auch als „Tier 1 Supplier" und in der Zulieferkette noch weiter hinten angesiedelte Anbieter als „Tier 2 Supplier", „Tier 3 Supplier" usw. bezeichnet

Bei **prozessbezogenen Bedarfsverbunden** geht die Anbieterleistung in die Prozesse des Nachfragers ein, wobei diese aber isoliert *keine* oder nur eine *eingeschränkte* Nutzenentfaltung bewirken kann und sich der ‚volle' Prozessnutzen erst durch die Einbindung der Anbieterleistung in das nachfragerseitige System entfaltet. Als paradigmatisch für Vermarktungsobjekte, die in einem prozessbezogenen Bedarfsverbund stehen, sind die zu einer sog. *Systemtechnologie* gehörenden Produkte anzusehen (Weiber 1997a, S. 284 ff.).

> *Systemtechnologien* sind integrierte Leistungsangebote, die eine auf der Informationstechnik basierende Kombination von serien- und einzelgefertigten Sachleistungen inkl. zugehöriger Dienstleistungen darstellen, wobei die Sachleistungen über eine bestimmte Systemarchitektur miteinander verbunden sind und dadurch in einem integrativen Nutzungsverbund stehen.

Typische Beispiele für umfassende Systemtechnologien sind etwa Telekommunikations-, Fertigungsautomatisierungs- oder Bürokommunikationssysteme. Solche Systemtechnologien werden jedoch meist nicht als ‚Komplettpakete' gekauft, sondern es werden einzelne Teilkomponenten bzw. -technologien zu unterschiedlichen Zeitpunkten nachgefragt, wodurch die Systemtechnologie sukzessive auf- bzw. ausgebaut wird. Eine Nachfrageverbundenheit entsteht auch hier insbesondere aufgrund von technischen *Kompatibilitätsanforderungen*, die dazu führen, dass nur bestimmte Produkte beim Auf- und Ausbau einer beim Nachfrager eingesetzten Systemtechnologie verwendet werden können.

12.1.1 Charakteristika von absatzobjekt- und prozessbezogenen Bedarfsverbunden

Sowohl absatzobjektbezogene als auch prozessbezogene Bedarfsverbunde begründen ein bestimmtes Nachfragerverhalten, auf das die Anbieter ihr Verhaltensprogramm abstellen müssen. Das Nachfragerverhalten im Verbund-Geschäft kann dabei durch folgende *allgemeinen Charakteristika* beschrieben werden:

- sachlich verbundene Kaufprozesse,
- zeitlich verbundene Kaufprozesse,
- sukzessive Beschaffungsschrittfolge,
- Einschränkung der Entscheidungsfreiheit bei Folgekaufentscheidungen,
- Existenz von Lock-in-Effekten,
- spezifische Unsicherheitssituation des Nachfragers.

Die **sachliche Verbundenheit** zwischen den Einzeltransaktionen eines Nachfragers begründet sich zum einen in der *Komplementarität* von Anbieterleistungen zu den Absatzobjekten der Nachfrager oder zu den in den Prozessen des nachfragenden Unternehmens eingesetzten Produkten. Einzelne Anbieterleistungen können damit nicht isoliert, sondern nur unter Beachtung der nachfragerseitigen Gegebenheiten ausgewählt werden und müssen mit diesen harmonieren. Zum anderen existiert eine Nutzungsverbundenheit, die aus der objektiv-technischen Bedarfsverbundenheit resultiert. *Nutzungsverbundenheit* kennzeichnet dabei den Sachverhalt, dass der Nutzen von Produkten, die in eine integrative Beziehung zu anderen Produkten treten, in der Summe höher zu veranschlagen ist, als der additive Nutzen der einzelnen Produkte bei isolierter Verwendung. Der höhere Gesamtnutzen ergibt sich aus der Möglichkeit, durch das Zusammenwirken der Produkte *Synergieeffekte* zu erzielen, und es gilt (Weiber 1997a, S. 294):

$$U(x^1, x^2, x^3, \ldots x^i) > U(x^1) + U(x^2) + U(x^3) + \ldots U(x^i)$$

mit: U = Nutzen des Gesamtverbundes
 x^i = Nutzen des Verbundproduktes i

Bei absatzobjektbezogenen Bedarfsverbunden ergibt sich die Nutzensteigerung einer Anbieterleistung aus dem Gesamtnutzen des Absatzobjektes, in das sie integriert wird, während sie bei prozessbezogenen Bedarfsverbunden im Prozessnutzen zu sehen ist. In beiden Fällen ergibt sich eine sachliche Verbundenheit weiterhin aus den o. g. Kompatibilitätsanforderungen an eine Anbieterleistung, die jeweils eine technologische Bindung und damit Lock-in-Effekte begründen.

Die sachliche Verbundenheit führt auch zu einer **zeitlichen Verbundenheit** zwischen den Einzeltransaktionen eines Nachfragers (Weiber 1997b, S. 374 ff.): Bei absatzobjektbezogenen Bedarfsverbunden resultiert diese daraus, dass ein Anbieter im Hinblick auf die Produktion an Zulieferleistungen gebunden ist. Bei prozessbezogenen Bedarfsverbunden liegt die zeitliche Verbundenheit vor allem in den zu erfüllenden Kompatibilitätsbedingungen bei Systemerweiterungen oder zum System (oder zu Systemkomponenten) gehörenden proprietären Verbrauchsprodukten.

Beispiel: „Johnson Controls"

Bei der Automobilherstellung wird eine Vielzahl an Zulieferteilen in das finale Endprodukt integriert. Marktführer in den Bereichen Autositze, Türverkleidungen, Instrumententafeln und Elektronik ist das Unternehmen Johnson Controls. Neben der genauen Anpassung und Spezifikation der Zulieferteile auf die Endprodukte der Automobilhersteller (*absatzobjektbezogener Bedarfsverbund*) bietet das Unternehmen seinen Kunden auch eine umfassende logistische Integration in die Herstellungsprozesse an (*prozessbezogener Bedarfsverbund*). Für die optimale Gestaltung der Prozessabläufe wurde so u. a. für Fiat eine Kombination aus einer Just-in-Time-Produktion im Johnson Controls-Werk in Bochum sowie einer Just-in-Sequence-Belieferung des Fiat-Werks in Köln entwickelt.

Es ergibt sich bei Verbund-Geschäften damit eine zeitliche Abfolge von Einzeltransaktionen für eine bestimmte Zeitspanne, die entweder durch den Produktlebenszyklus der Absatzobjekte bzw. geschlossene Rahmenverträge oder den Investitionszyklus bei prozessbezogenen Bedarfsverbunden bestimmt wird.

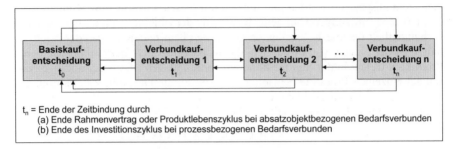

Abb. 98: Zeitliche Kaufabfolge bei Verbund-Geschäften (Prinzipdarstellung)

Aus der sachlichen und der zeitlichen Verbundenheit resultiert die für das Verbund-Geschäft typische **sukzessive Beschaffungsschrittfolge**, die sich darin begründet, dass entweder ein Zulieferprodukt in identischen Wiederholungskäufen entsprechend der Entwicklung des nachfragerseitigen Absatzprozesses gekauft wird oder bei prozessbezogenen Bedarfsverbunden im sukzessiven ‚Ausbau' der Prozesse des Nachfragers begründet liegt. Ursächlich für einen sukzessiven Prozessausbau sind z. B. die folgenden ausgewählten Aspekte (Weiber 1997a, S. 295 f.):

- Viele technische Problemstellungen werden über *Komponentenlösungen* realisiert und sukzessive ausgebaut, da nur selten ‚Lösungen von der Stange' existieren.
- Die *schnelllebigen technologischen Entwicklungen* lassen die Realisierung umfassender Komplettlösungen unzweckmäßig erscheinen, weshalb eine an die Technologie angepasste sukzessive Beschaffung erfolgt.
- Innovative Technologien erfordern i. d. R. weit reichende *Anpassungsmaßnahmen (technisch oder organisatorisch)*, wobei der damit verbundene Implementierungsprozess in den Unternehmen schrittweise erfolgt.
- Die Beschaffung von Systemtechnologien stellt für die Nachfrager Investitionsentscheidungen mit meist erheblichen Wertdimensionen dar, sodass *begrenzte Ressourcen* eine Zerlegung der Beschaffungsentscheidung erzwingen.
- Die Beschaffung von Technologien entspricht meist einer *hoch komplexen Entscheidungssituation*. Durch die Zerlegung einer Anschaffungsentscheidung in mehrere kleine Schritte (sog. Decomposing) kann der Nachfrager seine Entscheidungsrisiken reduzieren.

Nachfrageverbundenheit und sukzessive Beschaffungsschrittfolge führen dazu, dass Parameter der Basiskaufentscheidung (oder allgemein von vorgelagerten Kaufentscheidungen) zu einer **Einschränkung der Entscheidungsfreiheit** bei den nachfolgenden Transaktionen führen. Diese Begrenzungen können in *unterschiedlicher Intensität* auftreten (Beinlich 1998, S. 24 ff.), wobei durch eine vorhergehende Kaufentscheidung (Basiskauf) nachfolgende Kaufentscheidungen

- *angestoßen* werden, wenn z. B. der Kauf eines PCs den Kauf eines Scanners zu einem späteren Zeitpunkt nach sich zieht,
- *limitiert* werden, wenn *einzelne* Entscheidungsparameter durch den Basiskauf festgelegt sind (z. B. Aufrüstung eines Druckers ist nur mit Original-Herstellerteilen möglich, er funktioniert aber auch mit Toner von Fremdfirmen),
- *determiniert* werden, wenn *alle* Entscheidungsparameter durch den Basiskauf festgelegt sind und keine Wahlfreiheit mehr besteht (z. B. eine Maschine funktioniert nur mit den Original-Ersatzteilen und Verbrauchsmaterialien des Herstellers).

Es ist insbesondere die *Transaktionsobjektspezifität*, die im Verbund-Geschäft auf der Nachfragerseite zur Begrenzung der Entscheidungsfreiheit bei Folgetransaktionen führt und den Nachfrager in eine sog. **Lock-in-Situation** bringt. Weiterhin führt aber auch die zur Leistungserstellung meist erforderliche Kundenintegration dazu, dass in den Managerial Transactions auch vom Kunden transaktionsbeziehungsspezifische Investitionen geleistet werden (müssen), die den „Lock-in" nochmals verstärken (Kleinaltenkamp 2010b, S. 255 ff.). Dabei gilt, dass mit steigender Spezifität der Investitionen sich auch der aus der Lock-in-Situation resultierende Bindungsgrad erhöht. Dies liegt darin begründet, dass mit zunehmendem Spezifitätsgrad die Möglichkeiten einer alternativen Verwendung eingeschränkt, die Opportunitätskosten geringer und die Gefahren opportunistischen Verhaltens des Vertragspartners größer werden. Ein „Lock in" führt zu Geschäftsbeziehungen mit *unfreiwilliger Bindung*, weshalb der Leser hier auch auf Kapitel 4.2.3.3 verwiesen sei.

12.1.2 Lock-in-Effekte als konstituierendes Merkmal von Verbund-Geschäften

Bei Verbund-Geschäften sind unterschiedliche Lock-in-Effekte von Bedeutung, wobei im Fall der *absatzobjektbezogenen Bedarfsverbunde* vor allem der **temporale Lock-in-Effekt** eine besonders große Rolle spielt, bei dem sich beide Geschäftspartner aufgrund von Vereinbarungen (z. B. Rahmenverträge) für eine bestimmte Zeit *gegenseitig* binden. Bei Zuliefer-Leistungen kann die Dauer dieser Bindung bis zum Ende des Produktlebenszyklus des nachfragerseitigen Absatzobjektes reichen. Bei *prozessbezogenen Bedarfsverbunden* resultieren Lock-in-Effekte insbesondere aus dem sog. *Systembindungseffekt*, der die technologische Abhängigkeit eines Nachfragers beschreibt (Weiber/Beinlich 1994, S. 120 ff.; Weiber 1997a, S. 302 ff.). Der Systembindungseffekt führt zu einer monopolisierenden Wirkung, wobei die Ursachen der Systembindung in Anlehnung an Reinkemeier (1998, S. 48) grundsätzlich bestehen können in:

- Produkt-Produkt-Inkompatibilitäten, die primär auf Humankapitalspezifität beruhen,
- Produkt-Nutzer-Inkompatibilitäten, die primär auf Sachkapitalspezifität beruhen.

Der *Systembindungseffekt* bezeichnet die, sich aus der *technologischen Abhängigkeit* zwischen Systemkomponenten beim Vorliegen von Inkompatibilität zu

Alternativangeboten, ergebende Einschränkung des Nachfragers in der Wahlfreiheit bei Folgetransaktionen.

(1) Produkt-Produkt-Inkompatibilitäten

Produkt-Produkt-Inkompatibilitäten liegen vor, wenn Anbieterleistungen in ihrer
Kombinationsmöglichkeit bzw. Integrationsfähigkeit mit den Leistungen anderer
Anbieter stark eingeschränkt sind. Dabei lassen sich zwei Arten von Lock-in-
Effekten unterscheiden:

- **Vendor Lock-in**: Nachfrager sind aufgrund von nicht substituierbaren Produkten oder einer proprietären (geschlossenen) Systemarchitektur bei der Beschaffung an einen bestimmten Anbieter gebunden.
- **Technological Lock-in**: Nachfrager sind aufgrund von Inkompatibilität auf eine
  bestimmte Technologie festgelegt. In diesem Fall kann die Technologie zwar
  von unterschiedlichen Anbietern bezogen werden, jedoch kann der gewählte
  Technologietyp nicht verlassen werden.

Abb. 99 zeigt die verschiedenen Lock-in-Effekte nochmals im Überblick, wobei
darauf hinzuweisen ist, dass die Inkompatibilitäten bzw. Vertragsbindungen erst
dann zu einem Lock-in-Effekt werden, wenn auch die sog. hinreichende Bedingung vorliegt (Beinlich 1998, S. 181 ff.).

So ist ein Vendor-Lock-in erst dann gegeben, wenn ein Nachfrager spezifische
Investitionen getätigt hat und dadurch in den ‚Genuss' einer Quasi-Rente gelangt.
Erst durch die Quasi-Rente und die damit in Verbindung stehenden *Sunk Costs*
ist der Anbieterwechsel für den Nachfrager mit Kosten verbunden und damit eine
Wechselbarriere gegeben. Ähnlich bewirkt die Entscheidung für eine bestimmte
Technologie, die von mehreren Anbieter auf gleichem Qualitätsniveau angeboten
wird, erst einen Lock-in durch die Existenz von Netzeffekten oder Pfadabhängig-
keiten.

	Temporal Lock-In-Effekt	Vendor Lock-In-Effekt	Technological Lock-In-Effekt
Bedeutung	Bindung an einen konkreten Anbieter	Bindung an einen konkreten Anbieter	Bindung an eine bestimmte Technologie
notwendige Bedingung	Rahmenverträge und langfristige Lieferantenverträge	anbieterspezifische Inkompatibilität	anbieterübergreifende Inkompatibilität
hinreichende Bedingung	Vertragsstrafen	Existenz spezifischer Investitionen	Wirksamkeit von Netzeffekten; Pfadabhängigkeiten
Bindungseffekt	Anbieterbindung	Anbieterbindung	Technologiebindung
Konsequenzen	Anbieterwechselkosten	Anbieterwechselkosten	Technologiewechselkosten

Abb. 99: Temporal Lock-in und Lock-in-Effekte bei Produkt-Produkt-
Inkompatibilitäten

Pfadabhängigkeiten liegen dann vor, wenn ein Nachfrager durch eine einmal getroffene Technologie-Entscheidung auch im Hinblick auf Weiterentwicklungen von der gewählten ‚Systemwelt' abhängig ist. Die getroffene Technologiewahl beeinflusst damit den Entwicklungspfad in die Zukunft (Arthur 1989, S. 116 ff.). Über die Bindung an eine bestimmte Systemwelt hinausgehend, führt die Pfadabhängigkeit dazu, dass vergangene Investitionen die Anpassung an aktuelle Entwicklungen auch verhindern können, wenn die Umstellungskosten (oder allgemein *Technologiewechselkosten*) als zu hoch eingeschätzt werden.

Demgegenüber beschreiben **indirekte Netzeffekte** (indirect consumption externalities) das Phänomen, dass Güter aufgrund ihrer Kompatibilität und ihres *komplementären* Charakters in eine Vermarktungs- und Nutzenbeziehung treten und damit ein ‚Netzwerk' zwischen den Nachfragern bilden, womit sie zu *Verbundbeziehungen* zwischen Produkten führen (Graumann 1993, S. 1331 ff.; Katz/Shapiro 1985, S. 424 ff.; Wiese 1990, S. 2 ff.).[1] Nach Farrell/Saloner (1985, S. 70 f.) sind indirekte Netzeffekte dann gegeben, „... when a complementary good (spare parts, servicing, software ...) becomes cheaper and more readily available the greater the extent of the (compatible) market." Bei indirekten Netzeffekten ergibt sich damit die nutzensteigernde Wirkung aus dem Verbreitungsgrad von Komplementärprodukten am Markt. Sie können als *„ubiquitär"* bezeichnet werden, da sie im Prinzip für nahezu alle Märkte gelten: Durch die hohe Verbreitung eines Produktes erreichen nicht nur ggf. komplementäre Leistungen eine höhere Verbreitung und damit Zugänglichkeit für den Nachfrager, sondern solche Produkte erfahren i. d. R. auch schnellere Qualitätsverbesserungen und können aufgrund des Mengeneffektes kostengünstiger hergestellt werden.

(2) Produkt-Nutzer-Inkompatibilitäten

Produkt-Nutzer-Inkompatibilitäten liegen vor, wenn ein Nachfrager zur optimalen Nutzung einer Anbieterleistung spezielle organisatorische Maßnahmen ergreifen oder spezifisches Know-how aufbauen muss. Entsprechend lassen sich auch hier zwei Arten von Lock-in-Effekten unterscheiden:

- **Organizational Lock-in**: Eine Anbieterlösung erfordert im Unternehmen des Nachfragers z. B. im Bereich der Ablaufprozesse spezifische organisatorische Anpassungen, die für andere Technologiealternativen nicht geeignet sind.
- **Knowledge Lock-in**: Die Nutzung einer bestimmten Anbieterleistung erfordert ein spezifisches Know-how, das erst durch entsprechende Humankapital-Investitionen aufgebaut werden muss und in keiner anderen Verwendung nutzbar ist. Ein Knowledge Lock-in kann sich aber auch ‚schleichend' aufgrund von

---

1 Im Gegensatz zu indirekten Netzeffekten liegen **direkte Netzeffekte** dann vor, wenn der Nutzen eines Produktes unmittelbar von der Zahl der Käufer des Produktes abhängig ist. Typische Beispiele hierfür sind Kommunikationssysteme, die einen Nutzen für den einzelnen Teilnehmer nur entfalten, wenn entsprechend viele Teilnehmer an das System angeschlossen sind. Solche Systeme können nur dann eine Marktbeständigkeit erreichen, wenn eine gewisse Mindestteilnehmerzahl (sog. **kritische Masse**) an das System angeschlossen ist und die Teilnehmer auch eine hinreichende Kommunikationsdisziplin zeigen (Weiber 1992, S. 133 ff.).

Erfahrung ergeben, wenn ein Anbieter-System z. B. eine spezifische Bedienlogik aufweist, die gravierend von der anderer Systeme abweicht.

Auch bei Produkt-Nutzer-Inkompatibilitäten können indirekte Netzeffekte der Grund für Lock-in-Situationen im Sinne des **Beharrungs- oder Viskositätseffektes** (Weiber 1992, S. 91 f.) sein und den Wechsel der Anwender auf eine überlegene Technologie verhindern: Liegen *keine* Produkt-Produkt-Inkompatibilitäten vor, d. h. besteht völlige technische Kompatibilität zwischen einer alten und einer neuen Technologie, so kann der Markterfolg der neuen Technologie im Extrem allein dadurch verhindert werden, dass eine etablierte Technologie (Incumbent Technologie) einen großen Verwenderkreis mit großer Akzeptanz aufgebaut hat, die Verwender in der Nutzung der Alt-Technologie versiert sind und allein aus diesem Grund keinen Technologiewechsel vornehmen. Farrell/Saloner (1987, S. 13 f.) bezeichnen ein solches Verhalten plastisch als *„Pinguin-Effekt"*: „Penguins gather on the edges of ice floes, each trying to jostle the others in first, because although all are hungry for fish, each fears there may be a predator lurking nearby." Der Pinguin-Effekt führt im Extremfall dazu, dass überhaupt kein Wechsel stattfindet und damit selbst eine technisch deutlich überlegene Technologie zum Scheitern verurteilt ist.

Beispiel: „Dvorak-Tastatur" –
   Indirekte Netzeffekte bei Produkt-Nutzer-Inkompatibilität:

Das klassische Literaturbeispiel für das Marktversagen einer Neutechnologie aufgrund von indirekten Netzeffekten ist die von Dvorak (1936) entwickelte „AOEUIDHTNS"-Schreibmaschinentastatur:

Aufgrund intensiver ergonomischer Studien konnte Dvorak im Jahre 1932 eine Vielzahl von Ineffizienzen aufdecken, die mit der klassischen Anordnung der „QWERTYUIOP"-Tastenfolge bei Schreibmaschinen in englisch-sprachigen Ländern verbunden sind und durch eine „AOEUIDHTNS"-Tastenanordnung vermieden werden könnten. Obwohl die technische Überlegenheit dieser neuen Tastenanordnung allgemein anerkannt wurde und sich die Effizienz von Schreibarbeiten nachweislich steigern ließ, hat die hohe Installierte Basis der „QWERTY"-Tastatur die Einführung der neuen Tastenanordnung bis heute verhindert.

(In Anlehnung an: David 1985, S. 332 ff.)

Die vorangegangenen Ausführungen machen deutlich, dass die Charakteristika des Verbund-Geschäftes zu einer besonderen **Unsicherheitsposition des Nachfragers** führen, auf die sich der Anbieter in seinem Verhaltensprogramm anpassen muss. Diese Unsicherheitspositionen können sich dabei in folgenden Formen niederschlagen (Weiber 1997a, S. 318):

- *Entscheidungsunsicherheit:* Die Verbundenheit einzelner zeitlich auseinander liegender Transaktionen führt zu einem *strukturdefekten Entscheidungsproblem*, welches eine optimale Entscheidung verhindert.
- *Ergebnisunsicherheit:* Die *sukzessive Beschaffungsschrittfolge* führt meist zwangsläufig zu suboptimalen Ergebnissen.

- *Beurteilungsunsicherheit:* Bei hoher Komplexität der Absatzobjekte kommt es zu Beurteilungsproblemen auf der Nachfragerseite
- *Technologische Unsicherheit:* Schnelle Innovationszyklen und kurze Produktlebenszyklen führen dazu, dass der Nachfrager nur wenig über die konkrete Ausgestaltung der bei Folgetransaktionen zu erwerbenden Technologien informiert ist (sog. Event Uncertainty).
- *Verhaltensunsicherheit:* Der aus der Lock-in-Situation resultierenden *Abhängigkeitsposition* des Nachfragers ist die Gefahr inhärent, dass ein Anbieter seine Position opportunistisch ausnutzt.
- *Umweltunsicherheit:* Aufgrund der *Langfristigkeit* in der Entscheidung können unvorhersehbare Umweltereignisse eintreten.

Die spezifische Unsicherheitssituation des Nachfragers, die durch seine Abhängigkeitsposition und die in die Zukunft gerichteten Ereignisse geprägt ist, führt dazu, dass der Nachfrager sowohl bei der Basiskaufentscheidung als auch bei den Folgekaufentscheidungen die Qualität der Anbieterleistung und die damit verbundenen Versprechungen der Anbieter letztendlich nicht beurteilen kann. Selbst nach den Kaufentscheidungen ist eine Beurteilung des Anbieterverhaltens mit Problemen behaftet, da der Nachfrager bei schlechter Leistungsqualität nicht unterscheiden kann, ob diese bei hoher Anstrengung des Anbieters aufgrund von Pech zustande kam oder mangelnde Leistungsbereitschaft des Anbieters vorliegt. Verbund-Geschäfte weisen deshalb zumeist eine *Dominanz an Erfahrungs- und Vertrauenseigenschaften* auf und es kommt zum Problem des „Moral Hazard" (vgl. Kapitel 6.3.2.2). Weiterhin lassen die in diesem Abschnitt beschriebenen allgemeinen Charakteristika erkennen, dass im Verbund-Geschäft relativ *komplexe Transaktionen* vorliegen, was nicht zuletzt aus der *intensiven Interaktion* zwischen Anbieter und Nachfrager resultiert. Das Nachfragerverhalten wird hier vor allem durch die Spezifika der Transaktionsobjekte beeinflusst, die in der Ersttransaktion (sog. Basisgeschäft) eine *fundamentale Transformation* auf der Nachfragerseite bewirken und dadurch zu erzwungenen bzw. nachfragerseitig geplanten Geschäftsbeziehungen führen. Dadurch bedingt bewegt sich der Anbieter im Verbund-Geschäft auf der *Handlungsebene geplanter Geschäftsbeziehungen* (vgl. Kapitel 4.2.2). Allerdings ist auch zu beachten, dass die Transaktionsobjekte (primär Systemtechnologien und Zulieferprodukte) in Abhängigkeit ihres konkreten Einsatzfeldes im Nachfrageunternehmen wiederum sehr unterschiedliche Verhaltensweisen implizieren können, weshalb im Folgenden nochmals eine Differenzierung nach verschiedenen *Verbundtypen* vorgenommen wird, auf die der beziehungsorientierte Marketing-Ansatz ebenfalls anzupassen ist.

12.2 Erscheinungsformen des Verbund-Geschäfts

12.2.1 Verbundtypen und Notwendigkeit der Differenzierung

Das Verbund-Geschäft unterscheidet sich von allen anderen BDM-Geschäftstypen nicht nur aufgrund des Vorliegens von *geplanten Geschäftsbeziehungen*, sondern auch aufgrund von Besonderheiten, die in unterschiedlichen Situationen auf der Anbieter- und Nachfragerseite vorliegen können. Obwohl die im vorangegangenen Abschnitt erläuterten *allgemeinen Charakteristika* typisch für alle Verbund-Geschäfte sind, so führen doch situationsabhängige Größen dazu, dass der Marketing-Ansatz nochmals jeweils unterschiedlich auszurichten ist. Im Folgenden werden deshalb zunächst diese unterschiedlichen Situationen auf Anbieter- und Nachfragerseite aufgezeigt und auf dieser Basis verschiedene Typen von Verbund-Geschäften (sog. *Verbundtypen*) abgeleitet:

(1) Vermarktungsrelevante Situationen auf der Nachfragerseite
Obwohl auf der Nachfragerseite bei der Ersttransaktion im Verbund-Geschäft immer eine hohe Transaktionsobjektspezifität vorliegt, so ergeben sich jedoch unterschiedliche Situationen in Abhängigkeit davon, ob eine nachgefragte Anbieterleistung eingeht in die (vgl. Kapitel 12.1 und die dortigen Beispiele):

- Absatzobjekte des Nachfragers (absatzobjektbezogene Bedarfsverbunde)
- Prozesse des Nachfragers (prozessbezogene Bedarfsverbunde)

Absatzobjektbezogene Bedarfsverbunde begründen sich in sog. *Komplementärverbunden*, da die Leistung eines Anbieters (Zulieferer) in das Absatzobjekt des Nachfragers eingeht, woraus sich die primäre Abhängigkeit eines Nachfragers vom Zulieferer begründet. Unterschiede ergeben sich hier in Abhängigkeit des *Spezifitätsgrades* der Zuliefer-Leistung, der auch die Notwendigkeit einer Unterscheidung von verschiedenen **Zuliefer-Geschäften** begründet. Bei **prozessbezogenen Bedarfsverbunden** werden meist sog. *Systemtechnologien* vermarktet, weshalb in der Literatur diese Fälle auch als **System-Geschäfte** bezeichnet werden (Backhaus/Aufderheide/Späth 1994; Kühlborn 2004; Weiber 1997a). Aufgrund der insgesamt sehr hohen Prozessintegrationen in Unternehmen gehen Anbieterleistungen zur Unterstützung der nachfragerseitigen Prozessabläufe nahezu immer in beim Nachfrager vorhandene Teilsysteme ein und beeinflussen häufig auch das Gesamtsystem. Bei System-Geschäften resultiert ein Unterschied in der Transaktionssituation für den Nachfrager in Abhängigkeit davon, ob sich die (erzwungenen) Folgetransaktionen beziehen auf zum Erstkaufobjekt

- identische Bedarfsfälle (Bedarfsfall-identische Folgetransaktionen),
- verschiedene Bedarfsfälle (Bedarfsfall-verschiedene Folgetransaktionen).

> Ein *Bedarfsfall* bezeichnet eine eindeutig abgrenzbare Problemsituation des Nachfragers, die dieser durch den Kauf eines bestimmten Leistungsbündels zu lösen versucht.

Bedarfsfall-identische Folgetransaktionen ergeben sich immer dann, wenn – wie bereits im Kapitel 12.1.1 dargestellt wurde – die Lösung des Bedarfsfalles in mehreren Kaufakten erfolgt. In all diesen Fällen erzielt der Nachfrager durch Folgekäufe entweder Erweiterungen im Lösungsumfang eines Bedarfsfalles (Fall der Systemausweitung durch Erweiterungsinvestitionen) oder die Folgekäufe dienen der Aufrechterhaltung des Grundnutzens eines Systems (z. B. durch kontinuierlich erforderliche Lieferungen von Verbrauchsprodukten). Auch hier liegen Komplementärverbunde vor.

Beispiel: „Verschleißteile im Asphaltbau"

Im Asphaltbau werden zur Verdichtung von Asphaltbelägen Gummiradwalzen eingesetzt. Die speziellen Räder der Gummiradwalzen sind aufgrund der starken Beanspruchung einem stetigen Verschleiß ausgesetzt, sodass diese in regelmäßigen Zyklen durch identische Gummiräder ersetzt werden müssen, damit eine gleichbleibende Verdichtungsqualität gewährleistet werden kann.

Bei **bedarfsfall-verschiedenen Folgetransaktionen** beruhen die (verbundenen) Kaufentscheidungen auf einem *„Denken in Lösungs-Gesamtheiten"*. Wir sprechen hier von sog. *Bedarfs- oder Nutzungsketten* (Weiber 1997b, S. 374 ff.), die in der Unternehmenspraxis immer dann vorliegen, wenn umfassende Lösungen z. B. für die Unternehmenskommunikation, die Fertigungsautomatisierung oder das Content-Management angestrebt werden. *Bedarfsketten* umfassen somit Problemsituationen des Nachfragers, zu deren Lösung mehrere unterschiedliche Lösungen (Produkte) relevant sind, die aber in ein gemeinsames System integriert werden. Die sich dabei ergebende Komplementarität der Lösungen ist in diesem Fall *nicht* eine Komplementarität innerhalb eines Bedarfsfalles (sog. Komplementärverbund), sondern eine *Komplementarität innerhalb der Bedarfskette* (sog. Verwendungsverbund). Aufgrund der komplexen Probleme bei Bedarfsketten wird die Systemintegration meist von spezialisierten Anbietern (sog. Systemintegratoren) vorgenommen, die damit eine ‚reine' Dienstleistung anbieten.

(2) Vermarktungsrelevante Situationen auf der Anbieterseite
Die Anbieterseite muss sich auf die besondere Situation der Nachfrager ausrichten, wobei deren Handlungen danach unterschieden werden können, ob zur Lösung der Nachfragerproblematik weitgehend standardisierte Leistungen verwendet werden können (*niedrige Anbieter-Objektspezifität*) oder ob kundenspezifische Lösungen erforderlich sind (*hohe Anbieter-Objektspezifität*). Muss der Anbieter zur Lösung des Nachfragerproblems kundenindividuelle Lösungen erarbeiten, so entstehen auch bei ihm *spezifische Investitionen*, während dies bei der Möglichkeit eines Rückgriffs auf (weitgehend) standardisierte Leistungen nicht der Fall ist.

Beispiel: „SAP Softwaremodule"

Bei der Angebotserstellung von Unternehmenssoftware ist von SAP zunächst eine Unterscheidung zu treffen zwischen Anfragen, die standardisierte Lösungen betreffen und solchen Anfragen, die eine komplett maßgeschneiderte Softwarelösung erfordern. Im Fall der standardisierten Lösungen ist der spezifische Investitionsaufwand für SAP primär in der angepassten Angebotserstellung zu sehen. Liegt jedoch eine Anfrage auf eine maßgeschneiderte Lösung vor, muss SAP Vorinvestitionen im Bereich der Programmierungsleistungen tätigen, um dem Kunden eine passende Lösung anbieten zu können. Der Anteil spezifischer Investitionen ist bei der maßgeschneiderten Lösung für SAP demnach ungleich höher, als bei der Angebotserstellung einer standardisierten Softwarelösung. Für den Nachfrager besteht in beiden Fällen eine Lock-in-Situation, da er jeweils an Softwaremodule von SAP gebunden ist, unabhängig davon, ob es sich um ein standardisiertes oder maßgeschneidertes Basismodul handelt.

In beiden Fällen *muss* aber auch der Anbieter eine Bindung eingehen, da der Nachfrager auf jeden Fall in eine Lock-in-Situation zum Anbieter gerät und er deshalb versuchen wird, die Möglichkeit eines opportunistischen Anbieterverhaltens soweit wie möglich – meist durch Maßnahmen zur Bindung des Anbieters – zu beschränken. Der Unterschied in beiden Situationen ist vor allem darin zu sehen, dass bei standarisierten Leistungen der Anbieter ‚nur' *geschäftsbeziehungs-*

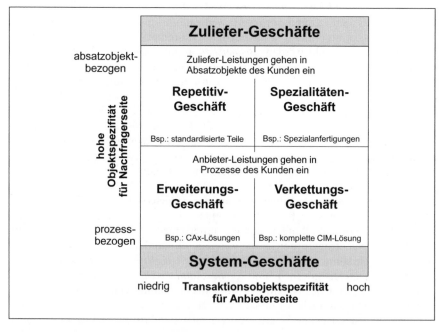

Abb. 100: Typen von Verbund-Geschäften

spezifische Investitionen tätigen muss, während er bei individualisierten Leistungen zusätzlich auch in das *Transaktionsobjekt spezifisch investiert.*

Werden die unterschiedlichen Situationen des Verbund-Geschäftes auf Nachfrager- und Anbieterseite kombiniert, so ergeben sich die in voriger Abb. 100 dargestellten vier Typen von Verbund-Geschäften, die hier als **Verbundtypen** bezeichnet werden. Obwohl bei allen Verbundtypen der Anbieter **hohe geschäftsbeziehungsspezifische Investitionen** tätigt bzw. tätigen muss und deshalb auch einen *beziehungsorientierten Marketing-Ansatz* verfolgt, ergeben sich doch in der konkreten Ausgestaltung deutliche Unterschiede.

Aus Marketingsicht ist es deshalb zweckmäßig, eine Differenzierung des Marketingprogramms nach den vier Verbundtypen vorzunehmen. Im Folgenden werden die zentralen Charakteristika der vier Verbundtypen zunächst im Detail vorgestellt und dabei vor allem diejenigen Aspekte herausgearbeitet, die *unterschiedlichen Transaktionssituationen* in den Verbundtypen bedingen. Abb. 101 zeigt die auf die Verbundtypen bezogenen Unterschiede in den zentralen Charakteristika im Überblick. Die daraus resultierenden Anpassungserfordernisse des *beziehungsorientierten Marketing-Ansatzes* im Verbund-Geschäft werden dann in Kapitel 12.3.2.2 einer eingehenden Betrachtung unterzogen.

12.2.2 Charakteristika von Repetitiv- und Spezialitäten-Geschäft (Zuliefer-Geschäfte)

Die Gemeinsamkeit der beiden Typen von **Zuliefer-Geschäften** liegt vor allem darin, dass der Anbieter Leistungen liefert, die in die *Absatzobjekte* des Nachfragers eingehen und damit *absatzobjektbezogene Bedarfsverbunde* vorliegen. Damit besitzen die Anbieterleistungen potenziell Einfluss auf die Qualität der Absatzobjekte des nachfragenden Unternehmens und somit auch auf dessen Markterfolg.

Allerdings sind Unterschiede bei Zuliefer-Geschäften vor allem darin begründet, ob die Anbieterleistungen

- (weitgehend) standardisiert oder individualisiert sind,
- auf dem Absatzmarkt des Kunden identifizierbar sind oder nicht,
- tragende Funktionen im Absatzobjekt übernehmen oder nicht,
- im Absatzobjekt des Nachfragers ‚aufgehen' oder identifizierbare Komponenten darstellen.

Repetitiv-Geschäfte gehören zu den Zuliefer-Geschäften im Verbund-Geschäft und bezeichnen Vermarktungsprozesse, bei denen sich der objektiv-technische Bedarfsverbund darin begründet, dass eine weitgehend *standardisierte* Anbieterleistung in das Absatzobjekt des Nachfragers eingeht und damit Folgetransaktionen in Abhängigkeit des nachfragerseitigen Absatzprozesses entstehen. Die Anbieterleistung kann dabei auf dem Absatzmarkt des Kunden aber *keine* präferenzschaffende Funktion übernehmen.

Zuliefer-Geschäfte	
Transaktionsobjekt geht in die *Absatzobjekte des Kunden* ein (Absatzobjektbindung)	
Repetitiv-Geschäft	**Spezialitäten-Geschäft**
• Transaktionsobjekte: weitgehend *standardisierte* Zuliefer-Leistungen • geringe Leistungserstellungs-Spezifität • Zuliefer-Leistung geht i. d. R. im Absatzobjekt des Nachfragers auf • Anbieterleistung leicht(er) substituierbar • Bindungseffekte-Nachfrager: Temporaler Lock-in • Bindungseffekte-Anbieter: Temporaler Lock-in • wechselseitig, asymmetrische Bindung häufig zu Lasten der Anbieter	• Transaktionsobjekte: *individualisierte* Zuliefer-Leistungen • hohe Erstellungs-Spezifität • Zuliefer-Leistung geht (*identifizierbar*) in das Absatzobjekt ein • beidseitige Bindung durch spezifische Investitionen • Bindungseffekte-Nachfrager: alle Arten von Lock-in möglich • Bindungseffekte-Anbieter: Temporaler-, Technological lock-in • wechselseitig, symmetrische Bindung
System-Geschäfte	
Transaktionsobjekt geht in die *Prozesse des Kunden* ein (Prozessbindung)	
Erweiterungs-Geschäft	**Verkettungs-Geschäft**
• Transaktionsobjekte: Bedarfsfall-identisch (Systemtechnologien) • geringe und hohe Leistungserstellungs-Spezifität • a priori festgelegte Systemarchitektur der Bedarfsfall-Lösung • Hardware- und Dienstleistungs-Geschäft • Nutzensteigerung über Komplementärverbund • Bindungseffekte-Nachfrager: alle Arten von Lock-in möglich • Bindungseffekte-Anbieter: nur bei Kundenentwicklungen • wechselseitig, asymmetrische Bindung meist zu Lasten des Nachfragers	• Transaktionsobjekt ist eine Dienstleistung (Systemintegration) • hohe Spezifität bei der Systemintegration • variable bzw. offene Systemarchitektur in der Verkettung • reines Dienstleistungs-Geschäft • Nutzensteigerung via Synergieeffekte über Verwendungsverbund • Bindungseffekte-Nachfrager: primär Technological Lock-in • Bindungseffekte-Anbieter: Knowledge Lock-in • wechselseitig, asymmetrische Bindung meist zu Lasten des Nachfragers

Abb. 101: Zentrale Charakteristika der Typen von Verbund-Geschäften

Bei weitgehend standardisierten Zulieferleistungen kann der Nachfrager zumindest ein Multiple-Sourcing betreiben und damit das Abhängigkeitsrisiko bei den kontinuierlichen Lieferungen des Zuliefer-Produktes reduzieren. Gleichzeitig können dadurch z. B. bei starken Bedarfsschwankungen Flexibilitätspotenziale geschaffen werden, und es sind positive Auswirkungen auf die Beschaffungspreise aufgrund der Wettbewerbssituation unter den Lieferanten zu erwarten. Allerdings wird die Entscheidung für mehrere Zulieferer durch tendenziell höhere Transaktionskosten ‚erkauft'. Bei Käufen im Rahmen von solchen **Repetitiv-Geschäften** liegt die Bindung des Nachfragers *nicht* in der Transaktionsobjektspezifität, sondern verlagert sich auf Schnittstellenprobleme im Sinne von zeitlichen und auf den Erstellungsprozess der nachfragerseitigen Absatzobjekte bezogene *Integralqualitäten* (vgl. Kapitel 5.2.1). Da die Zulieferleistung selbst aber weitgehend standardisiert ist, liegt die Nachfragerbindung zunächst einmal vor allem in einem *temporalen bzw. zeitlichen Lock-in*, der durch die geplante Integrationsdauer der Anbieterleistung in das Absatzobjekt des Nachfragers bestimmt ist. Entsprechend sind die beziehungsspezifischen Investitionen des Anbieters vor allem in der Erfüllung dieser Integralqualitäts-Anforderungen und dem Eingehen einer zeitlichen Bindung durch den Abschluss von i. d. R. Rahmenverträgen zu sehen.

> *Spezialitäten-Geschäfte* gehören zu den Zuliefer-Geschäften im Verbund-Geschäft und bezeichnen Vermarktungsprozesse, bei denen sich der objektiv-technische Bedarfsverbund darin begründet, dass eine weitgehend *individualisierte* Anbieterleistung in das Absatzobjekt des Nachfragers eingeht und damit Folgetransaktionen gemäß dem nachfragerseitigen Absatzprozess entstehen. Die Anbieterleistung kann auf dem Absatzmarkt des Kunden i. d. R. eine präferenzschaffende Funktion ausüben.

Bei **Spezialitäten-Geschäften** entwickelt der Anbieter im Auftrag des Nachfragers Teile, Komponenten oder auch (Teil-)Systeme, die integrativer Bestandteil der *Absatzobjekte* des nachfragenden Unternehmens werden. Die Nachfrager werden in diesem Fall häufig auch als Erstausrüster oder Original Equipment Manufacturer (OEM) bezeichnet. Die Verbundwirkung ergibt sich hier daraus, dass der Nachfrager meist für den gesamten Lebenszyklus des Absatzobjektes an den Anbieter gebunden ist (Vendor Lock-in). Darüber hinaus können solche Zuliefer-Leistungen, wenn sie auf dem Absatzmarkt des Kunden *identifizierbar* sind, wesentlich zum Absatzerfolg des Nachfragers beitragen und beeinflussen die Qualität des nachfragerseitigen Absatzobjektes. Neben der Integralqualität entfaltet somit auch die Produktqualität der Zulieferleistung für den Nachfrager eine entsprechende Bindewirkung. Die beziehungsspezifischen Investitionen des Anbieters sind damit vor allem in der Erstellung spezifischer Nachfragerleistungen zu sehen, womit der Anbieter zwar ebenfalls in Abhängigkeit gerät, dafür aber auch eine entsprechende *Quasi-Rente* realisieren kann.

12.2.3 Charakteristika von Erweiterungs- und Verkettungs-Geschäft (System-Geschäfte)

Die beiden Typen von **System-Geschäften** haben ihre Gemeinsamkeit vor allem darin, dass der Anbieter Leistungen liefert, die in die *Prozesse* des Nachfragers eingehen und dabei prozessbezogene Bedarfsverbunde entstehen. Als typische Vermarktungsobjekte wurden dabei im Rahmen der allgemeinen Charakterisierung des Verbund-Geschäftes *Systemtechnologien* herausgestellt (vgl. Kapitel 12.1), die jeweils eigenständige Problemlösung in den Prozessen des nachfragenden Unternehmens übernehmen. Eine direkte Erfolgswirkung der Anbieterleistungen für den

Absatzmarkt des Nachfragers ist damit – im Gegensatz zu den Zuliefer-Geschäften – *nicht* oder allenfalls indirekt gegeben. Unterschiede im Nachfragerverhalten sind bei System-Geschäften vor allem in Abhängigkeit davon begründet, ob die Anbieterleistungen (Systemtechnologien)

- ein eigenständiges Teilsystem zur Lösung eines konkreten Bedarfsfalles darstellen (Komplettlösungen) oder eigenständige Lösungen bilden, die in bestehende Systeme des Nachfragers integriert werden müssen (Systemintegration),
- im Leistungsumfang weitgehend standardisiert oder individualisiert sind,
- zu den Prozessen des Nachfragers in einem Komplementär- oder einem Verwendungsverbund stehen,
- proprietär oder geschlossen sind.

Bei **Erweiterungs-Geschäften** werden Leistungen vermarktet, die in den Prozessen des nachfragenden Unternehmens einerseits eine *eigenständige Problemlösung* durch meist klare sowie eindeutig definierte Lösungsfunktionalitäten übernehmen und andererseits meist eine Netzwerkfähigkeit im Sinne von Mehrplatzsystemen aufweisen (sog. *Komplettlösungen*).

Erweiterungs-Geschäfte gehören zu den System-Geschäften im Verbund-Geschäft und bezeichnen Vermarktungsprozesse, bei denen sich der objektiv-technische Bedarfsverbund darin begründet, dass auf Standardkomponenten basierende oder kundenspezifisch gefertigte Anbieterleistungen zur Erfüllung eines konkreten nachfragerseitigen Bedarfsfalles angepasst werden müssen, wobei zur Aufrechterhaltung oder Erweiterung des Nutzens der angebotenen Lösung Folgetransaktionen erforderlich werden.

Die im Erweiterungs-Geschäft vermarkteten *Komplettlösungen* sind jeweils auf einen bestimmten Bedarfsfall ausgerichtet und reichen von Lösungen für die Konstruktionsabteilung (CAD-Systeme), die Fertigungsabteilung (CAM-Systeme), die Beschaffungsabteilung (E-Procurement-Systeme) bis hin zu Rechnungsstellungssystemen oder Publishing-Lösungen (vgl. die in Abb. 102 aufgeführten einzelnen Bedarfsfall-Lösungen). Bei solchen Systemen greifen meist mehrere Nutzer auf das System zu, womit ihnen der Erweiterungsaspekt im Sinne der bei Wachstum erforderlichen Anpassungen inhärent ist. Die Fokussierung einer Anbieterlösung auf eine bestimmte Aufgabe führt dazu, dass hier *nicht* Einzelkomponenten vermarktet werden, sondern Komplettlösungen.

Die *Systemarchitektur* steuert das Zusammenspiel der Systemkomponenten und den Zugriff auf Systemkomponenten in einem System. Im IT-Bereich regelt die *Hardware-Systemarchitektur* den über das Betriebssystem oder über ein Netzwerk geregelten Zugriff auf die Systemressourcen (z. B. Hauptspeicher, Festplatte, Drucker, Scanner und andere Peripheriegeräte) und deren Zusammenspiel zur Lösung von bestimmten Arbeitsaufgaben. Die *Software-Systemarchitektur* regelt die Funktionsweise und das Zusammenspiel von Computerprogrammen.

Komplettlösungen setzen aber eine *a priori festgelegte Systemarchitektur* (System-philosophie) voraus, die das Zusammenspiel der in einem System zusammenge-bundenen Einheiten regelt.

Eine Systemarchitektur kann dabei proprietär (geschlossen) oder offen sein. Bei *proprietären Systemen* liegen Hardware, Software und Systemintegration in der Hand eines Anbieters und weisen damit eine „totale Spezifität" auf, d. h. dass Systemkomponenten anderer Anbieter im Prinzip nicht integrierbar sind. Dadurch gerät der Nachfrager in eine Lock-in-Situation gegenüber dem Anbieter (*Vendor Lock-in*). Systemtechnologien mit proprietärer Systemarchitektur sind immer noch relativ häufig am Markt anzutreffen und reichen von Rechnersyste-men über Nebenstellenanlagen und medizinische Systeme bis bin zu geschlosse-nen Systemlösungen im Bereich der Müllentsorgung.

Beispiel: „Proprietäre PC- und Server-Systeme"

Im PC-Bereich zählen die IBM-PC-Architektur und die Apple-Macintosh-Architektur zu den proprietären Systemen. Im Server-Bereich sind vor allem die SPARC- und die IA64-Architektur von zentraler Bedeutung. Obwohl die Systeme bezüglich der technischen Leistungsfähigkeit meist vergleichbar sind, weisen sie jedoch untereinander Inkompatibilität auf, sodass mit der Entschei-dung für ein proprietäres System gleichzeitig auch die Entscheidung für einen bestimmten Anbieter fällt.

Demgegenüber sind bei *offenen Systemarchitekturen* die Schnittstellen offen gelegt und meist auch standardisiert[2], sodass auch Komponenten anderer Hersteller integriert werden können bzw. sich in vorhandene Systemlandschaften beim Kunden einpassen lassen. Allerdings ist auch bei offener Systemarchitektur die Einbindung von Fremdlösungen durchaus mit Kompatibilitätsproblemen verbun-den, die immer noch auf der Technikebene auftreten können, vor allem aber in *Produkt-Nutzer-Inkompatibilitäten* begründet sind (Organizational und Know-ledge Lock-in). Die verschiedenen Lock in-Effekte erlangen auch im Erweite-rungs-Geschäft erst in den *Folgetransaktionen* (sog. Verbundkäufe) Relevanz, die in zwei primären Varianten auftreten können:

- **Aufrechterhaltung des Grundnutzen:** Zur kontinuierlichen Nutzung einer Anbieterlösung werden *Verbrauchsprodukte* und im Schadensfall Ersatzteile benötigt, die vom gewählten Anbieter bezogen werden müssen. Der Grund hierfür kann zum einen darin liegen, dass Original-Verbrauchsprodukte spezi-ell für die Problemlösung entwickelt wurden und damit auch keine Fremdan-bieter existieren. Zum anderen kann häufig aber eine maximale Leistungsfähig-keit eines Systems nur erreicht werden, wenn Original-Verbrauchsprodukte

---

2 Aus Marketing-Sicht sind Standards dadurch gekennzeichnet, dass „...sie von einer Viel-zahl oder sogar von allen Marktteilnehmern (Anbietern und Nachfragern) als Spezifika-tionen für bestimmte Produkte bzw. Systeme akzeptiert werden" (Kleinaltenkamp 1993, S. 21). Gerade bei Systemtechnologien werden Schnittstellen-Definitionen häufig schon als „Standards" bezeichnet, obwohl ihre breite Akzeptanz noch längst nicht sichergestellt ist.

verwendet werden oder Hersteller-Garantien verfallen bei Einsatz von Fremd-Verbrauchsprodukten oder Fremd-Ersatzteilen.

- **Erweiterung des Grundnutzen (Erweiterungsinvestitionen):** Mit steigender Anforderung an eine Lösung oder im Zuge des Wachstums eines Nachfrageunternehmens soll die Funktionalität oder die Leistungsfähigkeit einer erworbenen Komplettlösung erweitert werden (z B. Vergrößerung der Funktionalität, Aufnahme weiterer Peripheriegeräte; Ausbau der Mehrplatzfähigkeit).

Beide Formen von Verbundkäufen entsprechen einem sog. *Komplementärverbund*, d. h. die in den Verbundkäufen erworbenen Leistungen sind komplementär zu der in der Ersttransaktion erworbenen Leistung. Aufgrund der meist klar definierten Aufgabenstellung von Komplettlösungen werden im Erweiterungs-Geschäft häufig auch ‚Standardlösungen' vermarktet, sodass auf der Anbieterseite nicht zwingend transaktionsobjektspezifische Investitionen vorgenommen werden müssen. Allerdings sind auch in diesem Fall die Gegebenheiten in den Nachfrage-Unternehmen meist so unterschiedlich, dass ein Customizing, d. h. eine Anpassung an die Unternehmensbesonderheiten, erforderlich wird, weshalb die Anbieter zumindest *transaktionsbeziehungsspezifische Investitionen* tätigen müssen. Darüber hinaus ist bei Komplettlösungen aber auch der Fall von *Spezialenwicklungen* für einen bestimmten Nachfrager und damit die *Transaktionsobjektspezifität* für die Nachfragerseite keine Seltenheit.

Das **Verkettungs-Geschäft** unterscheidet sich vom Erweiterungs-Geschäft insbesondere dadurch, dass hier nicht Problemlösungen für bestimmte Bedarfsfälle vermarktet werden, sondern die Lösungen für i. d. R. vorhandene und originär unterschiedliche Bedarfsfälle in eine Nutzungskette (Bedarfskette) integriert werden (sog. *Systemintegration*). Dem Verkettungs-Geschäft ist eine große Bedeutung beizumessen, da aktuell in den Unternehmen vor allem ‚gewachsene' informationstechnische Lösungen existieren, die oftmals im ersten Schritt nur für spezielle Bedarfsfälle in einzelnen Abteilungen entwickelt wurden. Die Systemlandschaft der Unternehmen ist deshalb immer noch durch große Heterogenität und Inkompatibilität der bestehenden Lösungen gekennzeichnet. Diese Vielfalt der Lösungen stellt die Unternehmen vor erhebliche Probleme, da sich die ‚wahren' Vorteile der Informationstechnik erst dann realisieren lassen, wenn die einzelnen Bedarfsfall-Lösungen zu umfassenden Systemen integriert werden.

Verkettungs-Geschäfte gehören zu den System-Geschäften im Verbund-Geschäft und bezeichnen Vermarktungsprozesse, bei denen sich der objektiv-technische Bedarfsverbund darin begründet, dass beim Nachfrager vorhandene und auch zukünftig vom Nachfrager zu erwerbende Problemlösungen in eine gemeinsame ‚Systemwelt' integriert werden.

Vielfach bestehen in den Unternehmen mehr oder weniger umfangreiche Lösungen für einzelne Bedarfsfälle, deren Einbindung in umfassende Bedarfsketten aber weder technisch noch organisatorisch hinreichend gegeben ist. Da erst durch die **Verkettung** der einzelnen Bedarfsfall-Lösungen entsprechende **Synergieeffekte** realisiert werden können, ist die Notwendigkeit der Verkettung in den Unternehmen als sehr hoch einzustufen (Dittler 1995, S. 32 f.; Raff 2000, S. 72; Weiss 1992,

S. 29). Abb. 102 zeigt exemplarisch unterschiedliche „Content- and Publishing-related Technologies", die in den Unternehmen immer noch zu häufig weitgehend isoliert eingesetzt werden und bei deren Integration in eine Nutzungskette erhebliche Synergieeffekte in Form von geringeren Schnittstellenproblemen, einmalige Erfassung von Daten, Rückgriff auf eine gemeinsame Datenbank usw. realisiert werden können.

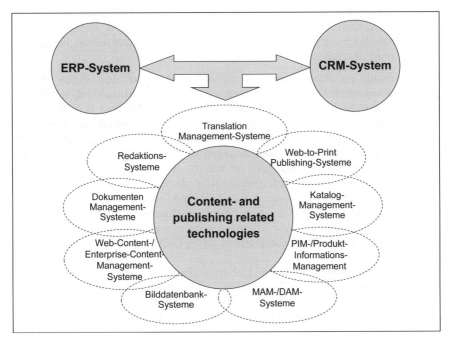

Abb. 102: Beispiel einer Bedarfskette aus dem Bereich Kommunikation mit einzelnen Bedarfsfall-Lösungen

Weitere typische Beispiele für umfassende Systemtechnologien im Sinne von *Bedarfsketten* sind etwa die Bereiche Enterprise Resource Planning (ERP), Computer Integrated Manufacturing (CIM), Supply Chain-Management (SCM), Customer Relationship Management (CRM) oder das Content Management.

Die besondere Problematik für den Nachfrager liegt somit darin, Einzellösungen in die bei ihm vorhandene *Systemlandschaft* einzupassen und in einen *Verwendungsverbund* zu bringen. Durch die Vernetzung bzw. Einbindung von einzelnen Bedarfsfall-Lösungen in ein übergeordnetes System lassen sich Synergieeffekte nutzen, die zu einer Steigerung des Systemnutzens beitragen. Die Verkettung von Bedarfsfall-Lösungen wird hier im Sinne der Vernetzung und Integration von meist auf der Informationstechnik basierenden Lösungen verstanden. Im Vordergrund der entsprechenden Lösungen stehen für den Nachfrager dabei die Konnektivität und Interoperabilität unterschiedlicher Lösungen, wodurch sich die

Prozesseffizienz im Nachfrageunternehmen über die Wirksamkeit von *Synergieeffekten* erheblich vergrößern lässt.

Dabei können durch Bedarfsketten primär zwei Arten von *Synergieeffekten* erzielt werden:

- **Sharingeffekte** resultieren aus der gemeinsamen Nutzung von Systemressourcen, wie z. B. Drucker und andere Peripheriegeräte.
- **Kopplungseffekte** resultieren aus der Kopplung von Einzeltechnologien zur Integration bzw. Automatisierung von Prozessabläufen (z. B. werden aus Konstruktionsdaten unmittelbar Stücklistendaten ermittelt und an das Fertigungsprogramm übergeben).

Voraussetzung zur Realisierung von Synergieeffekten ist, dass durch entsprechende Systemspezifikationen eine integrative Nutzung unterschiedlicher Einzeltechnologien sichergestellt werden kann. Die Systemarchitektur von Bedarfsketten muss deshalb *variabel* bzw. *offen* sein und eine ausreichende Flexibilität aufweisen, damit überhaupt eine Verkettung zwischen den auf die unterschiedlichen Bedarfsfälle bezogenen Einzellösungen möglich ist. Die Einbindung in die Systemlandschaft des Nachfragers ist nahezu immer als *„hoch komplex"* zu bezeichnen und erfordert meist umfangreiche Anpassungsmaßnahmen im Hinblick auf Prozesse, Informationsflüsse und Daten-Management. Das Verkettungs-Geschäft ist damit letztendlich ein ‚reines' **Dienstleistungsgeschäft**, das aufgrund seiner Komplexität zur Herausbildung einer eigenen intermediären Marktinstitution in Form der sog. **Systemintegratoren** geführt hat.

> Als *Systemintegratoren* werden Unternehmen bezeichnet, die Bedarfsfall-Lösungen, die i. d. R. beim Nachfrager schon installiert sind, in eine einheitliche Systemwelt integrieren, um dadurch Produktivitäts- und Qualitätsverbesserung beim Nachfrager-Unternehmen erzielen zu können.

Im Verkettungs-Geschäft müssen sowohl Anbieter (Systemintegrator) als auch Nachfrager meist *transaktionsbeziehungsspezifische Investitionen* vornehmen. Die Bindung des Nachfragers in Folgetransaktionen begründet sich dabei vor allem in der Aufrechterhaltung der *Systemverfügbarkeit*. Der diesbezüglich wirksame Lock-in-Effekt ist dabei primär im technologischen Systembindungseffekt in Form des Technological Lock-in zu sehen. Dadurch, dass ein Systemintegrator spezielle Kenntnisse über die Systemlandschaft eines Nachfragers aufbaut, kann er zum einen selbst in einen Knowledge Lock-in geraten, zum anderen aber auch über *transaktionsbeziehungsspezifische Investitionen* einen Vendor Lock-in beim Nachfrager aufbauen.

12.3 Beziehungsorientierter Marketing-Ansatz im Verbund-Geschäft

12.3.1 Geschäftsbeziehungen als Handlungsebene im Verbund-Geschäft

Die im Kapitel 12.1 abgeleiteten Charakteristika des Verbund-Geschäfts sowie die Besonderheiten der in Kapitel 12.2 erläuterten Verbundtypen haben zur Folge, dass die im Verbund-Geschäft relevanten Lock-in-Effekte auf der Nachfragerseite *zwangsläufig* zu *geplanten Geschäftsbeziehungen* führen.

Charakteristika von Geschäftsbeziehungen		Charakteristika des Verbund-Geschäfts
Folge von Markttransaktionen	⟺	Zeitlich verbundene Kaufprozesse (sukzessive Beschaffungsschrittfolge)
Verknüpfung von Markttransaktionen	⟺	Sachlich verbundene Kaufprozesse (Lock-In-Effekt)
"innere Verbindung"	⟺	Technische Nutzenverbundenheit

Abb. 103: Korrespondierende Charakteristika von Geschäftsbeziehungen und Verbund-Geschäften

Die Charakteristika des Verbund-Geschäftes stellen von daher *Konkretisierungen* der zentralen Merkmale von Geschäftsbeziehungen dar (vgl. Abb. 103), wie sie in Kapitel 4.2.1 herausgearbeitet wurden. Somit müssen auch die Anbieter im Verbund-Geschäft auf der *Handlungsebene der Geschäftsbeziehungen* agieren (Weiber 1997a, S. 320; derselbe 1997b, S. 379 ff.), und es wird hier ein **beziehungsorientierter Marketing-Ansatz** verfolgt. Bei Verbund-Geschäften geht zumindest der Nachfrager mit der Ersttransaktion eine *bewusste* Bindungs-Entscheidung im Hinblick auf die Folgetransaktionen ein, sodass hier **geplante Geschäftsbeziehungen** vorliegen. Aufgrund dieser zentralen Besonderheit wird die Ersttransaktion im Verbund-Geschäft im Folgenden als **Basisgeschäft** bezeichnet. Da die Folgetransaktionen in einem *objektiv-technischen Bedarfsverbund* stehen, ergibt sich hier i. d. R. ein bestimmbarer Zeithorizont dieser Transaktionen, und wir bezeichnen diese im Folgenden als **Verbundkäufe**. Damit ist unmittelbar einsichtig, dass ein Nachfrager dem Basisgeschäft eine besondere Bedeutung beimisst, während in den Verbundkäufen seine Entscheidungsfreiheit stark eingeengt ist und er im Prinzip ‚nur' prüfen kann, ob seine Erwartungen auch durch die Erfahrungen bestätigt werden. Vor diesem Hintergrund wird im Folgenden die im Verbund-

Geschäft relevante Handlungsebene der „Geschäftsbeziehungen" nach folgenden *drei Phasen* unterschieden:

1. Marketing in der Phase des Basisgeschäfts,
2. Marketing in der Phase der Verbundkäufe,
3. Reflexionsphase.

Während der Nachfrager im Verbund-Geschäft nach dem Abschluss des Basisgeschäftes aufgrund der hohen Spezifität des Transaktionsobjektes im Prinzip *wissend* in eine Lock-in-Situation gelangt, *kann* die Bindung des Anbieters (z. B. durch Individualisierung des Leistungsangebotes) auf der Transaktionsobjektspezifität beruhen, muss sie aber nicht. Allerdings wird der Kunde von einem potenziellen Anbieter wahrscheinlich immer verlangen, dass er sich zumindest für die Zeit der präjudizierten Verbundkäufe *vertraglich* bindet (sog. Temporal Lock-in-Effekt). Weiterhin hat die Darstellung der unterschiedlichen Verbundtypen gezeigt, dass die Nachfrager- und auch Anbietersituation in den einzelnen Verbundtypen deutliche Unterschiede aufweisen. Diese sind insbesondere im Hinblick darauf offensichtlich, ob die im Verbund-Geschäft angebotenen Leistungen in die Absatzobjekte (Zuliefer-Geschäfte) oder primär in die Prozesse (System-Geschäfte) des Nachfragers eingehen. Im Ergebnis führen diese Unterschiede für den Anbieter zu Modifikationsnotwendigkeiten des beziehungsorientierten Marketing-Ansatz, die sowohl phasenspezifisch als auch verbundtypenspezifisch zu erfolgen haben.

Im Folgenden konzentrieren sich die Ausführungen auf diese besonderen Anpassungserfordernisse, wobei nur noch solche Aspekte herausgearbeitet werden, die abweichend von den allgemeinen Darstellungen zur „*Handlungsebene Geschäftsbeziehungen*" (vgl. Kapitel 4.2) eine besondere Bedeutung erlangen. Die weiteren Darstellungen orientieren sich dabei an den Phasen des Verbund-Geschäftes. Abb. 104 zeigt im Überblick die zentralen Aspekte, die im Folgenden einer genaueren Betrachtung unterzogen werden.

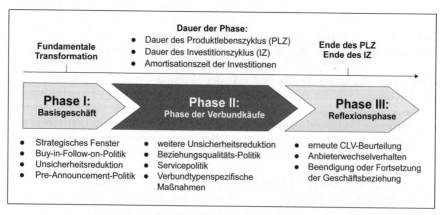

Abb. 104: Phasen im Verbund-Geschäft und beziehungsorientierter Marketing-Ansatz

12.3.2 Marketing in den Phasen des Verbund-Geschäfts

Die Anforderungen an das Verhaltens-Programm des Anbieters weist bei allen vier Verbundtypen in der *Phase des Basisgeschäftes* sowie in der *Reflexionsphase* deutliche Überschneidungen auf, sodass im Folgenden diese beiden Phasen für alle Verbundtypen gemeinsam behandelt werden und dabei auf evtl. verbundtypenspezifische Besonderheiten hingewiesen wird. Demgegenüber ergibt sich für die Verbundtypen eine deutliche Differenzierungsnotwendigkeit im Marketing-Ansatz vor allem in der Phase der Verbundkäufe. Entsprechend werden deshalb die Verbundtypen in Kapitel 12.3.2.2 jeweils separat behandelt.

12.3.2.1 Marketing des Basisgeschäfts

12.3.2.1.1 Unsicherheitspositionen im Basisgeschäft

Mit dem Abschluss des Basisgeschäfts legt sich der Nachfrager auf einen bestimmten Anbieter oder eine bestimmte Technologie fest, wodurch er in eine **Lock-in-Situation** gelangt. Dem Nachfrager ist damit meist bewusst, dass er aufgrund der mit dem Basisgeschäft verknüpften *fundamentalen Transformation* (vgl. Kapitel 1.4.2.3.3) bewusst eine Abhängigkeitsposition in den Folgetransaktionen eingeht. Das Basisgeschäft stellt damit für den Nachfrager immer eine *hoch spezifische Investition* dar. Entsprechend wird er auch bereits bei der Entscheidung für das Basisgeschäft versuchen, die Dauer der Abhängigkeit in den Folgetransaktionen (sog. *Bindungsspanne)* zu antizipieren.

Lock-in-Situation bzw. fundamentale Transformation und Bindungsspanne führen dazu, dass sich der Nachfrager im Basisgeschäft in einer Situation befindet, die i. d. R. als *hoch riskant* wahrgenommen wird. Zentrale Zielsetzung des Anbieters muss es deshalb sein, die *spezifische Unsicherheitsposition* des Nachfragers im Basisgeschäft zu reduzieren, um damit den Weg für die Verbundkäufe zu öffnen. Allerdings muss sich der Anbieter für sich selbst ebenfalls bewusst sein, dass auch er sich häufig in eine *Abhängigkeitssituation* begibt, da der Nachfrager versuchen wird, Maßnahmen zu ergreifen, die auch den Anbieter für die Folgetransaktionen binden, um so seine eigene Unsicherheit zu reduzieren. Beide Aspekte werden im Folgenden einer genaueren Betrachtung unterzogen:

(1) Unsicherheitspositionen des Nachfragers im Basisgeschäft
Besondere Unsicherheitspositionen des Nachfragers im Basisgeschäft lassen sich vor allem aus folgenden drei grundlegenden Entscheidungen ableiten, die ein Nachfrager im Basisgeschäft zu treffen hat:

1. Prüfung des Anbieterpotenzials,
2. Prüfung der Gefahr opportunistischen Anbieterverhaltens,
3. Abschätzung der Bindungsspanne.

Aus ökonomischer Sicht kann davon ausgegangen werden, dass der Kunde seine Kaufentscheidung zugunsten desjenigen Anbieters fällt, von dessen Angebot er sich den größtmöglichen **Nettonutzen** erwartet. Im Basisgeschäft tritt neben diesen zentralen Entscheidungsaspekt *zusätzlich* die Frage nach dem **Anbieterpotenzial.**

Das *Anbieterpotenzial* bezeichnet im Verbund-Geschäft die vom Nachfrager wahrgenommene Fähigkeit eines Anbieters, seinen Verpflichtungen nicht nur im Basisgeschäft, sondern auch in den zukünftigen Verbundkäufen nachkommen zu können.

Im *Basisgeschäft* bestehen die ‚Verpflichtungen‘ des Anbieters in der Erfüllung der vom Nachfrager erwarteten spezifischen Leistungsanpassungen bzw. Spezialentwicklungen, wie sie besonders für das Spezialitäten- und das Verkettungs-Geschäft typisch sind, ggf. aber auch beim Erweiterungs-Geschäft relevant sein können. Bezüglich der *Verbundkäufe* muss der Nachfrager bei *Zuliefer-Geschäften* bereits im Basisgeschäft abschätzen, ob ein Anbieter in der Lage sein wird, die Zuliefer-Leistungen auch zuverlässig entsprechend den Entwicklungen des nachfragerseitigen Absatzmarktes und in der geforderten Qualität zu liefern. Bei *System-Geschäften* geht es insbesondere im Erweiterungs-Geschäft um die zuverlässige Lieferung von Verbrauchsprodukten (Fall: Aufrechterhaltung des Grundnutzens) oder um die Fähigkeit eines Anbieters, mit den zukünftigen Technologieentwicklungen Schritt halten zu können (Fall: Erweiterung des Grundnutzens). Die Prüfung des anbieterseitigen Markt-Entwicklungspotenzials ist ebenso auch im Verkettungs-Geschäft relevant.

Mit Ausnahme des Repetitiv-Geschäftes können alle anderen Typen des Verbund-Geschäfts im Basisgeschäft auch mit der Entwicklung spezifischer Leitungsangebote verbunden sein. Damit stellen diese „Basis-Lösungen" *Leistungsversprechen* dar, wodurch die Gefahr eines **opportunistischen Anbieterverhaltens** besonders hoch ist. Diese Gefahr wird im Verbund-Geschäft nochmals vergrößert, da durch die mit dem Basisgeschäft einhergehende fundamentale Transformation die Abhängigkeitsposition des Nachfragers im Hinblick auf die Verbundkäufe weiter verfestigt wird. Die Prüfung von Anbieterpotenzial und der Gefahr opportunistischen Anbieterverhaltens wird nochmals erschwert, wenn der Nachfrager in der Vergangenheit noch keine Erfahrungen mit einem Anbieter sammeln konnte, sich der Anbieter also in der Position eines Out-Suppliers befindet. Der Nachfrager muss hier deshalb auf *Surrogatinformationen* über das Anbieterpotenzial zurückgreifen, indem er z. B. auf die in der Vergangenheit gezeigte Marktbeständigkeit, das Innovationspotenzial, die Finanzkraft oder die Reputation eines Anbieters zurückgreift oder Referenzen über den Anbieter bei anderen Nachfragern einholt (vgl. hierzu auch Kapitel 6.4.2).

Schließlich führt auch die Notwendigkeit der Abschätzung der **Bindungsspanne** zu einer weiteren Vergrößerung der Nachfrager-Unsicherheit im Basisgeschäft.

Die *Bindungsspanne* bezeichnet im Verbund-Geschäft den Zeitraum der Bindung eines Nachfragers an einen Anbieter oder eine technische Lösung, den der Nachfrager im Basisgeschäft für die folgenden Verbundkäufe erwartet.

Bei *Zuliefer-Geschäften* bestimmt sich die Bindungsspanne aufgrund des absatz-objektbezogenen Bedarfsverbundes durch die Transaktionsobjektspezifität und den erwarteten Lebenszyklus des Absatzobjektes des Nachfragers, in welches das Zuliefer-Produkt eingeht. Die Transaktionsobjektspezifität spielt dabei im Spezia-litäten-Geschäft eine besondere Rolle, da sich der Nachfrager bei kundenspezifi-schen Entwicklungen i. d. R. für den kompletten Lebenszyklus (z. B. Modellreihe eines PKWs) auf die Zuliefer-Leistung festlegt. Im Repetitiv-Geschäft hingegen schlägt sich die Bindungsspanne meist in den geschlossenen *Rahmenverträgen* nie-der, die für eher unspezifische Zuliefer-Leistungen meist kurzfristiger geschlossen werden. Demgegenüber ist im *System-Geschäft* die Bindungsspanne aufgrund des prozessbezogenen Bedarfsverbundes durch den Investitionszyklus bzw. die erwar-tete Amortisation der Nachfragerinvestition bestimmt und damit besonders im Erweiterungs-Geschäft von Bedeutung. Bei der Bestimmung des Investitionszyk-lus ist die Problematik zum einen in der Schätzung des Wachstums des Nachfra-ger-Unternehmens zu sehen, die wesentlich das Nutzungsverhalten der Anbieter-leistung und die damit verbundenen Prozessintensitäten bestimmt und zum anderen in der Schätzung der technologischen Entwicklung, die ebenfalls auf den Ersatzzeitpunkt der getätigten Nachfrager-Investition Einfluss nimmt.

(2) Unsicherheitspositionen des Anbieters im Basisgeschäft
Auch der Anbieter kann im Verbund-Geschäft in eine Lock-in-Situation geraten, wofür primär zwei Gründe verantwortlich sind:

- Kundenindividuelle Leistungen im Basisgeschäft,
- Lieferverpflichtungen für die Verbundkäufe.

Bei *kundenindividuellen Leistungen* im Basisgeschäft, wie sie im Spezialitäten- und im Verkettungs-Geschäft typisch sind, resultiert der **anbieterseitige Lock-in-Effekt** insbesondere aus der *Transaktionsobjektspezifität* und *transaktionsbeziehungsspe-zifischen Investitionen* im Prozess der Leistungserstellung. Bei weitgehend standar-disierten Leistungen, wie sie für das Repetitiv- und bedingt auch für das Erweite-rungs-Geschäft typisch sind, begründet sich der Lock-in des Anbieters gegenüber dem Nachfrager (Anbieter-Lock-in) vor allem in den *geschäftsbeziehungsspezifi-schen Investitionen*, die der Anbieter durch die Verpflichtungen bezüglich der mit den Verbundkäufen verknüpften *Bindungsspannen* z. B. durch Lieferverpflichtun-gen eingeht. Die *anbieterseitige Lock-in-Situation* verstärkt für den Anbieter die Notwendigkeit, im Basisgeschäft die Attraktivität des Kunden einer besonders kritischen Prüfung zu unterziehen und dabei den **Customer Lifetime Value** (CLV) (vgl. Kapitel 4.2.2) vor allem im Hinblick auf das Nachfragepotenzial in den Verbundkäufen zu prüfen. Insbesondere für *Out-Supplier*, die bisher noch keine Geschäftsbeziehung mit einem Nachfrager eingegangen waren und von daher auch auf keine vergangenheitsbezogenen Daten eines Nachfragers zurückgreifen können, ist dann zur Bestimmung des CLV die Prognose der zukünftigen Unter-nehmens- und Marktentwicklung des Nachfragers von maßgeblicher Bedeutung.

12.3.2.1.2 Akquisition des Basisgeschäfts

In diesem Abschnitt wird die Akquisition des Basisgeschäftes aus der Perspektive eines **Out-Suppliers** betrachtet, der bisher noch in keiner Geschäftsbeziehung mit dem Nachfrager stand. Die nachfolgenden Überlegungen gelten grundsätzlich aber auch für In-Supplier, wobei diese bei der Akquisition eines *neuen* Basisgeschäftes zusätzlich die in der bisherigen Geschäftsbeziehung erworbenen Beziehungsvorteile nutzen können. Die Diskussion der diesbezüglich relevanten Aspekte wird jedoch erst in Kapitel 12.3.2.3 (Marketing der Reflexionsphase) vorgenommen. Bei der Akquisition des Basisgeschäfts besitzen auch die bereits in Kapitel 4.2.4 vorgetragenen Überlegungen zu Out- und In-Suppliern Gültigkeit.

Darüber hinaus ist darauf hinzuweisen, dass ein Basisgeschäft, bei dem *kundenspezifische Lösungen* entwickelt werden, den Charakter eines **Projekt-Geschäftes** trägt und deshalb die in Kapitel 11 vorgetragenen Überlegungen auch hier Gültigkeit besitzen. Der zentrale Unterschied zwischen Basisgeschäft und Projekt-Geschäft ist in diesen Fällen darin zu sehen, dass sich das Projektergebnis entweder in Form kontinuierlicher Nachlieferungen (Zuliefer-Geschäfte) oder in Form von Erweiterungs- oder Ersatzinvestitionen (System-Geschäfte) sowie Dienstleistungen in den Verbundkäufen fortsetzt. Der zentrale Unterschied zwischen Projekt-Geschäft und Basisgeschäft im Verbund-Geschäft liegt somit in der Betreiberphase. Während sich im Projekt-Geschäft die Betreiberphase auf die *reine Nutzung* eines Projektergebnisses bezieht, ist diese im Basisgeschäft in Form der Verbundkäufe auf wiederholte Lieferungen des Projektergebnisses oder dessen (notwendige) Erweiterung bezogen. Weiterhin besteht ein zentraler Unterschied darin, dass in den Verbundkäufen meist *wechselseitige Lock-in-Situationen* der Geschäftspartner vorliegen: Der Nachfrager muss sich für die folgenden Verbundkäufe auf einen Anbieter (sog. First-Party Vendor) bzw. auf eine bestimmte Technologie festlegen, während der Anbieter für die Zeit der *Bindungsspanne* Leistungs- und Lieferverpflichtungen eingehen muss.

Bei der **Neuakquisition** eines Basisgeschäfts sind im Vergleich zur Neuakquisition in den anderen BDM-Geschäftstypen zwei zentrale Besonderheiten zu beachten:

- Basisgeschäfte öffnen „Strategische Fenster",
- Basisgeschäfte unterliegen einer besonderen Unsicherheitsproblematik.

(1) Basisgeschäft und Strategisches Fenster
Mit der Entscheidung für einen bestimmten Anbieter im Basisgeschäft kommt es zu einer *a-priori-Bindung* des Nachfragers im Hinblick auf die Verbundkäufe. Ein typischer Grund hierfür ist der aufgrund von technologischen Inkompatibilitäten der Basis-Lösung mit Konkurrenzlösungen entstehende *Systembindungseffekt* z. B. in Form eines Vendor Lock-in. Damit kann aber für die Dauer der Verbundkäufe auch kein Konkurrenzanbieter in die Geschäftsbeziehung eintreten und ein Nachfrager ist nach erfolgreicher Akquisition des Basisgeschäfts auf längere Zeit für andere Anbieter ‚verloren'. Verbundkäufe sind damit für den gewählten Anbieter als (weitgehend) ‚sicher' zu bezeichnen. Das aber bedeutet, dass die Nachfrager-Akquisition im Verbund-Geschäft nur zum Zeitpunkt des Basisgeschäftes möglich ist und sich eine erneute Chance für Out-Supplier erst wieder in

der Reflexionsphase eröffnet. Die mit dem Basisgeschäft verbundene Akquisitionschance kann in Anlehnung an Abell als „**Strategisches Fenster**" (Strategic Window) interpretiert werden.[3]

> Das *Strategische Fenster* bezeichnet im Verbund-Geschäft das Zeitfenster, in dem ein Nachfrager nach geeigneten Kompetenzen am Markt zur Lösung seiner spezifischen Problemanforderungen sucht. Mit dem Abschluss des Basisgeschäftes ist das strategische Fenster für die Zeit der Verbundkäufe weitgehend geschlossen.

Die Zeitpunkte, in denen das Strategische Fenster zur Akquisition eines Basisgeschäftes geöffnet ist, treten nur in einer begrenzten Zahl auf, weshalb deren frühzeitige Identifikation für potenzielle Anbieter von entscheidender Bedeutung ist. Der exakte Zeitpunkt wird dabei dadurch determiniert, dass eine Übereinstimmung zwischen den Schlüsselanforderungen eines bestimmten Nachfragers und dem Potenzial und damit Leistungsprofil eines Anbieters gegeben sein muss. Diese Übereinstimmung ist jedoch nicht immer vorhanden, da es im Zeitablauf zu dynamischen Veränderungen des Marktes sowohl im Hinblick auf die Bedürfnisse der Nachfrager als auch die Leistungspotenziale der Anbieter kommt (Abell 1978, S. 21 ff.).

Das Strategische Fenster eröffnet dem Anbieter eine besondere Akquisitionsstrategie, die als *„Buy In-Follow On"* bezeichnet wird und auf einem *kalkulatorischen Preisausgleich* über die Zeit beruht (Crabtree 1995, S. 149 f.; Weigand 1991, S. 29 ff.): Bei der **Buy In-Follow On-Strategie** wird zunächst ein Produkt (sog. Buy In-Produkt) zu günstigen Konditionen oder sogar vom Anbieter subventioniert angeboten. Durch diese Niedrigpreisstrategie soll neben der Abgrenzung zu konkurrierenden Anbietern insbesondere die Risikowahrnehmung bzgl. der im Basisgeschäft i. d. R hohen Anschaffungsinvestition und der fundamentalen Transformation der Nachfragersituation reduziert werden. Gelingt damit der Einstieg in das Basisgeschäft, so werden im Anschluss die bedarfsverbundenen Produkte (sog. Follow On-Produkte) in der Phase der Verbundkäufe mit höherem Gewinn an den gebundenen Nachfrager verkauft. Da sich bei der Buy In-Follow on-Strategie i. d. R. erst das Follow On-Produkt ‚rentiert', ist diese Strategie nicht ohne Risiko für den Anbieter: So müssen in der Buy In-Situation hohe Investitionen getätigt werden, welche sich erst langfristig amortisieren. Entsprechend darf auch nicht der Gewinn aus dem Basisgeschäft zur Beurteilung einer Geschäftsbeziehung herangezogen werden, sondern der Gewinn aus der gesamten Transaktionskette. Rentabilitätsüberlegungen müssen sich entsprechend auf den Lebenszyklus der verbundenen Produkte beziehen.

---

3 Abell definiert das Strategische Fenster wie folgt: "The Term "strategic window" is used here to focus attention on the fact that there are only limited periods during which the "fit" between the key requirements of a market and the particular competencies of a firm competing in that market is at an optimum. Investments in a product line or market are should be timed to coincide with periods in which such a strategic window is open" (Abell 1978, S. 21).

Beispiel: „Buy In-Follow On-Strategie"

Durch ein unter dem Namen „Accu Call" vertriebenes System konnte das Problem umstrittener Linienentscheidungen im Tennis verhindert werden. In die Seitenlinien des Platzes integrierte metallische Sensoren ermitteln dabei, ob ein Ball noch innerhalb oder bereits außerhalb des Spielfeldes ist. Die Installationskosten pro Platz betrugen ca. $ 5.000, wobei das entwickelnde Unternehmen mit dieser Leistung nur einen geringen Gewinn machte. Das System war jedoch auf eine spezielle Sorte Tennisbälle ausgelegt, die ebenfalls über entsprechende Sensoren verfügen mussten. Da sich das Unternehmen diese Technik patentieren ließ, konnten Lizenzabgaben auf jeden kompatiblen Ball erhoben werden. Über diese erst im Anschluß an die Installation entstehenden Einnahmen generierte das Unternehmen in der Folge den Großteil seines Gewinns.

(Quelle: Weigand 1991, S. 29)

Des Weiteren muss der Anbieter dafür Sorge tragen, dass der Bedarfsverbund zwischen den Buy In- und Follow On-Produkten möglichst lange bestehen bleibt (z. B. durch Patente) und nicht durch Imitation seitens der Konkurrenz gefährdet wird.

(2) Besondere Differenzierungserfordernisse im Basisgeschäft

Bei der Akquisition des Basisgeschäftes ist die Konzeption einer funktional hervorragenden Lösung oftmals nur die ‚*Eintrittskarte*' für den Anbieter, um in das Evoked Set (Baker et al. 1986) des Nachfragers zu gelangen. Der Anbieter muss deshalb i. d. R. weitere Differenzierungsmaßnahmen ergreifen, die ihn aus Nachfragersicht zusätzlich als verlässlichen Partner für die Verbundkäufe qualifizieren. Dabei sind einerseits der Servicepolitik und andererseits der Reduktion der spezifischen Nachfrager-Unsicherheiten eine hohe Bedeutung beizumessen.

Bei weitgehend *standardisierten Leistungen*, die z. B. im Repetitiv- oder Erweiterungs-Geschäft angeboten werden, sind diese häufig in Funktionalität und Leistungsfähigkeit vergleichbar mit Konkurrenzangeboten, sodass sich dadurch nur bedingt eine Differenzierung im Wettbewerb erreichen lässt. Differenzierungen können hier häufig erst durch eine entsprechende **Servicepolitik** gefunden werden, und der Leser sei hier auf die Darstellungen in Kapitel 10.2.1.1 zur Servicepolitik im Commodity-Geschäft verwiesen.

Mit Ausnahme des Repetitiv-Geschäfts und ggf. auch des Erweiterungs-Geschäfts, stellen die im Basisgeschäft vermarkteten Basis-Lösungen häufig hohe kundenspezifische Entwicklungen oder „*customized Lösungen*" dar, die *vor* Vertragsabschluss den Charakter von *Leistungsversprechen* aufweisen und damit der in Kapitel 6.3 geschilderten Unsicherheits-Problematik unterliegen. Ein großes Differenzierungspotenzial liegt für den Anbieter deshalb in der Beseitigung oder zumindest deutlichen Minderung der im vorangegangenen Abschnitt aufgezeigten besonderen **Unsicherheitssituation des Nachfragers**. Derjenige Anbieter, dem aus Nachfragersicht die größte Unsicherheitsreduktion gelingt, hat tendenziell auch große Erfolgsaussichten bei der Vermarktung. Neben den in Kapitel 6.4.3 aufgezeigten allgemeinen Maßnahmen zur Reduktion der Nachfrager-Unsicherheit sollte der Anbieter im Basisgeschäft vor allem die aus den aufgezeigten ‚grundlegenden Entscheidungen' des Nachfragers resultierenden Unsicherheitspositionen fokussieren:

Bei der **Prüfung des Anbieterpotenzials** kann der Anbieter den Nachfrager unmittelbar nur durch Referenzen unterstützen, während der Nachweis von Marktbeständigkeit, Innovationspotenzial, Reputation usw. nur in der Langfristperspektive und in Abhängigkeit von dem in der Vergangenheit gezeigten Anbieter-Verhalten möglich ist. Zur Stärkung der Reputation sind dabei geschäftsbeziehungsspezifische Investitionen in die *Markennamenspezifität* von besonderer Bedeutung (vgl. Kapitel 4.2.3.3). Darüber hinaus kann ein Anbieter aber auch durch *Pre-Announcement-Politik* Signale gegenüber dem Markt im Hinblick auf seine Innovationsfähigkeit und Marktbeständigkeit senden (vgl. Kapitel 12.3.2.2).

Bezüglich der Reduktion einer vom Nachfrager wahrgenommenen **Gefahr opportunistischen Anbieter-Verhaltens** können vom Anbieter unterschiedliche Maßnahmen ergriffen werden, die in diesem Buch bereits in Kapitel 6.4.3 diskutiert wurden und auf das an dieser Stelle verwiesen sei. Im Hinblick auf die **Abschätzung der Bindungsspanne** besteht anbieterseitig die Möglichkeit, den Nachfrager bei der Prognose der Entwicklung des Absatzmarktes bzw. der Länge des Investitionszyklus zu unterstützen oder zumindest mit ihm zusammenarbeiten. Insbesondere im System-Geschäft lassen sich mit Hilfe von Prognosen oder Szenarien über die Absatzmarktentwicklung des Nachfragers Konsequenzen für mögliche Wachstumspfade des Nachfrager-Unternehmens ableiten. Auf dieser Basis lässt sich aufzeigen, wie diese möglichen Entwicklungen des Nachfrager-Unternehmens durch sukzessive Investitionen in die Technologie des Anbieters unterstützt bzw. bewältigt werden können und wann für den Nachfrager in der Zukunft günstige Zeiten für den Wechsel einer Technologiegeneration gegeben sind.

12.3.2.2 Marketing der Verbundkäufe

Der Abschluss des Basisgeschäftes ist auch für den *Anbieter* mit einer **fundamentalen Transformation** verbunden, da er vom ehemaligen Out-Supplier in die Position eines **In-Suppliers** (vgl. Kapitel 4.2.4) wechselt. Die Besonderheit des Verbund-Geschäftes ist dabei darin zu sehen, dass diese In-Supplier-Position für eine i. d. R. genau definierte bzw. bestimmbare Zeit Gültigkeit besitzt und der Nachfrager in dieser Zeitspanne aus ökonomischen Gründen auch keinen Anbieterwechsel vornehmen kann. Die Phase der Verbundkäufe beginnt mit der Erfüllung des Basisgeschäftes und beinhaltet allgemein die Lieferung der zum Basisgeschäft *komplementären* Leistungen durch den gewählten Anbieter. Als primäre *Ziele* des Marketings in der Phase der Verbundkäufe können – unabhängig vom betrachteten Verbundtyp – die Erfüllung der im Basisgeschäft gemachten Versprechen sowie die Festigung und der Ausbau der im Basisgeschäft bereits realisierten Vorteilsposition gegenüber Konkurrenzanbietern herausgestellt werden. Zur Erreichung dieser Ziele sind bei allen Verbundtypen folgenden **allgemeinen Bindungspolitiken** besondere Bedeutung beizumessen:

- Unsicherheitsreduktionspolitik,
- Pre-Announcementpolitik,
- Beziehungsqualitätspolitik,
- Servicepolitik.

Auch in der Verbundkauf-Phase besteht auf der Nachfragerseite Unsicherheit bezüglich der erforderlichen zeitbeständigen Leistungserbringung durch den In-Supplier. Die Verbundkäufe besitzen deshalb aus Sicht des Nachfragers ebenfalls den Charakter von Leistungsversprechen, sodass auch hier die in Kapitel 6.4.3 diskutierten Instrumente zur **Unsicherheitsreduktion** zum Tragen kommen.

Darüber hinaus besteht für den In-Supplier in der Verbundkauf-Phase die große Chance, sich durch sein Verhalten bereits für den nächsten Zyklus des Verbund-Geschäftes, also bei erneuter Öffnung des *Strategischen Fensters*, zu qualifizieren. Bezüglich der nachfragerseitigen Unsicherheit im Hinblick auf die Innovationsfähigkeit und Marktbeständigkeit eines Anbieters kann er die sog. **Pre-Announcementpolitik** (Heß 1991; Preukschat 1993) nutzen, mit der auch gleichzeitig ein Signal an den Nachfrager bezüglich des Anbieterpotenzials übermittelt werden kann.

> Als *Pre-Announcementpolitik* wird die anbieterseitige Bekanntmachung des Markteinführungs-Zeitpunktes von Innovationen oder von Produktverbesserungen bezeichnet, die aktuell am Markt noch nicht verfügbar sind.

Durch die Vorankündigung von Produkten kann der Anbieter ein *Marktsignal* aussenden, dass er auch zukünftig noch am Markt vertreten sein wird und die Weiterentwicklung seiner Produkte betreibt. Allerdings birgt die Pre-Announcementpolitik auch die Gefahr des nachfragerseitigen „*Leapfrogging*" (Pohl 1996), bei dem Nachfrager ihre Beschaffungsentscheidung in der Erwartung der baldigen Verfügbarkeit verbesserter Produkte oder Innovationen verschieben und damit aktuell am Markt verfügbare Produktgenerationen ‚überspringen' (leapfroggen). Backhaus/Bonus (1994) sprechen in diesem Zusammenhang von einer „*Beschleunigungsfalle*" und Gruner (1996, S. 252) weist darauf hin, dass Leapfrogging zu starken Diskontinuitäten im Absatzverlauf führen kann, was die Prognose der Marktentwicklung für den Anbieter erheblich erschwert (Backhaus/Gruner 1994, S. 19 ff.).

Zum Ausbau der im Basisgeschäft erreichten Vorteilsposition sollte ein Anbieter vor allem den *Ausbau des Beziehungswertes* durch eine geeignete **Beziehungsqualitätspolitik** in den Vordergrund seiner Bemühungen stellen und hier geschäftsbeziehungsspezifische Investitionen tätigen. Ansatzpunkte zur Steigerung des Beziehungswertes liefern z. B. die sechs Dimensionen des Beziehungswertes nach dem Modell von Ulaga/Eggert (2006, S. 119 ff.; vgl. hierzu ausführlich Kapitel 4.2.2 sowie Abb. 43). Durch die Beziehungsqualitätspolitik kann die mit dem Basisgeschäft verbundene und zunächst *negativ konnotierte Lock-in-Situation* des Nachfragers (ökonomische Bindung) in eine dominierende positiv konnotierte ‚psychologische' Kundenbindung transformiert werden. Ziel sollte es dabei sein, den Kunden bis zum Ende der Verbundkauf-Phase möglichst in eine „Partner-Position" zu bringen. Eine empirische Untersuchung von Saab zeigt, dass der Beziehungswert nicht nur als wesentlicher Treiber der Kundenbindung angesehen werden kann, sondern auch dazu führt, „dass der Partner neben der reinen Fortführung der Beziehung dazu bereit ist, die Beziehung zu intensivieren, nicht verstärkt nach Alternativen zu suchen und darüber hinaus „Beziehungsfehler" eher zu tolerieren" (Saab 2007, S.226). Dementsprechend besitzen bei Verbundkäufen – unabhängig vom jeweiligen Verbundtyp – vor allem die bereits in Kapitel 4.2.3.2 diskutierten Ansatzpunkte zum Aufbau einer freiwilligen bzw. psychologischen Kundenbindung spezielle Relevanz. Besonders geeignet ist dabei eine **Servicepolitik** in Form spezifischer Dienstleistungen, die in besonderer Weise zum Aufbau von Zufriedenheit und Commitment geeignet sind. Für die Servicepolitik gelten auch hier die bereits im Rahmen des Commodity-Geschäfts vorgetragenen Überlegungen analog (vgl. Kapitel 10.2.1.1).

Gelingt es insgesamt in der Phase der Verbundkäufe den Kunden in eine „*Partner-Position*" zu bringen, so hat der Anbieter vor allem bei der am Ende der Verbundkauf-Phase erneuten Öffnung des strategischen Fensters im Vergleich zu den dann am Markt befindlichen Out-Suppliern deutlich bessere Chancen, wiederum den Zuschlag zu erhalten und die Geschäftsbeziehung fortzusetzen.

Im Folgenden werden nur noch diejenigen Marketing-Maßnahmen diskutiert, die Besonderheiten in der Verbundkauf-Phase des jeweiligen Verbundtyps darstellen. Abb. 105 gibt hierzu vorab einen zusammenfassenden Überblick. Dabei sind die in der Abbildung gesetzten Fokusse aus den allgemeinen Charakteristika der Verbundtypen abgeleitet, die zusammenfassend bereits in Abb. 101 dargestellt und in den Kapiteln 12.1 und 12.2 diskutiert wurden.

Zuliefer-Geschäfte	
Repetitiv-Geschäft	**Spezialitäten-Geschäft**
• Bindung über geschäftsbeziehungs-spezifische Investitionen • Integrale Verfügbarkeitsqualitätspolitik • Servicepolitik und Beziehungsqualität • Preis als wichtige Entscheidungsgröße	• Bindung über transaktionsobjekt-spezifische Investitionen • umfassende Integralqualitätspolitik • Mehrgenerationen-Innovationen • Mehrstufiges Marketing
System-Geschäfte	
Erweiterungs-Geschäft	**Verkettungs-Geschäft**
• Bindung über transaktionsobjekt-spezifische Investitionen • Innovationspolitik • Migrationspolitik/Versioning	• Bindung über transaktionsbeziehungs-spezifische Investitionen • Kompetenzpolitik (Systemintegration) • Kompatibilitätspolitik
Für alle Verbundtypen gilt in der Phase der Verbundkäufe eine hohe Bedeutung von: Beziehungsqualitätspolitik; Unsicherheitsreduktionspolitik; Servicepolitik	

Abb. 105: Verbundtypen-spezifische Marketing-Fokusse in der Verbundkauf-Phase

12.3.2.2.1 Marketing der Verbundkäufe im Repetitiv-Geschäft

Das Repetitiv-Geschäft ist vor allem im Hinblick auf die *Ersttransaktion* im Basis-geschäft in vielen Facetten vergleichbar mit dem Commodity-Geschäft, weshalb hier auch auf die Ausführungen zum Commodity-Geschäft verwiesen sei (vgl. Kapitel 10). Der zentrale Unterschied zum Commodity-Geschäft ist allerdings darin zu sehen, dass im Repetitiv-Geschäft die Anbieterleistungen in die Absatz-objekte und nicht in die Prozesse des Nachfragers eingehen und damit *wechselsei-tig erzwungene Geschäftsbeziehungen* vorliegen. Die Transaktionen im Repetitiv-Geschäft sind deshalb im Vergleich zu denen im Commodity-Geschäft als *deutlich komplexer* zu bezeichnen, da zum einen die Einpassung der Zuliefer-Leistungen in die Absatzobjekte der Nachfrager wesentlich komplexere Managerial Transac-tions erfordert und zum anderen durch das Basisgeschäft auch der Anbieter eine Festlegung für die Phase der Verbundkäufe vornehmen muss. In dieser Phase steht dann vor allem die zum Absatzprozess des Nachfragers synchronisierte Lie-ferung der Zuliefer-Teile im Vordergrund.

Das Marketing der Verbundkäufe im Repetitiv-Geschäft hat sich an den Beson-derheiten dieses Geschäftstyps auszurichten, die bereits in Kapitel 12.2.2 vorge-stellt wurden und nachfolgend nochmals kurz zusammengefasst sind (vgl. auch Abb. 101):

- (Weitgehend) Standardisierte Zuliefer-Leistung, die im Absatzobjekt des Kun-den ‚aufgeht' und dort *keine* tragende Funktion übernimmt.
- Anbieterleistung kann auf dem Absatzmarkt des Kunden *keine* präferenzschaf-fende Funktion übernehmen und ist am Absatzmarkt des Kunden (bzw. von den Käufern der Absatzobjekte) auch *nicht* identifizierbar.
- Nachfrager praktiziert meistens Multiple Sourcing.
- Wechselseitige Bindung meist über temporalen Lock-in-Effekt.

Die zusammenfassenden Charakteristika machen deutlich, dass durch die Zulie-fer-Leistung selbst keine nachfragerseitige Quasi-Rente aufgebaut werden kann und auch der Anbieter aus dem Transaktionsobjekt selbst keine Quasi-Rente zieht. Aufgrund der weitgehenden Standardisierung der Zuliefer-Leistungen besit-zen deshalb die *Preispolitik* und damit auch das *Kostenmanagement* des Anbieters einen bedeutenden Stellenwert im Repetitiv-Geschäft.

Dennoch können auch im Repetitiv-Geschäft spezifische Investitionen insbeson-dere auf der Anbieterseite vorgenommen werden, die vor allem im Bereich der **Integralqualitätspolitik** (vgl. Kapitel 5.2.1) angesiedelt sind. Dabei ist der *Integra-len Verfügbarkeitsqualität* eine besondere Bedeutung beizumessen, durch die eine auf den Produktionsprozess des Nachfragers abgestellte Verfügbarkeit der Zulie-fer-Teile sichergestellt werden soll. Diese erfordert häufig spezifische Investitionen des Anbieters vor allem in Form von Zeit- und Abnehmerspezifität. Da im Repe-titiv-Geschäft weiterhin häufig ein Multiple Sourcing der Nachfrager stattfindet, sollte der Anbieter auch eine **Kompatibilitätspolitik** im Hinblick auf die weiteren In-Supplier betreiben. Zur Stärkung der Beziehungsqualität ist neben der **Service-politik** vor allem auch die Verbesserung der nachfragerseitigen *Beschaffungseffi-zienz* geeignet (vgl. auch Kapitel 9.3). Diese Investitionen sind vor dem Hintergrund der *Bindungsspanne* zu bewerten, die meist durch die Dauer der geschlossenen Rahmenverträge bestimmt ist. Selbst wenn keine anbieterseitigen spezifischen Investitionen getätigt werden, so kommt der Anbieter durch die Rahmenverträge aber zumindest in einen *temporalen Lock-in.*

Beispiel: „Abhängigkeit der OEMs von der Zulieferindustrie"

„Große Autohersteller arbeiten an einem Rettungsplan für den Zulieferer Schefenacker: Das Unternehmen produziere weltweit fast jeden dritten Rückspiegel, eine Insolvenz würde deshalb die Produktion der Massenhersteller empfindlich treffen. ... Ein Vertreter der Fahrzeughersteller verhandelt derzeit über ein tragfähiges Sanierungskonzept" (o. V. 2006, S. 38). ... „Die Hersteller hatten sich stark dafür eingesetzt, dass die Produktion bei Schefenacker weiterläuft – dafür hatten sie auch auf die branchenüblichen Preisnachlass-Forderungen verzichtet."

(Quelle: o. V. 2007)

Insgesamt kann für das Repetitiv-Geschäft festgehalten werden, dass häufig eine *asymmetrische Bindung* zu Lasten der Anbieter vorliegt. Allerdings darf auch nicht unterschätzt werden, dass z. B. durch die Integralqualitätspolitik eines Anbieters auch Bindungseffekte beim Nachfrager entstehen, da dieser kurzfristig nur sehr schwer Zulieferer finden wird, die ohne Reibungsverluste in die Verbundkette eintreten können. Auch bei standardisierten Zuliefer-Teilen kann damit in Abhängigkeit der Marktstellung eines Zulieferers eine deutliche Abhängigkeit der OEMs vom Zulieferer entstehen.

12.3.2.2.2 Marketing der Verbundkäufe im Spezialitäten-Geschäft

Das Spezialitäten-Geschäft entspricht im Hinblick auf die Ersttransaktion im Basisgeschäft stark dem Projekt-Geschäft, da eine speziell auf den Nachfrager angepasste Leistung entwickelt wird. Bezüglich des Basisgeschäftes sei deshalb hier auch auf die Ausführungen zum Projekt-Geschäft verwiesen (vgl. Kapitel 11). Die Besonderheit des Spezialitäten-Geschäfts ist nun darin zu sehen, das die im Basisgeschäft entwickelte kundenindividuelle Leistung zum einen mit Beginn der Verbundkäufe wiederholt in identischer Form in die Absatzobjekte des Nachfragers integriert wird und zum anderen die Phase dieser Verbundkäufe i. d. R. für den Lebenszyklus des nachfragerseitigen Absatzobjektes festgelegt ist. Für die Verbundkauf-Phase steht dann auch im Spezialitäten-Geschäft die zum Absatzprozess des Nachfragers synchronisierte Lieferung der speziellen Zuliefer-Teile im Vordergrund. Das Marketing der Verbundkäufe im Spezialitäten-Geschäft hat sich an den Besonderheiten dieses Geschäftstyps auszurichten, die bereits in Kapitel 12.2.2 vorgestellt wurden und nachfolgend nochmals kurz zusammengefasst sind (vgl. auch Abb. 101).

• Die individualisierte Anbieterleistung (Leistungsversprechen) ist Teil des Absatzobjektes des Kunden.

- Die Anbieterleistung kann auf dem Absatzmarkt des Kunden *präferenzschaffende Funktion* übernehmen, wenn sie am Absatzmarkt des Nachfragers *identifizierbar* ist.
- Aufgrund meist vollständiger Transaktionsobjektspezifität ist im Prinzip kein Multiple Sourcing beim Nachfrager möglich.
- Nachfragerbindung über Vendor Lock-in und wechselseitige Bindung durch transaktionsobjektspezifische Investitionen.

Die zusammenfassenden Charakteristika machen deutlich, dass sich das Spezialitäten-Geschäft vom Repetitiv-Geschäft vor allem dadurch unterscheidet, dass sowohl Nachfrager als auch Anbieter nach dem Basisgeschäft in eine starke *wechselseitige Lock-in-Situation* geraten. Aufgrund der speziell für einen Nachfrager entwickelten Anbieterleistung, die in das Absatzobjekt des Nachfragers integriert wird, liegt eine *totale Objektspezifität* vor und der Nachfrager ist für die Zeit der Verbundkäufe in einem *Vendor Lock-in*. Umgekehrt erfordern Spezialanfertigungen häufig auch anbieterseitig spezifische Investitionen, die durch die anschließenden kontinuierlichen Zulieferungen an den Nachfrager nochmals erhöht werden. In der Realität sind hier auf der Anbieterseite Investitionen in alle Arten der Faktorspezifität anzutreffen (vgl. Kapitel 4.2.3.3). Andererseits ist für den Anbieter im Spezialitäten-Geschäft zunächst einmal das Geschäft mit dem Nachfrager bis zum Ende des Lebenszyklus des nachfragerseitigen Absatzobjektes ,sicher'. Das Marketing in den Verbundkäufen ist deshalb hier vor allem auf einen *Spillover-Effekt* ausgerichtet: Durch den Aufbau von **Beziehungsqualität** in der Phase der Verbundkäufe qualifiziert sich der Anbieter nicht nur für die nächste Generation des aktuellen Absatzobjektes, sondern auch als Zulieferer für andere Absatzobjekte des Nachfragers. Geschäftsbeziehungsspezifische Investitionen des Anbieters sollten deshalb vor allem auf die *Markennamenspezifität* gerichtet sein, um so das gute Image von aktuellen Zuliefer-Leistungen auch auf neue Leistungen übertragen zu können (sog. *Umbrella-Effekt*).

Aufgrund der Besonderheit, dass im Spezialitäten-Geschäft die im Basisgeschäft entwickelte Anbieterleistung in das Absatzobjekt des Nachfragers eingeht und i. d. R. für den Lebenszyklus des nachfragerseitigen Absatzobjektes vom Anbieter im Rahmen identischer Wiederholungskäufe geliefert wird, sind in der Phase der Verbundkäufe folgende Marketing-Politiken von besonderer Bedeutung:

- Integralqualitätspolitik,
- Plattform-Strategien,
- Mehrstufiges Marketing.

Dabei sind die mit diesen Politiken einhergehenden/spezifischen Investitionen vor dem Hintergrund der *Bindungsspanne* zu bewerten, die durch die Dauer des Lebenszyklus des nachfragerseitigen Absatzobjektes bestimmt ist.

(1) Integralqualitätspolitik

Die Integralqualitätspolitik wurde bereits im Commodity-Geschäft behandelt, sodass hier auf die Ausführungen in Kapitel 10.2.1.2 verwiesen sei. Im Commodity-Geschäft ist die Integralqualitätspolitik auf die Integration von Anbieterleistungen in die Prozesse der Unternehmen bezogen, wobei die Anbieterleistungen selbst *keinen* direkten (objektiv-technischen) Verbund zu anderen in den Prozessen des Nachfrage-Unternehmens eingesetzten Produkten aufweisen. Demgegenüber sind im Spezialitäten-Geschäft die Anbieterleistungen integraler Bestandteil der *Absatzobjekte* des Nachfragers und werden für den Lebenszyklus dieser Produkte – abgesehen von eventuellen Verbesserungen – meist in Form identischer Wiederholungskäufe an das Nachfrage-Unternehmen geliefert. Die Integralqualitätspolitik des Anbieters ist deshalb im Spezialitäten-Geschäft ‚umfassend' auszurichten, sodass hier neben der *Verfügbarkeitsqualität* insbesondere auch die *integrale Produktqualität* sowie die *integrale Zeitqualität* herausragende Bedeutung erlangen. Da die Lieferungen mit der Absatzentwicklung des nachfragerseitigen Absatzobjektes zu synchronisieren sind, ist hier ein Fokus vor allem auf die Zuverlässigkeit der Lieferungen in der Phase der Verbundkäufe zu legen.

(2) Plattform-Strategien
Kundenspezifische Entwicklungen im Spezialitäten-Geschäft sind mit drei Kernproblemen verbunden: hohe Entwicklungskosten, Ausrichtung auf einen speziellen Kunden, Langfristigkeit der Folgekäufe. Diese Probleme können durch die Verfolgung von sog. Plattform-Strategien bei der Entwicklung reduziert werden.

> Eine *Plattform* ist ein Set von Produkten, das i. d. R. auf allgemein verfügbaren Technologien basiert und auf dem aufbauend ein oder mehrere Anbieter unterschiedliche Produkte bzw. Modelle für den Absatzmarkt entwickeln können.

Plattform-Strategien sind im Bereich des Zuliefer-Geschäfts von grundlegender Bedeutung (Dudenhöfer 1997, S. 144). Im Kern verfolgen sie das Ziel, auf Basis wesentlicher gemeinsamer Komponenten und Strukturen unterschiedliche Produkte zu entwickeln. Plattformen können verstanden werden als Gleichteilkonzepte, die modellreihenübergreifend die Verwendung identischer Teile, Komponenten und Module vorsehen und damit zu einer signifikanten Verringerung der Variantenvielfalt und Komplexität führen. Oftmals werden die Begriffe „Plattformen", „Module", „Komponenten" und „Gleichteile" gleichgesetzt, wobei die verschiedenen Bezeichnungen aber durchaus auch unterschiedlich konnotiert sind. Gassmann/Sutter schlagen die in Abb. 106 dargestellte Unterscheidung der Begrifflichkeiten vor.

Allgemein gilt, dass bei der Plattform-Strategie in einer Produktlinie Komponenten erstellt werden, die sich in verschiedenen Produkten einsetzen lassen. Dadurch kann eine Reduzierung der Kosten und der Zeitdauer bis zur Fertigstellung der Produkte erreicht werden, da die Komponenten jeweils nur einmal entwickelt werden müssen. Weiterhin wird im Laufe der Zeit auch eine höhere Produktqualität erwartet, weil Entwicklungen auf der Basis einer Plattform auf bereits erprobten Komponenten basieren.

Beispiel: „Plattform PQ 35 der Volkswagen AG"

Volkswagen bietet am Markt unterschiedliche Modelle an, die auf der sog. Plattform PQ 35 basieren: Die Plattform PQ 35, die wiederum auf dem VW Golf der 5. Generation aufbaut, wurde auch für den VW Bora, VW New Beetle, Škoda Octavia, Seat Leon, Seat Toledo, Audi A3 und Audi TT benutzt.

	Plattform-Strategie	Modul-Strategie	Gleichteile-Strategie
Strategie	**Bündelungsstrategie:** Zusammenfassung mehrfach verwendbarer physischer oder virtueller Strukturen, die für sich allein noch *keine* funktionsfähige Einheit bilden	**Spaltungsstrategie:** Zerlegung eines Gesamtprodukts in für sich *allein funktionsfähige* Einheiten	**Mehrfachverwendung von Bauteilen**
Komplexität der Verwendung	komplex, da viele Abhängigkeiten und i. d. R. anspruchsvolles Schnittstellenmanagement	Komplexitätsreduktion durch Trennung und definierte Schnittstellen	Suchen und Finden statt Neukonstruktion, Verwendung von Norm- und Standardteilen
Verifikation	erst im Produktkontext verifizierbar	abgeschlossene Funktionseinheit verifizierbar	einzelne Teile sind verifizierbar
Orientierung	oft technologieorientiert	Funktionsorientiert	logistikorientiert
Gestaltungsspielraum	definierter Spielraum in der Plattform; Differenzierung über Nichtplattformteile während der Produktentwicklung	Spielraum und Differenzierung primär in der Kombinatorik (Baukasten)	nahezu kein Gestaltungsspielraum

Abb. 106: Differenzierung zwischen Plattform-, Modul- und Gleichteile-Strategie
(In Anlehnung an: Gassmann/Sutter 2008, S. 85)

Ob sich eine Plattform-Strategie für das Spezialitäten-Geschäft eignet, hängt im Wesentlichen von den spezifischen Marktgegebenheiten sowie den individuellen Rahmenbedingungen des Unternehmens ab. In Abhängigkeit von möglichen Marktsegmenten und der Produktklasse (low, medium, high) können Plattformen unterschiedliche Reichweiten aufweisen, die in Abb. 107 verdeutlicht sind.

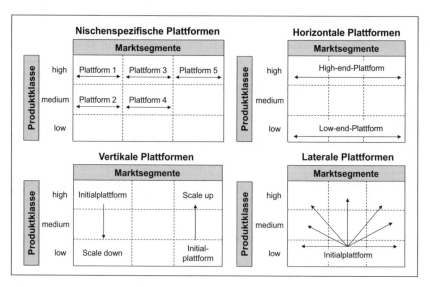

Abb. 107: Bündelungsstrategien für Plattformen
(In Anlehnung an: Müller 2006, S. 138)

Während nischenspezifische Plattformen nur für eine Produktklasse und ein Marktsegment gelten, basieren laterale Plattformen auf einer sog. Initialplattform, die dann als Basis für Entwicklungen in allen Produktklassen und Marktsegmenten dient. Horizontale Plattformen hingegen sind nur einer Produktklasse zugeordnet, dienen dann aber der Produktentwicklung für unterschiedliche Marktsegmente, während vertikale Plattformen auf ein Marktsegment fokussiert sind und hier der Produktentwicklung in mehreren Produktklassen dienen (Müller 2006, S. 138 ff.). Die Entscheidung über die „Bündelungen" von Plattformen ist dabei in Abhängigkeit der jeweiligen Marktsituation und der internen Unternehmenssituation zu treffen. Welche Plattform-Strategie letztendlich verfolgt werden sollte, ist in Abwägung der Vorteilspotenziale und der potenzielle Risiken zu treffen. Einen Überblick hierzu liefert Abb. 108.

Vorteilspotenziale	Risiken
• Reduktion von Entwicklungszeiten und Entwicklungskosten • niedrigere Herstellkosten • Vereinfachung der Fertigungsprozesse • Erhöhung der Innovationsrate • Konzentration auf Kernkompetenzen • Reduktion des Koordinationsaufwands • Markenübergreifende Standardisierung • Reduktion innerbetrieblicher Komplexität • Reduktion von Durchlaufzeiten	• höhere Produktkosten • Verwischung differenzierender Merkmale verschiedener Produktfamilien • geringere Flexibilität bei Kundenwünschen außerhalb der Plattformen • Anpassungsfähigkeit an technischen Fortschritt sinkt • Gefahr der Überdimensionierung von Plattformen bzgl. der Schnittstellen für produktspezifische Komponenten • hoher Initialaufwand • schwierige Rentabilitätsrechnung • eingeschränkte Produktleistung

Abb. 108: Vorteilspotenziale und Risiken von Plattform-Strategien

(3) Mehrstufiges Marketing

Bei Anbieterleistungen im Spezialitäten-Geschäft, die auf der Absatzseite des Nachfragers *identifizierbar* sind, erlangt die Strategie des Mehrstufigen Marketings eine besondere Bedeutung. In diesem Fall ist es für einen Anbieter sinnvoll, seine Marketingaktivitäten nicht nur auf die direkten Kunden auf der unmittelbar folgenden Marktstufe auszurichten, sondern in die Marketingkonzeption auch den direkten Kunden nachfolgende Marktstufen einzubeziehen.

Mehrstufiges Marketing richtet die absatzpolitischen Instrumente auf Marktstufen aus, die dem direkten Absatzmarkt eines Anbieters nachgelagert sind, mit dem Ziel das Kaufverhalten der direkten Kunden zu seinen Gunsten zu beeinflussen.

Eine mehrstufige Absatzstrategie zielt zumindest auf eine dem direkten Kunden nachgelagerte Absatzstufe, sie kann aber auch mehrere solcher Stufen einbeziehen. Zielgruppen des Mehrstufigen Marketings können auf sämtlichen, den direkten Abnehmern nachfolgenden Verarbeitungs- und Handelsstufen bis hin zur

Letztverwenderstufe (Consumer-Markt) angesiedelt sein (Kleinaltenkamp/Saab 2009, S. 191 ff.). Ziel des Mehrstufigen Marketing ist es, auf den dem Kunden nachgelagerten Marktstufen („Kunden des Kunden") *Präferenzen* für ein Zuliefer-Produkt zu schaffen, sodass diese Marktstufen das Zuliefer-Produkt im Absatzobjekt ihres direkten Lieferanten zwingend verlangen. Dadurch wird dieser quasi von seinem eigenen Absatzmarkt ‚gezwungen', auf das Zuliefer-Produkt zurückzugreifen. Es entsteht somit eine „Sog-Wirkung" im Markt, die ausgehend vom Letztkunden über die zwischengeschalteten Marktstufen bis hin zum Angebot des Zulieferers zurückreicht. Eine solche Strategie wird als **Pull-Strategie** bezeichnet, da das Ziel in der Auslösung eines „Nachfrage-Sogs" (Pull-Effekt) besteht, indem der Zulieferer Einfluss auf die Kaufentscheidungen von nicht unmittelbar folgenden Nachfragern nimmt.

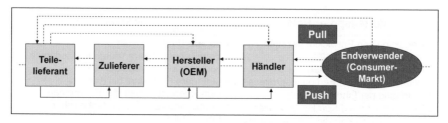

Abb. 109: Wirkung von Pull-Strategie und Push-Strategie

Durch eine solche Vorgehensweise kann der Zulieferer die Abhängigkeit von seinen direkten Abnehmern reduzieren, was insbesondere auf Märkten mit starker Nachfragemacht von hoher Bedeutung ist.

Beispiel: „Pull-Strategie in der Automobilindustrie"

Die Hersteller von Autobatterien richten ihre Marketingbemühungen nicht nur auf Automobilhersteller, sondern insbesondere auf die Endverbraucher, d. h. die Autokäufer sowie auf Tankstellen, Reparaturbetriebe oder Großhändler. Bei einer solchen vielstufigen Absatzkette ist die Pull-Strategie sehr weit gefasst und richtet sich auf mehrere und/oder spätere Verarbeitungs- bzw. Verwendungsstufen.

Im Gegensatz zur Pull-Strategie ist bei der *Push-Strategie* die Absatzpolitik des Anbieters ausschließlich auf die unmittelbar folgende Marktstufe ausgerichtete, und ein Zulieferer-Produkt wird über den jeweils direkten Kunden der Unternehmen ‚in den Markt gedrückt', bis es auf der Stufe des Letztkunden (Endverbrauchers) angelangt ist. Potenzielle Vorteile des Mehrstufigen Marketings ergeben sich vor allem aus folgenden Aspekten:

- Verringerung der Substitutionsgefahr bei homogenen Leistungen,
- Sicherung von Unabhängigkeit in der Wertschöpfungskette,
- Stabilisierung der Geschäftsbeziehungen über mehrere Marktstufen,
- Überwindung von Marktwiderständen,

- Erhöhung der Effizienz des gesamten Marketing-Mix,
- Gewinnung von Marktinformationen.

Um die Vorteilspotenziale einer mehrstufigen Marketing-Strategie realisieren zu können, müssen sich die Nachfrager der nachfolgenden Marktstufen allerdings darüber bewusst sein, dass die Erzeugnisse und Leistungen der vorgelagerten Stufen für ihre eigene Wettbewerbsfähigkeit von Bedeutung sind bzw. ihren Nutzen beeinflussen. Ist den betreffenden Nachfragern eine solche Verbindung nicht bewusst und kann ihnen diese auch nicht deutlich gemacht werden, so ist eine mehrstufige Marketingstrategie nur wenig zweckmäßig und besitzt auch nur geringe Erfolgschancen, da in diesem Fall die Gefahr zu groß ist, den direkten Kunden zu verlieren.

Beispiel: „Mehrstufiges Marketing von Intel"

Das Unternehmen Intel stellt in seinen Anzeigen zur Steigerung der Markenbekanntheit Unternehmenseigenschaften mit dem Ziel heraus, dass die Adressaten der Werbung aus diesen produktbezogene Eigenschaften ableiten.

Von Intel oft beworbene Anbieter- und Produkteigenschaften sind in folgender Tabelle zusammengefasst:

anbieterbezogene Eigenschaft	ableitbare produktbezogene Eigenschaft
Erfinder des Mikroprozessors	Produkt basiert auf hoher technologischer Kompetenz
hohe Verbreitung der Intel-Produkte	Produkt ist kompatibel und zuverlässig
Technologieführer seit Jahrzehnten	Produkt entspricht neuester Technologie
Investitionstätigkeit des Unternehmens	Investitionen in das Produkt sind zukunftssicher
Unternehmen setzt Industriemaßstäbe	Produkt ist innovativ, zuverlässig und weit verbreitet
gemeinschaftliche Werbung mit PC-Herstellern	OEMs sind vom Produkt überzeugt

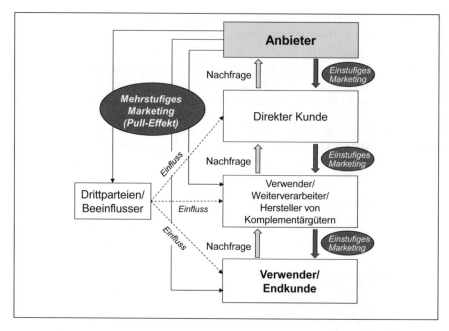

Abb. 110: Komplexes Zusammenspiel innerhalb einer Pull-Through-Strategie

In der Praxis werden beide Strategien i. d. R. in Kombination verfolgt, was als **Pull-Through-Strategie** bezeichnet wird (vgl. Abb. 110). Ziel der Strategie-Kombination ist es, mögliche Widerstände der Kunden auf den unmittelbar nachfolgenden Marktstufen zu vermeiden (Kleinaltenkamp et al. 2011, S. 44).

Eine zentrale Herausforderung im Mehrstufigen Marketing besteht darin, alle Aktivitäten so aufeinander abzustimmen, dass sie sich ergänzen und die angestrebten Ziele tatsächlich erfüllt werden. Um dies zu erreichen, sollten nach Kleinaltenkamp/Rudolph (2006, S. 298 ff.) bei der Prüfung und Umsetzung einer Mehrstufigen Marketing-Strategie fünf zentrale **Ablaufschritte** durchlaufen werden:

1. Analyse der Marktstufen,
2. Prüfung der Voraussetzungen für Mehrstufiges Marketing,
3. Bestimmung der Schlüssel- und Zielstufe(n),
4. Festlegung der Strategie,
5. Planung des Marketing-Mix.

Schritt 1: Analyse der Markstufen
Ausgangspunkt des Mehrstufigen Marketings ist die eingehende Analyse der Marktstufen, durch die sich ein Anbieter vor allem Klarheit darüber verschafft, auf welchen Wegen seine Produkte in nachfolgende Marktstufen gelangen und was von dort aus weiter mit ihnen geschieht. Die Marktstufenstrukturen zeigen in den meisten Fällen, dass für ein Gut nicht nur ein einziger Wertschöpfungspfad existiert. Auf jeder Stufe können sich Verzweigungen ergeben, d. h. dass ein Pro-

dukt über unterschiedliche Verarbeitungs- und/oder Distributionswege abgesetzt wird. Darüber hinaus sollten auch die Gegebenheiten auf den betreffenden Marktstufen analysiert werden, z. B. hinsichtlich der Substitutions- und Komplementaritätsbeziehungen zwischen den Produkten und hinsichtlich der Wettbewerbsverhältnisse. Schließlich ist zu beachten, dass sich Marktstufenstrukturen im Zeitablauf verändern können und einmal eingeschlagene Strategien entsprechend angepasst werden müssen. Eine oberflächliche oder fehlerhafte Analyse der Marktstufen kann kostspielige Konsequenzen zur Folge haben.

Schritt 2: Prüfung der Voraussetzungen für Mehrstufiges Marketing
Mehrstufige Marketing-Strategien verlangen ein erweitertes Markt- und Marketing-Know-how, und der Anbieter sollte die Produktions- und Distributionsabläufe sowie das Nachfrager- und Konkurrenzverhalten auf den betreffenden Marktstufen gut kennen. Nur so kann er eine geeignete mehrstufige Distributions- und Kommunikationsstrategie entwickeln. Darüber hinaus ist das Mehrstufige Marketing an bestimmte *Voraussetzungen* geknüpft, die zu einem Mindestmaß erfüllt sein sollten, wenn sich ein Anbieter für eine mehrstufige Marketing-Strategie entscheidet. Zu nennen sind hier insbesondere drei Voraussetzungen:

- **Identifizierbarkeit** der Anbieterleistungen:
  Ohne Identifizierbarkeit können die Anbieterleistungen auf nachfolgenden Marktstufen nicht erkannt und zugeordnet werden, sodass sich der gewünschte „Pull-Effekt" auch nicht realisieren lässt. Eine Identifizierbarkeit wird vor allem durch die *Markierung* der Leistung erreicht (sog. „Ingredient Branding", vgl. detaillierter Kleinaltenkamp 2009, S. 148 ff.). Schwierigkeiten resultieren hier oftmals daraus, dass die Vorprodukte bei ihrer Weiterverarbeitung untergehen (z. B. Kunststoffgranulate, Getriebe, Kupplungsscheiben) oder eine Markierung von mächtigen Herstellern unterbunden wird (z. B. Automobilindustrie).
- **Nettonutzenvorteil** der Anbieterleistung:
  Auf mindestens einer der nachfolgenden Marktstufen müssen die Nachfrager durch den Einsatz der Anbieterleistung Wettbewerbsvorteile auf ihren Absatzmärkten erzielen können. Nur in diesen Fällen werden sie eine Pull-Strategie ihres Zulieferers unterstützen. Das ist z. B. dann gegeben, wenn hohe Beschaffungsvolumina vorliegen und/oder die Produkteigenschaften für die Qualität der Gesamtleistung des Nachfragers von hoher Bedeutung sind.
- **Kommunizierbarkeit** der Anbieterleistung:
  Den Nachfragern auf den jeweiligen Marktstufen muss ,vermittelbar' sein, dass ein Teil des Nutzens des Absatzobjektes ihres Anbieters auf das Zuliefer-Produkt zurückzuführen ist.

Darüber hinaus sollten weiterhin auch mögliche *Widerstände* gegen eine Pull-Strategie geprüft werden. Diese können sich sowohl gegen die Verwendung des betreffenden Produktes als auch generell gegen die Anwendung einer mehrstufigen Marketing-Strategie richten. Dies ist besonders dann problematisch, wenn nachgelagerte Marktstufen so mächtig sind, dass sie ihre eigenen Interessen durchsetzen können. Können Marktwiderstände trotz aller Bemühungen nicht überwunden werden, so sollte vom Mehrstufigen Marketing ebenfalls Abstand genommen werden.

Schritt 3: Bestimmung der Ziel- und Schlüsselstufe(n)

Als *Zielstufen* werden im Mehrstufigen Marketing diejenigen Marktstufen bezeichnet, die direkt durch die Marketingmaßnahmen angesprochen werden sollen. Diejenigen Marktstufen, die für den Erfolg des Mehrstufigen Marketings von elementarer Bedeutung sind, werden als *Schlüsselstufen* bezeichnet. Eine Schlüsselstufe liegt z. B. dann vor, wenn die Unternehmen dieser Marktstufe bestimmen können, welches Zulieferer-Produkt verwendet wird. Schlüsselstufen sind aufgrund ihrer Bedeutung i. d. R. auch Zielstufen. Andere Zielstufen werden vor allem angesprochen, um bei der betreffenden Schlüsselstufe das gewünschte Kaufverhalten auszulösen bzw. zu verstärken. Dies können z. B. der Schlüsselstufe vor- und/oder nachgelagerte Marktstufen sowie andere Marktteilnehmer derselben Marktstufe sein. Da häufig eine Vielzahl von Beteiligten angesprochen und deren Verhalten koordiniert werden muss, werden die organisatorischen, personellen und finanziellen Belastungen, die daraus resultieren, in der Praxis häufig unterschätzt. Die Konzepte scheitern nicht selten daran, dass sie nicht konsequent durchdacht sind und dadurch ihre Umsetzung fehlschlägt.

Schritt 4: Festlegung der Kooperations-Strategie

Es ist eine Grundsatzentscheidung darüber zu treffen, ob ein Unternehmen das Mehrstufige Marketing alleine oder in Kooperation mit anderen Unternehmen (vertikale und/oder horizontale Kooperationen) durchführen sollte: Der wesentliche Grund für Kooperationen ist, dass insbesondere die Anforderungen an das erforderliche Markt- und Marketing-Know-how sowie der insgesamt erforderliche Aufwand von mehreren Unternehmen erheblich leichter erfüllt werden können. Die Zusammenarbeit von Unternehmen derselben Marktstufe kommt z. B. vor allem im Wettbewerb zwischen verschiedenen Branchen vor. Ziel ist es, die Substitutionskonkurrenz gegenüber anderen Materialien oder Technologien abzuwehren oder selbst zu intensivieren. Der Schwerpunkt einer solchen sog. *Branchenmarktstrategie* liegt vor allem im Bereich der Kommunikationsmaßnahmen. Wenn der gewünschte „Sog-Effekt" von einem einzelnen Unternehmen nicht auf sich gelenkt werden kann und die Wirkung der Maßnahmen verpuffen würde oder sogar Konkurrenten zugute kommt, bietet es sich an, von vornherein mit Anbietern derselben Marktstufe zusammenzuarbeiten und eine gemeinsame Branchenmarktstrategie zu entwickeln.

Schritt 5: Planung des Marketing-Mix

Die Schwerpunkte des Instrumentaleinsatzes im Mehrstufigen Marketing liegen in der marktstufenübergreifenden Leistungs- und Kommunikationspolitik: In Bezug auf die *Gestaltung des Leistungsprogramms* sind vor allem eine konsequente, auf einen mehrstufigen Markt ausgerichtete Produktgestaltung (z. B. mittels Kooperationen im Bereich Forschung & Entwicklung) und das Angebot von Zusatzleistungen (z. B. Anwendungsberatung für Nachfrager nachfolgender Nachstufen) von Bedeutung. Ebenfalls unverzichtbar ist eine mehrstufige *Markierungspolitik*, um die Identifizierung eines Zulieferteils auf nachgelagerten Marktstufen zu sichern. Bei der mehrstufigen *Kommunikationspolitik* ist die Werbung ein zentrales Element, um auf die zwischengelagerten Marktstufen Druck auszuüben und die eigenen Absatzbemühungen zu unterstützen. Hierbei ist entscheidend, solche Werbebotschaften und -inhalte zu finden, die für die verschiedenen

Zielgruppen gleichzeitig von Bedeutung sind. Der persönliche Verkauf hat vor allem bei der Einführung neuer Produkte eine Türöffner-Funktion, wenn konkrete Auftragszusagen vom Kunden des Kunden erlangt worden sind. Im Rahmen der Verkaufsförderung sind als wichtige Instrumente Messen und Ausstellungen, Verkäuferschulungen und Werbeunterstützungen zu nennen. Demgegenüber ist der Preispolitik eine nur untergeordnete Bedeutung beizumessen, da eine mehrstufige Preispolitik praktisch und gesetzlich nicht durchsetzbar ist (Verbot der Preisbindung der zweiten Hand).

12.3.2.2.3 Marketing der Verbundkäufe im Erweiterungs-Geschäft

Die Besonderheit des Erweiterungs-Geschäfts ist in der Phase der Verbundkäufe darin zu sehen, dass die im Basisgeschäft gelieferte Lösung entweder einen Nutzen nur bei Lieferung entsprechender Verbrauchsprodukte entfalten kann (*geschlossene Komplettlösungen*) oder der Nachfrager eine *Erweiterung des Grundnutzens* durch den sukzessiven Ausbau der Funktionalität der Basis-Lösung anstrebt. In beiden Fällen hat sich das Erweiterungs-Geschäft aber an den Besonderheiten dieses Geschäftstyps auszurichten, die bereits in Kapitel 12.2.3 vorgestellt wurden und nachfolgend nochmals kurz zusammengefasst sind (vgl. auch Abb. 101).

- individualisierte oder auf Standardkomponenten mit erforderlichem Customizing beruhende Anbieterleistung (*Leistungsversprechen*), die zur Lösung eines konkreten Bedarfsfalls gekauft wird (*Komplettlösung*),
- die Komplettlösung basiert auf einer a priori festgelegten Systemarchitektur,
- Basis-Lösung des Bedarfsfalls steht in einem *Komplementärverbund* zu den in der Nutzungsphase erforderlichen Verbrauchsprodukten oder geplanten Systemerweiterungen,
- Nachfragerbindung über Vendor Lock-in bei Spezialentwicklungen oder Technological Lock-in bei „Standard-Lösungen" sowie ggf. Entwicklung von Produkt-Nutzer-Inkompatibilitäten in der Anwendungsphase.

Bei der **Aufrechterhaltung des Grundnutzens** werden in den Verbundkäufen meist weitgehend standardisierte Verbrauchsprodukte geliefert, womit relativ ‚*einfache*' Verbundkäufe vorliegen, die meist auch mit routinierten Beschaffungsprozessen verbunden sind. Die in der Nutzungsphase erforderlichen Verbrauchsprodukte stehen dabei in einem *Komplementärverbund* zu der Basis-Lösung des entsprechenden Bedarfsfalls. Sind die Verbrauchsprodukte selbst spezielle Entwicklungen des Anbieters, so ist der Nachfrager einem *Vendor Lock-in-Effekt* ausgesetzt, wobei sich die *Bindungsspanne* hier nach der Amortisationszeit der spezifischen Objektinvestitionen im Basisgeschäft bemisst. Bei weitgehend standardisierten Verbrauchsprodukten hingegen kann der Nachfrager auch auf Fremdprodukte (Third-party products) zurückgreifen, wodurch zwar immer noch ein Technological Lock-in-Effekt vorliegt, der Nachfrager aber aus einem größeren Kreis an alternativen Anbietern (sog. Third-Party Vendor oder Dritthersteller) auswählen kann. Allerdings besteht in diesem Fall immer noch die Gefahr, dass Garantien und Gewährleistungen im Hinblick auf die Basis-Lösung des First-Party Vendor gefährdet werden können.

Demgegenüber sind die Verbundkäufe bei einer **Erweiterung des Grundnutzens** deutlich ‚*komplexer*', da der Nachfrager Lösungspotenzial und Funktionalität der Erweiterungen im Hinblick auf seine spezifischen Anforderungen prüfen muss. Die vom Nachfrager in Zukunft geplanten Erweiterungen stehen dabei ebenfalls in einem *Komplementärverbund* zu der Basis-Lösung des entsprechenden Bedarfsfalls, da der Nachfrager in der ‚Systemwelt' des Anbieters verbleiben muss. Aber auch beim Vorliegen von Kompatibilität der Lösungsangebote unterschiedlicher Anbieter kommt es im Erweiterungs-Geschäft meist zu starken *Systembindungseffekten* vor allem durch *Organizational und Knowledge-Lock-in-Effekte*. Die Dauer der Phase der Verbundkäufe (*Bindungsspanne*) wird dann durch den Lebenszyklus bzw. die Amortisationsdauer der im Basisgeschäft gekauften Lösung oder durch das Ende des Investitionszyklus des Nachfragers bestimmt. Die *Amortisationsdauer* der transaktionsobjektspezifischen Investitionen im Basisgeschäft ist dabei ‚subjektiv' zu bemessen, d. h. es kommt auf den vom Nachfrager subjektiv empfundenen Wertverlust an, den er glaubt zu erleiden, wenn er einen Anbieterwechsel vornimmt (Adler 2003, S. 110 ff.). Dieser Wertverlust entspricht zum Zeitpunkt des Basisgeschäfts der sog. *Quasi-Rente* und damit den Sunk Cost. Im Zeitablauf reduziert sich dieser wahrgenommene Wertverlust i. d. R. jedoch kontinuierlich und damit auch die empfundene Bindewirkung an einen Anbieter. Abb. 111 verdeutlicht diesen *Degenerationseffekt* spezifischer Investitionen in Form einer Prinzipdarstellung.

Im Fall der Erweiterung des Grundnutzens stellen die Verbundkäufe selbst Erweiterungsinvestitionen zur Basis-Lösung dar, sodass im Rahmen der Verbundkaufphase der Nachfrager selbst weitere spezifische Investitionen vornimmt. In diesen Fällen wird die subjektive Amortisation spezifischer Investitionen im Zeitablauf entweder nur schwach abgebaut oder kann sogar weiter aufgebaut werden (sog. *Akkumulationseffekt spezifischer Investitionen*). Zur Festigung der Geschäftsbezie-

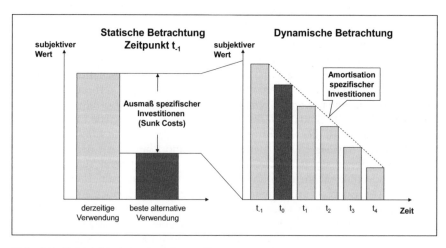

Abb. 111: Subjektive Amortisation spezifischer Investitionen (Prinzipdarstellung) (Quelle: Adler 2003, S. 111)

hung sind deshalb bei Erweiterungs-Geschäften mit „Erweiterung des Grundnutzens" vor allem Maßnahmen zur Förderung spezifischer Investitionen durch den Nachfrager in der Verbundkaufphase geeignet. Neben den *allgemeinen Bindungspolitiken* in der Phase der Verbundkäufe (vgl. Kapitel 12.3.2.2) liefern dabei vor allem sog. *Mehr-Generationen-Innovationen* und die *Migrationspolitik* geeignete Ansatzpunkte.

(1) Mehr-Generationen-Innovationen
Auch bei Erweiterungs-Geschäften, die in der Verbundphase auf eine Erweiterung des Grundnutzens ausgerichtet sind, bilden die Entwicklungskosten – analog zum Spezialitäten-Geschäft – ein zentrales Problem. Der meist hohe Anteil der Entwicklungskosten an den Gesamtkosten (Entwicklungs-, Produktions-, Vertriebskosten) bei gleichzeitig sich immer mehr verkürzenden Produktlebenszeiten zwingt dazu, die Entwicklungskosten zu reduzieren. Diese Problematik trifft dabei die Anbieter- wie auch die Nachfragerseite im BDM gleichermaßen. Eine Möglichkeit zur Lösung dieses Problems besteht in der Entwicklung von Mehr-Generationen-Innovationen.

Mehr-Generationen-Innovationen bezeichnen Innovationen, deren Entwicklung aufbauend auf einer Basis-Architektur erfolgt. Durch die Basis-Architektur wird ein Rahmen (Framework) definiert, der eine möglichst langfristige Gültigkeit für die Entwicklung weiterer Innovationen besitzt.

Bekannte Beispiele für Basis-Architekturen finden sich vor allem im IT-Bereich: So stammen z. B. von IBM die Großrechnerarchitekturen System/360 (Markteinführung 1964), System/370 (Markteinführung 1970), System/390 (Markteinführung 1990) und System/z (Markteinführung 2000). Ziel dieser Basis-Architekturen ist es, den langfristigen Rahmen für Anpassungs- und Weiterentwicklungen vorzugeben. So wurden auf Basis der verschiedenen IBM-Architekturen einerseits unterschiedliche *Modellvarianten* in Abhängigkeit unterschiedlicher Anforderungen entwickelt und durch Weiterentwicklungen neue Rechner-Generationen hervorgebracht. Im weitesten Sinne können auch die im vorherigen Abschnitt besprochenen *Plattformen* als „Basis-Architektur" bezeichnet werden. Im Unterschied zur Plattform-Strategie liegt das Ziel von Mehr-Generationen-Innovationen im Hinblick auf das Erweiterungs-Geschäft aber darin, dass der Nachfrager bei Weiterentwicklungen auf dem durch die Basis-Architektur vorgegebenen ‚*Entwicklungspfad*' bleiben muss. Dadurch ist er dann in den Folgetransaktionen aufgrund der *Pfadabhängigkeiten* gebunden. Im Rahmen der Verbundkäufe kann ein Anbieter dann Produkte und Dienstleistungen zur Erweiterung des Basisgeschäftes verkaufen.

(2) Migrationspolitik
Bei einer durch den Nachfrager angestrebten Erweiterung des Grundnutzens im Rahmen der Verbundkaufphase ist es für den Anbieter von Bedeutung, die Beständigkeit und Weiterentwicklungsmöglichkeit der Basis-Lösung glaubhaft zu verdeutlichen. Dies kann durch eine entsprechende Migrationspolitik des Anbieters erreicht werden.

> Die *Migrationspolitik* umfasst alle Maßnahmen eines Anbieters zur Unterstützung des Wechsels von einer vorhandenen Problemlösung (Incumbent Technologie; Legacy System) auf eine neue Problemlösung, die entweder der Aufrüstung einer gegebenen Lösung auf eine höhere Funktionalitätsstufe oder der (kontinuierlichen) Lösungs-Anpassung an aktuelle technologische Entwicklungen dient.

Migrations-Wünsche werden beim Nachfrager durch geänderte Anforderungen an die im Basisgeschäft erworbene Problemlösung erzeugt und können nachfragerseitig z. B. durch organisatorische Änderungen der Unternehmensprozesse, Erweiterung der Produktionsprozesse, externe Anforderungen an ein vorhandenes System oder allgemein das Unternehmenswachstum ausgelöst werden. Ziel der anbieterseitigen Migrationspolitik ist es, den Nachfrager auf Weiterentwicklungen und Verbesserungen aktueller Problemlösungen aufmerksam zu machen und ihm sog. *Migrationspfade* zum Wechsel oder der kontinuierlichen Verbesserung seiner vorhandenen Lösungen aufzuzeigen. Der Wechsel (Migration) von einer im Nachfrage-Unternehmen implementierten Technologie, die auch als Incumbent Technologie, Alt-System oder *Legacy System* bezeichnet wird, auf eine neue bzw. verbesserte Lösung kann dabei erfolgen durch

(a) vollständige Ablösung des Legacy Systems,
(b) inkrementelle Anpassung und Erweiterung der Basis-Lösung.

Bei einer **vollständigen System-Ablösung** wird am Ende das Legacy System durch ein vollständig neu entwickeltes System abgelöst. Meist umfasst eine solche Migration nicht nur eine völlig neu konzipierte Anwendung und die damit verbundene Anwendungs- und Datenmigration, sondern häufig auch einen Wechsel im Bereich der Hardware. Die vollständige Ablösung ist deshalb gleichzusetzen mit der Öffnung eines neuen *Strategischen Fensters*, bei dem dann auch wieder Out-Supplier die Chance des ‚Markteintritts‘ haben. Ein In-Supplier sollte deshalb versuchen, die Phase der Verbundkäufe für **inkrementelle Systemerweiterungen** und -verbesserungen zu nutzen. Bei einer solchen ‚Salami-Taktik‘ werden dem Nachfrager z. B. durch neue Systemkomponenten oder Upgrades in Form von neuen Versionen und Releases des Anwendungssystems kontinuierlich Anpassungen an die aktuelle technologische Entwicklung unter Beibehaltung der etablierten Lösung geboten. Der Nachfrager tätigt mit solchen ‚Fortschreibungen‘ dann auch in der Phase der Verbundkäufe weitere spezifische Investitionen, wodurch der Systembindungseffekt weiter verstärkt werden kann. Im Ergebnis kann dann sogar ein *Akkumulationseffekt* spezifischer Investitionen eintreten und die ökonomische Bindung des Nachfragers somit auch in der Phase der Verbundkäufe weiter ausgebaut werden.

Neben den mit der Migration verbundenen technischen Problemen sind insbesondere aber auch zeitliche und soziale Problemfelder zu beachten: So darf nie außer Acht gelassen werden, dass mit einem bestehenden System zumeist auch gewachsene Anwendungsstrukturen einhergehen. Daher gilt es nicht nur auf technische Schnittstellen zu achten, sondern auch auf sog. Nutzer-Schnittstellen. Mit der Nutzung der vorhandenen Problemlösungen baut das Nachfrage-Unternehmen nicht nur spezifisches Anwendungs-Know-how auf, sondern nimmt auch (organisatorische) Anpassungen in seinen Prozessabläufen vor. Migrations-Maßnahmen umfassen deshalb auch eine Vielzahl nicht-technischer Dienstleistungen, die z. B. auf die Beratung, Begleitung oder Schulung der Mitarbeiter im Nachfrage-Unternehmen bezogen sind. Dabei hat der Anbieter zu beachten, dass der Kunde zu jedem Zeitpunkt zwar technisch abhängig ist, jedoch bei Unzufriedenheit auch eine große Gefahr besteht, dass die Reputation eines Anbieters negativ beeinflusst wird. Daher gilt es, Marketingmaßnahmen im Sinne der *Beziehungsqualitätspolitik* so zu koordinieren, dass die Geschäftsbeziehung stets stabil und langfristig ausgeglichen ist (vgl. Kapitel 4.2.2).

12.3.2.2.4 Marketing der Verbundkäufe im Verkettungs-Geschäft

Im Gegensatz zum Erweiterungs-Geschäft wird das Verkettungs-Geschäft hier als ,*reines' Dienstleistungs-Geschäft* verstanden, bei dem Integrationen von einzelnen Bedarfsfall-Lösungen, die meist schon in den Nachfrage-Unternehmen realisiert sind, zu *umfassenden Bedarfsketten* (Nutzungsketten) vorgenommen werden. Das Marketing der Verbundkäufe im Verkettungs-Geschäft hat sich an den Besonderheiten dieses Geschäftstyps auszurichten, die bereits in Kapitel 12.2.3 vorgestellt wurden und nachfolgend nochmals kurz zusammengefasst sind (vgl. auch Abb. 101).

- *Integration* von Bedarfsfall-Lösungen in eine beim Nachfrager i. d. R. bereits vorhandene oder zu erstellende „*Bedarfskette*" (Nutzungskette).
- Einzelne Bedarfsfall-Lösungen sind in die beim Nachfrager vorhandene Systemlandschaft einzupassen (*Systemintegration*) und damit in einen *Verwendungsverbund* zu bringen.
- Es werden Problemlösungen miteinander verbunden, die ursächlich *nicht* in einem komplementären Verhältnis stehen. Durch die Verkettung von originär getrennt nutzbaren *Funktionseinheiten* entsteht ein neuartiger (zusätzlicher) Nutzen innerhalb der Bedarfskette (Synergieeffekte).
- Komplementarität der Funktionseinheiten liegt nicht im Bedarfsfall, sondern innerhalb der *Bedarfskette*.
- Systemintegratoren als spezialisierte Anbieter, die im Prinzip ein ,reines' Dienstleistungs-Geschäft betreiben (Leistungsversprechen).
- Anbieter sowie Nachfrager müssen transaktionsbeziehungsspezifische Investitionen z. B. in Form von Know-how oder organisatorischen Anpassungen vornehmen, wodurch wechselseitige Lock-in-Situationen entstehen.

Das Verkettungs-Geschäft weist einen Überschneidungsbereich zum Erweiterungs-Geschäft auf, was in Abb. 112 in Form einer Prinzipdarstellung verdeutlicht ist.

Während im Erweiterungs-Geschäft einzelne Bedarfsfall-Lösungen in Form von Systemtechnologien (ST) vermarktet werden, werden im Verkettungs-Geschäft die Bedarfsfall-Lösungen zur Realisierung von Synergieeffekten und Prozessoptimierungen miteinander verbunden.

Die Dienstleistung „Systemintegration" (bzw. „Verkettung") wird meist von *Softwarehäusern* übernommen, die sich auf dieses Feld spezialisiert haben und selbst

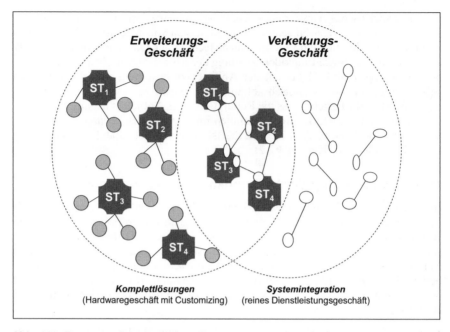

Abb. 112: Zusammenhang zwischen Erweiterungs- und Verkettungs-Geschäft

keine originären Bedarfsfall-Lösungen anbieten. Das Dienstleistungsspektrum im Bereich der Systemintegration ist dabei sehr weit und reicht von einem ‚einfachen‘ Backup-Management bis hin zur kontinuierlichen Systembetreuung vor Ort oder via Remote-Services (vgl. Beispielkasten). Eine Systemintegration kann aber auch durch den Anbieter einer Bedarfsfall-Lösung durchgeführt werden. In diesem Fall besteht für den Anbieter die Chance, sich zum Systemanbieter zu entwickeln und ggf. als *Systemführer* zu qualifizieren. Dadurch kann er seinen Einflussbereich auch auf Spezifikations- und Anforderungsvorgaben an die Problemlösungen von anderen Anbietern erweitern.

Beispiel: „Ausgewählte Service-Leistungen im Bereich Systemintegration"

- Anwendungsmigration
- Applikationsunterstützung
- Aufbau von Help Desks
- Backupmanagement
- Betrieb von Help Desks
- Change Request Management
- Datenbank-Services
- Datenbank-Migration
- Datenmigration
- Internet Services
- Laborkooperationen
- Netzwerkdienste
- Netzwerkimplementierung
- Netzwerkkonzeptionen

- Netzwerkmanagement
- Netzwerkwartung
- Prozessmodellierung
- Projektmanagement
- Qualifizierung
- Qualitäts- und Risikomanagement
- Recovery Management
- Remote Services
- Rollout von Anwendungen
- Second-Level-Supports
- Security-Services
- Service Level Agreements
- Systeminstallation

- Systemmanagement
- Systemintegration
- Systemmigration
- Systemkonfiguration
- Systemmonitoring
- Systemreporting
- Systemschulungen
- Technologieberatungen
- Technische Dienstleistungen
- Third-Level-Supports
- Workshops
- Work Flow-Management
- Zertifizierungen

Beim Verkettungs-Geschäft besteht der **Lock-in-Effekt** im *Basisgeschäft* darin, dass ein Anbieter eine erste Systemintegration beim Nachfrager durchführt und dann in der Phase der Verbundkäufe entweder mit der Betreuung des Gesamtsystems beauftragt und/oder die Systemintegration beim Nachfrager sukzessive erweitert wird. Der Nachfrager tätigt beim Verkettungs-Geschäft spezifische Investitionen derart, dass der Systemintegrator spezifisches Know-how im Hinblick auf die Systemlandschaft des Nachfragers aufbaut, wodurch er Leistungen in der Verbundkaufphase deutlich effizienter und auch zu besseren Konditionen anbieten kann als ein Out-Supplier. Beim Rückgriff auf den In-Supplier kann der Nachfrager damit eine *Quasi-Rente* realisieren. In gleicher Weise kommt es auch beim Anbieter zu einem Knowledge Lock-in, der auch für den Anbieter eine Quasi-Rente zur Folge haben kann. Allerdings ist der Anbieter nur dadurch in einer Lock-in-Situation, dass er das über einen Nachfrager erworbene Knowhow bei Folgetransaktionen nutzen kann und damit auch im Hinblick auf die Preisbildung ein *kalkulatorischer Preisausgleich* über die Zeit im Sinne einer *„Buy In-Follow On-Strategie"* möglich ist.

Systemintegrationen weisen aufgrund der spezialisierten Know-how-Erfordernis meist eine Dominanz an *Vertrauenseigenschaften* auf, sodass nachfragerseitig vor allem das *Problem des Moral-Hazard* relevant wird und der Anbieter mit einer entsprechenden **Unsicherheitsreduktionspolitik** reagieren sollte (vgl. Kapitel 6.4.3). Entsprechend bedeutsam sind damit auch die **Beziehungsqualitätspolitik** und die damit verbundenen geschäftsbeziehungsspezifischen Investitionen des Anbieters. Nach dem Modell von Ulaga/Eggert (2006, S. 122) zum Geschäftsbeziehungswert (vgl. Abb. 43; Kapitel 4.2.2) sind für das Verkettungs-Geschäft vor allem die Wert-Dimensionen „Supplier Know-how" und „Service Support" im Rahmen der Beziehungsqualitätspolitik von Bedeutung. Im Hinblick auf das **Supplier Know-how** liegt der Fokus dabei auf der Systemintegration für den Nachfrager und dabei vor allem bei dem Nachweis sog. *heuristischer Kompetenz.*

> *Heuristische Kompetenz* bezeichnet bedarfsfallübergreifendes und allgemeines Meta-Wissen, mit dem in bisher noch unbekannten Problemsituationen, für die nur wenig oder kein Wissen vorhanden ist, dass für eine Problemlösung erforderliche Know-how generiert werden kann.

Im Gegensatz zur epistemischen Kompetenz, die sich in den fachlichen Fertigkeiten und Fähigkeiten zur Lösung bekannter Probleme begründet, ist die heuristische Kompetenz eine wesentliche Voraussetzung dafür, dass ein Nachfrager einem Anbieter *Vertrauen* im Hinblick auf die Lösung unscharfer Problemstellungen entgegenbringt. Sie ist damit in besonderer Weise geeignet, die Nachfrager-Unsicherheit bei den meist durch hohe *Vertrauenseigenschaften* gekennzeichneten Systemintegrationen zu reduzieren (Weiss 1992, S. 59 ff.). Die empirische Untersuchung von Weiss zeigt, dass im Bereich der Fertigungsautomatisierung (CIM-Systeme) des Anbieters die epistemische Kompetenz geprägt ist, wobei folgende Dimensionen eine besondere Rolle spielen (Weiss 1992, S. 165 ff.):

* Anpassungsfähigkeit an zukünftige Entwicklungen,
* zukünftige Marktpräsenz,
* Nachweis der Leistungsfähigkeit,
* Dienstleistungsangebot.

Die obigen Aspekte sind dabei vor allem geeignet, dem Nachfrager Ansatzpunkte zur Beurteilung der bei Verkettungs-Geschäften meist dominanten Erfahrungs- und Vertrauenseigenschaften zu liefern (Weiss 1992, S. 100 ff.; Droege/Backhaus/ Weiber 1993, S. 57 ff.). Darüber hinaus ist im Bereich des „**Service Support**" der *Portierungspolitik*, d. h. Dienstleistungen zur Übertragung von Daten sowie Applikationen in neue Anwendungsumgebungen sowie der *Migrationspolitik*, die bereits im Rahmen des Erweiterungs-Geschäftes besprochen wurde, eine herausragende Bedeutung beizumessen.

12.3.2.3 Marketing in der Reflexionsphase

Verbund-Geschäfte unterscheiden sich gegenüber den ungeplanten Geschäftsbeziehungen dadurch, dass die Phase der Verbundkäufe einen definierbaren Zeithorizont umfasst, der sich über die *Bindungsspanne* relativ genau bestimmen lässt. Mit Ablauf der Bindungsspanne kommt es auf der Nachfragerseite im Prinzip zu einer **fundamentalen Re-Transformation**, und die bis dahin gültige Monopolstellung des im Basisgeschäft gewählten In-Suppliers wird aufgehoben. Damit kann der Nachfrager wieder aus einer Vielzahl von Anbietern wählen, wenn nicht neben der aus dem objekt-technischen Bedarfsverbund resultierenden (technischen) Bindung andere Bindungsmomente, wie z. B. ein Knowledge, ein Organizational Lock-in oder psychologische Bindungsmomente aufgebaut wurden. Für die Anbieterseite führt das zur erneuten Öffnung eines **Strategischen Fensters**, womit insbesondere für *Out-Supplier* die Chance gegeben ist, den bisherigen In-Supplier aus der Geschäftsbeziehung zu verdrängen.

Abb. 113 zeigt typische Ereignisse, die bei den verschiedenen Typen von Verbund-Geschäften die Bindungsspanne begrenzen und damit das Ende der Verbund-

Verbundtypen	Gründe für den Wechsel einer Geschäftsbeziehung zum Out-Supplier
Repetitiv-Geschäft	• Ablauf eines konkreten Zuliefer-Vertrages • Auslauf von Rahmenverträgen
Spezialitäten-Geschäft	• Ende des Produktlebenszyklus • Produktvariation • Produktinnovation
Erweiterungs-Geschäft	• Amortisation der spezifischen Nachfrager-Investitionen • Ende des nachfragerseitigen Investitionszyklus • Existenz neuer Technologien
Verkettungs-Geschäft	• Wandel der Organisationsstruktur • Neue technologische Standards • Erscheinen leistungsfähiger Anbieter am Markt

Abb. 113: Ablauf der nachfragerseitigen Bindungsspanne (ausgewählte Beispiele)

kauf-Phase anzeigen. Dabei ist ein Austritt aus einer gegebenen Geschäftsbeziehung grundsätzlich immer auch dann denkbar, wenn die Anbieter- bzw. Technologiewechselkosten die in einer neuen Geschäftsbeziehung realisierbaren Quasi-Renten nicht übersteigen. Der In-Supplier muss deshalb – ebenso wie auch ein Out-Supplier – die in Abb. 113 exemplarisch aufgeführten Ereignisse antizipieren und im Vorfeld einer möglichen Wechselentscheidung des Nachfragers seine weitere Strategie festlegen. Die diesbezüglichen Überlegungen werden in der Reflexionsphase vorgenommen, die mit der Entscheidung des Abbruchs oder der erneuten Akquisition der Geschäftsbeziehung endet. Grundsätzlich sind dabei auch erneut die bereits in Kapitel 12.3.2.1.2 zur Akquisition des Basisgeschäftes vorgetragenen Überlegungen relevant. Das gilt umso mehr, je weniger es dem In-Supplier gelungen ist, im Verlauf der bisherigen Geschäftsbeziehung die unfreiwillige Bindung des Nachfragers durch eine freiwillige Bindung zu ersetzen oder zu ergänzen. Darüber hinaus sollte der **In-Supplier** in der Reflexionsphase insbesondere folgende Aspekte in den Vordergrund seiner Überlegungen stellen:

• Beurteilung der nachfragerseitigen Entscheidungsoptionen,
• Analyse der nachfragerseitigen Wechselbereitschaft,
• erneute Beurteilung des Customer Lifetime Value und Entscheidung über Abbruch oder die Fortsetzung der Geschäftsbeziehung.

(1) Beurteilung der nachfragerseitigen Entscheidungsoptionen
Bei allen Verbundtypen stellt sich für den Nachfrager mit Ablauf der Bindungsspanne die Frage nach der Fortsetzung der bisherigen Geschäftsbeziehung mit dem In-Supplier oder der Wechsel zu einem Out-Supplier. Das Entscheidungsproblem wird dabei einerseits durch die Wahl des Anbieters und andererseits

durch die Wahl der Technologie bestimmt (Luthardt 2003, S. 31 ff.), womit sich für den Nachfrager die in Abb. 114 dargestellten grundsätzlichen Entscheidungs-optionen ergeben.

Anbieter-Entscheidung	Technologie-Entscheidung	
	Incumbent Technologie	Neue Technologie
In-Supplier	Fortsetzung der Geschäftsbeziehung	Technologiewechsel
Out-Supplier	Anbieterwechsel	Anbieter- *und* Technologiewechsel

Abb. 114: Nachfragerseitige Entscheidungsoptionen nach Ablauf der Bindungsspanne

Im Hinblick auf die Technologie-Entscheidung kann der Nachfrager entweder bei der derzeit in seinem Unternehmen etablierten Technologie (sog. **Incumbent Technologie**) bleiben oder auf eine neue Technologie wechseln. Wird unterstellt, dass weder spezifische Investitionen noch Netzeffekte oder Pfadabhängigkeiten einen Technologiewechsel behindern, so kann er eine neue Technologie entweder mit dem bisherigen In-Supplier oder aber mit einem neuen Anbieter (Out-Sup-plier) realisieren. Wird ein **Technologiewechsel** vorgenommen, so kommt es erneut zu der bereits für das Basisgeschäft beschriebenen *fundamentalen Transformation* (Kapitel 4.2.3.3), und das *Strategische Fenster* schließt sich wieder. Der Technolo-giewechsel kann dabei unter Aufrechterhaltung der Geschäftsbeziehung mit dem bisherigen In-Supplier erfolgen oder aber auch mit einem Anbieterwechsel ver-bunden sein.

(2) Analyse der nachfragerseitigen Wechselbereitschaft
Sowohl für den In-Supplier als auch für den Out-Supplier ist es von Bedeutung, im ersten Schritt die Wechselbereitschaft eines Nachfragers zu beurteilen. Dabei fungiert i. d. R. die bisherige Geschäftsbeziehung bzw. die Incumbent Technolo-gie als *Referenzpunkt* für die Wechselüberlegungen eines Nachfragers.[4] In Anleh-nung an Adler (2003, S. 92 ff.), der eine allgemeine Betrachtung von Austauschbe-ziehungen vornimmt, bietet es sich zur differenzierten Betrachtung der **Wechselbereitschaft** an, die in Abb. 115 dargestellten vier Betrachtungsebenen zu unterscheiden.

---

4 In der Literatur wird zum Teil nochmals zwischen Wechselneigung und Wechselbereit-schaft differenziert, wobei die Wechselneigung dann auf die im Evoked Set enthaltenen Anbieter bezogen ist, während sich die Wechselbereitschaft auf die am Ende der Such-phase im endgültigen Choice Set enthaltenen Anbieter bezieht (vgl. Luthardt 2003, S. 36 ff.)

Betrachtungs-ebene	Betrachtungsfokus	Kristallisationsgrößen der Wechselbereitschaft
(I) Leistungsebene	Austauschobjekt: Property Rights von Leistung und Gegenleistung/Entgelt	Nettonutzen
(II) Austauschebene	Übertragung der Property Rights zwischen Austauschpartnern	Wechselkosten
(III) Beziehungsebene	Beziehungsqualität zwischen Austausch-partnern	Beziehungswert
(IV) Informations-ebene	Informations- und Unsicherheitsprobleme durch Informations-asymmetrien	Endogene Unsicherheit
	Veränderungsdynamik des Technologie- und Marktumfeldes	Exogene Unsicherheit

Abb. 115: Betrachtungsebenen der Wechselbereitschaft

Während die Leistungsebene direkt auf den mit einer konkreten Problemlösung verbundenen Nutzen abstellt, werden auf der Austauschebene die mit den Transaktionen verbundenen Kosten betrachtet, die hier auf die Wechselkosten fokussiert sind. Weiterhin wird durch die Beziehungsebene die Beziehungsqualität insbesondere im Sinne freiwilliger Bindungsfaktoren betont, und die Informationsebene zeichnet primär für das Ausmaß der Unsicherheit bei Wechselentscheidungen verantwortlich. Die als Kristallisationsgrößen herausgestellten Konstrukte lassen sich dabei auch aus dem in Kapitel 4.2.3 vorgestellten allgemeinen Kundenbindungs-Modell ableiten, da die Wechselbereitschaft i. d. R. spiegelbildlich zur Kundenbindung ausgeprägt ist. Es gilt vereinfacht: Wechselwahrscheinlichkeit = 1 - Kundenbindungsgrad. Die Wechselbereitschaft eines Nachfragers kann als umso höher angesehen werden, je größer die Differenz zwischen der Beurteilung seines Status quo und der Beurteilung einer neuen Wahlmöglichkeit (Alternative) ausfällt. Entsprechend sind zur Analyse der Wechselbereitschaft die obigen Kristallisationsgrößen als Differenzwerte zu betrachten zwischen ihrer vom Nachfrager wahrgenommenen Ausprägung beim In-Supplier bzw. der Incumbent Technologie und der erwarteten Ausprägung bei einem Out-Supplier bzw. einer neuen Technologie. Hohe Differenzwerte zu Gunsten des In-Supplier bzw. der Incumbent Technologie lassen dann (mit Ausnahme der Unsicherheitsdifferenz) auf eine nur geringe Wechselbereitschaft schließen. Die Wirkrichtung der als Differenzwerte ausgedrückten Kristallisationsgrößen auf die Wechselbereitschaft ist in einem allgemeinen Modell in Abb. 116 dargestellt. Empirische Untersuchungen bestätigen die in Abb. 116 unterstellten Wirkungszusammenhänge: So kommen z. B. Adler (2003, S. 166) und Weiber/Adler (2003, S. 89) zu einer empirischen Bestätigung der unterstellten Wirkungszusammenhänge für den Wechsel von Telekommunikationsanbietern.

Die empirische Untersuchung von Luthardt (2003, S. 197), welche die meisten der im Modell aufgeführten Größen umfasst, zeigt bei 191 untersuchten industriellen Geschäftsbeziehungen ebenfalls signifikante Wirkstärken. Lediglich für die (endogene) Verhaltensunsicherheit sowie die (exogene) Umweltunsicherheit in Bezug auf die Nachfragerbranche konnte kein signifikanter Effekt nachgewiesen werden, was Luthardt (2003, S. 199) mit kompensatorischen Effekten erklärt.

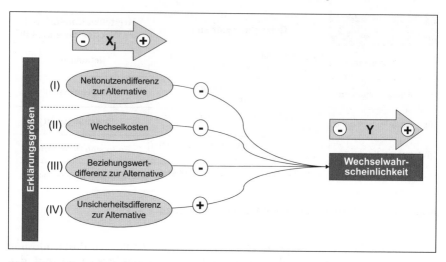

Abb. 116: Allgemeines Modell zur Bestimmung der Wechselbereitschaft
(In Anlehnung an: Weiber/Adler 2003, S. 77)

(3) Erneute Beurteilung des Customer Lifetime Value und Entscheidung über den Abbruch oder die Fortsetzung der Geschäftsbeziehung

In der Reflexionsphase findet nicht nur eine fundamentale Re-Transformation auf der Nachfragerseite statt, sondern auch der Anbieter ist zumindest aus einem Temporal Lock-in ‚entlassen‘. Allerdings muss die erneute Öffnung des strategischen Fensters nicht zwingend mit der Amortisation der spezifischen Investitionen des Anbieters einhergehen. Spezifische Investitionen des In-Suppliers können deshalb die Notwendigkeit zur Fortsetzung der bisherigen Geschäftsbeziehung ‚erzwingen‘. Wird allerdings auch hier unterstellt, dass der In-Supplier in seiner Entscheidung zur Fortsetzung der Geschäftsbeziehung frei ist, so sollte er diese vor allem auf eine erneute Bewertung des **Customer Lifetime Value (CLV)** (vgl. Kapitel 4.2.2) stützen und eine Fortsetzung der Geschäftsbeziehung nur dann anstreben, wenn zum einen der CLV als hinreichend attraktiv erachtet wird und zum anderen auch die in der Verbundkaufphase zu erwartenden Unsicherheiten als akzeptabel eingestuft werden. In aller Regel dürfte – bei erfolgreichem Management der Verbundkaufphase – der In-Supplier gegenüber einem Out-Supplier aber über deutliche Vorteile bei der Akquisition zur Fortsetzung der Geschäftsbeziehung verfügen: So kommt Saab (2007, S. 225) in seiner auf das Commitment in Geschäftsbeziehungen konzentrierten Untersuchung zu dem Ergebnis, dass insbesondere der Beziehungswert und die Wechselkosten die Stabilität bestehender Geschäftsbeziehungen stützen, da Nachfrager umso weniger nach Alternativen suchen, je stärker diese Größen ausgeprägt sind. Selbst dann, wenn ein Out-Supplier eine herausragende Lösung bieten kann, so verfügt der Nachfrager über weitgehend gesicherte Kenntnisse nur im Hinblick auf das Leistungsvermögen des In-Suppliers, sodass er ceteris paribus nur dann zu einem Out-Supplier wechseln wird, wenn dieses ‚gesicherte Wissen‘ über ein hohes Ausmaß an Vertrauen zum Out-Supplier kompensiert werden kann (Schütze 1992, S. 211). Weiterhin kommt Luthardt (2003, S. 204) zu dem Ergebnis, dass vor allem *spezifische Investitionen* auf der Nachfragerseite einen wirksamen ‚Schutz' vor der Berücksichtigung und Auswahl von Out-Suppliern darstellen, womit diese Untersuchung die bereits von Jackson (1985, S. 119) hervorgehobene besondere Bedeutung der spezifischen Investitionen für die Stabilität von Geschäftsbeziehungen bekräftigt. Weiterhin zeigt diese Studie, dass bei den untersuchten 191 industriellen Geschäftsbeziehungen zwar zu 75 % auch Out-Supplier im Choice Set des Nachfragers enthalten waren, im Ergebnis dann aber nur in 40 % der Fälle auch der Out-Supplier den Zuschlag erhielt.

Nach diesen Ergebnissen hat der **Out-Supplier** vor allem bei schnelllebigen Technologien und erhöhten Verhaltensunsicherheiten des Nachfragers gute Chancen, in etablierte Geschäftsbeziehungen einzudringen. Die Chancen steigen weiter, wenn es dem In-Supplier nicht gelungen ist, in der Verbundkaufphase durch eine geeignete Beziehungsqualitäts-Politik einen hinreichend großen Beziehungswert aufzubauen.

13 Disgruenz und Dynamik der Geschäftstypen

In den vorangegangenen Abschnitten wurden die Marketingprogramme, die in den verschiedenen Geschäftstypen des BDM zum Einsatz kommen (sollten), vorgestellt. Bei ihrer Präsentation und Erläuterung wurde davon ausgegangen, dass bestimmte Geschäfte aufgrund ihrer jeweiligen Ausprägungen der transaktionsobjekt- und geschäftsbeziehungsbezogenen Spezifität zu einem bestimmten Zeitpunkt sowohl aus der Anbieter- als auch der Nachfragerperspektive gleichermaßen einem der vier Grundtypen zugeordnet werden. Dies ist aber nicht immer und zwangsweise der Fall. Erstens können die Einschätzungen darüber, in welchem Geschäftstyp agiert wird, zwischen Anbietern und Nachfragern durchaus unterschiedlich sein. Man spricht dann von einer Disgruenz der Geschäftstypen. Zweitens ist es aufgrund der allgemeinen Marktdynamik sowie der Tatsache, dass Unternehmen Veränderungen bei ihren strategischen Intentionen und Vorgehensweisen vornehmen, immer wieder zu beobachten, dass sich bestimmte Vermarktungskonstellationen verändern und somit von einem Geschäftstyp zu einem anderen wandeln. Dies kann als Dynamik von Geschäftstypen charakterisiert werden. Beide Phänomene haben Auswirkungen auf die Konzeption und den Einsatz der von den Anbietern einzusetzenden Marketingprogramme, die in den folgenden Abschnitten erläutert werden sollen.

13.1 Disgruenz von Geschäftstypen

Die Disgruenz von Geschäftstypenkonstellationen entsteht immer dann, wenn Anbieter und Nachfrager in jeweils unterschiedlichem Ausmaß spezifisch in das Transaktionsobjekt und/oder die Geschäftsbeziehung investieren und sich deshalb ihre Sichtweisen, Präferenzsetzungen und Verhaltensweisen voneinander unterscheiden (Mühlfeld 2004, S. 62, Ungruhe 2011, S. 83 ff.). In Abb. 117 sind mögliche Fälle disgruenter sowie kongruenter Geschäftstypenkonstellationen beispielhaft illustriert.

Aus Anbieterperspektive sind solche disgruenten Situationen grundsätzlich mit der Gefahr von Effektivitäts- oder Effizienzverlusten verbunden. So mag es in einer Situation Kunden geben, die ihre Kaufentscheidungen von Fall zu Fall immer wieder neu treffen, weshalb für sie weder vorangegangene noch zu erwartende zukünftige Markttransaktionen einen wesentlichen Einfluss auf ihr aktuelles Kaufverhalten haben. Solche Nachfrager, die somit – aus welchen Gründen auch immer – ihre eigene Situation dem Spot- oder dem Projektgeschäft zuordnen und deshalb „Transactions Buying" betreiben, stellen für Anbieter ein Problem

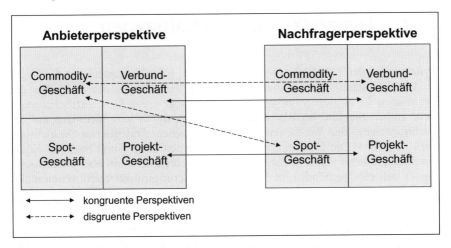

Abb. 117: Beispiele kongruenter und disgruenter Geschäftstypenkonstellationen

dar, die ihr Geschäft selbst dem Commodity- oder dem Verbund-Geschäft zuordnen bzw. als ein solches betreiben und die deshalb Aktivitäten des Geschäftsbeziehungsmanagements ergreifen. Denn die Investitionen, die solche Anbieter spezifisch im Hinblick auf die betreffenden Geschäftsbeziehungen vornehmen, lohnen sich nicht, da die Nachfrager nicht die erhofften Wiederkaufentscheidungen tätigen. Ihre Maßnahmen des Geschäftsbeziehungsmanagements stoßen ins Leere und sind deshalb nicht effektiv. Aber auch der umgekehrte Fall ist denk- und beobachtbar, nämlich dann, wenn ein Kunde sich an einen Anbieter bindet oder gebunden fühlt und deshalb Verhaltensweisen zeigt, die für das Commodity- oder Verbund-Geschäft typisch sind. Wenn ein Anbieter darauf nicht mit entsprechenden Maßnahmen des Geschäftsbeziehungsmanagements eingeht, verspielt er seine Möglichkeiten, das Bindungspotenzial des Nachfragers besser auszunutzen und diesen zu vermehrten oder umfangreicheren Wiederholungskäufen zu animieren. Im schlimmsten Fall droht sogar die Abwanderung des Kunden zu einem konkurrierenden Anbieter.

Theoretisch ist also eine Vielzahl disgruenter Vorgehensweisen denkbar (Mühlfeld 2004, S. 62 ff.), die aus der Perspektive der Anbieter grundsätzlich immer mit Effektivitäts- oder Effizienzverlusten verbunden sind. Nicht zuletzt aus diesen Gründen ist deshalb wichtig, möglichst genaue Kenntnisse über die jeweiligen Wahrnehmungen, Einschätzungen und Verhaltensweisen der Nachfrager zu haben, damit das gewählte Marketingprogramm möglichst passgenau auf diese ausgerichtet ist.

13.2 Dynamik von Geschäftstypen

Dynamik bei den Geschäftstypenkonstellationen geht – entsprechend der Logik des BDM-Geschäftstypenansatzes – mit einer Veränderung des Ausmaßes der spezifischen Investitionen auf der Transaktions- bzw. der Geschäftsbeziehungs- ebene einher. Sie wird im Wesentlichen getrieben durch Veränderungen auf der Nachfragerseite, des Wettbewerbs oder der eigenen strategischen Ausrichtung eines Anbieters. Die Dynamik von Geschäftstypen kann somit mal von einem einzelnen Anbieter selbst nachhaltig verfolgt werden, es kann aber ebenso sein, dass er sich entsprechenden marktlichen Veränderungsprozessen anpassen muss.

Dass einzelne Anbieter selbst Treiber der Geschäftstypendynamik sind, ist in aller Regel dann zu beobachten, wenn sie mit ihrer gegenwärtigen Situation in einem Geschäftstyp unzufrieden sind. Anpassungserfordernisse des eigenen geschäftsty- penbezogenen Marketingprogramms resultieren demgegenüber aus übergeordneten marktlichen Veränderungsprozessen, wie etwa Standardisierungsprozessen, dem Zusammenwachsen von Märkten, der Durchsetzung technologischer Innovationen u. Ä. Zudem sind zwischen diesen Ebenen Interaktions- und Rückkopplungseffekte wirksam, da die Verhaltensweisen einzelner Anbieter etwa Reaktionen von Kon- kurrenten hervorrufen können, die solche dynamischen Entwicklungen wiederum befördern können. Beispielhaft für solche Entwicklungen können die „Commoditi- sierung" als eine marktbezogene und die Entwicklung proprietärer Angebote sowie von Verbund-Geschäften als anbieterinitiierte Arten der Dynamik von Geschäftsty- pen genannt werden (vgl. Abb. 118). Ein wesentliches Ziel von Anbietern, die im Commodity- oder im Verbund-Geschäft agieren, besteht darin, die Kunden durch die entsprechenden Maßnahmen des Geschäftsbeziehungsmanagements zu binden (vgl. Kapitel 10.2 bzw. Kapitel 12.3). Dadurch entstehen aber zwangsläufig Abhän- gigkeiten der Nachfrager, die diese reduzieren möchten.

Nachfrager ergreifen oder unterstützen deshalb Maßnahmen, durch welche Zwänge, Wiederholungskäufe bei bestimmten Anbietern vornehmen zu müssen, gemildert werden können. Hierzu gehören jegliche Formen der Standardisierung von Produkten oder Leistungselementen, da durch sie die Möglichkeiten der Aus- wahl und Nutzung konkurrierender Angebote erhöht werden. Beispielhaft hierfür kann die Beteiligung an Standardisierungs- und Normungsinitiativen genannt werden. Sind solche Vorgehensweisen erfolgreich, führt das dazu, dass sich für die betroffenen Anbieter die Vermarktungskonstellation im Extremfall von der eines Verbund- oder eines Commodity-Geschäfts zu der eines Spot-Geschäfts wandeln kann. Daraus ergeben sich naheliegenderweise wiederum weitreichende Konsequenzen für die Ausgestaltung der zu wählenden Marketingaktivitäten sowie die Schärfe des Preiswettbewerbs.

Um genau solchen Entwicklungen entgegenzuwirken, versuchen etwa im Com- modity-Geschäft agierende Anbieter ihre Angebote in proprietäre Systeme zu wandeln, da Commodity-Geschäfte aufgrund der gegebenen Homogenität der Kernleistungen tendenziell immer der Gefahr unterliegen, in Spot-Geschäfte ‚abzurutschen'. Ähnlich sind auch alle Versuche von Commodity-Anbietern zu

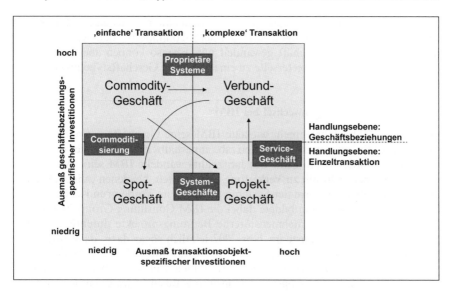

Abb. 118: Beispielhafte Entwicklungen der Dynamik von Geschäftstypen

werten, ihre Angebote in Richtung eines Spezialitäten-Geschäfts als eine Form des Verbundgeschäfts zu entwickeln. Anbieter in Projekt-Geschäften versuchen durch das Angebot von Serviceleistungen ihre Kunden zu Investitionen auf der Geschäftsbeziehungsebene zu bewegen, und erhoffen sich so diese längerfristig an sich zu binden, sie bei Folgetransaktionen für sich zu gewinnen und somit vom Geschäftstyp des Projekt- zu dem des Verbund-Geschäfts wechseln zu können.

Ähnliche Überlegungen können auch für Wandlungen der Verbundtypen als Formen des Verbund-Geschäfts angestellt werden. Nach dem erfolgreichen Abschluss des Basisgeschäfts ist hier der Nachfrager zwar für die Zeit der Verbundkäufe an den In-Supplier gebunden. Nachdem alle zum Basisgeschäft komplementären Leistungen geliefert worden sind, ist der Nachfrager jedoch prinzipiell wieder frei, einen anderen Anbieter zu wählen, oder sogar den Typ des Verbundkaufs zu wechseln. Dies wird insbesondere dann der Fall sein, wenn das nachfragende Unternehmen im Verlauf der Reflexionsphase zu der Auffassung gelangt, dass die zuvor gewählte Form des Verbundkaufs nicht den anfänglich gestellten Erwartungen entsprochen hat. Beispielhaft können etwa Nachfrager genannt werden, die im Zuge von Maßnahmen des Mehrstufigen Marketings eines Vorlieferanten mehr oder weniger ‚gezwungen‘ werden, dessen Produkte zu kaufen. Wenn sich daraus für sie selbst kein Nutzen für ihr eigenes Geschäft ergibt bzw. sie einen solchen nicht wahrnehmen, werden sie durch entsprechende Gegenmaßnahmen versuchen, sich aus der Abhängigkeit des Vorlieferanten zu lösen. Eine Möglichkeit stellen Initiativen dar, die eingesetzten Vorprodukte stärker zu standardisieren und sie so ihres Spezialitätencharakters zu berauben. Gelingt dies, dann wird dadurch der durch die der Transaktionsobjektspezifität hervorgerufene Vendor Lock-in reduziert oder sogar gänzlich aufgelöst. Aus der Perspektive der Dynamik von Geschäftstypen bedeutet dies aber nichts anderes als dass sich dann ein ursprüngliches Spezialitätengeschäft zu einem Commodity- oder im Extremfall sogar zu einem Spot-Geschäft gewandelt hat. Ebenso können aber strategische Überlegungen auf der Anbieterseite zu einem solchen Geschäftstypenwechsel führen.

Beispiel: „Geschäftstypenwechsel bei IBM"

Bis in die 1990er Jahre hinein wickelte IBM seine Geschäfte vor allen in der Form von Erweiterungs-Geschäften ab, innerhalb derer Komplettlösungen angeboten wurden. Zum Ende des Jahrzehnts wandelte IBM seine Angebotsstrategie immer mehr hin zu Verkettungs-Geschäften, bei denen ‚reine' Dienstleistungsangebote in Form der Systemintegration im Vordergrund stehen. Den Nukleus der Entwicklung bildete dabei die IBM Consulting Group (ICG), die ursprünglich allein unternehmensinterne Beratungsprojekte durchführte. Der Wandel der Strategie führte im Jahr 2002 letztlich sogar dazu, dass durch die Akquisition von PricewaterhouseCoopers Consulting (PwCC) 24.000 neue Mitarbeiterinnen und Mitarbeiter übernommen wurden, von denen sodann etwa 2.500 allein im Management Consulting Business tätig wurden und so IBMs Kompetenzen in diesem Bereich massiv erhöhten. In der Folge sank der Prozentsatz der IBM-intern angebotenen Beratungsleistungen auf unter 5 %.

Erzwungene oder strategisch gewollte Wechsel des Geschäftstyps bedeuten, dass das betreffende Unternehmen zu einem bestimmten Zeitpunkt eine möglicherweise tiefgreifende Veränderung seines Marketingprogramms vollziehen muss. Die Notwendigkeit eines solchen Strategiewechsels wirft jedoch gewisse Probleme auf, da er oftmals einen tiefgreifenden Umdenkprozess erfordert, der vielen Unternehmen tendenziell schwerfällt, weil zusätzliche Ressourcen aufgebaut, Gewohnheiten in Frage gestellt und organisatorische Trägheiten überwunden werden müssen (Davies/Brady/Hobday 2007; Plötner 2008; Kapletia/Probert 2010). So war etwa der Unternehmensbereich Siemens Business Services (SBS) der Siemens AG, der eine ähnliche Entwicklung wie die zuvor von IBM dargestellte anstrebte, nicht in der Lage, diese erfolgreich umzusetzen. Als ein wesentlicher Grund hierfür wird angeführt, dass es dem Unternehmen nicht gelang, seine Aktivitäten im Rahmen der unpersönlichen aber noch viel mehr im Rahmen der persönlichen Kommunikation von dem ursprünglich vor allem auf die Vermarktungen von Sachleistungen fokussierten Ansatz auf die nun neuen Erfordernisse des Dienstleistungsgeschäfts umzustellen (Plötner 2008, S. 336 f.). Zudem können solche Entwicklungen dazu führen, dass Unternehmen mit ihren strategischen Geschäftsfeldern parallel in unterschiedlichen Geschäftstypen agieren.

Teil IV: Qualitätsmanagement im BDM

Die Sicherung einer hohen Leistungsqualität und die damit einhergehende Kundenbindung stellen heute auf nahezu allen Märkten einen zentralen Wettbewerbsfaktor dar. Dabei ist die Ausweitung des Marktvolumens ohne besondere *Leistungs- oder Service-Innovationen* nur noch schwierig zu erreichen. Die konsequente und beständige Erfüllung der Kundenanforderungen und die damit einhergehende Sicherstellung einer überlegenen Leistungsqualität sind deshalb die zentrale Herausforderung für ein erfolgreiches Qualitätsmanagement. Aufgrund dieser Bedeutung des Qualitätsmanagements für den Unternehmenserfolg ist es nicht verwunderlich, dass auch die Literatur zu diesem Themenbereich mittlerweile als umfänglich zu bezeichnen ist. Der an Detailfragen interessierte Leser sei deshalb auf einschlägige Werke der Literatur wie z. B. Bruhn 2011, Pfeifer/Schmitt 2007, Schmitt/Pfeifer 2010 oder Wagner/Käfer 2010 verwiesen.

Die nachfolgenden Darstellungen wollen deshalb auch nicht einen weiteren Überblick zu den unterschiedlichsten Aspekten und Ansätzen des Qualitätsmanagements geben, sondern konzentrieren sich auf die Anforderungen, die sich aus den Besonderheiten des BDM ergeben (**Kapitel 14**). Dem Ansatz des vorliegenden Buches folgend, wird das Qualitätsmanagement in einem *informationsökonomischen Kontext* betrachtet und auf dieser Basis mit dem sog. *„Qualitäts-Dreisprung"* ein Ansatz für ein operatives Qualitätsmanagement im BDM vorgestellt (**Kapitel 15**). Die diesbezüglichen Darstellungen konzentrieren sich auf *Informationsaktivitäten* zur Sicherstellung einer den Kundenanforderungen entsprechenden Qualität von Leistungsbündeln im BDM.

14 Besonderheiten des Qualitätsmanagements im BDM

14.1 Bedeutung und Begriff der Leistungsqualität im BDM

In der Literatur besteht Einigkeit darüber, dass die Qualität der Leistungsangebote eines Unternehmens maßgeblich zu dessen ökonomischen Erfolg beiträgt: Aus Sicht des Geschäftsbeziehungsmanagements bestimmt die Leistungsqualität vor allem die Kundenzufriedenheit und beeinflusst darüber in elementarer Weise die Kundenbindung. Die **Kundenbindung** wiederum beeinflusst durch ihre Effekte auf die Kostenseite (z. B. Reduktion der Transaktionskosten; Verringerung von Schnittstellenproblemen) sowie die Erlösseite (z. B. Wiederkäufe, Mehrkäufe in Form von Cross Buying oder Verbundkäufen) den ökonomischen Erfolg eines Unternehmens (vgl. auch Kapitel 4.2.3). Die Leistungsqualität entfaltet damit unterschiedliche Wirkungen auf zentrale Erfolgsgrößen des Unternehmens, die sich primär begründen in:

- einer psychologischen Wirkung (Kundenzufriedenheit),
- einer verhaltensbezogenen Wirkung (Kundenbindung),
- einer ökonomischen Wirkung (ökonomischer Unternehmenserfolg).

Nachfolgend konzentrieren sich die Betrachtungen auf die Klärung von Grundfragen, die das Begriffsverständnis sowie ausgewählte Ansätze zur Messung der Leistungsqualität vor dem Hintergrund einer integrativen Leistungserstellung betreffen. Dazu ist es zunächst notwendig den Qualitätsbegriff genauer zu betrachten, um so ein Verständnis im Sinne dieses Kapitels zu entwickeln.

Nach DIN EN ISO 9001:2008 bezeichnet *Qualität* „den Grad, in dem ein Satz inhärenter Merkmale Anforderungen erfüllt".

Gemäß obiger Definition resultiert Qualität aus einer Vielzahl an Leistungseigenschaften, deren Gewichtung jedoch je nach Betrachter unterschiedlich ist. Zur Qualitätsbeurteilung werden daher die Ausprägungen der jeweiligen Eigenschaften mit den Erwartungen bzw. Erfordernissen des jeweiligen Beurteilers verglichen. Der so gefasste Qualitätsbegriff kann dabei aus zwei unterschiedlichen Perspektiven betrachtet werden: der produkt- und der kundenbezogen Sichtweise. Die Unterscheidung liegt dabei in der angestrebten Objektivität der zur Qualitätsbetrachtung herangezogenen Kriterien:

- Nach dem **produktbezogenen Qualitätsbegriff** ergibt sich die Qualität einer Leistung aus der Summe der Qualitäten einzelner Leistungseigenschaften. Bei dieser Betrachtungsweise werden objektive Kriterien zur Bewertung herangezogen, was allerdings im Falle individueller Leistungserstellung nur eingeschränkt möglich ist.

- Der **kundenbezogene Qualitätsbegriff** bezieht sich auf die *Wahrnehmung* der Produkteigenschaften bzw. Leistungen durch den jeweiligen Abnehmer. Hierbei stehen insbesondere die subjektiven Urteile des Abnehmers über die individuell relevanten Leistungseigenschaften im Vordergrund.

Produktbezogener und kundenbezogener Qualitätsbegriff erfordern, dass im Qualitätsmanagement unterschiedliche Perspektiven zu vereinen sind. Ausschlaggebend ist dabei aber jeweils die Kundensicht. Die Festlegung von Anforderungen an die Leistungsqualität erfordert damit eine mehrdimensionale Betrachtungsweise, die folgende Sichtweisen zu berücksichtigen hat:

- Aus **Wettbewerbssicht** muss eine Profilierung gegenüber den jeweiligen Konkurrenten angestrebt werden, um dadurch Wettbewerbsvorteile zu generieren. Dementsprechend ist das Qualitätsniveau der Konkurrenz als *Mindestniveau* der eigenen Leistungserstellung zu betrachten, um eine geeignete wettbewerbsorientierte Qualitätsstrategie abzuleiten.
- Aus **Unternehmenssicht** bestimmen sich die Anforderungen an die Qualität durch die Fähigkeit und Bereitschaft eines Anbieters zur Erfüllung eines bestimmten Leistungsniveaus. Grundlegend sind hierbei z. B. die Bedeutung von Qualität für die Unternehmens- und Marketingstrategie.
- Aus **Kundensicht** sind die Kundenanforderungen und deren wahrgenommene Erfüllung von zentraler Bedeutung. Die Kundensicht bildet *den Maßstab* für die Leistungsqualität, wobei Kundenerwartungen auf Leistungspotenzial, Leistungserstellungsprozess und Leistungsergebnis bezogen sein können.

Leistungsqualität wird im Folgenden aus *Kundensicht* betrachtet. Dabei basiert die **wahrgenommene Leistungsqualität** auf einem psychischen und subjektiven Soll-Ist-Vergleich, bei dem die Erfahrungen des Kunden bzgl. der Leistung eines Anbieters (*Ist-Komponente*) mit dessen vorher bestehenden Erwartungen bzw. dem Anspruchsniveau an eine Leistung (*Soll-Komponente*) verglichen werden.

> *Leistungsqualität* bezeichnet die Fähigkeit eines Anbieters, seine Leistungsangebote entsprechend den Kundenerwartungen auf einem bestimmten Anspruchsniveau zu erstellen. Sie bestimmt sich aus Kundensicht durch die Summe der Soll-Ist-Vergleiche aller Komponenten eines Leistungsbündels.

Die Bestimmung der Leistungsqualität mittels Soll-Ist-Vergleich entspricht den bereits vorgestellten Überlegungen zum **CD-Paradigma** und Leistungsqualität spiegelt sich damit in dem Konstrukt der **Kundenzufriedenheit** (Kapitel 4.2.3.2) wider. Diese Gleichsetzung von Leistungsqualität und Kundenzufriedenheit besitzt dabei sowohl im Privat- wie auch im Geschäftskundenbereich Gültigkeit (Patterson/Johnson/Spreng 1996, S. 4 ff.). In Bezug auf das BDM ist es zweckmäßig, dass die Betrachtung der Leistungsqualität aus Unternehmens- wie auch aus Kundensicht in einem *phasenabhängigen Kontext* erfolgt, der die Besonderheiten der integrativen Leistungserstellung aufgreift. Dementsprechend sollte sich auch

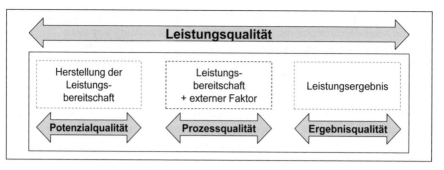

Abb. 119: Dimensionen der Leistungsqualität im BDM

die Leistungsqualität an den Dimensionen „Potenzial, Prozess, Ergebnis" orientieren (vgl. Abb. 119 und die Ausführungen in Kapitel 2.3).

Die **Potenzialqualität** bezieht sich auf alle Voraussetzungen, die zur Erbringung einer Leistung erforderlich sind, während die **Prozessqualität** auf sämtlichen Aktivitäten basiert, die während des Leistungsprozesses stattfinden. Kennzeichnend ist dabei die Tatsache, dass der Anbieter den Erstellungsprozess erst mit Einbringung des externen Faktors durch den Nachfrager beginnen kann. Die **Ergebnisqualität** steht am Ende der Transaktion und erfasst, inwieweit die erstellte Leistung zu einem bestimmten vom Nachfrager erwünschten Ergebnis führt. Die Nutzenstiftung kann dabei für diesen auf zwei verschiedene Arten erfolgen: Bei *prozesszentrierten Leistungen* liegt der Nutzen für den Nachfrager hauptsächlich im Leistungsprozess, wohingegen bei *ergebniszentrierten Leistungen* der Nutzen für den Nachfrager im Leistungsergebnis liegt. Für die Erbringung einer konsequent hohen Leistungsqualität muss der Anbieter Sorge tragen, dass alle Qualitätsdimensionen den zu Grunde liegenden Anforderungen genügen.

14.2 Determinanten der wahrgenommenen Leistungsqualität

Durch den Bezug der Qualität auf die Kundenerwartungen wird unterstellt, dass der Kunde immer vollständige und klare Vorstellungen über das Kaufobjekt besitzt. Diese Annahme muss aber nicht zwingenderweise erfüllt sein. Georgi (2000, S. 58 ff.) schlägt deshalb vor, zwei Typen von Kundenerwartungen zu unterscheiden:

- **Prädiktive Erwartungen** beziehen sich auf das Leistungsniveau, welches der Kunde im Vorfeld der Inanspruchnahme der Leistung für *wahrscheinlich* hält. Sie entsprechen somit einer Einschätzung des Kunden bezogen auf die zukünftig zu erhaltende Leistung. Bleibt die Erwartung unerfüllt, hat der Kunde sich geirrt. Zur Vermeidung kognitiver Dissonanzen wird er in diesem Zusammenhang seine Wahrnehmung an seine prädiktive Erwartung anpassen.

- **Normative Erwartungen** stellen *Forderungen* des Kunden an den Anbieter dar und geben deshalb Auskunft über das Leistungsniveau, das der Kunde verlangt. Erfüllt der Anbieter diese Leistungsanforderung nicht, wird die Qualitätswahrnehmung des Kunden deutlich sinken.

Prädiktive Erwartungen führen tendenziell zu einer positiveren Qualitätswahrnehmung, während es mit zunehmenden normativen Qualitätserwartungen für den Anbieter schwieriger wird, die entsprechende Qualität anzubieten (Richter 2005, S. 38 ff.; Georgi 2000, S. 58 f.). In Abhängigkeit von der Art der Kundenanforderungen und dem spezifischen Erfüllungsgrad kann Kundenzufriedenheit bzw. Kundenunzufriedenheit entstehen. Dabei werden in der Literatur sog. Routine- und Ausnahmekomponenten der Anforderung unterschieden (vgl. z. B. Berry 1986, S. 48; Brandt 1987, S. 35). Hierbei wird unterstellt, dass im Rahmen jeder Leistungserstellung solche Qualitätsfaktoren bestehen, die bei Nichterfüllung Unzufriedenheit hervorrufen (Routinekomponenten oder *Hygienefaktoren*) und solche, die eine bessere Qualitätswahrnehmung erzeugen und die Zufriedenheit mit der Leistung somit erhöhen (Ausnahmekomponenten).

Zur Bestimmung der Qualität integrativer Leistungsbündel und zur Identifikation möglicher Schwachstellen im Leistungserstellungsprozess ist zunächst die Frage zu beantworten, wodurch mögliche *Soll-Ist-Diskrepanzen* begündet sein können, die im Ergebnis Qualitätseinbußen aus Kundensicht begründen. Zur Beantwortung dieser Frage weist das von Zeithamel/Berry/Parasuraman (1988, S. 35 ff.) entwickelte **Gap-Modell** eine besondere Eignung auf und hat sowohl in der wissenschaftlichen Literatur als auch in der Unternehmenspraxis eine weite Verbreitung gefunden. Grundlage des Gap-Modells ist eine zweigeteilte Betrachtung der *Interaktionsbeziehungen* zwischen Anbieter und Nachfrager. Die Autoren betrachten im Ausgangspunkt das sog. **Qualitäts- bzw. Zufriedenheits-Gap** (Gap 5), das auf die Differenz zwischen erwarteter und erlebter bzw. erfahrener Leistung aus *Kundensicht* abstellt. Zur Erklärung des Qualitäts-Gaps werden vier potenzielle Problembereiche im anbieterseitigen Leistungserstellungsprozess identifiziert, die im Rahmen der Interaktionen auftreten können. Abb. 120 veranschaulicht das Modell und die darin bestimmten Problembereiche (anbieterseitige Gaps), die sich wie folgt charakterisieren lassen (Bruhn 2011, S. 99 ff.; Meffert/Bruhn 2009, S. 191 ff.):

Die *Wahrnehmungslücke* **(Gap 1)** entsteht aufgrund der Diskrepanz zwischen den vom Kunden geäußerten und den vom Anbieter wahrgenommenen Kundenanforderungen bzw. Kundenerwartungen. Zur Vermeidung dieser Lücke ist es zentral, die Kundenanforderungen an die jeweilige Leistung möglichst genau zu erfassen und deren Erfüllung ein besonderes Gewicht beizumessen.

Gap 2 (*Spezifikationslücke*) basiert auf einer Lücke zwischen den durch das Unternehmen wahrgenommenen Kundenanforderungen und deren internen Umsetzung in konkrete Leistungsspezifikationen. Diese Diskrepanz ist häufig Folge von Einschränkungen im unternehmerischen Handeln, so z. B. aufgrund von Kostenrestriktionen, besonderen Marktbedingungen oder einer gewissen Ignoranz auf Seiten der handelnden Personen.

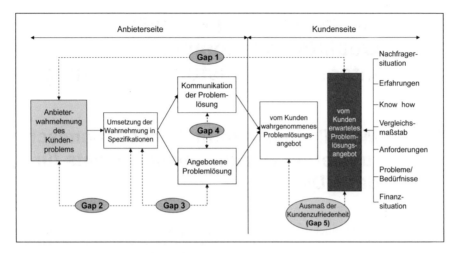

Abb. 120: Das Gap-Modell von Zeithaml/Berry/Parasuraman
(In Anlehnung an: Zeithaml/Berry/Parasuraman 1988, S. 44)

Gap 3 (*Lösungslücke*) manifestiert sich in der Diskrepanz zwischen den Spezifikationen und der am Ende tatsächlich realisierten Lösung. Der Anbieter erbringt also die Leistung nicht entsprechend der eigenen Spezifikation. Dies kann z. B. darin begründet sein, dass Mitarbeiter nicht im entsprechenden Ausmaß qualifiziert oder motiviert sind, die Leistung in der geforderten Weise zu erbringen. Dementsprechend wären dann geeignete Maßnahmen zur Qualifikation und Motivation der Mitarbeiter zu ergreifen.

Gap 4 (*Kommunikationslücke*) entsteht aufgrund einer Diskrepanz zwischen der tatsächlich erstellten Leistung und der im Vorfeld an den Kunden gerichteten Kommunikation. Die dabei erweckten Erwartungen müssen in der erfahrenen Leistung ihre Entsprechung finden, um in Anlehnung an das CD-Paradigma die erwünschte Zufriedenheit zu generieren. Zielsetzung sollte es hier demnach sein, realistische Erwartungen beim Kunden zu wecken und so Unzufriedenheit und Spannungen zu vermeiden. Durch das Schließen bzw. die Reduktion der vier anbieterseitigen Gaps kann das vom Kunden wahrgenommene Qualitäts-Gap geschlossen bzw. vermindert werden. Um die Effektivität und Effizienz der internen Prozesse sicherzustellen, sollte der Anbieter deshalb großen Wert darauf legen, die skizzierten Lücken nicht auftreten zu lassen und frühzeitig entsprechende Gegenmaßnahmen ergreifen. Die Analyse der Problemfelder im Gap-Modell bedarf einer umfassenden Erhebung der Kundenerwartungen und der tatsächlich wahrgenommenen Leistungsqualität. Zur Bestimmung dieser beiden Größen steht eine Vielzahl an Messverfahren zur Verfügung, auf deren Darstellung an dieser Stelle jedoch verzichtet wird, da ihre Anwendung im BDM keine größeren Modifikationen erfordert. Der interessierte Leser sei hier auf die Darstellungen z. B. bei Benkenstein/Holtz 2001, S. 193 ff.; Bruhn 2011, S. 139 ff. verwiesen.

15 Ansatz eines operativen Qualitätsmanagements bei integrativer Leistungserstellung

15.1 Modell eines informationsökonomisch fundierten Qualitätsmanagements für das BDM

Die Sicherstellung einer beständigen Leistungsqualität erfordert im BDM die Ausrichtung der Qualität an den Phasen der integrativen Leistungserstellung. Dabei unterliegt der Anbieter jedoch erheblichen Unsicherheitspositionen, die vor allem durch geeignete *Informationsaktivitäten* reduziert werden können. Wird dabei eine *informationsökonomische Perspektive* eingenommen (vgl. auch Kapitel 6.4), so können zur Sicherstellung einer möglichst hohen Qualität drei „Qualitätsaktivitäten" mit folgenden Zielen unterschieden werden (Weiber/Wolf 2013, S. 401 ff.):

- *Quality Screening* zielt auf die Ermittlung von Kundenanforderungen auf der Markt- sowie der Einzelkundenebene ab.
- *Quality Processing* zielt auf die Umsetzung der im Rahmen des Quality Screenings generierten Qualitätsanforderungen in geeignete Qualitätssicherungsmaßnahmen sowie deren Überprüfung ab.
- *Quality Signaling* zielt auf die Kommunikation der erzielten Qualitäten an interne und externe Zielgruppen ab.

Entscheidend ist dabei, dass diese drei Qualitätsaktivitäten nicht ‚isoliert nebeneinander stehen', sondern in einen *integrativen Zusammenhang* gebracht werden. Analog zu den Überlegungen zu einem wettbewerbsorientierten Informationsmanagement im Electronic Business kann hier die Forderung nach einem *„Qualitäts-Dreisprung"* erhoben werden (Weiber 2002a, S. 19 ff.; derselbe 2002b, S. 166 ff.).

Der *Qualitäts-Dreisprung* stellt einen integrierten Informationsprozess dar, bei dem die auf der Markt- und Einzelkundenebene gewonnenen Informationen (Quality Screening) unmittelbar als Prozess-Informationen bei der internen Umsetzung von Qualitätsanforderungen verwendet werden (Quality Processing) und die im Rahmen des integrativen Leistungserstellungsprozess erzielten Ergebnisse wieder gegenüber dem Markt kommuniziert werden (Quality Signaling).

Der Qualitäts-Dreisprung (Abb. 121) ist dabei auf alle Phasen des integrativen Leistungserstellungsprozesses bezogen, wobei einerseits die innerhalb der drei Phasen eingesetzten Instrumente aufeinander abzustimmen sind (*Intra*phasenin-

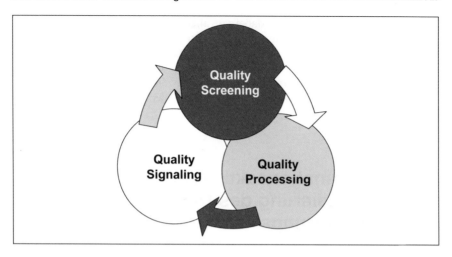

Abb. 121: Der Qualitäts-Dreisprung als Basis eines operativen Qualitätsmanagements im BDM

tegration) und andererseits der Einsatz der Qualitätsinstrumente phasenübergreifend zu koordinieren ist (*Inter*phasenintegration), um so vor allem Synergieeffekte auszuschöpfen und damit ein bestmögliches Qualitätsergebnis zu erhalten.

Die Informationsaktivitäten im Qualitäts-Dreisprung sind auf die Dimensionen der Leistungsqualität im BDM auszurichten (vgl. Abb. 119), wodurch sich in Abhängigkeit der jeweiligen Phase des integrativen Leistungserstellungprozesses unterschiedliche Zielsetzungen und Ausrichtungen des Qualitätsmanagements ergeben. Die zentralen Zielsetzungen der Informationsaktivitäten im Hinblick auf die Phasen der integrativen Leistungserstellung sind zusammenfassend in Abb. 122 dargestellt.

	Potenzialqualität	**Prozessqualität**	**Ergebnisqualität**
Quality Screening	Sichtung des Marktes nach geforderten Leistungspotenzialen	Sichtung der Integrationsfähigkeit eines Transaktionspartners	Sichtung des Marktes nach Erwartungen an das Leistungsergebnis
Quality Processing	Sicherstellung der Qualität der vom Markt geforderten Leistungspotenziale	Integration der externen Faktoren des Transaktionspartners	Abgleich von Erwartungen des Marktes/Kunden und tatsächlichen Ergebnisqualitäten
Quality Signaling	Darstellung der Leistungspotenziale gegenüber dem Gesamtmarkt	Darstellung der Prozessqualität gegenüber dem Transaktionspartner	Darstellung exemplarischer Leistungsergebnisse gegenüber dem Gesamtmarkt

Abb. 122: Zielsetzungen und Perspektiven des BDM-Qualitätsmanagements

Eine zentrale Besonderheit liegt dabei vor allem im Bereich der *Prozessqualität*, da hier aufgrund des Einbezugs eines externen Faktors der Fokus der Betrachtung vom Gesamtmarkt hin zum Einzelkunden wechselt. Im Folgenden konzentrieren sich die Betrachtungen auf die Ausgestaltung der drei Informationsaktivitäten im Rahmen des Qualitäts-Dreisprungs sowie die Darstellung ausgewählter Instrumente, die im Hinblick auf das BDM als ‚elementar' bezeichnet werden können.

15.2 Informationsaktivitäten zur Realisierung des Qualitäts-Dreisprungs

15.2.1 Quality Screening

Auch im Hinblick auf das Qualitätsmanagement resultieren die Unsicherheitspositionen des Anbieters aus einer asymmetrischen Informationsverteilung, wobei der Anbieter die schlechter informierte Marktseite darstellt. Durch geeignete *Screeningaktivitäten* muss der Anbieter deshalb versuchen, seine Unsicherheit sowohl bezüglich der Ausgestaltung der Leistungspotenziale als auch bezüglich des Leistungsergebnisses zu reduzieren.

> *Quality Screening* sucht nach allen Informationen, die zur Bestimmung von Qualitätsanforderungen und Qualitätszielen im Rahmen des integrierten Leistungserstellungsprozesses erforderlich sind.

Entsprechend der drei Perspektiven der Qualitätsanforderung können die Screeningaktivitäten des Anbieters auf den Nachfrager, die Konkurrenz sowie das eigene Unternehmen gerichtet sein. Abb. 123 zeigt hierzu zentrale Maßnahmen zur Reduktion der Anbieter-Unsicherheit im Überblick.

Im Rahmen des Quality Screening steht vor allem die Ermittlung der Kundenerwartung bezüglich der Phasen des integrativen Leistungserstellungsprozesses im Vordergrund. Darüber hinaus muss der Anbieter aber auch ‚eigene Defizite' erkennen, die der Erbringung einer vom Kunden geforderten Qualität entgegenstehen. **Screening-Instrumente** für das Qualitätsmanagement im BDM können dabei einerseits auf der Kundenseite und andererseits auf der Unternehmensseite ansetzen, wobei folgende Instrumente eine besondere Eignung für das BDM aufweisen:

		Quelle/Ziel der Informationsaktivität		
		eigenes Unternehmen	Nachfrager	Konkurrenz
Informations-aktivitäten des Anbieters	Screening	Unternehmens-forschung	Nachfrager-forschung	Konkurrenz-forschung
	Skilling	Knowledge-Management Erfahrungsaufbau	Qualifizierung, Zertifizierung	Benchmarking, Reverse Engineering

Abb. 123: Informationsaktivitäten der Anbieterseite zur Unsicherheitsreduktion

Kundenbezogene Screeninginstrumente:

- SERVQUAL,
- Vignetten-Technik,
- Penalty Reward-Ansatz,

Anbieterbezogene Screeninginstrumente:

- Benchmarking,
- Fisbone-Ansatz,
- Fehlermöglichkeits- und Einflussanalyse (FMEA).

Von den o. g. Screening-Instrumenten ist vor allem dem SERVQUAL-Ansatz sowie dem Benchmarking eine besondere Bedeutung beizumessen, die deshalb im Folgenden genauer betrachtet werden.

Zuvor sei an dieser Stelle aber auch auf die informationsökonomische Möglichkeit der *Self-Selection* als Screening-Instrument des Anbieters hingewiesen, bei dem der Anbieter den *Nachfrager* dazu veranlasst, z. B. aus mehreren Angebotsalternativen diejenige auszuwählen, die für ihn die größte Eignung aufweist. Durch die Wahl z. B. eines bestimmten Angebotes nimmt der Nachfrager eine „Selbsteinordnung" (*Self-Selection*) vor (Stiglitz 1975, S. 29), aus welcher der Anbieter dann wiederum Ansatzpunkte über z. B. spezifische Kundenanforderungen, die Risikobereitschaft oder die Finanzsituation eines Kunden ableiten und damit seine Unsicherheit reduzieren kann.

Self-Selection (Selbsteinordnung) bezeichnet die Bereitstellung mehrerer Wahloptionen (z. B. Angebotsalternativen) durch den schlechter informierten Marktpartner, aus denen der besser informierte Marktpartner die für ihn geeignete Alternative auswählt.

Self-Selection stellt aus *Nachfragersicht* eine Mischform der beiden informationsökonomischen Aktivitäten des *Screening* und *Signaling* dar (vgl. Kapitel 6.4.1). Die von den Anbietern vorgegebenen Wahlmöglichkeiten (z. B. unterschiedliche

Angebotsalternativen im Hinblick auf Serviceumfang oder die Erbringung von Eigenleistungen) bilden dabei die Screening-Aktivitäten des Anbieters ab, während die letztendliche Entscheidung des Nachfragers für ein bestimmtes Angebot gleichsam als Signal fungiert. Die Informationen, die zwischen den Marktseiten fließen, treffen so oft auf *spiegelbildliche Informationsaktivitäten* der beiden Marktparteien: Nachfrager, die nach Informationen suchen, stoßen z. B. häufig auf Informationen, die durch die Anbieter im Zuge ihrer Signaling-Aktivitäten ausgesendet worden sind. Umgekehrt sind Informationen, die Nachfrager (freiwillig) aktiv abgeben (z. B. durch Ausschreibungen, Beschwerdeverhalten, Anforderungskataloge) für die Screening-Prozesse der Anbieter von Interesse (Kaas 1991, S. 361).

15.2.1.1 SERVQUAL-Ansatz im BDM

Der SERVQUAL-Ansatz ist ein in den 1980er Jahren von Parasuraman/Zeithaml/Berry (1985 und 1988) entwickeltes Multiattributives Messverfahren zur Qualitätsbestimmung aus Nachfragersicht. Die Messung erfolgt über einen standardisierten Fragebogen mit 22 Items, die zusammen fünf Qualitätsdimensionen repräsentieren:

- Das **physische Umfeld** („Tangibles") bezieht sich auf die äußerlichen Kontaktpunkte mit dem Anbieter der Leistung, so z. B. das Geschäftsgebäude, die Maschinen oder auch das Erscheinungsbild der Mitarbeiter.
- Die **Zuverlässigkeit** („Reliability") bezeichnet die Fähigkeit des Anbieters, die nachgefragte Leistung dauerhaft auf dem erwarteten Niveau zu erfüllen.
- Die **Reaktionsfähigkeit** („Responsiveness") zielt auf die Fähigkeiten des Unternehmens ab, die spezifischen Wünsche des Kunden zu erfüllen und basiert auf der Bereitschaft und Geschwindigkeit der Reaktion.
- Die **Leistungskompetenz** („Assurance") spiegelt das Wissen, die Höflichkeit und Vertrauenswürdigkeit der Mitarbeiter des Unternehmens wider und bezieht sich dabei auf die Fähigkeiten des Anbieters zur Erbringung der Leistung.
- Das **Einfühlungsvermögen** („Empathy") berücksichtigt die Bereitschaft und Fähigkeit des Anbieters, den Kunden die notwendige Aufmerksamkeit entgegenzubringen.

Jedes der 22 auf diesen fünf Dimensionen basierenden Items wird den ausgewählten Befragten in Form einer 7er-Doppelskala vorgelegt, wobei zunächst die Erwartung an die jeweilige Leistungskomponente („so sollte es sein") und anschließend die tatsächliche Wahrnehmung der Leistungskomponente („so ist es") erfragt wird. Analog zum CD-Paradigma wird die Qualität auf einen Vergleich von Erwartungen (Soll) und Erfahrungen (Ist) zurückgeführt. Die hieraus resultierende Lücke von Erwartung und Wahrnehmung bildet dann die vom Nachfrager erlebte Qualität. Die sich ergebende Differenz bzw. Diskrepanz zwischen den Antworten zu der Erwartung an die jeweilige Leistungskomponente und der tatsächlichen Wahrnehmung der Leistungskomponente repräsentiert für jedes Kriterium die Abweichung zwischen Erwartung (Soll) und Ergebnis (Ist) als Wert zwischen – 6 und + 6 und ermöglicht anschließend den Vergleich der eigenen mit anderen Leistungen, mit früheren eigenen Leistungen oder gewünschten späteren Leistungen.

	Spot- Geschäft	Commodity- Geschäft	Projekt- Geschäft	Verbund- Geschäft
Physisches Umfeld	-	+	+	+
Einfühlungsvermögen	++	++	++	+++
Zuverlässigkeit	-	+	++	++
Reaktionsfähigkeit	+	++	++	+++
Leistungskompetenz	--	+	+++	++

Abb. 124: Geschäftstypenbezogene Anpassung der SERVQUAL-Dimensionen

Bezogen auf das BDM ist zu beachten, dass der SERVQUAL-Fragebogen zur Messung der Dienstleistungsqualität entwickelt und auf Basis spezifischer Dienstleistungsbranchen (Versicherungen, Fluggesellschaften, etc.) operationalisiert und validiert wurde. Für die spezifischen Besonderheiten des BDM ist hier eine Anpassung der Dimensionen notwendig: Je nach Geschäftstyp treten so einzelne Dimensionen mehr in den Hintergrund (so z. B. die Reaktionsfähigkeit im Rahmen des Spotgeschäfts) oder stärker heraus (so z. B. das Einfühlungsvermögen bei hoch integrativen Leistungen des Projektgeschäfts). Für den Einsatz im Umfeld des BDM ist daher eine auf die spezifische Leistung angepasste Gewichtung der einzelnen Dimensionen vorzunehmen. Sie ist in Abb. 124 exemplarisch für die vier Geschäftstypen dargestellt, müsste im Einzelfall jedoch für ein spezifisches Absatzobjekt noch weiter konkretisiert werden.

15.2.1.2 Benchmarking

Benchmarking zielt nicht allein darauf ab, Wettbewerbsvorteile oder auch -nachteile gegenüber aktuellen und potentiellen Konkurrenten offenzulegen, sondern hat auch zum Ziel, die Vorgehensweisen erfolgreicher Unternehmen anderer Branchen – selbst wenn diese in keiner Konkurrenzbeziehung zum eigenen Unternehmen stehen – zu analysiereren (Camp 1997; Reinecke/Janz 2007, S. 115 ff.).

Benchmarking bezeichnet die vergleichende Analyse von Produkten, Leistungen oder Prozessen eines Unternehmens mit einem bestehenden („best practice") internen oder externen Vergleichsmaßstab (Benchmark) und verfolgt dadurch das Ziel, eine bestmögliche Effektivität und/oder Effizienz zu erreichen.

Die Erkenntnisse, die sich aus solchen Gegenüberstellungen der eigenen Vorgehensweisen mit denen der jeweils besten Unternehmen ergeben, ermöglichen dann den Aufbau von Wettbewerbsvorteilen auf den eigenen Märkten bzw. in der eigenen Branche. Benchmarking wird dabei als ein *kontinuierlicher Prozess* verstanden, der durch die folgenden Schritte charakterisiert ist:

1. Identifikation der „best practices" in Bezug auf Leistungen oder Prozesse,
2. Messung und Bewertung der „best practices",
3. Vergleich der „best practices" mit den eigenen Produkten, Dienstleistungen oder Prozessen,
4. Identifikation von Schwachstellen und Verbesserungsmöglichkeiten,
5. Ableitung und Umsetzung von Maßnahmen zur Verbesserung der eigenen Produkte, Dienstleistungen oder Prozesse.

Das Benchmarking erhebt somit einen Vergleich mit den Besten („best in class") zum Grundprinzip. Zudem handelt es sich um einen fortgesetzten Prozess, in dessen letzter Phase immer sein Wiederholen vorgesehen ist. Um das Gesamtziel eines Benchmarking-Prozesses zu erreichen, sind die folgenden Punkte von Bedeutung:

- Eigene Prozesse und Methoden müssen *verstanden* werden.
- Stärken und Schwächen der eigenen sowie der Vergleichsprozesse und -methoden müssen erkannt und ihre jeweiligen *Ursachen erfasst* werden.
- *Verbesserungspotenziale* der eigenen Wettbewerbsposition sind abzuleiten.

Die großen Chancen des Benchmarkings liegen in einer besseren Anpassungsfähigkeit an die dynamischen Veränderungen der Märkte, da eine kontinuierliche Positionsbestimmung des eigenen Unternehmens vorgenommen wird. Wichtige Veränderungen der Marktsituation werden so zeitnah angezeigt. Darüber hinaus kommt es zu einer Steigerung der Mitarbeitermotivation, da die formulierten Zielvorgaben an bereits erreichte Produktivitätsmaße anderer Unternehmen angelehnt sind. Ein Benchmarking-Projekt kann dabei folgende Bezugpunkte aufweisen:

- eine *Funktion* in einem Unternehmen, z. B. den Vertrieb oder die Forschung und Entwicklung, was als „*Funktionales Benchmarking*" bezeichnet wird,
- einen *Unternehmensprozess*, wie z. B. einen einzelnen Fertigungsprozess, das Bereitstellen von Lieferungen, das Erstellen einer Rechnung o. Ä., was als „*Prozess-Benchmarking*" bezeichnet wird,
- einzelne Produkte oder Dienstleistungen (*Produkt-/Dienstleistungs-Benchmarking*).

Content⁺ᴾᴸᵁˢ

11 Benchmarking

Eine Systematisierung unterschiedlicher Arten des Benchmarking und deren kurze Darstellung findet der Leser in diesem Content^{Plus}-Kapitel.

Werden die betreffenden Untersuchungsobjekte dabei einem unternehmensinternen Vergleich oder einem Vergleich innerhalb eines Konzernes unterzogen, wird ein sog. internes Benchmarking durchgeführt. Die großen Vorteile dieses Verfahrens sind die leichte Zugänglichkeit der Daten und die Kompatibilität der Datenstrukturen. In der Regel bietet ein interner Vergleich jedoch nur einen relativ geringen Informationswert und wenige Ansätze für Verbesserungen. Grund hierfür ist, dass ähnliche Richtlinien und Organisationspläne nur einen geringen Spielraum zur Entwicklung von wesentlichen Veränderungen als Voraussetzung für deutliche Verbesserungen zulassen. Informationen über die Leistungsfähigkeit und Arbeitsweisen führender Unternehmen kann deshalb meist nur ein externes Benchmarking liefern. Dabei kann nochmals danach unterschieden werden, ob direkte Wettbewerber in den Vergleich einbezogen werden („Wettbewerbs-Benchmarking") oder auch Branchenfremde, was als „generisches Benchmarking" bezeichnet wird.

15.2.2 Quality Processing

Die Ergebnisse des Quality Screening gehen als Steuerungsinformationen in die Phase des Quality Processing ein.

> *Quality Processing* umfasst alle Informationsaktivitäten, die zur Erfüllung und Überprüfung der im Rahmen des Quality Screening gewonnen Qualitätsanforderungen bezüglich einer integrierten Leistungserstellung erforderlich sind.

Das Quality Processing ist vor allem auf die anbieterseitigen Potenziale und Prozesse ausgerichtet und muss deren Eignung für eine effektive sowie effiziente Leistungserstellung sicherstellen. Um dies zu erreichen, sind zum einen mögliche Wissensdefizite im Unternehmen durch ein gezieltes „*Skilling*" zu beseitigen. Zum anderen ist sicherzustellen, dass die Kundenanforderungen auch in geeigneter Weise in konkrete (technische) Leistungsmerkmale *umgesetzt* werden. Beide Aspekte werden im Folgenden genauer betrachtet.

15.2.2.1 Beseitigung von Wissensdefiziten durch Skilling-Maßnahmen

Eine zentrale Ursache für qualitativ unzureichende Unternehmensprozesse ist vor allem darauf zurückzuführen, dass ein Anbieter-Unternehmen meist aus vielen verschiedenen spezialisierten Abteilungen besteht. Diese Abteilungen sollten zwar grundsätzlich miteinander korrespondieren und letztlich zu einer gemeinsamen Leistung beitragen, allerdings bedeutet dies nicht zwangsläufig, dass eine interne Transparenz über die verschiedenen Potenziale und Prozesse besteht. Diese Unsicherheit über die eigene Leistungsfähigkeit bezieht sich allerdings weniger auf die Ausstattung mit und den Einsatz von tangiblen Ressourcen (Maschinen, Standorte, Kapital o. Ä.), die im Regelfall inventarisiert und somit informatorisch erfasst sind. Eher ist davon auszugehen, dass das Management keine vollständigen Informationen über bestimmte *intangible Ressourcen* und hier insbesondere die Verwendung des eigenen unternehmensinternen Know-hows hat. Da jedoch der Unternehmensressource Wissen eine zentrale Bedeutung im Wettbewerb zugeschrieben wird (Raub/Probst 2002, S. 417 ff.; Schreyögg 1998, S. 188), existiert an dieser Stelle eine Unsicherheit über einen wichtigen Potenzialfaktor und seine Einbindung im Leistungserstellungsprozess.

Zur Beseitigung von Wissensdefiziten in der *Leistungserstellungsphase* ist vor allem dem sog. **Skilling** eine besondere Bedeutung beizumessen, welches in Anlehnung an McLachlan (2004, S. 265 ff.) eine Möglichkeit zur Unsicherheitsreduktion von Unternehmen darstellt. Hierbei werden die betreffenden Unsicherheiten im Sinne eines wahrgenommenen Wissensdefizits isoliert, d. h. ohne ‚externe Zufuhr' von Wissen und durch den Aufbau von Know-how reduziert.

> *Skilling* bezeichnet den unternehmensinternen Auf- und Ausbau der Wissensbasis mit dem Ziel, effektivere und effizientere Unternehmensprozesse zu erreichen.

Durch Skilling sollen die Fertigkeiten und Fähigkeiten (= Skills) des Unternehmens so aufgebaut und gestaltet werden, dass ein Anbieter durch sie einen Informationsvorsprung vor der Konkurrenz erzielt und *Vorteilspositionen aufgrund von Wissensvorsprüngen* in den Unternehmensprozessen verteidigen kann.

Mit Fokus auf den Leistungserstellungsprozess ist im BDM insbesondere der *„Integrationsfähigkeit"* des Kunden eine besondere Bedeutung beizumessen: Qualitätsdefizite können sich hier vor allem daraus ergeben, dass der Kunde konkreten Einfluss auf die Leistungserstellung nimmt. Aufgrund fehlender Informationen über die nachfragerseitigen Potenziale sowie den Einfluss des Kunden auf den anbieterseitigen Leistungserstellungsprozess entsteht hier vor allem Unsicherheit über die *Effizienz* des gesamten Produktionsprozesses beim Anbieter (Kleinaltenkamp/Marra 1995, S. 104 ff.). Diese resultiert insbesondere aus **„Hold up"**-Möglichkeiten des *Nachfragers*. Hold up bedeutet in diesem Fall, dass es dem Anbieter nicht gelingt, die Spanne zwischen dem Nutzen des Kunden und seinen eigenen Kosten langfristig gegen „räuberische oder erpresserische Überfälle" des Kunden zu verteidigen (Plinke/Söllner 1997, S. 341). Leistungsfähigkeit und -willigkeit des Kunden werden damit zu einem zusätzlichen effizienzbezogenen Unsicherheitsfaktor des Anbieterunternehmens (Kleinaltenkamp 1997a, S. 84 ff.).

15.2.2.2 Blueprinting und Quality Function Deployment zur Umsetzung von Kundenanforderungen in Leistungsmerkmale

Zur Sicherstellung der geforderten Qualität im Leistungserstellungsprozess kann der Anbieter als Instrument vor allem auf das Blueprinting zurückgreifen. Auf Basis der dabei gewonnenen Erkenntnisse kann das **Blueprinting** im Rahmen des Quality Processing **als Analyse- und Planungstool** verwendet werden und der Leser sei hier auf Kapitel 3.3.2 verwiesen. Darüber hinaus hat der Anbieter aber auch insgesamt sicherzustellen, dass Kundenanforderungen ohne Reibungsverluste in geeignete anbieterseitige Qualitätsmaßnahmen transformiert werden. Hierzu weist vor allem das sog. **Quality Function Deployment** (QFD) eine besondere Eignung auf (Bruhn 2011, S. 312; Fließ 2009, S. 123 ff.). Bei dieser Methode werden zunächst mit Hilfe des sog. House of Quality die Kundenanforderungen in Produkt- und Dienstleistungsmerkmale umgesetzt. Auf dieser Basis wird dann eine Teileplanung und anschließend die Prozessplanung des Projektes vorgenommen (Specht/Beckmann/Amelingmeyer 2002, S. 167 ff.). Zur Erstellung des House of Quality sind folgende Ablaufschritte zu durchlaufen (Hauser/Clausing 1988, S. 63 ff.), die in Abb. 125 graphisch und in Abb. 126 auch anhand eines Beispiels verdeutlicht sind:

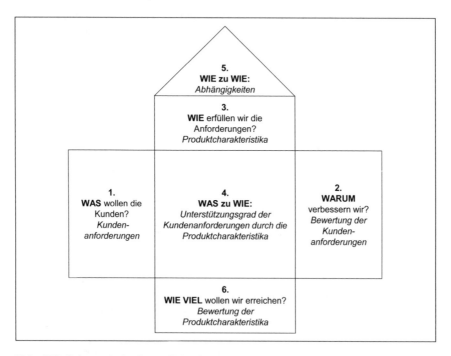

Abb. 125: Schematische Darstellung des House of Quality

1. **Ermittlung der Kundenanforderungen (Was):** Durch Kundenbefragungen sind Anforderungen zu erfassen und entsprechend ihrer Bedeutung für den Kunden zu gewichten.
2. **Analyse der Anforderungserfüllung (Warum):** Es gilt möglichst unter Einbeziehung des Kunden den Anforderungserfüllungsgrad zu ermitteln und diesen mit Leistungen der Wettbewerber zu vergleichen. Ziel ist es dabei, ein besseres Verständnis für die Aufgabenstellung zu erhalten, um einen Schwerpunkt auf die Erfüllung der Anforderung zu legen.
3. **Ermittlung von Lösungsansätzen zur Realisierung der Forderungen (Wie):** Es sind generelle Lösungs- und Realisierungsansätze zu finden und diese auf ein einheitliches Maß zu abstrahieren, wobei möglichst viele Lösungsvarianten gefunden werden sollten.

4. **Ausfüllen der Korrelationsmatrix (Was zu Wie):** Es ist zu bestimmen, welche Projektmerkmale und Maßnahmen in welchem Maße an der Erfüllung der Kundenanforderungen beteiligt sind. Die so ermittelten Werte erlauben eine Abschätzung der Prioritäten für die eigenen Lösungsansätze.

5. **Wechselwirkungsanalyse (Wie zu Wie):** Für eine optimale Konzeptgestaltung gilt es, Abhängigkeiten zwischen den ermittelten Lösungsvorschlägen zu ermitteln. Dabei können Wechselwirkungen positiv oder negativ sowie verstärkender, behindernder oder widersprechender Natur sein.

6. **Bewertung der Lösung & Zielsetzung (Wie viel):** Es werden technische Zielwerte definiert, um einen eigenen Maßstab für den Konkurrenzvergleich zu entwickeln.

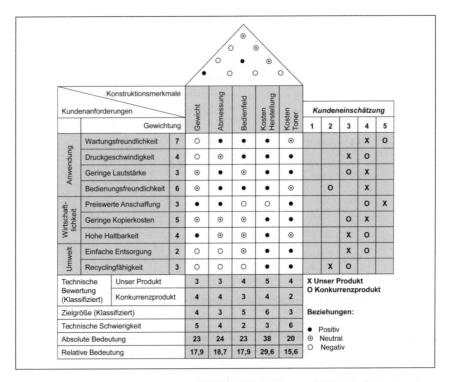

Abb. 126: Beispiel eines House of Quality zur Herstellung von Kopiergeräten

Mit Hilfe des House of Quality lassen sich Zusammenhänge zwischen Kundenerfordernissen/-bedürfnissen und Unternehmenserfordernissen/-möglichkeiten bestimmen. Darüber hinaus ermöglicht es den direkten Vergleich der eigenen Leistungen mit denen der Konkurrenten. Es führt im Ergebnis zu einer aus den Kundenanforderungen abgeleiteten Lösungskonzeption. Es lassen sich bestimmte Merkmalsprioritäten identifizieren, die einen hohen Einfluss auf die Erfüllung der Anforderungen haben. Die frühzeitige Verwendung des House of Quality ermöglicht dem Anbieter, schwierige Anforderungen zu identifizieren und mögliche Zielkonflikte frühzeitig zu erkennen, was zu einer besseren Anpassung der Leistung an die Kundenerfordernisse sowie einem besseren Einsatz der Ressourcen führen kann.

15.2.3 Quality Signaling

Aus den Geschäftstypen des BDM mit ihren unterschiedlichen Anforderungen an die Integration externer Faktoren resultieren aufgrund der damit einhergehenden erhöhten Unsicherheitsposition des Nachfragers grundsätzliche Probleme bzgl. der Vermarktung und Kommunikation von Leistungsversprechen. Die Kommunikationspolitik muss sich in diesen Fällen besonders auf die Herausstellung der Potenzialqualitäten und das Signalisieren einer hohen Leistungsfähigkeit konzentrieren.

> *Quality Signaling* umfasst alle Informationsaktivitäten, die darauf gerichtet sind, die im Verlauf des integrierten Leistungserstellungsprozesses erzielten Qualitätsergebnisse gegenüber dem Gesamtmarkt bzw. einem Einzelkunden zu kommunizieren.

Das Quality Signaling stellt in diesem Zusammenhang die letzte Phase im Qualitäts-Dreisprung dar und hat letztendlich zum Ziel, sowohl innerhalb (interne Zielsetzung) wie auch außerhalb des Unternehmens (externe Zielsetzung) Vertrauen in die Qualitätsfähigkeit zu generieren und somit zum anderen motivierende (intern) wie auch unsicherheitsreduzierende (extern) Wirkungen zu erzielen. Bezogen auf diese Zielsetzungen kann grundlegend in zwei Bereiche von Instrumenten des Quality Signaling unterschieden werden, wobei hier nur exemplarisch auf einige besonders Wichtige eingegangen wird. Weitere Ausführungen findet der Leser z. B. bei Bruhn 2011, S. 280 ff. und S. 451 ff.:

Interne Instrumente des Quality Signaling:

- Qualitätsmanagementhandbücher **(QM-Handbücher)**,
- Qualitätsstatistiken,

Externe Instrumente des Quality Signaling:

- Zertifizierungen durch Dritte,
- Qualitätsaudits,
- Self-Selection.

Als internes Instrument dienen **Qualitätsmanagementhandbücher** der Dokumentation über die grundsätzliche Einstellung des Unternehmens bzgl. der Sicherung und Verbesserung der Qualitätsansprüche. QM-Handbücher sind somit das wichtigste Instrument zur Verwirklichung und Aufrechterhaltung des Qualitätsmanagementsystems und umfassen neben der Beschreibung der Aufbau- und Ablauforganisation auch Verfahrensanweisungen, Normen und Vorschriften. Zur laufenden Überprüfung der in den Handbüchern festgelegten Qualitätsanforderungen können regelmäßige **Qualitätsstatistiken** eingesetzt werden, die den aktuellen Erfüllungs-grad hinsichtlich dieser visualisieren und so frühzeitig Fehlentwicklungen erkennen lassen.

Für die Kommunikation der Leistungsqualität gegenüber dem Absatzmarkt stellt die **Zertifizierung** ein besonders wichtiges Instrument dar. Die Zertifizierung durch eine objektive Prüfinstitution (z. B. TÜV, DEKRA) ist die offizielle, schrift-liche Feststellung, dass ein Leistungsobjekt bzw. ein Leistungserstellungsprozess bestimmte, von einer unabhängigen Stelle festgelegte Anforderungen erfüllt. Im Rahmen des Qualitätsmanagements basiert dieser Zertifizierungsprozess i. d. R. auf der international akzeptierten Norm DIN EN ISO 9001. Die Feststellung resultiert dabei aus regelmäßigen **Audits**.

Audits sind systematische Untersuchungen von beauftragten externen Parteien, im Rahmen derer festgestellt wird, ob die zur Erfüllung der Anforderungen getroffenen Vorkehrungen geeignet sind, die Qualitätsziele zu erreichen. Im Sinne einer internen Qualitätsüberprüfung können diese Audits auch durch unternehmenseigene Abteilungen (z. B. interne Revision) durchgeführt werden.

Neben den externen Zielsetzungen der Zertifizierung im Sinne der Darstellung der Leistungsqualität gegenüber dem Markt (u. a. Nachweis der Erfüllung von Qualitätsanforderungen, Unsicherheitsreduktion potenzieller Kunden, Aufbau von komparativen Wettbewerbsvorteilen) sind auch interne Zielsetzungen im Sinne einer Optimierung der Leistungsprozesse festzustellen. Durch Anpassung an die in den Normen enthaltenen Anforderungen kann so neben dem Qualitäts-niveau auch Produktivität und Wirtschaftlichkeit gesteigert werden (vgl. Bruhn 2011, S. 456 ff.).

Wie am Beispiel der Zertifizierung zu sehen, steht neben der Zielsetzung, die eigene Leistungsfähigkeit gegenüber dem Markt zu kommunizieren, auch die Gewinnung von Verbesserungspotenzialen hinsichtlich der eigenen Leistungser-stellung im Vordergrund. Die Maßnahmen des Quality Signaling liefern somit auch Informationen im Sinne des Quality Screening, da die gewonnenen Erkennt-nisse direkt wieder in die Optimierungen der Leistung und stärkere Anpassung an die Kundenbedürfnisse fließen können.

Literaturverzeichnis

Abell, Derek F. (1978): Strategic Windows: The time to invest in a product or market is when a 'strategic window' is open, in: Journal of Marketing, 42(1978), Nr. 3, S. 21–26.

Abelson, R.P. (1976): Script Processing in Attitude Fromation an Decision Making, in: Carrol, J. S./Payne, W. (Hrsg.): Cognition an Social Behavior, Hillsdale 1976, S. 27–41.

Abelson, R.P. (1981): Psychological status of the script concept, in: American Psychologist, 36(1981), S. 715–729.

Abratt, Russell (1993): Market Segmentation Practices of Industrial Marketers, in: Industrial Marketing Management, 22(1993), Nr. 2, S. 79–84.

Adler, Jost (1996): Informationsökonomische Fundierung von Austauschprozessen, Wiesbaden 1996.

Adler, Jost (1998): Eine informationsökonomische Perspektive des Kaufverhaltens, in: Wirtschaftswissenschaftliches Studium, 27(1998), Nr. 7, S. 341–347.

Adler, Jost (2003): Anbieter- und Vertragstypenwechsel, Wiesbaden 2003.

Akerlof, George A. (1970): The Market for „Lemons“, Quality Uncertainty and the Market Mechanism, in: The Quarterly Journal of Economics, 84(1970), Nr. 2, S. 488–500.

Albach, Horst (1980): Vertrauen in der ökonomischen Theorie, in: Zeitschrift für die gesamte Staatswissenschaft, 136(1980), Nr. 1, S. 2–11.

Albers, Sönke/Söhnchen, Florian (2005): Akquisitionsmanagement im industriellen Projekt–Geschäft, in: Zeitschrift für Betriebswirtschaft, 75(2005), Nr. 2, S. 59–80.

Alchian, Armen A./Demsetz, Harold (1972): Production, information costs and economic organization, in: American Economic Review, 62(1972), Nr. 5, S. 777–795.

Alchian, Armen A./Demsetz, Harold (1973): The property rights paradigm, in: Journal of Economic History, 33(1973), Nr. 1, S. 16–27.

Alznauer, T./Krafft, Manfred (2004): Submissionen, in: Backhaus, Klaus/Voeth, Markus (Hrsg.): Handbuch für Industriegütermarketing, Wiesbaden 2004, S. 1057–1078.

Anderson, James C. (1995): Relationships in Business Markets: Exchange Episodes, Value Creation, and Their Empirical Assessment, in: Journal of the Academy of Marketing Science, 23(1995), Nr. 4, S. 346–50.

Anderson, James C./Jain, D. C./Chintagunta, P. K. (1993): Customer Value Assessment in Business Markets: A State-of-Practice Study, in: Journal of Business-to-Business-Marketing, 1 (1993), Nr. 1, S. 3–30.

Arbeitskreis „Marketing in der Investitionsgüter-Industrie" (1975): Systems Selling, in: Zeitschrift für betriebswirtschaftliche Forschung, 27(1975), Nr. 9, S. 753–769.

Arnold, Ulli (2004): Beschaffungskooperationen und Netzwerke, in: Backhaus, Klaus/Voeth, Markus (Hrsg.): Handbuch Industriegütermarketing, Wiesbaden 2004, S. 287–322.

Arrow, Kenneth J. (1985): The Economics of Agency, in: Pratt, John W./Zweckhauser, Richard J. (Hrsg.): Principals and Agents: The Structure of Business, Boston, 1985, S. 37–51.

Arthur, W. Brian (1989): Competing technologies, increasing returns, and lock–in by historical events, in: The Economic Journal, 99(1989), Nr. 394, S. 116–131.

Axelrod, Robert (2005): Die Evolution der Kooperation, 6. Aufl., München 2005.

Backhaus, Klaus (1980): Auftragsplanung im industriellen Anlagengeschäft, Stuttgart 1980.

Backhaus, Klaus (1982): Investitionsgüter-Marketing, München 1982.

Backhaus, Klaus (1990): Investitionsgüter-Marketing, 2. Aufl., München 1990.

Backhaus, Klaus (1992): Investitionsgüter-Marketing – Theorieloses Konzept mit Allgemeinheitsanspruch?, in: Zeitschrift für betriebswirtschaftliche Forschung, 44(1992), Nr. 9, S. 771–791.

Backhaus, Klaus (1993): Geschäftstypspezifisches Investitionsgütermarketing, in: Droege, Walter P. J./Backhaus, Klaus/Weiber, Rolf (Hrsg.): Strategien für Investitionsgütermärkte, Landsberg/Lech 1993, S. 100–109.

Backhaus, Klaus (1997): Industriegüter-Marketing, 5. Aufl., München 1997.

Backhaus, Klaus/Bonus, Holger (1994): Die Beschleunigungsfalle oder der Triumph der Schildkröte, Stuttgart 1994.

Backhaus, Klaus/Gruner, Kai (1994): Epidemie des Zeitwettbewerbs, in: Backhaus, Klaus/Bonus, Holger (Hrsg.): Die Beschleunigungsfalle oder der Triumph der Schildkröte, Stuttgart 1994, S. 19–46.

Backhaus, Klaus/Sabel, Tatjana (2004): Markenrelevanz auf Industriegütermärkten, in: Backhaus, Klaus/Voeth, Markus (Hrsg.): Handbuch Industriegütermarketing, Wiesbaden 2004, S. 779–797.

Backhaus, Klaus/Voeth, Markus (2004b): Besonderheiten des Industriegütermarketing, in: Backhaus, Klaus/Voeth, Markus (Hrsg.): Handbuch Industriegütermarketing, Wiesbaden 2004, S. 3–21.

Backhaus, Klaus/Voeth, Markus (2010): Industriegütermarketing, 9. Aufl., München 2010.

Backhaus, Klaus/Voeth, Markus (Hrsg.) (2004a): Handbuch Industriegütermarketing, Wiesbaden 2004.

Backhaus, Klaus/Weiber, Rolf (1989): Entwicklung einer Marketing–Konzeption mit SPSS/PC+, Berlin u. a. 1989.

Backhaus, Klaus/Weiber, Rolf (1993): Das industrielle Anlagengeschäft – ein Dienstleistungsgeschäft?, in: Simon, Hermann (Hrsg.): Industrielle Dienstleistungen, Stuttgart 1993, S. 67–84.

Backhaus, Klaus/Aufderheide, Detlef/Späth, Michael (1994): Marketing für Systemtechnologien, Stuttgart 1994.

Backhaus, Klaus/Erichson, Bernd/Weiber, Rolf (2013): Fortgeschrittene Multivariate Analysemethoden, 2. Aufl., Berlin u. a. 2013.

Backhaus, Klaus/Erichson, Bernd/Plinke, Wulff/Weiber, Rolf (2011): Multivariate Analysemethoden, 13. Aufl., Berlin u. a. 2011.

Baker, William/Hutchinson, J. Wesley/Moore, Danny/Nedungadi, Prakash (1986): Brand Familiarity and Advertising: Effects on the Evoked Set and Brand Preferences, in: Advances in Consumer Research, 13(1986), Provo, UT, S. 146–147.

Bamberg, Günter/Coenenberg, Adolf G./Krapp, Michael (2008): Betriebswirtschaftliche Entscheidungslehre, 14. Aufl., München 2008.

Barisch, Sina (2011): Optimierung von Verhandlungsteams: Der Einflussfaktor Hierarchie, Wiesbaden 2011.

Bauche, Kai (1994): Segmentierung von Kundendienstleistungen auf investiven Märkten, Frankfurt a.M. u. a. 1994.

Baumgarth, Carsten (2004): Markenführung von B-to-B-Marken, in: Backhaus, Klaus/Voeth, Markus (Hrsg.): Handbuch Industriegütermarketing, Wiesbaden 2004, S. 799–823.

Becker, Jörg/Hahn, Dieter (2003): Der Prozess im Fokus, in: Becker, Jörg/Kugeler, Martin/Rosemann, Michael (Hrsg.): Prozessmanagement – Ein Leitfaden zur prozessorientierten Organisationsgestaltung, 4. Aufl., Berlin u. a. 2003.

Beinlich, Georg (1998): Geschäftsbeziehungen in der Vermarktung von Systemtechnologien, Aachen 1998.

Benkenstein, Martin/Holtz, Michael: Qualitätsmanagement von Dienstleistungen, in: Bruhn, Manfred/Meffert, Heribert (Hrsg.): Handbuch Dienstleistungsmanagement, 2. Aufl., Wiesbaden 2001, S. 193–212.

Berekoven, Ludwig (1983): Der Dienstleistungsmarkt in der Bundesrepublik Deutschland, Göttingen 1983.

Berry, Leonard L. (1986): Big ideas in Marketing, in: Journal of Consumer Marketing, 3(1986), Nr. 2, S. 47–51.

Berz, Gregor (2007): Spieltheoretische Verhandlungs- und Auktionsstrategien, Stuttgart 2007.

Bettman, James R. (1973): Perceived Risk and Its Components: A Model and Empirical Test, in: Journal of Marketing Research, 10(1973), Nr. 2, S. 184–190.

Billen, Peter (2003): Unsicherheit des Nachfragers bei Wiederholungskäufen. Ein informationsökonomischer und verhaltenswissenschaftlicher Ansatz, Wiesbaden 2003.

Blocker, Christopher P./Flint, Daniel J. (2007): Customer segments as moving targets: Integrating customer value dynamism into segment instability logic, in: Industrial Marketing Management, 36(2007), Nr. 6, S. 810–822.

Böcker, F. (1986): Präferenzforschung als Mittel marktorientierter Unternehmensführung, in: Zeitschrift für betriebswirtschaftliche Forschung, 38(1986), S. 543–574.

Bonoma, Thomas V. (1982): Major sales: who really does the buying?, in: Harvard Business Review, 60(1982), Nr. 3, S. 111–119.

Bonoma, Thomas V./Shapiro, Benson P. (1984): Segmenting the Industrial Market, Lexington 1984.

Bössmann, Eva (2000): Informationsökonomie, in: Woll, Artur (Hrsg.): Wirtschaftslexikon, 9. Aufl., München u. a. 2000, S. 334–336.

Brandt, Randall D. (1988): How service marketers can identify value-enhancing service elements, in: Journal of Services Marketing, 2(1988), Nr. 3, S. 35–41.

Brinkmann, Jörg (2006): Buying Center-Analyse auf der Basis von Vertriebsinformationen, Wiesbaden 2006.

Bruhn, Manfred (2011): Qualitätsmanagement für Dienstleistungen, 8. Aufl., Berlin 2011.

Bruhn, Manfred (2013): Relationship Marketing, 3. Aufl., München 2013.

Bruhn, Manfred/Georgi, D./Treyer, M./Leumann, S. (2000): Wertorientiertes Relationship-Marketing – Vom Kundenwert zum Customer Lifetime Value, in: Die Unternehmung, 54(2000), Heft 3, S. 167–187.

Budäus, Dietrich/Gerum, Elmar/Zimmermann, Gebhard (Hrsg.) (1988): Betriebswirtschaftslehre und Theorie der Verfügungsrechte, Wiesbaden 1988.

Camp, Robert C. (1997): Benchmarking, 13. Aufl., Milwaukee (Wis.) 1997.

Chandler, Jennifer D./Johnston, Wes (2012): The Organizational Buying Center as a Framework for Emerging Topics in Business-to-Business Marketing, in: Glynn, Mark S./Woodside, Arch G. (Hrsg.): Business-to-Business Marketing Management: Strategies, Cases, and Solutions, Howard House (UK) 2012, S. 41–85

Choffray, Jean Marie/Lilien, Gary L. (1978): Assessing response to industrial marketing strategy, in: Journal of Marketing, 42(1978), Nr. 2, S. 20–31.

Christensen, Clayton M. (1997): The Innovator's Dilemma: When New Technologies Cause Great Firms to Fail, Boston 1997.

Commons, John R. (1931): Institutional Economics, in: American Economic Review, 21(1931), Nr. 4, S. 648–657.

Commons, John R. (1934): Institutional Economics, New York 1934.

Copeland, Melvin T. (1924): Principles of Merchandising, Chicago u. a. 1924.

Corran, R. H. (1994): Reengineering einer globalen Marke, in: Absatzwirtschaft, 37(1994), S. 68–74.

Corsten, Hans/Gössinger, Ralf (2007): Dienstleistungsmanagement, 5. Aufl., München 2007.

Cox, Donald F. (1967): The Sorting Rule Model of the Consumer Product Evaluation Process, in: Cox, Donald F., (Hrsg.): Risk Taking and Information Handling in Consumer Behavior, Boston 1967, S. 324–369.

Cox, Michael W./Alm, Richard (1999): The right stuff: America's move to mass customization, National Policy Center Association, Policy Report Nr. 225, Juni 1999.

Crabtree, Robert G. (1995): A Buy In-Follow On Approach for Marketing Professional Services to Small Business, in: Journal of Professional Services Marketing, 12(1995), Nr. 2, S. 145–152.

Cressman, George E. Jr. (2012): Value-based pricing state-of-the-art review, in: Lilien, Gary L./Grewal, Rajdeep (Hrsg.): Handbook of Business-to-Business Marketing, Cheltenham (UK)/Northamptonn (USA) 2012, S. 246–274

Daecke, Nils/Schächler, Maria/Mei-Pochtler, Antonella/Heuskel, Dieter (1998): Wachsen in fremden Märkten: Ein Strategie-Portfolio für den Hyperwettbewerb, in: Absatzwirtschaft, Sonderheft, Oktober 1998, S. 62–70.

Darby, Michael R./Karni, Edi (1973): Free Competition and the Optimal amount of Fraud, in: Journal of Law and Economics, 16(1973), Nr. 1, S. 67–88.

David, Paul A. (1985): Clio and the Economics of QWERTY, in: The American Economic Review, Papers and Proceedings, 75(1985), Nr. 2, S. 332–337.

Davies, Andrew/Brady, Tim/Hobday, Michael (2007), Organizing for solutions: systems seller vs. systems integrator, in: Industrial Marketing Management, 36 (2007), Nr. 2, S. 183–193.

Day, George/Shocker, Allan D./Srivastava, Rajendra K. (1979): Customer-Orientated Approaches to Identifying Product Markets, in: Journal of Marketing, 43(1979), Nr. 4, S. 8–19.

Day, Ralph L./Michaels, R. E./Purdue, B. c. (1988): How Buyers Handle Conflicts, in: Industrial Marketing Management, 17(1988), Nr. 2, S. 153–169.

Dibb, Sally/Simkin, Lyndon (1994): Segments sectors or just customers: the problems segmenting industrial markets, in: Industrial Marketing Management, 23(1994), Nr. 2, S. 55–63.

Diller, Hermann (1996): Kundenbindung als Marketingziel, in: Marketing ZFP, 18(1996), Nr. 2, S. 81–94.

Diller, Hermann (2008): Preispolitik, 4. Aufl., Stuttgart 2008.

Diller, Hermann/Kossmann, J. (2007): Prozessorientiertes Pricing im BtB-Geschäft, in: Diller, Hermann (Hrsg.): Innovatives Industriegütermarketing, Nürnberg 2007, S. 67–92.

Diller, Hermann/Haas, Alexander/Ivens, Björn (2005): Verkauf und Kundenmanagement, Stuttgart 2005.

Dittler, Thomas (1995): Das Systemgeschäft – worauf es ankommt, in: Harvard Business Manager, 17(1995), Nr. 4, S. 29–34.

Doyle, Peter/Saunders, John (1985): Market Segmentation and Positioning in Specialized Industrial Markets, in: Journal of Marketing, 49(1985), Nr. 2, S. 24–32.

Droege, Walter P. J./Backhaus, Klaus/Weiber, Rolf (1993): Trends und Perspektiven im Investitionsgütermarketing – eine empirische Bestandsaufnahme, in: dieselben (Hrsg.): Strategien für Investitionsgütermärkte, Landsberg/Lech 1993, S. 17–98.

Dudenhöfer, Ferdinand (1997): Outsourcing, Plattformstrategien und Badge Engineering, in: Wirtschaftswissenschaftliches Studium, 26(1997), Nr. 3, S. 144–149.

Dvorak, August et al. (1936): Typewriting Behavior, New York 1936.

Eckardt, Gordon H. (2010): Business-to-Business-Marketing, Stuttgart 2010.

Eggert, Aandreas (1999): Kundenbindung aus Kundensicht – Konzeptualisierung, Operationalisierung, Verhaltenswirksamkeit, Wiesbaden 1999.

Egner-Duppich, Christel (2008): Vertrauen beim Online-Kauf, Hamburg 2008.

Ehret, Michael/Glogowsky, Andreas (1996): Customer Integration im industriellen Dienstleistungsmanagement in: Kleinaltenkamp, Michael/Fließ, Sabine/Jacob, Frank (Hrsg.):

Customer Integration – Von der Kundenorientierung zur Kundenintegration, Wiesbaden 1996, S. 203–218.

Ehrhardt, Marcus (2001): Netzwerkeffekte, Standardisierung und Wettbewerbsstrategie, Wiesbaden 2001.

Einwiller, Sabine (2003): Vertrauen durch Reputation im elektronischen Handel, Wiesbaden 2003.

Einwiller, Sabine/Herrmann, Andreas/Ingenhoff, Diana (2005): Vertrauen durch Reputation – Grundmodell und empirische Befunde im E-Business, in: Marketing ZFP, 27(2005), Nr. 1, S. 25–40.

Eisenführ, Franz/Weber, Martin/Langer, Thomas (2010): Rationales Entscheiden, 5. Aufl., Berlin u. a. 2010.

Engelhardt, Werner H. (1995): Investitionsgütermarketing, in: Tietz, Bruno/Köhler, Richard/ Zentes, Joachim (Hrsg.): Handwörterbuch des Marketing, 2. Aufl., Stuttgart 1995, S. 1056–1067.

Engelhardt, Werner H. (1996): Effiziente Customer Integration im industriellen Service Management, in: Kleinaltenkamp, Michael/Fließ, Sabine/Jacob, Frank (Hrsg.): Customer Integration, Wiesbaden 1996, S. 73–89.

Engelhardt, Werner H./Günter, Bernd (1981): Investitionsgüter-Marketing, Stuttgart 1981.

Engelhardt, Werner H./Reckenfelderbäumer, Martin (2002): Industrielles Service-Management, in: Kleinaltenkamp, Michael/Plinke, Wulff/Jacob, Frank/Söllner/Albrecht (Hrsg.): Markt- und Produktmanagement, Wiesbaden 2006, S. 209–318.

Engelhardt, Werner H./Kleinaltenkamp, Michael/Reckenfelderbäumer, Martin (1993): Leistungsbündel als Absatzobjekte, in: Zeitschrift für betriebswirtschaftliche Forschung, 45(1993), Nr. 5, S. 395–426.

Enke, Margit/Geigenmüller, Anja/Leischnig, Alexander (2011): Commodity Marketing – Eine Einführung, in: Enke, Margit/Geigenmüller, Anja (Hrsg.): Commodity-Marketing, 2. Aufl., Wiesbaden 2011, S. 3–29.

Eversheim, Walter/Minolla, W./Fischer, W (1977): Angebotskalkulation mit Kostenfunktionen, Berlin u. a. 1977.

Fälsch, Henrik (2007): Neue Optionen und Anforderungen in der Leistungsgestaltung durch Ubiquitous Computing: Referenzmodell und Nutzertypologie, Hamburg 2007.

Farrell, Joseph/Saloner, Garth (1985): Standardization, compatibility, and innovation, in: Rand Journal of Economics, 16(1985), Nr. 1, S. 70–83.

Farrell, Joseph/Saloner, Garth (1987): Competition, Compatibility and Standards – The Economics of Horses, Penguins and Lemmings, in: Gabel, Landis H. (Hrsg.): Product Standardization and Competitive Strategy, Amsterdam u.a. 1987, S. 1–21.

Fisher, Roger/Ury, William/Patton, Burce M. (2009): Das Harvard-Konzept, 23. Aufl., Frankfurt, New York 2009.

Fließ, Sabine (1996): Prozeßevidenz als Erfolgsfaktor der Kunenintegration, in: Kleinaltenkamp, Michael/Fließ, Sabine/Jacob, Frank (Hrsg.): Customer Integration, Wiesbaden 1996, S. 91–103.

Fließ, Sabine (2000): Industrielles Kaufverhalten, in: Kleinaltenkamp, Michael/Plinke, Wulff (Hrsg.): Technischer Vertrieb – Grundlagen des Business-to-Business-Marketing, 2. Aufl., Berlin u. a. 2000, S. 251–370.

Fließ, Sabine (2001): Die Steuerung von Kundenintegrationsprozessen, Wiesbaden 2001.

Fließ, Sabine (2006): Prozessorganisation in Dienstleistungsunternehmen, Stuttgart 2006.

Fließ, Sabine (2009): Dienstleistungsmanagement, Wiesbaden 2009.

Fließ, Sabine/Kleinaltenkamp, Michael (2004): Blueprinting the service company: Managing service processes efficiently, in: Journal fo Business Research, 57(2004), Nr. 4, S. 392–404.

Forschner, Gert (1988): Investitionsgüter-Marketing mit funktionellen Dienstleistungen, Berlin 1988.

Foscht, Thomas/Swoboda, Bernhard (2011): Käuferverhalten, 4. Aufl., Wiesbaden 2011.

Frank, Ronald Edward/Massy, William F./Wind, Yoram (1972): Market Segmentation, Engelwood Cliffs 1972.

Frauendorf, Janine (2006): Customer Processes in Business-to-Business Service Transactions, Wiesbaden 2006.

Frauendorf, Janine/Kähm, Elena/Kleinaltenkamp, Michael (2007): Business-to-Business Markets – Status Quo and Future Trends, in: Journal of Business Market Management, 1(2007), Nr. 1, S. 7–40.

Freichel, Steffen (2009): FIT-Modelle der Produktindividualisierung, Hamburg 2009.

Freiling. Jörg (2003): Pro und Kontra für die Einführung innovativer Betreibermodelle, in: Industrie Management, 19(2003), Nr. 4, S. 32–35.

French, John R. P. Jr./Raven, Bertram (1959): The Bases of Social Power, in: Cartwright, Dorwin (Hrsg.): Studies in Social Power, Michigan 1959, S. 150–167.

Freter, Hermann (2008): Markt- und Kundensegmentierung, 2. Aufl., Stuttgart 2008.

Friege, Christian (1995): Preispolitik für Leistungsverbunde im Business-to-Business-Marketing, Wiesbaden 1995.

Gadatsch, Andreas (2008): Grundkurs IT-Projektcontrolling, Wiesbaden 2008.

Gassmann, Oliver/Sutter, Philipp (2008): Praxiswissen Innovationsmanagement, München 2008.

Geiger, Ingmar (2007): Industrielle Verhandlungen, Wiesbaden 2007.

Geiger, Ingmar (2011): Strategien des Geschäftsbeziehungsmanagements, in: Kleinaltenkamp, Michael/Plinke, Wulff/Geiger, Ingmar/Jacob, Frank/Söllner, Albrecht (Hrsg.): Geschäftsbeziehungsmanagement, 2. Aufl., Wiesbaden 2011, S. 141–191.

Geiger, Ingmar /Lefaix-Durand, Aurélia/Saab, Samy/Kleinaltenkamp, Michael/Baxter, Roger/Lee, Yeonhee (2012): The bonding effects of relationship value and switching costs in industrial buyer-seller relationships: an investigation into role differences, in: Industrial Marketing Management, 41(2012), Nr. 1, S. 82–93.

Geiger, Ingmar/Kleinaltenkamp, Michael (2012): Interne Umsetzung des Geschäftsbeziehungsmanagements, in: Kleinaltenkamp, Michael/Plinke, Wulff/Geiger, Ingmar/Jacob, Frank/Söllner, Albrecht (Hrsg.): Geschäftsbeziehungsmanagement, 2. Aufl., Wiesbaden 2012, S. 255–307.

Geist, Manfred (1974): Selektive Absatzpolitik auf der Grundlage der Absatzsegmentrechnung, Stuttgart 1974.

Gemünden, Hans-Georg/Walter, Achim (1995): Der Beziehungspromotor – Schlüsselperson für interorganisationale Innovationsprozesse, in: Zeitschrift für Betriebswirtschaft, 65(1995), Nr. 9, S. 971–986.

Georgi, Dominik (2000): Entwicklung von Kundenbeziehungen – Theoretische und empirische Analysen unter dynamischen Aspekten, Wiesbaden 2000.

Göbel, Elisabeth (2002): Neue Institutionenökonomik: Konzeption und betriebswirtschaftliche Anwendungen, Stuttgart 2002.

Göbl, Martin (2003): Die Beurteilung von Dienstleistungen: Grundlage für ein erfolgreiches Marketing am Beispiel Freier Berufe, Wiesbaden 2003.

Godefroid, Peter/Pförtsch, Waldemar (2008): Business-to-Business-Marketing, 4. Aufl., Ludwigshafen 2008.

Goldberg, Victor P. (1976): Regulation and Administered Contracts, in: The Bell Journal of Economics, 7(1976), Nr. 2, S. 439–441.

Gouthier, Matthias H. J. (2003): Kundenentwicklung im Dienstleistungsbereich, Wiesbaden 2003.

Graßy, Oliver (1993): Industrielle Dienstleistungen, München 1993.

Graumann, Mathias (1993): Die Ökonomie von Netzprodukten, in: Zeitschrift für Betriebswirtschaft, 63(1993), Nr. 12, S. 1331-1355.

Gröne, Alois (1977): Marktsegmentierung bei Investitionsgütern, Wiesbaden 1977.

Gruner, Kai (1996): Beschleunigung von Marktprozessen, Wiesbaden 1996.

Günter, Bernd (1997): Wettbewerbsvorteile, Kundenanalyse und Kunden-Feedback im Business-to-Business-Marketing, in: Backhaus, Klaus/Günter, Bernd/Kleinaltenkamp, Michael/Plinke, Wulff/Raffée, Hans (Hrsg.): Marktleistung und Wettbewerb, Wiesbaden 1997, S. 213–231.

Haehnel, Christin (2011): Emotionen bei Buying Center-Entscheidungen, Wiesbaden 2011.

Hammer, Michael/Champy, James (1994): Business Reengineering, 3. Aufl., Frankfurt a.M. u. a. 1994.

Hauschildt Jürgen/Chakrabarti, Alok K. (1998): Arbeitsteilung im Innovationsmanagement, in: Hauschildt, Jürgen/Gemünden, Hans Georg (Hrsg.): Promotoren: Champions der Innovation, Wiesbaden 1998, S. 67–89.

Hauschildt, Jürgen/Schewe, Gerhard (1998): Gatekeeper und Prozeßpromotoren, in: Hauschildt, Jürgen/Gemünden, Hans Georg (Hrsg.): Promotoren: Champions der Innovation, Wiesbaden 1998, S. 159–176.

Hauser, John R./Clausing, Don (1988): The house of quality, in: Harvard Business Review, 33(1988), Nr.3, S. 63–73.

Heger, Günter (1988): Anfragenbewertung im industriellen Anlagengeschäft, Berlin 1988.

Helm, Roland/Steiner, Michael (2008): Präferenzmessung, Stuttgart 2008.

Hermenitt-Faath, Jessica/Jacob, Arno/Kurzok, Jan/Paton, Adrian/Steinhort, Michael/Tamayo Korte, Martin (2009): InCar – Lösungsbaukasten für Leichtbau, Wirtschaftlichkeit und Funktionalität, in: ATZextra, November 2009, S. 8–12.

Hermes, Vera (2011): Mut mündet in siegreiche Beziehung, in: Absatzwirtschaft, 54(2011), Nr. 4, S. 74–75.

Heß, Gerhard (1991): Marktsignale und Wettbewerbsstrategie, Stuttgart 1991.

Hilke, W. (1989): Grundprobleme und Entwicklungstendenzen des Dienstleistungs-Marketing, in: derselbe (Hrsg.): Dienstleistungs-Marketing, Wiesbaden 1989, S. 5–44.

Hirshleifer, Jack/Riley, John G. (1979): The Analytics of Uncertainty and Information – An Expository Survey, in: Journal of Economic Literature, 17(1979), Nr. 4, S. 1375–1421.

Hofmann, J./Rollwagen, I./Schneider, S. (2007): Deutschland im Jahr 2020, Deutsche Bank Research, Frankfurt/Main 2007.

Holler, Manfred J./Illing, Gerhard (2005): Einführung in die Spieltheorie, 6. Aufl., Berlin 2005.

Hölzle, Philipp (2008): Projektmanagement, 2.Aufl., München 2008.

Homburg, Christian/Bruhn, Manfred (2010): Kundenbindungsmanagement – Eine Einführung in die theoretischen und praktischen Problemstellungen, in: Bruhn, Manfred/Homburg, Christian (Hrsg.): Handbuch Kundenbindungsmanagement, 7. Aufl., Wiesbaden 2010, S. 3–40.

Homburg, Christian/Bucerius, Matthias (2008): Kundenzufriedenheit als Managementherausforderung, in: Homburg, Christian (Hrsg.): Kundenzufriedenheit: Konzepte, Methoden, Erfahrungen, 7. Aufl., Wiesbaden 2008, S. 53–90.

Hopf, Michael (1983): Ausgewählte Probleme zur Informationsökonomie, in: Wirtschaftswissenschaftliches Studium, 12(1983), Nr. 6, S. 313–318.

Hörstrup, Robert (2012): Anbieterintegration: Ein konzeptioneller Ansatz zur Analyse und Gestaltung kundenseitiger Nutzungspozesse, Hamburg 2012.

Hunt, Shelby D. (1976): The nature and scope of marketing, in: Journal of Marketing, 40(1976), Nr. 7, S. 17–28.

ISTAG: Information Society Technologies Advisory Group (2003): Ambient Intelligence – from vision to reality, in: Draft consolidated report.

Jackson, Barbara (1985): Winning and Keeping Industrial Customers – The Dynamics of Customer Relationships, Toronto 1985.

Jacob, Frank (1995): Produktindividualisierung, Wiesbaden 1995.

Jacob, Frank (2002): Geschäftsbeziehungen und die Institutionen des marktlichen Austauschs, Wiesbaden 2002.

Jacob, Frank/Kleinaltenkamp, Michael (2004): Leistungsindividualisierung und -standardisierung, in: Backhaus, Klaus/Voeth, Markus (Hrsg.): Handbuch Industriegütermarketing, Wiesbaden 2004, S. 601–623.

Jacoby, Jacob (1976): Perspectives on a Consumer Information Research Program, in: Communication Research, 2(1976), Wiederabdruck in: Ray, Michael L./Ward, Scott (Hrsg.): Communication with Consumers: The Information Processing Approach, Beverly Hills u. a. 1976, S. 13–25.

Jacoby, Jacob/Kaplan, Leon B. (1971): The Components of Perceived Risk, in: Venkatesan, M. (Hrsg.): Proceedings, Third Annual Conference, Association for Consumer Research, Chicago 1971, S. 382–393.

Johnson, Micheal P. (1982): Social and Cognitive Features of the Dissolution of Commitment to Relationships, in: Duck, Steven W. (Hrsg.): Personal Relationships, London 1982, S. 51–73.

Johnston, Wesley T./Bonoma, Thomas V. (1981): The Buying Center: Structure and Interaction Patterns, in: Journal of Marketing, 45(1981), Nr. 3, S. 143–156.

Kaas, Klaus P. (1990): Marketing als Bewältigung von Informations- und Unsicherheitsproblemen im Markt, in: Die Betriebswirtschaft, 50(1990), Nr. 4, S. 539–548.

Kaas, Klaus P. (1991): Marktinformationen, Screening und Signaling unter Partner und Rivalen, in: Zeitschrift für Betriebswirtschaft, 61(1991), Nr. 3, S. 357–370.

Kaas, Klaus P. (1992): Kontraktgütermarketing als Kooperation zwischen Prinzipalen und Agenten, in: Zeitschrift für betriebswirtschaftliche Forschung, 44(1992), Nr. 10, S. 884–901.

Kaas, Klaus P. (1995a): Informationsökonomie, in: Tietz, Bruno/Köhler, Richard/Zentes, Joachim (Hrsg.): Handwörterbuch des Marketing, 2. Aufl., Stuttgart, S. 971–981.

Kaas, Klaus P. (1995b): Marketing zwischen Markt und Hierarchie, in: Zeitschrift für betriebswirtschaftliche Forschung, 47(1995), Sonderheft Nr. 35 „ Kontrakte, Geschäftsbeziehungen, Netzwerke – Marketing und Neue Institutionenökonomik", hrsg. von Kaas, Klaus P., Düsseldorf 1995, S. 19–42.

Kaas, Klaus P./Busch, Anina (1996): Inspektions-, Erfahrungs- und Vertrauenseigenschaften von Produkten: Theoretische Konzeption und empirische Validierung, in: Marketing ZFP, 18(1996), Nr. 4, S. 243–252.

Kapitza, Rüdiger (1987): Interaktionsprozesse im Investitionsgüter-Marketing, Würzburg 1987.

Kaplan, Leon B./Szybillo, George J./Jacoby, Jacob (1974): Components of Perceived Risk in Product Purchase, in: Journal of Applied Psychology, 59(1974), S. 287–291.

Kapletia, Dharm/ Probert, David R. (2010) Migrating from products to solutions: An exploration of system support in the UK defense industry. Industrial Marketing Management, 39. S. 582–592.

Katz, Michael L./Shapiro, Carl (1985): Network Externalities, Competition and Compatibility, in: The American Economic Review, 75(1985), Nr. 3, S. 424–440.

Kelman, H. C. (1961): Processes of Opinion Change, in: Public Opinion Quarterly, 25(1961), S. 57–78.

Kim, Chan/Mauborgne, Renee (2005): Blue Ocean Strategy: How to Create Uncontested Market Space and Make Competition Irrelevant, Boston 2005.

Kingman-Brundage, Jane (1989): The ABC's of Service System Blueprinting, in: Bitner, Mary Jo/Crosby, L. A. (Hrsg.): Designing a Winning Service Strategy, Chicago 1989, S. 30–33.

Klee, Günther/Dootz, Dietmar (2003): Unternehmensnahe Dienstleistungen im Bundesländervergleich – Eine empirische Trendanalyse auf der Grundlage der VGR, der Dienstleistungsstatistik, der Beschäftigten- und der Umsatzsteuerstatistik, Endbericht für das Landesgewerbeamt Baden-Württemberg, Institut für Angewandte Wirtschaftsforschung, Tübingen 2003.

Kleinaltenkamp, Michael (1992): Investitionsgüter-Marketing aus informationsökonomischer Sicht, in: Zeitschrift für betriebswirtschaftliche Forschung, 44(1992), Nr. 9, S. 809–829.

Kleinaltenkamp, Michael (1993): Standardisierung und Marktprozeß – Entwicklungen und Auswirkungen im CIM-Bereich, Wiesbaden 1993.

Kleinaltenkamp, Michael (1994): Typologien von Business-to-Business-Transaktionen – Kritische Würdigung und Weiterentwicklung, in: Marketing ZFP, 16(1994), Nr. 2, S. 77–88.

Kleinaltenkamp, Michael (1997a): Integrativität als Kern einer umfassenden Leistungslehre, in: Backhaus et al. (Hrsg.): Marktleistung und Wettbewerb, Wiesbaden 1997, S. 83–114.

Kleinaltenkamp, Michael (1997b): Kundenintegration, in: Wirtschaftswissenschaftliches Studium, 26(1997), Nr. 7, S. 350–354.

Kleinaltenkamp, Michael (1999): Service-Blueprinting – Nicht ohne einen Kunden, in: Technischer Vertrieb, 1(1999), April, S. 33–39

Kleinaltenkamp, Michael (2000a): Einführung in das Business-to-Business-Marketing, in: Kleinaltenkamp, Michael/Plinke, Wulff (Hrsg.): Technischer Vertrieb – Grundlagen des Business-to-Business-Marketing, 2. Aufl., Berlin u. a. 2000, S. 171–247.

Kleinaltenkamp, Michael (2000b): Blueprinting – Grundlage des Managements von Dienstleistungsunternehmen, in: Woratschek, Herbert (Hrsg.): Neue Aspekte des Dienstleistungsmarketing, Wiesbaden 2000, S. 3–28.

Kleinaltenkamp, Michael (2002): Marktsegmentierung, in: Kleinaltenkamp, Michael/Plinke, Wulff (Hrsg.): Strategisches Business-to-Business-Marketing, 2. Aufl., Berlin u. a. 2002, S.192–234.

Kleinaltenkamp, Michael (2006): Auswahl von Vertriebswegen, in: Kleinaltenkamp, Michael/Plinke, Wulff/Jacob, Frank/Söllner, Albrecht (Hrsg.): Markt- und Produktmanagement, 2. überarb. u. erw. Aufl., Wiesbaden 2006, S. 321–367.

Kleinaltenkamp, Michael (2009): Ingredient Branding bei Industriegütern, in: Mattmüller, Roland/Michael, Bernd M./Tunder, Ralph (Hrsg.): Aufbruch – Ingredient Branding schafft Werte, München 2009, S. 148–165.

Kleinaltenkamp, Michael (2010a): Is marketing academia losing its way? – A commentary from a German perspective, in: Australasian Marketing Journal, 18(2010), Nr. 3, S. 171–173.

Kleinaltenkamp, Michael (2010b): Kundenbindung durch Kundenintegration, in: Bruhn, Manfred/Homburg, Chrisian (Hrsg.): Handbuch Kundenbindungsmanagement, 7. Aufl., Wiesbaden 2010, S. 255–272.

Kleinaltenkamp, Michael (2011): Kundenwert und Kundenselektion, in: Kleinaltenkamp, Michael/Plinke, Wulff/Geiger, Ingmar/Jacob, Frank/Söllner, Albrecht (Hrsg.): Geschäftsbeziehungsmanagement, 2. Aufl., Wiesbaden 2011, S. 113-140.

Kleinaltenkamp, Michael/Ehret, Michael (1998): Prozeßorientierung im Technischen Vertrieb, Berlin u. a. 1998.

Kleinaltenkamp, Michael/Ehret, Michael (2006): The value added by specific investments: a framework for managing relationships in the context of value networks, in: Journal of Business & Industrial Marketing, 21(2006), Nr. 2, S. 65–71.

Kleinaltenkamp, Michael/Haase, Michaela (1999): Externe Faktoren in der Theorie der Unternehmung, in: Albach, Horst et al. (Hrsg.): Die Theorie der Unternehmung in Forschung und Praxis, Berlin u. a. 1999, S. 167–194.

Kleinaltenkamp, Michael/Marra, Andreas (1995): Institutionenökonomische Aspekte der Customer Integration, in: Kaas, Klaus-Peter (Hrsg.): Kontrakte, Geschäftsbeziehungen, Netzwerke – Marketing und Neue Institutionenökonomie, Zeitschrift für betriebswirtschaftliche Forschung, Sonderheft Nr. 35 (1995), S. 101–117.

Kleinaltenkamp, Michael/Rudolph, Michael (2002): Mehrstufiges Marketing, in: Kleinaltenkamp, Michael/Plinke, Wulff (Hrsg.): Strategisches Business-to-Business-Marketing, 2. Aufl., Berlin et al. 2002, S. 283–318.

Kleinaltenkamp, Michael/Saab, Samy (2009): Technischer Vertrieb: Eine praxisorientieret Einführung in das Business-to-Business-Marketing, Berlin 2009.

Kleinaltenkamp, Michael /Bach, Thomas/Griese, Ilka (2009): Der Kundenintegrationsbegriff im (Dienstleistungs-)Marketing, in: Bruhn, Manfred/Stauss, Bernd (Hrsg.): Kundenintegration, Wiesbaden 2009, S. 35–62.

Kleinaltenkamp, Michael/Plinke, Wulff/Söllner, Albrecht (2011): Theoretische Perspektiven auf Geschäftsbeziehungen – Erklärung und Gestaltung, in: Kleinaltenkamp, Michael/Plinke, Wulff/Geiger, Ingmar/Jacob, Frank/Söllner, Albrecht (Hrsg.): Geschäftsbeziehungsmanagement, 2. Aufl., Wiesbaden 2011, S. 45–76.

Kleinaltenkamp, Michael/Plötner, Olaf/Zedler, Christian (2004): Industrielles Servicemanagement, in: Backhaus, Klaus/Voeth, Markus (Hrsg.): Handbuch Industriegütermarketing, Wiesbaden 2004, S. 625–648.

Klemperer, Paul (1987): Markets with Consumer Switching Costs, in: The Quarterly Journal of Economics, 102(1987), Nr. 2, S. 375–394.

Knight, Frank H. (1921): Risk, uncertainty, and profit, Boston 1921.

Knoblich, Hans (1972): Die typologische Methode in der Betriebswirtschaftslehre in: Wirtschaftswissenschaftliches Studium, 1(1972), Nr. 4, S. 141–156.

Koch, Franz-Karl (1986): Verhandlungen bei der Vermarktung von Investitionsgütern, Mainz 1986.

Köhl, Thomas (2000): Claim-Management im internationalen Anlagegeschäft, Wiesbaden 2000.

Köhler, Horst (1976): Die Effizienz betrieblicher Gruppenentscheidungen, Bochum 1976.

Köhler, Richard (1993): Beiträge zum Marketing-Management – Planung, Organisation, Controlling, 3. Aufl., Stuttgart 1993.

Königshausen, Horst/Spannagel, Frieder (2004): Marketing im internationalen Anlagenbau, in: Backhaus, Klaus/Voeth, Markus (Hrsg.): Handbuch Industriegütermarketing, Wiesbaden 2004, S. 1123–1142.

Koppelmann, Udo (2004): Aspekte der Beschaffungsanalyse, in: Backhaus, Klaus/Voeth, Markus (Hrsg.): Handbuch Industriegütermarketing, Wiesbaden 2004, S. 269–286.

Kotler, Philip (1972): A Generic Concept of Marketing, in: Journal of Marketing, 36(1972), Nr. 2, S. 46–54.

Kotler, Philip (1977): Marketing Management, 2. Aufl., Stuttgart 1977.

Kotler, Philip (1994): Marketing Management, 8. Aufl., Englewood Cliffs 1994.

Kotler, Philip/Keller, Kevin Lane/Bliemel, Friedhelm (2007): Marketing-Management, München 2007.

Kröber-Riel, Werner/Weinberg, Peter/Gröppel-Klein, Andrea (2009): Konsumentenverhalten, 9. Aufl., München 2009.

Kühne, Bettina (2008): Asymmetrische Bindungen in Geschäftsbeziehungen, Wiesbaden 2008.

Kupsch, Peter/Hufschmied, Peter (1979): Wahrgenommenes Risiko und Komplexität der Beurteilungssituation als Determinanten der Qualitätsbeurteilung, in: Meffert, Heribert/Steffenhagen, Hartwig/Freter, Hermann W. (Hrsg.): Konsumentenverhalten und Information, Wiesbaden 1979, S. 225–257.

Kuß, Alfred/Tomczak, Torsten (2007): Käuferverhalten, 4. Aufl., Stuttgart 2007.

Kuster, Jürg/Huber, Eugen/Lippmann, Robert/Schmid, Alphons/Schneider, Emil/Witschi, Urs/Wüst, Robert (2008): Handbuch Projektmanagement, 2. Aufl., Berlin 2008.

Lampach, Eric (2007): Beschaffungsentscheidungen in Unternehmen: Eine informationsökonomische Analyse des Buying Centers, Saarbrücken 2007.

LaPlaca, Peter J./Katrichis, Jerome M. (2009): Relative Presence of Business-to-Business Research in the Marketing Literature, in: Journal of Business-To-Business Marketing, 16(2009), Nr. 1, S. 1–22.

Lax, D./Sebenius, J. (1992). The Manager as Negotiator: The Negotiators Dilemma: Creating and Claiming Value, in: Goldberg, S./Sander, F./Rogers N. (Hrsg.): Dispute Resolution, Boston 1992, S. 49–62.

Lay, Gunter/Jung Erceg, Petra (Hrsg.) (2002): Produktbegleitende Dienstleistungen, Berlin u. a. 2002.

Leischnig, Alexander/Geigenmüller, Anja (2011): Wie wichtig sind Marken bei Commodities – Eine konzeptionelle Analyse, in: Enke, Margit/Geigenmüller, Anja (Hrsg.): Commodity-Marketing, 2. Aufl., Wiesbaden 2011, S. 115–132.

Lewicki, J. R./Saunders, D. M./Barry, B. (2006): Negotiation, 5. Aufl., Boston 2006.

Lindeiner-Wildau von, Klaus (1986): Risiko und Risikomanagement im Anlagenbau, in: Zeitschrift für betriebswirtschaftliche Forschung, 38(1986), Nr. 20, S. 21–37.

Linke, Ralf (2006): Kundenbindung durch spezifische Investitionen, Wiesbaden 2006.

Lock, Dennis (2007): Project Management, 9. Aufl., Aldershot 2007.

Lovelock, Christopher H./Young, Robert F. (1979): Look to Consumers to Increase Productivity; in: Harvard Business Review, Mai-June 1979, S. 168–179

Luthardt, Sandra (2003): In-Supplier versus Out-Supplier: Determinanten des Wechselverhaltens industrieller Nachfrager, Wiesbaden 2003.

Madhok, Anoop (2000): Transaction (in)efficiency, value (in)efficiency, and inter-firm collaboration, in: Faulkner, David O./Rond, Mark de (Eds.): Cooperative strategy, Oxford et al., S. 74–95.

Maital, Shlomo/Seshadri, D. V. R. (2007): Innovation Management: strategies, concepts and tools for growth and profit, New Delhi 2007

Maleri, R. (1973): Grundzüge der Dienstleistungsproduktion, Berlin 1973.

Malicha, Regina (2005): Nachfragerevidenz im Dienstleistungsbereich - Konzeptualisierung und Operationalisierung, Wiesbaden 2005.

Marion, Frédéric (1997): Service Coproduction and Customer Participation; in: Mühlbacher, Hans; Flipo, Jean-Paul (Eds.): Advances in Services Marketing, Wiesbaden 1997, S. 17–26

Marquard, Jürgen (1981): Der Commodity Approach im Investitionsgüter-Marketing, Arbeitspapier zum Marketing Nr. 10, Bochum 1981.

Mattmüller, Roland (1995): Warenbörsen, in: Tietz, Bruno/Köhler, Richard/Zentes, Joachim (Hrsg.): Handwörterbuch des Marketing, Stuttgart 1995, S. 2643–2649.

Mayer, Rainer (1993): Strategien erfolgreicher Produktgestaltung: Individualisierung und Standardisierung, Wiesbaden 1993.

McLachlan, Christopher (2004): Wettbewerbsorientierte Gestaltung von Informationsasymmetrien. Eine informationsökonomisch fundierte Analyse des anbieterseitigen Informationsverhaltens, Norderstedt 2004.

McQuiston, Daniel H./Dickson, Peter R. (1991): The Effect of Perceived Personal Consequences on Participation and Influence in Organizational Buying, in: Journal of Business Research, 23(1991), Nr. 2, S. 159–177.

Meffert, Heribert (1982): Der Kundendienst als Marketinginstrument, in: Meffert, Heribert (Hrsg.): Kundendienst-Management, Frankfurt a.M. u. a. 1982, S. 1–30.

Meffert, Heribert/Bruhn, Manfred (2009): Dienstleistungsmarketing, 6. Aufl., Wiesbaden 2009.

Meffert, Heribert/Burmann, Christoph/Kirchgeorg, Manfred (2012): Marketing, 11. Aufl., Wiesbaden 2012.

Meyer, Margit (1987): Die Beurteilung von Länderrisiken der internationalen Unternehmung, Berlin 1987.

Milgrom, Paul (2004): Putting Auction Theory to Work, Cambridge 2004.

Milgrom, Paul/Roberts, John (1992): Economics, Organization and Management, Upper Saddle River 1992.

Miller, George A. (1956): The Magic Number Seven, Plus or Minus Two, Some Limits on Our Capacity for Processing Information, in: The Psycological Review, 63(1956), S. 81–97.

Mintzberg, Henry (1983): Power in and around organizations, Englewoods 1983.

Mintzberg, Henry/Raisinghani, Duru/Théorêt, André (1976): The Structure of „Unstructured" Decision Processes, in: Administrative Science Quarterly, 21(1976), Nr. 2, S. 246–275.

Mitchell, Vincent-Wayne (1994): 30 Years of Perceived Risk: Some Research Issues, In: Wilson/Black (Hrsg.): Academy of Marketing Science Conference, Developments in Marketing Science, 17(1994), S. 350–355.

Mühlfeld, Katrin (2004): Strategic Shifts between Business Types, Wiesbaden 2004.

Mühlmann, Helge/Ngalassa, Lubuta/Rupprecht, André (1987): Der internationale Rohstoffhandel: Überblick über Entwicklungstendenzen, Akteure und Institutionen, in: Wohlmuth, Karl (Hrsg.): Projekt Internationale Rohstoffpolitik und Entwicklungsländer, Band 1: Grundfragen internationaler Rohstoffmärkte, hrsg. v. Karl Wohlmuth, S. 2–59.

Müller, Marc (2006): Plattformmanagement zur Reduktion von Innovationsrisiken, in: Gassmann, Oliver/Kobe, Carmen (Hrsg.): Management von Innovationen und Risiko, 2. Aufl., Heidelberg 2006, S. 121–144.

Müller-Hagedorn, Lothar/Natter, Martin (2011): Handelsmarketing, 5. Aufl., Stuttgart 2011.

Nelson, Pillip J. (1970): Information and Consumer Behavior, in: The Journal of Political Economy, 78(1970), Nr. 2, S. 311–329.

Nieschlag, Robert/Dichtl, Erwin/Hörschgen, Hans (1997): Marketing, 18. Aufl., Berlin 1997.

Nonaka, Ikujiro/Takeutchi, Hirotaka (1997): Die Organisation des Wissens, Frankfurt 1997.

o. V. (2006): Autohersteller wollen Schefenacker retten, in: Süddeutsche Zeitung, v. 18. 12. 2006, S. 38

o. V. (2007): Schefenacker kann wieder nach vorn blicken, in: Handelsblatt-Online, v. 9. 2. 2007.

Olivera Gomes, O. D. (1987): Angebotspreisfindung bei der konsortialen Vermarktung von Industrieanlagen, unveröffentlichte Diplomarbeit am IAS, Münster 1987.

Parasuraman, A./Zeithaml, Valarie A./Berry, Leonard L. (1985): A conceptual model of service quality and its implications for future research, in: Journal of Marketing, 49(1985), Nr. 4, S. 41–50.

Parasuraman, A./Zeithaml, Valarie A./Berry, Leonard L. (1988): SERVQUAL: a multiple-item scale for measuring customer perceptions of service quality, in: Journal of the Academy of Marketing Science, 23(1988), Nr. 1, S. 34–48.

Patterson, Paul/Johnson, Lester/Spreng, Richard (1996): Modelling Customer Satisfaction for Business, Professional Services: A Longitudinal Study, Sydney 1996.

Peter, Paul J./Tarpey, Lawrence X. (1975): A Comparative Analysis of Three Consumer Decision Strategies, in: Journal of Consumer Research, 2(1975), Nr. 6, S. 29–37.

Pfeiffer, Werner (1964): Absatzpolitik bei Investitionsgütern der Einzelfertigung, Stuttgart 1964.

Picot, Arnold (1991): Ökonomische Theorie der Organisation – Ein Überblick über neuere Ansätze und deren betriebswirtschaftliches Anwendungspotential, in: Ordelheide, Dieter/ Rudolph, Bernd/Büsselmann, Elke (Hrsg.): Betriebswirtschaftslehre und Ökonomische Theorie, Stuttgart 1991, S. 143–170.

Picot, Arnold/Reichwald, Ralf/Wigand, Rolf. T. (2001): Die grenzenlose Unternehmung, 4. Aufl., Wiesbaden 2001.

Piller, Frank T. (2003): Die neue Rolle des Kunden: Grundsätze und Varianten der Kunden-integration, in: Piller, Frank T./Stotko, Christof M. (Hrsg.): Mass Customization und Kundenintegration – Neue Wege zum innovativen Produkt, Düsseldorf 2003, S. 43–93.

Plank, Richard E. (1985): A Critical Review of Industrial Market Segmentation, in: Indust-rial Marketing Management, 14(1985), Nr. 2, S. 91–97.

Plinke, Wulff (1989): Die Geschäftsbeziehung als Investition, in Specht, Günter/ Silberer, Günter/Engelhardt, Hans Werner (Hrsg.): Marketing-Schnittstellen, Stuttgart 1989, S.305–325.

Plinke, Wulff (1997a), Grundlagen des Geschäftsbeziehungsmanagements, in: Kleinalten-kamp, Michael/Plinke, Wulff (Hrsg.): Geschäftsbeziehungsmanagement, Berlin u. a. 1997, S. 1–61.

Plinke, Wulff (1997b): Bedeutende Kunden, in: Kleinaltenkamp, Michael/Plinke, Wulff (Hrsg.): Geschäftsbeziehungsmanagement, Berlin u. a. 1997, S. 113–159.

Plinke, Wulff (1998): Erlösgestaltung im Projekt-Geschäft, in: Kleinaltenkamp, Michael/ Plinke, Wulff (Hrsg.): Auftrags- und Projektmanagement, Berlin 1998, S. 117–159.

Plinke, Wulff (2000a): Grundlagen des Marktprozesses, in: Kleinaltenkamp, Michael/Plinke, Wulff (Hrsg.): Technischer Vertrieb – Grundlagen des Business-to-Business-Marketing, 2. Aufl., Berlin u. a. 2000, S. 3–100.

Plinke, Wulff/Rese, Mario (2000): Analyse der Erfolgsquellen, in: Kleinaltenkamp, Michael/ Plinke, Wulff (Hrsg.): Technischer Vertrieb: Grundlagen des Business-to-Business-Marke-ting, 2. Aufl., Berlin u. a. 2000, S. 691–760.

Plinke, Wulff/Söllner, Albrecht (1997): Screening von Risiken in Geschäftsbeziehungen, in: Backhaus, Klaus/Günter, Bernd/Kleinaltenkamp, Michael/Plinke, Wulff/Raffée, Hans (Hrsg.): Marktleistung und Wettbewerb, Wiesbaden 1997, S. 331–363.

Plinke, Wulff/Söllner, Albrecht (2008): Kundenbindung und Abhängigkeitsbeziehungen, in: Bruhn, Manfred/Homburg, Christian (Hrsg.): Handbuch Kundenbindungsmanagement, 7. Aufl., Wiesbaden 2010, S. 67–91.

Plötner, Olaf (1992): Bedeutung des Kundenvertrauens im Systemmarketing, in: Marktfor-schung und Management, 36(1991), Nr. 3, S. 75–79.

Plötner, Olaf (1995): Das Vertrauen des Kunden: Relevanz, Aufbau und Steuerung auf industriellen Märkten, Wiesbaden 1995.

Plötner, Olaf (2006): Grundlagen der Gestaltung der Kommunikationsleistung, in: Kleinal-tenkamp, Michael/Plinke, Wulff/Jacob, Frank/Söllner, Albrecht (Hrsg.): Markt- und Pro-duktmanagement – Die Instrumente des Business-to-Business-Marketing, 2. Aufl. Wies-baden 2006, S. 497–547.

Plötner, Olaf (2008): The development of consulting in goods-based companies, in: Indust-rial Marketing Management, 37(2008), Nr. 3, S. 329–338

Pohl, Alexander (1996): Leapfrogging bei technologischen Innovationen, Wiesbaden 1996.

Pohl, Alexander (2004): Preisbildung im Projekt- und Anlagengeschäft, in: Backhaus, Klaus/Voeth, Markus (Hrsg.): Handbuch Industriegütermarketing, Wiesbaden 2004, S. 1079–1099.

Porter, Michael E. (2000): Wettbewerbsvorteile, 6. Aufl., Frankfurt a. M./New York 2000.

Powers, Thomas L./Sterling, Jay U.: (2008): Segmenting business-to-business markets - a micro-macro linking methodology, in: Journal of Business and Industrial Marketing, 23(2008), Nr. 3, S. 170–177.

Prem, C. (2009): Nutzenorientierte Preisfindung auf Industriegütermärkten, Diss. Linz 2009.

Preß, Bettina (1997): Kaufverhalten in Geschäftsbeziehungen, in: Kleinaltenkamp, Michael/ Plinke, Wulff (Hrsg.): Geschäftsbeziehungsmanagement, Berlin 1997, S. 63–111.

Preukschat, Ulf D. (1993): Vorankündigung von Neuprodukten, Wiesbaden 1993.

Raff, Tilmann (2000): Systemgeschäft und Integralqualitäten, Wiesbaden 2000.

Raffée, Hans/Hefner, Margarete/Scholer, Manfred/Grabicke, Klaus/Jacoby, Jacob (1976): Informationsverhalten und Markenwahl, in: Die Unternehmung, 30(1976), Nr. 2, S. 95–107.

Raiffa, H. (1982): The Art and Science of Negotiation, Cambridge MA 1982.

Rao, Akshay R./Kent B. Monroe (1989): The Effect of Price, Brand Name, and Store Name on Buyers Perceptions of Product Quality: An Integrative Review, in: Journal of Marketing Research, 26(1989), Nr. 3, S. 351–357.

Raub, Steffen P./Probst, Gilbert J. B. (2002): Knowledge Management und Electronic Business, in: Weiber, Rolf (Hrsg.): Handbuch Electronic Business, 2. Aufl., Wiesbaden 2002, S. 417–442.

Reckenfelderbäumer, Martin (2007): Kostenbasierte Preisfindung im Anlagengeschäft – Neuere Entwicklungen und Forschungsbedarf, in: Büschken, Joachim/Voeth, Markus/ Weiber, Rolf (Hrsg.): Innovationen für das Industriegütermarketing, Stuttgart 2007, S. 425–442.

Reckfort, Jürgen (1999): Der Markt für Textilien und Bekleidung – Strukturen, Entwicklungen, Trends, in: Hermmans, Arnold/Schmidt, Wolfgang/Wißmaier, Urban K. (Hrsg.): Handbuch Modemarketing, Bd. 1, Frankfurt/Main 1999, S. 225–257.

Reeder, R. R./Brierty, E. G./Reeder, B. H. (1991): Industrial Marketing, 2. Aufl., Englewood Cliffs, New Jersey 1991.

Reeves, Rosser (1960): Reality in Advertising, New York 1960.

Reichheld Frederick/Sasser, W. Earl (1990): Quality comes to Service, in: Harvard Business Review, 68 (1990), S. 105–111.

Reichwald, Ralf/Piller, Frank T. (2009): Interaktive Wertschöpfung. Open Innovation, Individualisierung und neue Formen der Arbeitsteilung, Wiesbaden 2009.

Reinecke, Sven/Janz, Simone (2007): Marketingcontrolling, Stuttgart 2007.

Reinkemeier, Christoph (1998): Systembindungseffekte bei der Beschaffung von Informationstechnologien, Wiesbaden 1998.

Richter, H. P. (2001): Investitionsgütermarketing: Business-to-Business-Marketing von Industriegüterunternehmen, München 2001.

Richter, Mark (2005): Dynamik von Kundenerwartungen im Dienstleistungsprozess – Konzeptionalisierung und empirische Befunde, in: Bruhn, Manfred (Hrsg.): Basler Schriften zum Marketing, Wiesbaden 2005.

Richter, Rudolf/Furubotn, Eirik G. (1999): Neue Institutionenökonomik, 2. Aufl., Tübingen 1999.

Riebel, Paul (1965): Typen der Markt- und Kundenproduktion in produktions- und absatzwirtschaftlicher Hinsicht, in: Zeitschrift für betriebswirtschaftliche Forschung, 17(1965), S. 663–685.

Riley, John (2001): Silver signals: Twenty-Five Years of Screening and signaling, in: Journal of economic literature, 39(2001), Nr. 6, S. 432–478.

Ripperger, Tanja (1998): Ökonomik des Vertrauens: Analyse eines Organisationsprinzips, Tübingen 1998.

Robinson, Patrick J./Faris, Charles W./Wind, Yoram (1967): Industrial Buying and Creative Marketing, Boston 1967.

Römhild, Wolfram (1997): Preisstrategien bei Ausschreibungen, Berlin 1997.

Roselius, Ted (1971): Consumer Ranking of Risk Reduction Methods, in: Journal of Marketing, 35(1971), S. 56–61.

Rück, Hans R. G. (1995): Dienstleistungen – ein Definitionsansatz auf Grundlage des „Make or buy"-Prinzips, in: Kleinaltenkamp, Michael (Hrsg.): Dienstleistungsmarketing, Wiesbaden 1995, S. 1–31.

Saab, Samy (2007) Commitment in Geschäftsbeziehungen. Konzeptualisierung und Operationalisierung für das Business-to-Business-Marketing, Wiesbaden 2007.

Saatweber, Jutta (2007): Kundenorientierung durch QFD, 2. Aufl., Düsseldorf 2007.

Sandstede, C. (2010): Verhandlungen unter Unsicherheit auf Industriegütermärkten, Wiesbaden 2010.

Sattler, Henrik/Völckner, Franziska (2007): Markenpolitik, 2. Aufl.,Stuttgart 2007.

Schade, Christian (1996): Standardisierung von Beratungsleistungen. Eine ökonomische Analyse integrativer Produktionsprozesse; in: Meyer, Anton (Hrsg.): Grundsatzfragen und Herausforderungen des Dienstleistungsmarketing, Wiesbaden 1996, S. 69–96

Scheer, Lisa K. (2012): Trust, distrust and confidence in B2B relationships, in : Lilien, Gary L./Grewal, Rajdeep (Hrsg.): Handbook of Business-to-Business Marketing, Cheltenham (UK)/Northamptonn (USA) 2012, S. 332–347

Schelling, Thomas (1970): The Strategy of Conflict, 4. Aufl., Cambridge 1970.

Scheuch, Fritz (1975): Investitionsgüter-Marketing: Grundlagen, Entscheidungen Massnahmen, Opladen 1975.

Schiffman, Leon G./Kanuk, Leslie Lazar (2006): Consumer Behavior, 9. Aufl., New Jersey 2006.

Schlüter, Torsten (2000): Strategisches Marketing für Werkstoffe, Berlin 2000.

Schneider, Christoph (1997): Präferenzbildung bei Qualitätsunsicherheit, Berlin 1997.

Schönborn, Tim (2005): Käuferverhalten bei Unsicherheit. Eine nachfragerorientierte Analyse im Kontext der Neuen mikroökonomischen Marketingtheorie, Hamburg 2005.

Schönrock, Arnold (1982): Die Gestaltung des Leistungsmix im marktorientierten Kundendienst, in: Meffert, Heribert (Hrsg.): Kundendienst-Management, Frankfurt a.M. u. a. 1982, S. 81–112.

Schoof, Hans-Joachim (1984): Risikobeherrschung im Anlagengeschäft, VDI-Bericht, Nr. 513, Das Internationale Geschäft mit Industrieanlagen, Risiken- Kooperationen-Auftragsabwicklung, Düsseldorf 1984.

Schreyögg, Georg (1998): Organisatorisches Lernen und neues Wissen: Einige Kommentare und einige Fragen zum Wissensmanagement, in: Gerum, Elmar (Hrsg.): Innovation in der BWL, Wiesbaden 1998, S. 185–202.

Schuh, G./Frick, L./Schönung, M. (2003): Produktion als Dienstleistung – Nachhaltige Nutzungskonzepte für den Maschinen- und Anlagenbau. BMBF-Broschüre, Berlin 2003.

Schütze, Roland (1992): Kundenzufriedenheit, 6. Aufl., Wiesbaden 1992.

Shostack, G. Lynn (1982): How to design a service, in: European Journal of Marketing, 16(1982), S. 49–63.

Shostack, G. Lynn (1984): Designing services that deliver, in: Harvard Business Review, S. 133–139.

Shostack, G. Lynn (1987): Service Positioning through Structural Change, in: Journal of Marketing, 51(1987), January, S. 34–43.

Simkin, Lyndon (2008): Achieving market segmentation from B-to-B sectorisation, in: Journal of Business and Industrial Marketing, 23(2008), Nr. 7, S. 464–474

Simon, Herbert A. (1955): A Behavioral Model of Rational Choice, in: The Quarterly Journal of Economics, 69(1955), Nr. 1, S. 99–118.

Simon, Herbert A. (1959): Theories of Decision Making in Economics and Behavioral Science, in: The American Economic Review, 49(1959), Nr. 3, S. 253–283.

Simon, Hermann (1993): Industrielle Dienstleistungen, Stuttgart 1993.

Simon, Hermann (1985): Goodwill und Marketingstrategie, Wiesbaden 1985.

Simon, Hermann/Fassnacht, Martin (2009): Preismanagement, 3. Aufl., Wiesbaden 2009.

Slovic, Paul (2000): The Perception of Risk, Virginia 2000.

Sneed, Harry M. (2005): Software-Projektkalkulation, München 2005.

Söllner, Albrecht (1993): Commitment in Geschäftsbeziehungen – Das Beispiel Lean Production, Wiesbaden 1993.

Söllner, Albrecht (1999): Asymmetrical Commitment in Business Relationships, in: Journal of Business Research, 46(1999), Nr. 3, S. 219–233.

Solomon, Michael R. (2004): Consumer Behavior, New Jersey 2004.

Specht, Günter/Fritz, Wolfgang (2005): Distributionsmanagement, 4. Aufl., Stuttgart 2005.

Specht, Günter/Beckmann, Christoph/Amelingmeyer, Jenny (2002): F&E-Management, 2. Aufl., Stuttgart 2002.

Spence, Michael (1973): Job Market Signaling, in: Quarterly Journal of Economics, 87(1973), Nr. 3, S. 355–374.

Spence, Michael (1974): Market Signaling: Informational Transfer in Hiring and Related Screening Processes, Cambridge, Massachusetts 1974.

Spiegel Verlag (1988): Innovatoren: Eine Pilotstudie zum Innovationsmarketing in Maschinenbau und Elektroindustrie, Hamburg 1988.

Spremann, Klaus (1988): Reputation, Garantie, Information, in: Zeitschrift für Betriebswirtschaft, 58(1988), Nr. 5/6, S. 613–629.

Spremann, Klaus (1990): Asymmetrische Information, in: Zeitschrift für Betriebswirtschaft, 60(1990), Nr. 5/6, S. 561–586.

Statistisches Bundesamt (Hrsg.) (2009): Der Dienstleistungssektor - Wirtschaftsmotor in Deutschland, Ausgewählte Ergebnisse von 2003 bis 2008, Wiesbaden 2009.

Statistisches Bundesamt (Hrsg.) (2012): Bruttowertschöpfung nach Sektoren, online unter: https://www.destatis.de/DE/ZahlenFakten/LaenderRegionen/Internationales/Internationales.html; Zugriff am 22. 01. 2013

Steffenhagen, Hartwig (2008): Marketing, 6. Aufl.,Stuttgart 2008.

Stigler, George J. (1961): The Economics of Information, in: The Journal of Political Economy, 69(1961), Nr. 3, S. 213–225.

Stiglitz, Joseph E. (1975): Information and Economic Analysis, in: Parkin, M./Nobay, A.R., (Hrsg.): Current Economic Problems: The Proceedings of the Assoziation of University Teachers of Economics, London u. a. 1975, S. 27–52.

Streit, Manfred E. (1981): Terminkontraktmärkte, in: Wirtschaftswissenschaftliches Studium, 10 (1981), S. 473–478.

Strothmann, Karl-Heinz (1979): Investitionsgütermarketing, München 1979.

Strothmann, Karl-Heinz/Kliche, M. (1989): Innovationsmarketing, Wiesbaden 1989.

Tacke, Georg/Pohl, Alexander (1998): Optimale Leistungs- und Preisgestaltung mit Conjoint Measurement, in: Meyer, Anton (Hrsg.): Handbuch Dienstleistungsmarketing, Stuttgart 1998, S. 880–895.

Thomas, Robert J. (1984): Bases of Power in Organizational Buying Decisions, in: Industrial Marketing Management, 13(1984), S. 209–217.

Thomas, Robert J. (1984): Business-to-business market segmentation, in: Lilien, Gary L./ Grewal, Rajdeep (Hrsg.): Handbook of Business-to-Business Marketing, Cheltenham (UK)/Northamptonn (USA) 2012, S. 182–207

Tolle, Elisabeth (1994): Informationsökonomische Erkenntnisse für das Marketing bei Qualitätsunsicherheit der Konsumenten, in: Zeitschrift für betriebswirtschaftliche Forschung, 46(1994), Nr. 11, S. 926–938.

Trommsdorff, Volker/Teichert, Thorsten (2011): Konsumentenverhalten, 8. Aufl., Stuttgart 2011.

Ulaga, Wolfgang/Eggert, Andreas (2006): Value-Based Differentiation in Business Relationships – Gaining and Sustaining Key Supplier Status, in: Journal of Marketing, 70(2006), Nr.1, S. 119-136.

Ullrich, Frank (2004): Verdünnte Verfügungsrechte, Wiesbaden 2004.

Ungruhe, Markus (2011): Bezugsobjektspezifische Investitionen im Business-to-Business-Marketing, Diss. Berlin 2011.

Unterschütz, Alexander (2004): Einfluss unternehmensübergreifender Informationssysteme auf industrielle Geschäftsbeziehungen, Wiesbaden 2004.

VDMA (2002): Produktbegleitende Dienstleistungen im Maschinenbau – Ergebnisse der Tendenzbefragung 2001, Frankfurt a.M. 2002.

Venkatesan, R./Kumar, V./Reinartz, W. (2012): Customer Relationship Management in business markets, in: Lilien, Gary L./Grewal, Rajdeep (Hrsg.): Handbook of Business-to-Business Marketing, Cheltenham (UK)/Northamptonn (USA) 2012, S. 311–331.

Verband der Automobilindustrie e.V. (2002): Jahresbericht 2002, Frankfurt a.M. 2002.

Voeth, Markus/Brinkmann, Jörg (2004): Abbildung multipersonaler Kaufentscheidungen, in: Backhaus, Klaus/Voeth, Markus (Hrsg.): Handbuch Industriegütermarketing, Wiesbaden 2004, S. 349–373.

Voeth, Markus (2004): Analyse multipersonaler Kaufentscheidungen mit mehrstufigen Limit Conjoint-Analysen, in: Zeitschrift für Betriebswirtschaft, 74(2004), Nr. 7, S. 719–741.

Voeth, Markus/Hahn, Christian (1998): Limit Conjoint-Analyse, in: Marketing ZFP, 20(1998), Nr. 2, S. 119–132.

Voeth, Markus/Herbst, Uta (2009): Verhandlungsmanagement: Planung, Steuerung und Analyse, Stuttgart 2009.

Webster, Frederick E. Jr./Wind, Yoram (1972a): A General Model for Understanding Organizational Buying Behavior, in: Journal of Marketing, 36(1972), Nr. 4, S. 12–19.

Webster, Frederick E. Jr./Wind, Yoram (1972b): Organizational Buying Behavior, New Jersey 1972.

Weiber, Rolf (1985): Dienstleistungen als Wettbewerbsinstrument im internationalen Anlagengeschäft, Berlin 1985.

Weiber, Rolf (1992): Diffusion von Telekommunikation – Problem der kritischen Masse, Wiesbaden 1992.

Weiber, Rolf (1993): Was ist Marketing? Grundlagen des Marketing und informationsökonomische Fundierung, Arbeitspapier zur Marketingtheorie Nr. 1, hrsg. von R. Weiber, 1. Aufl., Trier 1993.

Weiber, Rolf (1997a): Das Management von Geschäftsbeziehungen im Systemgeschäft, in: Kleinaltenkamp, Michael/Plinke, Wulff (Hrsg.): Geschäftsbeziehungsmanagement, Berlin u. a. 1997, S. 277–348.

Weiber, Rolf (1997b): Die Bedeutung der Nachfrageverbundenheit im Systemgeschäft, in: Backhaus, Klaus/Günter, Bernd/Kleinaltenkamp, Michael/Plinke, Wulff/Raffée, Hans (Hrsg.): Marktleistung und Wettbewerb, Wiesbaden 1997, S. 365–383.

Weiber, Rolf (2002a): Herausforderung Electronic Business – Mit dem Informations-Dreisprung zu Wettbewerbsvorteilen auf den Märkten der Zukunft, in: Weiber, Rolf (Hrsg.): Handbuch Electronic Business, 2. Aufl., Wiesbaden 2002, S. 1–37.

Weiber, Rolf (2002b): Markterfolg im Electronic Business durch wettbewerbsorientiertes Informationsmanagement, in: Weiber, Rolf (Hrsg.): Handbuch Electronic Business, 2. Aufl., Wiesbaden 2002, S. 143–180.

Weiber, Rolf (2006a): Ansätze zur Steigerung des Kundenwertes im Electronic Business, in: Günter, B. /Helm, S. (Hrsg.): Kundenwert, 3. Aufl., Wiesbaden 2006, S. 747–779.

Weiber, Rolf (2006b): Was ist Marketing? Grundlagen des Marketing und informationsökonomische Fundierung, Arbeitspapier zur Marketingtheorie Nr. 1, 3. Aufl., Trier 2006.

Weiber, Rolf (2007): Elemente einer allgemeinen informationsökonomisch fundierten Marketingtheorie, in: Büschken, Joachim/Voeth, Markus/Weiber, Rolf (Hrsg.): Innovationen für das Industriegütermarketing, Stuttgart 2007, S. 67–108.

Weiber, Rolf (2013): Maketing und Innovation, Stuttgart 2013 (im Druck).

Weiber, Rolf/Adler, Jost (1995a) Informationsökonomisch begründete Typologisierung von Kaufprozessen, in: Zeitschrift für betriebswirtschaftliche Forschung, 47(1995), Nr. 1, S. 43–65.

Weiber, Rolf/Adler, Jost (1995b): Positionierung von Kaufprozessen im informationsökonomischen Dreieck: Operationalisierung und verhaltenswissenschaftliche Prüfung, in: Zeitschrift für betriebswirtschaftliche Forschung, 47(1995), Nr. 2, S. 99–123.

Weiber, Rolf/Adler, Jost (1995c): Der Einsatz von Unsicherheitsreduktionsstrategien im Kaufprozess, in: Zeitschrift für betriebswirtschaftliche Forschung, 1995, Sonderheft 35, S. 61–77.

Weiber, Rolf/Adler, Jost (2003): Der Wechsel von Geschäftsbeziehungen beim Kauf von Nutzungsgütern: Das Beispiel Telekommunikation, in: Rese, Mario/ Söllner, Albrecht/ Utzig, Peter (Hrsg.): Relationship Marketing – Standortbestimmung und Perspektiven, Berlin u. a. 2003, S. 71–103.

Weiber, Rolf/Beinlich, Georg (1994): Die Bedeutung der Geschäftsbeziehung im Systemgeschäft, in: Marktforschung & Management, 38(1994), Nr. 3, S. 120–127.

Weiber, Rolf/Fälsch, Henrik (2007): Ubiquitous Computing – Eine neue Dimension in der Gestaltung von Interaktionsbeziehungen im Direktmarketing, in: ZfB-Sonderheft, 3/ 2007, Direct Marketing, hrsg. von Manfred Krafft und Jürgen Gerdes, Wiesbaden 2007, S. 83–116.

Weiber, Rolf/Hörstrup, Robert (2009): Von der Kundenintegration zur Anbieterintegration: Die Erweiterung anbieterseitiger Wertschöpfungsprozesse auf kundenseitige Nutzungsprozesse, in: Bruhn, Manfred/Stauss, Bernd (Hrsg.): Kundenintegration, Wiesbaden 2009, S. 281–312.

Weiber, Rolf/Jacob, Frank (2000): Kundenbezogene Informationsgewinnung, in: Kleinaltenkamp, Michael/ Plinke, Wulff (Hrsg.): Technischer Vertrieb: Grundlagen des Business-to-Business-Marketing, 2. Aufl., Berlin u. a. 2000, S. 523–612.

Weiber, Rolf/Mühlhaus, Daniel (2009): Auswahl von Eigenschaften und Ausprägungen bei der Conjoint-Analyse, in: Baier, Daniel/Brusch, Michael (Hrsg.): Conjoint-Analyse: Methoden – Anwendungen – Praxisbeispiele, Berlin u. a. 2009, S. 43–58.

Weiber, Rolf/Mühlhaus, Daniel (2013): Strukturgleichungsmodellierung, 2. Aufl., Heidelberg u. a. 2013.

Weiber, Rolf/Wolf, Tobias (2013): Der Qualitäts-Dreisprung: Ein konzeptioneller Ansatz zur Verbesserung des Qualitätsmanagements bei Dienstleistungen durch Social Media, in: Bruhn, Manfred/Hadwich, Karsten (Hrsg.): Forum Dienstleistungsmanagement 2013: Dienstleistungsmanagement und Social Media, Wiesbaden 2013, S. 397–422.

Weiber, Rolf/Hörstrup, Robert/Mühlhaus, Daniel (2011): Akzeptanz anbieterseitiger Integration in die Alltagsprozesse der Konsumenten: Erste empirische Ergebnisse, in: Fandel, G./Fließ, S./ Jacob, F. (Hrsg.): Kundenintegration 2.0, ZfB-Sonderheft, Nr. 5, 2011, S. 111–145.

Weiber, Rolf/Kollmann, Tobias/Pohl, Alexander (2006): Das Management technologischer Innovationen, in: Kleinaltenkamp, Michael et al. (Hrsg.): Markt- und Produktmanagement, 2. Aufl., Wiesbaden 2006, S. 83–207.

Weigand, Robert E. (1991): Buy In-Follow On Strategies for Profit, in: Sloan Management Review, 32(1991), Nr. 3, S. 29–38.

Weiss, Peter A. (1992): Die Kompetenz von Systemanbietern: Ein neuer Ansatz im Marketing von Systemtechnologien, Berlin 1992.

Werani, Thomas (2012): Business-to-Business-Marketing: Ein wertbasierter Ansatz, Stuttgart 2012.

Werani, Thomas (1998): Der Wert von kooperativen Geschäftsbeziehungen in industriellen Märkten, Linz 1998.

Wey, Christian (1999): Marktorganisation durch Standardisierung, Berlin 1999.

Widmaier, Ulrich (1996): Betriebliche Rationalisierung und ökonomische Rationalität, Opladen 1996.

Wiese, Harald (1990): Netzeffekte und Kompatibilität, Stuttgart 1990.

Williamson, Oliver E. (1985): The Economic Institutions of Capitalism. Firms, Markets, Relational Contracting, New York 1985.

Williamson, Oliver E. (1990): Die ökonomischen Institutionen des Kapitalismus - Unternehmen, Märkte, Kooperationen, Tübingen 1990.

Williamson, Oliver E. (1998): Transaction Cost Economics: How It Works – Where It is Headed, in: The Economist, 146(1998), Nr. 1, S. 23–58.

Wilson, D. T. (2003): Value exchange as the foundation stone of relationship marketing. In: Marketing Theory, 3(2003), S. 175–177.

Wilson, David T./Jantrania, Swati (1995): Understanding the Value of a Relationship, in: Asia-Australia Marketing Journal, 2(1995), Nr. 1, S. 55–66.

Wimmer, Frank/Zerr, Konrad (1995): Service für Systeme - Service mit System, in: Absatzwirtschaft, 38(1995), Nr. 7, S. 82–87.

Wind, Yoram/Cardozo, Richard (1974): Industrial Market Segmentation, in: Industrial Marketing Management, 3(1974), Nr. 3, S. 153–164.

Witte, Eberhard (1973): Organisation für Innovationsentscheidungen – Das Promotoren-Modell, Göttingen 1973.

Witte, Eberhard (1976): Kraft und Gegenkraft im Entscheidungsprozeß, in: Zeitschrift für Betriebswirtschaft 46(1976), Nr. 4, S. 319–326.

Witte, Eberhard (1998): Das Promotoren-Modell, in: Hauschildt, Jürgen/Gemünden Hans Georg (Hrsg.): Promotoren: Champions der Innovation, Wiesbaden 1998, S. 9–41.

Woratschek, Herbert (1992): Betriebsform, Markt und Strategie, Wiesbaden 1992.

Yoo, Boonghee (2009): Developing an overall ranking of 79 marketing journals: An introduction of PRINQUAL to marketing, in: Australasian Marketing Journal, 17(2009), S. 160–174.

Zajac, Edvard D./Olson, Cyrus P. (1993): From Transaction Cost to Transactional Value Analysis: Implications for the Study of Interorganizational Strategies, in: Journal of Management Studies, 30(1993), S. 131–145.

Zeithaml, Valeri A. (1984): How Consumer Evaluation Processes Differ between Goods and Services, in: Lovelock, Christopher H. (Hrsg.): Service Marketing, Englewood Cliffs 1984, S. 186–190.

Zeithaml, Valeri A./Bitner, M. J. (2000): Service Marketing – Integration the Customer Focus Across the Firm, New York 2000.

Zell, Helmut (2007): Projektmanagement, 2.Aufl., Norderstedt 2007.

Stichwortverzeichnis

Kohlhammer
Edition Marketing

Herausgegeben von
Hermann Diller und Richard Köhler